# 公共图书馆评估与城市图书馆发展研究

## ——第二十九届全国十五城市公共图书馆工作研讨会论文集

李冬梅　主编

國家圖書館出版社

**图书在版编目(CIP)数据**

公共图书馆评估与城市图书馆发展研究:第二十九届全国十五城市公共图书馆工作研讨会论文集/李冬梅主编. --北京:国家图书馆出版社,2017.11

ISBN 978-7-5013-6289-9

Ⅰ.①公… Ⅱ.①李… Ⅲ.①公共图书馆—图书馆工作—中国—学术会议—文集 Ⅳ.①G259.252-53

中国版本图书馆 CIP 数据核字(2017)第 283197 号

书　　名　公共图书馆评估与城市图书馆发展研究——第二十九届全国十五城市公共图书馆工作研讨会论文集
著　　者　李冬梅　主编
责任编辑　唐　澈

---

出　　版　国家图书馆出版社(100034　北京市西城区文津街 7 号)
(原书目文献出版社　北京图书馆出版社)
发　　行　010-66114536　66126153　66151313　66175620
66121706(传真)　66126156(门市部)
E-mail　nlcpress@nlc.cn(邮购)
Website　www.nlcpress.com ——→投稿中心
经　　销　新华书店
印　　装　北京鲁汇荣彩印刷有限公司
版　　次　2017 年 11 月第 1 版　2017 年 11 月第 1 次印刷

---

开　　本　787×1092(毫米)　1/16
印　　张　15
字　　数　360 千字

---

书　　号　ISBN 978-7-5013-6289-9
定　　价　100.00 元

## 本书编委会

**主　编：**李冬梅

**副主编：**牛文杰　袁晓宇　张鹏民　马秋菊

# 序

斗转星移、春华秋实，转眼间十五城市公共图书馆工作研讨会已到而立之年。三十年前，伴随着改革开放的春风、城市建设的跨越式发展，国内最早一批城市公共图书馆为创新发展，东西互通、南北相参，大家通过凝聚智慧、分享经验，引领事业发展，使研讨会逐渐成为我国图书馆界重要的工作例会之一。

2017 年 7 月，第 29 届全国十五城市公共图书馆工作研讨会在美丽冰城哈尔滨举办，专家学者会聚在风光旖旎、凉爽宜人的松花江畔。这不仅是哈尔滨的文化盛事，更是城市图书馆间一次意义非凡的文化之旅。

2017 年是《公共文化服务保障法》实施的开局之年，也是第六次全国公共图书馆评估之年。本次会议以"公共图书馆评估与城市图书馆发展研究"为主题，使城市图书馆的创新和发展问题与全国第六次公共图书馆评估工作充分结合。在新的评估标准体系下，如何结合城市自身文化，挖掘出城市图书馆创新潜能和活力，并以此为契机完善保障条件、加强业务建设、提高服务效能，达到以评促建、以评促管、以评促用的目的，是当前各个公共图书馆非常关注的课题，值得深刻交流和总结。十五城市公共图书馆作为我国公共图书馆界的中坚力量，在图书馆发展战略、创新图书馆服务模式、引导社会力量参与、完善现代公共文化服务体系中发挥重要作用，并积极带动区域图书馆事业进步和发展。

本届会议论文集荟萃了关注图书馆发展、关心十五城市公共图书馆建设的论文 40 余篇，是十五城市馆员们悉心工作、细致思考的成果。这些文字，是来自一线工作馆员的真实体验和感悟，扎根于实践，主要集中在阅读推广、阅读疗法、大数据、新媒体服务等方面。可以看出十五城市图书馆一直在行业内勇于探索、开拓创新，在实践中感悟，在感悟中实践，始终以适应时代发展需要为导向，积极转变服务思维，准确定位自身角色为己任，寻求自己独特的城市图书馆发展方向。

这本论文集是记忆的整合、理念的碰撞、灵感的源泉；凝聚了各位馆员辛勤实践、潜心研究的点点心血，映现出图书馆人求索、奋进、创新的风采；完美地融合了馆员们的职业人生与学术人生。愿这本论文集在展示十五城市馆员研究成果的同时，也向社会打开一扇更加宽广的沟通之门。期盼各位专家、同行的悉心指导，从而鞭策我们不忘初心，不断进取，开创我国图书馆事业美好的新时代。

编　者

2017 年初秋

# 目　录

# 公共图书馆阅读疗法实践研究

李冬梅　冉秀萍(哈尔滨市图书馆)

经考证,阅读疗法一词源于希腊语,英文名称为 bibliotherapy,是希腊文 biblion(图书)和 therpeia(治疗)两词的结合。阅读疗法又称图书疗法、文献治疗等,是医学、图书馆学、心理学的交叉学科。有资料报道,兰州大学基础医学院研究组曾于 2010 年对兰州市某养老院的 30 名老年人进行研究,结果显示阅读疗法能从认知层面改善老年人的幸福感。在临床治疗中,阅读疗法作为药物治疗的辅助手段,对抑郁症病人、焦虑症患者、精神分裂症患者症状的改善均优于单纯药物治疗。实践研究证明,阅读疗法有助于减轻压力,激励心志,树立信心,改善不良习惯,缓解抑郁、焦虑等不良情绪。笔者认为有必要对公共图书馆阅读疗法进行系统的回顾、总结和实证研究,分析和探讨有待于深入研究的问题,前瞻未来的研究方向。这对于快节奏生活中日益突出的大众情绪、社会心理等问题无疑会有帮助,对于想要自我提升、完善自我的社会群体来说,阅读疗法也是一个很好的选择。

## 1　阅读疗法的研究现状

### 1.1　国外研究现状

笔者经过梳理发现,阅读疗法的研究和实施在国外大概有几百年的历史。中世纪时开罗的曼苏尔医院就有利用《圣经》等宗教类书籍辅助治疗的记录;18 至 19 世纪的英国、法国和德国医生在处方中常列有一些有益康复的书籍;进入 20 世纪后,阅读疗法的应用对象已不再局限于精神病患者,而是扩大到一切需要帮助的人,各个行业和学科,特别是教育学、社会学、心理学、图书馆学都参与了精神卫生的研究与治疗,许多专业组织纷纷成立,成果显著,形成了一个独立的研究体系。

### 1.2　国内研究现状

我国阅读疗法的历史比较久远,实践其实古已有之,但研究起步较晚,国内较早开始此研究的是泰山医学院图书馆宫梅玲的实践研究和北京大学图书馆王波的本土化理论研究。但 20 世纪 80 年代以前没有上升到理论认识层面,直至 20 世纪末,基本上是从最初学者单纯引进西方的学说,到近年来阅读疗法的本土化研究,并且在理论和实践方面不断取得新的进展。随着本土化研究的不断进展,阅读疗法的定义逐渐从以"治疗为主"发展为以"预防为主""发展为主",集治疗、预防、发展三项心理功能于一体。迄今为止国内有关阅读疗法编辑成书的有王波编著的 3 本《阅读疗法》(2007、2010、2014 年各 1 本),湛佑祥等编著的《阅读疗法理论与实践》(2011 年出版),黄晓鹂、王景文、李树民著的《阅读疗法实证研究》(2014 年出版)等。

宫梅玲团队是阅读疗法实证研究的先行者。1998 年宫梅玲教授在心理专家丛中教授的指导下，进行了“医学生心理困扰求助方式的调查”。2001 年阅读辅导小组对 88 名大学生提供了 3 个月的阅读指导，对比试验表明：阅读疗法对解决大学生心烦焦虑、人生目标不明确等常见心理问题有显著效果。2003 年的实证研究表明，阅读疗法对提高大学生的心理健康水平有显著效果。在 2005 年及 2007 年，宫梅玲团队采取以阅读疗法为主，音乐疗法、同伴支持法为辅，对自愿戒网瘾的学生进行综合干预，3 个月后学生完全戒除了网瘾。

1998 年王波教授在《中国图书馆学报》上发表《图书疗法在中国》一文，标志着阅读疗法本土化研究的开始，王波教授开展的多是阅读疗法的理论研究。他认为，汉化和改进了的阅读疗法可以定义为：以文献为媒介，将阅读作为保健、养生以及辅助治疗疾病的手段，使自己或者他人通过对文献内容的学习、讨论和领悟，养护或恢复身心健康的一种方法，阅读疗法是以文献作为治疗手段的一种心理治疗方法。

当时在河北联合大学图书馆的黄晓鹂、王景文，早在 2012 年就发表了《基于文献计量的我国阅读疗法著者群的分布规律分析》，该文章为 2011 年河北省卫生厅医学科学研究重点课题——大学生心理问题阅读疗法书目实证研究（课题编号 20110163）的阶段性成果之一。

陈书梅是台湾图书馆学界探索阅读疗法的领军人物，作为台湾大学图书信息学系副教授，长期致力于阅读疗法、阅读心理研究等，较早关注了自然灾害发生后阅读疗法在心理重建中的作用。汶川地震后，陈书梅呼吁发起“送儿童情绪疗愈绘本到四川”活动，并组成“行动心灵驿站”进驻四川灾区，以流动图书馆以及主题书展的方式帮助灾区儿童。

另外，笔者经过调查，华北理工大学图书馆曾于 2010 年创办阅读咨询网站，是图书馆推广、宣传、实施阅读疗法的网络服务平台，开设了阅读咨询室、工作团队、专家链接、成功案例、阅读交流、动态信息、书目信息、网站留言、阅读疗法协会等主要栏目。

我国公共图书馆界关于公共图书馆阅读疗法的研究也处于起步阶段，在中国知网上使用篇名“公共图书馆”并含“阅读疗法”进行搜索，共有 9 篇相关论文发表。

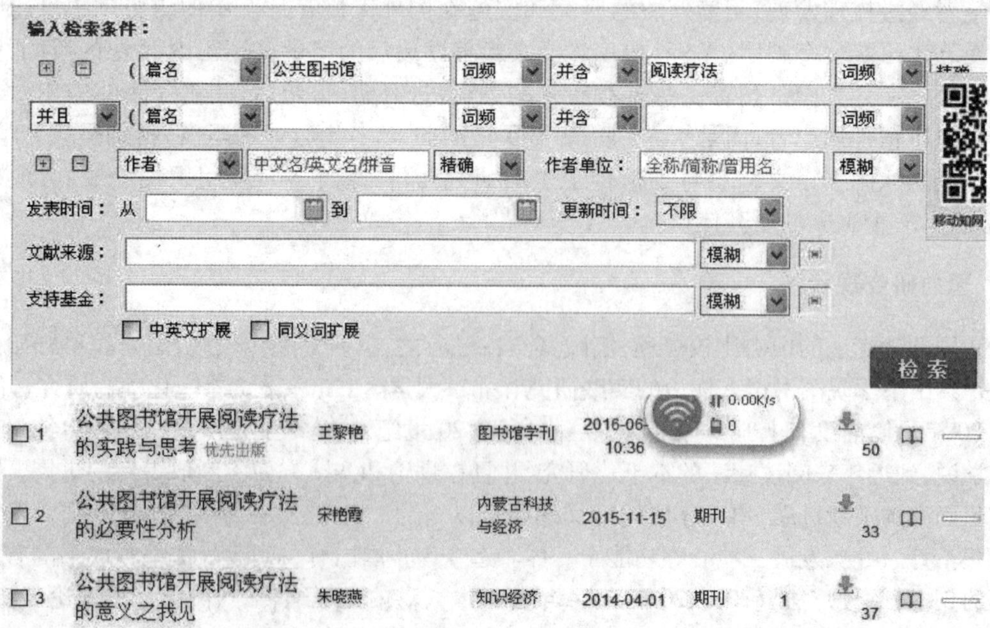

| | | | | | | | |
|---|---|---|---|---|---|---|---|
| 4 | 在公共图书馆开展阅读疗法的可行性及措施研究 | 易红;詹洁 | 科技创新导报 | 2012-06-21 | 期刊 | | |
| 5 | 公共图书馆阅读疗法应用研究 | 王晓美 | 郑州大学 | 2012-05-01 | 硕士 | 6 | |
| 6 | 公共图书馆利用阅读疗法提供灾后心理重建服务之研究 | 聂冰;王思洁;郭美;李俊慧 | 公共图书馆 | 2011-03-30 | 期刊 | 4 | 99 |
| 7 | 公共图书馆开展阅读疗法初探 | 吕荣梅;王坤 | 科技情报开发与经济 | 2009-04-15 | 期刊 | 3 | 88 |
| 8 | 公共图书馆开展“阅读疗法”浅议 | 龚杏娟 | 图书馆研究与工作 | 2007-09-15 | 期刊 | 8 | 97 |
| 9 | 阅读疗法:公共图书馆不可缺位 | 朱英辉;李雁菁 | 图书馆建设 | 2002-11-15 | 期刊 | 10 | 173 |

综上,目前关于公共图书馆阅读疗法的研究较少,实践经验匮乏,但阅读疗法的确是以文献为治疗手段的一种心理治疗方法,也是图书馆界今后研究的方向。

## 2 公共图书馆实施阅读疗法的可行性

公共图书馆作为社会文化服务的重要阵地,在阅读疗法的推广和实践中,有着义不容辞的责任和义务,也具有天然的优势。一是馆藏丰富,公共图书馆是纯公益性事业单位,每年财政拨付购书经费,馆藏逐年上升,为阅读疗法提供资源保障。二是具有一定社会影响力,能够邀请到较为资深的心理咨询老师,进行讲座、培训、心理指导等。三是读者群体多样,与高校图书馆和医院图书馆相比,作为公共服务窗口的公共图书馆日常接待的读者数量众多,读者年龄、职业、社会角色形形色色,拥有更为广泛的读者群体,是很好的开展阅读疗法的平台。四是免费服务做支撑,随着我国对公共文化设施免费开放保障机制的不断完善,公共图书馆为读者提供各种免费服务,包括阅读疗法,读者无须承担经济压力。五是阅读环境良好,图书馆不仅提供读者所需的知识,也可以提供休闲、培训场地,能够缓解当前人们紧张和焦虑的心情。六是可以保障读者隐私权,读者到图书馆选择书籍,而不是去心理诊所等地方,减少了个人隐私方面的担忧。七是易于接受,公共图书馆通过书刊给读者提供心理暗示,在阅读交流中发现自身缺陷,更容易让读者接受,比起专业心理咨询,不易产生抵触心理。

## 3 哈尔滨市图书馆阅读疗法的工作实践

阅读疗法的适用对象很多,公共图书馆的读者群体恰恰不分年龄、种族等,二者受众的一致性,使得公共图书馆开展阅读疗法具有可操作性。哈尔滨市图书馆目前有30家汽车流动站和分馆、7家农民工子弟校分馆、49家社区分馆,并整合4家中心分馆。我们选取了一家流动站(某监狱管理局)的干警和参加沙盘游戏的少儿读者进行阅读疗法的实践研究,借助问卷调查,结合案例研究,通过实地调研收集一手数据进行总结归纳。

## 3.1 案例一:借助讲坛,开列图书“药方”

### 3.1.1 准备阶段

今年上半年应基层流动站点读者的要求,哈尔滨市图书馆哈尔滨讲坛推出4场心理讲座,具体讲座题目和讲课老师见下表1。利用下基层讲座的机会,我们选取某监狱管理局作为阅读疗法的实践研究。研究团队设定调查问卷,并印制100份,下发至监狱干警中。调查问卷共设定5大项14小项,出于保护被调查者隐私和接纳程度的考虑,问卷采纳症状自测量表SCL-90中的一部分内容,包括“头痛”“容易烦恼和激动”“胃口不好”等10个问题,被调查者从“从无”“轻度”“中度”“偏重”“严重”等5个选项中任选一项。问卷中还列出可选书目43种,其中按照王波老师开列的“一个大众化的阅读疗法处方”20种,邀请到图书馆流动站点进行讲座的心理老师开列的书目23种。王波老师开列的书目包括抑制烦躁、易怒、敌意的书,抑制兴奋过度、精神亢进的书,调整思绪、减轻内心焦虑的书,为克服精神抑郁的书,为压惊、消恐之书。讲座老师开列的书目分为专业心理读物和一般消遣读物。问卷发放一周后,回收100份,回收率100%。

**表1 哈尔滨市图书馆2017年心理讲座一览表**

| 时间 | 地点 | 内容 | 主讲人 |
|---|---|---|---|
| 1月17日 | 黑龙江省松滨监狱 | 警察心理健康:压力与应对 | 赫春东 |
| 3月2日 | 哈尔滨监狱 | 美好生活,从心开始 | 张忠宇 |
| 3月23日 | 黎明监狱 | 狱警职业心理图像与健康 | 谢念湘 |
| 4月24日 | 前进戒毒所 | 职业应激与心理健康 | 陈力 |

### 3.1.2 数据收集阶段

经过数据统计,在100名被调查者中,20—29周岁12人、30—39周岁49人、40—49周岁27人、50—59周岁12人。被调查者中有“头痛”症状46人、“容易烦恼和激动”37人、“胃口不好”37人、“经常责怪自己”56人、“感到孤独”55人、“感到苦闷”50人、“对事物不感兴趣”57人、“难以入睡”62人、“不能集中注意力”63人、“感到自己没有什么价值”85人。具体详见表2。从数据显示被调查读者有进行情绪干预的必要,一方面使其心理更加健康,另一方面可以提升幸福感,增加生活质量。另外从干警所划书目进行统计,只要有10人以上想看,我们就给予购买,共列出22本图书形成推荐书单,由图书馆购买并提供给监狱图书馆。具体书目见下表3:

**表2 被调查者实际情况**

| | | 从无 | 轻度 | 中度 | 偏重 | 严重 |
|---|---|---|---|---|---|---|
| 您是否有过以下问题,并根据最近一星期内下列问题影响你或者使您感到苦恼的程度 | 头痛 | 54 | 46 | 0 | 0 | 0 |
| | 容易烦恼和激动 | 63 | 37 | 0 | 0 | 0 |
| | 胃口不好 | 62 | 37 | 1 | 0 | 0 |
| | 经常责怪自己 | 44 | 56 | 0 | 0 | 0 |
| | 感到孤独 | 45 | 55 | 0 | 0 | 0 |
| | 感到苦闷 | 39 | 50 | 1 | 0 | 0 |
| | 对事物不感兴趣 | 43 | 57 | 0 | 0 | 0 |
| | 难以入睡 | 35 | 62 | 3 | 0 | 0 |
| | 不能集中注意力 | 36 | 63 | 2 | 0 | 0 |
| | 感到自己没有什么价值 | 7 | 85 | 8 | 0 | 0 |

**表3 需要购买的推荐图书书目**

| 书名 | 书名 |
|---|---|
| 1. 平凡的世界 | 12. 整合式短程心理咨询 |
| 2. 西游记 | 13. 20 世纪心理学名著导读 |
| 3. 周恩来传 | 14. 心理咨询与盒子里的理论与实践 |
| 4. 陶渊明集 | 15. 犯罪心理学 |
| 5. 中国十大悲剧选 | 16. 自卑与超越 |
| 6. 论语 | 17. 存在主义心理治疗 |
| 7. 笑林广记 | 18. 抑郁症的内观治疗 |
| 8. 聊斋志异 | 19. 正念之道 |
| 9. 庄子 | 20. 心理学是什么 |
| 10. 东坡全集 | 21. 心理学原理与生活 |
| 11. 儒林外史 | 22. 遇上未知的自己 |

#### 3.1.3 实施阶段

我们将所购买的22本书投放至监狱管理局，并为每本书制定“阅读指导”，包括“书目简介”“内容简介”“建议阅读计划”“述评”4个部分。打算用半年的时间阅读，阅读时间为2017年6月到12月，要求成员平均每个月读完1本书。并再次设计问卷，对所投放的书目对阅读者情绪、心理等方面的干预情况进行跟踪调查，评估阅读疗法的实效。

### 3.2 案例二：沙盘游戏，引领“心”阅读

#### 3.2.1 沙盘游戏简介

沙盘游戏的主要元素有水、沙子、沙盘、人与物的微缩模型。事先由孩子们自己抽签决定体验顺序，整个过程中孩子们安静地自由选取所需元素，制作各自想象的场景，这个过程的本质是非语言和象征性的，它能最大限度地给孩子们想象的空间和自由。由于沙盘游戏是三维的，因而孩子们的感知、情绪、对外部世界和内心世界的体验以及关于时间、空间、运动的概念都可以在沙盘中同时得到表达，指导老师通过解析孩子们的行为寓意，了解孩子们的心理变化，进而激活孩子们的心灵感悟，促进孩子们对情绪的体验、表达和接纳。

#### 3.2.2 具体实施

沙盘游戏是心理学领域的治疗手段，在哈尔滨市图书馆主要起到引导阅读的作用，不做专业的心理治疗，为个人隐私及影响考虑，参与活动的孩子及家长信息均做保密处理。自2016年4月23日世界读书日开展第一期儿童沙盘游戏体验活动以来，越来越受到孩子们的欢迎和家长们的重视。目前形成每周二团体体验，每周三个人体验的定期活动。该项活动需提前一周预约报名，招募不超过5名年龄在6至8岁的儿童。由图书馆的专业工作人员、应用心理学专业硕士研究生、国家二级心理咨询师、C级沙盘游戏咨询师白雪松老师组织儿童进行沙盘体验活动。

#### 3.2.3 游戏小结

通过沙盘游戏体验不仅有利于开发孩子们的触觉与视觉，锻炼手指的灵活与协调力，激发孩子们的想象力与创造力，提升孩子们的自我意识和自我效能感。更重要的是可以安抚孩子们的负面情绪，挖掘孩子们的积极性格和正面情绪，帮助孩子们更好地表达“无法用语

言表达”的内在情感或者身心状态。同时在孩子们的意识与无意识间构建了一个沟通的桥梁，让孩子们体验活动结束后互相交流自己的感受。为了更高效地进行阅读指导，我们下一步将结合实际，投放一些推荐书目，配以儿童情绪疗愈绘本书目和儿童绘本导读书目，也会设计一些调查问卷，评估对儿童舒缓情绪、维护儿童身心健全的作用，进而帮助儿童养成阅读习惯，以利于阅读推广和书香社会的建设。

## 4 几点思考

公共图书馆读者到图书馆来，不是寻求临床阅读疗法，而是通过阅读丰富业余生活，扩大视野，在阅读中寻求心境的平和，情绪的舒缓。就目前现状来看，国内公共图书馆开展阅读疗法的难点有以下几方面：

①国内公共图书馆界利用馆藏资源开展阅读疗法的意识淡薄，导致理论研究和实证研究匮乏，缺少专业的阅读疗法师，负面情绪的相关检查能力不完备，有些还要由专业医师来完成。

②公共图书馆阅读疗法对象难以固定。由于公共图书馆是一座“没有围墙的学校”，读者群体不固定，因而阅读疗法对象流动性较大，读者往往由于种种原因，很难坚持参加每一次阅读疗法活动，甚至在中途就先行退出，使阅疗效果和评估均受到一定影响。

③公共图书馆阅读疗法实证研究方法有一定局限性。目前开展阅读疗法的工具基本上是调查问卷，书目推荐等，由于公共图书馆的读者是以阅读为主要目的，通过心理问卷测评时，真正的负面情绪和阅疗效果很难体现出来，效果也难以量化。

## 5 今后工作打算

阅读疗法研究团队本着边学习边工作的想法，购置了阅读疗法图书，进行大量文献查找和分析，借鉴同行阅读疗法做法，打算在以下几方面进行尝试：

①通过阅读疗法实践招募心理咨询师志愿者。

②通过阅读疗法实践研究加强对馆员进行心理交流辅导和培训，使馆员具备更好地为阅疗对象服务的素养。

③有针对性推出阅读疗法书目。阅读疗法对图书馆业务是个新的挑战，持审慎态度，针对某一类心理问题推荐书目，精心挑选最权威的经典之作，并附详细的出版信息及推荐理由，可以作为图书馆参考咨询服务的深化。

④在开展阅读疗法服务时，注重对读者阅读过程的干预管理，加强后续跟踪服务与研究，进行定期讨论和交流，观察读者阅读后的情绪、心理变化，保证读者不偏离预设的治疗方向。

⑤尝试联合区域图书馆共同探索、推广阅读疗法。逐渐摸索较为成熟的特色化和差异化应用模式，为更多的阅疗对象提供更精准的阅疗服务。

⑥借用新媒体开展阅读疗法。利用网站、微信、微博等新媒体实现与读者快捷有效的阅读疗法交流与沟通。

**参考文献**


[1]王波.阅读疗法[M].北京:海洋出版社,2014.
[2]韩滢莹,周力虹,邓婉昕.监狱图书馆对服刑人员抑郁情绪的阅读疗法干预[J].图书馆建设,2016(7).
[3]王学云.我国20年来阅读疗法研究综述[J].图书情报工作,2012(3).
[4]王学云.宫梅玲及其团队对阅读疗法的研究与实践[J].图书馆论坛,2012,32(1).
[5]王黎艳.公共图书馆开展阅读疗法的实践与思考[J].图书馆学刊,2016(5).
[6]宋艳霞.公共图书馆开展阅读疗法的必要性分析[J].内蒙古科技与经济,2015(11).
[7]朱英辉,李雁菁.阅读疗法: 公共图书馆不可缺位[J].图书馆建设,2002(6).
[8]周燕妮.阅读之光映童心——陈书梅儿童情绪疗愈绘本解题书目推介[J].图书情报研究,2011(1).
[9]赵沛瑶,郑盼盼,沈健.国内近10年阅读疗法的应用探索[J].生物技术与计算机科学研究,2016(9).
[10]王璐.阅读疗法对改善大学生心理健康状况的探究[J].中国健康心理学杂志,2016(2).
[11]李东.新媒体环境下我国阅读疗法服务体系构建研究[J].职大学报,2016(1).
[12]朱海英.图书馆阅读疗法概述[J].四川图书馆学报,2016(2).
[13]崔凌洁.绘本阅读疗法的实践探索与思考[J].河南图书馆学刊,2016(1).


# 关于副省级城市图书馆发展定位的新认识
## ——基于第六次全国公共图书馆评估指标的分析


牛文杰(哈尔滨市图书馆)


评估是管理的重要环节,是调控的有效手段。文化部自1994年首次开展对全国县级以上公共图书馆评估工作以来,迄今已实施了5次,通过以评促建,有力地推动了公共图书馆事业的发展。目前正在启动中的第六次全国公共图书馆评估定级工作,力求在以评促建基础上,突出以评促管、以评促用的导向,毋庸置疑地将助推"十二五"时期我国公共图书馆事业更加科学和规范的发展。副省级城市图书馆作为具有特殊地位的城市公共图书馆群体,是我国公共图书馆系统中的中坚力量,既是所在城市的中心图书馆,又肩负着对接与配合所在区域省级图书馆发挥引领与保障作用的职责。本文拟就新的背景下副省级城市图书馆发展定位与对策内容做些初步思考,以就教于方家。

## 1 我国副省级城市图书馆建设与服务情况回顾

### 1.1 十五城市图书馆基本数据统计表

以十五城市图书馆最近上报汇总的2016年度主要业务数据统计为基准,详见表1所示。

**表 1　2016 年度全国十五城市公共图书馆概况**

| 馆名 | 馆舍面积（万 m²） | 人数 | 总经费（万元） | 购书费(万元) | | | 全馆藏书（万册） | | 办证 | | 进馆人次（万人） | 外借册次（万册） | 读者活动 | | | | 电子阅览室上机（万人次） |
|---|---|---|---|---|---|---|---|---|---|---|---|---|---|---|---|---|---|
| | | | | 合计 | 纸质文献 | 电子文献 | 纸质文献 | 电子文献 | 办证量（张） | 累计办证量（万张） | | | 讲座 | 展览 | 培训 | 其他 | |
| 长春 | 3.5 | 189 | 3814 | 1000 | 707 | 293 | 282.5 | 42.9 | 23155 | 50 | 145 | 91 | 110 | 39 | 113 | 169 | 1.78 |
| 成都 | 2.2 | 137 | 2846 | 650 | 350 | 300 | 277 | 163.9 | 39290 | 13.6 | 153.5 | 156.7 | 116 | 26 | 107 | 0 | 3.03 |
| 大连 | 7.6 | 176 | 14930 | 1825 | 1035.2 | 465 | 401 | 303 | 6984 | 14.7 | 218.4 | 136.9 | 103 | 28 | 327 | 117 | 场地改造 |
| 广州 | 10 | 288 | 19919 | 3600 | 2830.9 | 769.1 | 790 | 49.8 | 334837 | 124 | 739.7 | 780 | 178 | 103 | 644 | 818 | 19.70 |
| 哈尔滨 | 1.8 | 175 | 3363 | 476.6 | 384.3 | 92.3 | 335 | 3.9 | 10095 | 10.45 | 143.2 | 80 | 58 | 43 | 352 | 213 | 3.02 |
| 杭州 | 4.9 | 194 | 7941 | 1567.2 | 1126 | 441.2 | 522 | 20.5 | 346662 | 406.8 | 440.3 | 303.3 | 73 | 85 | 55 | 1542 | |
| 济南 | 5 | 119 | 4915 | 1000 | 900 | 100 | 282 | 185 | 50000 | 27 | 172 | 156 | 75 | 12 | 117 | 82 | 10.43 |
| 金陵 | 2.5 | 129 | 3872 | 520 | 375.4 | 144.6 | 222 | 242.9 | 16671 | 15.2 | 226.8 | 150.9 | 106 | 54 | 50 | 108 | 1.77 |
| 宁波 | 1.2 | 116 | 6631 | 900 | 722.8 | 149.7 | 201 | 330 | 16858 | 15.8 | 130 | 96.5 | 80 | 58 | 47 | 471 | 2.33 |
| 沈阳 | 4 | 132 | 4665 | 800 | 475 | 325 | 303 | 235.1 | 51315 | 14.2 | 288 | 1605.5 | 56 | 20 | 78 | 51 | 3.27 |
| 武汉 | 3.3 | 149 | 4712 | 705 | 595 | 190 | 296 | 200 | 57700 | 35.6 | 337 | 290 | 118 | 27 | 166 | 717 | 2.73 |
| 西安 | 1.6 | 79 | 2298 | 606 | 450 | 156 | 95 | 29 | 15967 | 6.4 | 161 | 37 | 191 | 59 | 26 | 98 | 3.67 |
| 厦门 | 2.7 | 147 | 5832 | 1170 | 980 | 190 | 250 | 169.7 | 42670 | 41.47 | 439 | 394 | 127 | 73 | 460 | 777 | 7.88 |
| 深圳 | 5 | 256 | 15580 | 2430 | 1910 | 520 | 479 | 409.3 | 82708 | 112.4 | 410.2 | 431.6 | 186 | 45 | 344 | 847 | 36.20 |
| 青岛 | 2.6 | 111 | 4074 | 800 | 507.8 | 259.2 | 248 | 27.8 | 246022 | 42.97 | 314 | 124 | 50 | 30 | 134 | 328 | 5.03 |

上述业务数据,客观地反映了十五城市于“十三五”开局之年在读者服务、业务建设、保障条件等方面的基本状况,在相当程度上体现了副省级图书馆正在迎接第六次全国公共图书馆评估定级工作中所具备的实力与水平。

## 1.2 十五城市图书馆工作研讨会主题分析

自1987年首届十五城市图书馆工作研讨会在武汉举办以来至今已逾29届,现已成为我国图书馆界一个重要的学术交流与业务探讨平台。表2通过梳理第17届至29届十五城市图书馆工作研讨会的主题,从中可以略观副省级图书馆近十余年来的工作重点与服务轨迹。

**表2 第17届至29届十五城市图书馆工作研讨会主题表**

| 届次 | 城市 | 年份 | 主题 |
|---|---|---|---|
| 17 | 成都 | 2005 | 21世纪中国公共图书馆发展与建设研究 |
| 18 | 广州 | 2006 | 现代化进程中城市图书馆建设 |
| 19 | 大连 | 2007 | 公共图书馆的社会教育 |
| 20 | 沈阳 | 2008 | 坚持图书馆公益性,全面提升服务质量 |
| 21 | 厦门 | 2009 | 普遍开放、平等服务、以人为本 |
| 22 | 宁波 | 2010 | 绩效管理、项目策划与实施、人才队伍建设 |
| 23 | 南京 | 2011 | “十二五”规划、图书馆法、免费开放与创新 |
| 24 | 深圳 | 2012 | 新技术时代城市图书馆服务与管理创新 |
| 25 | 武汉 | 2013 | 城市公共图书馆服务模式创新及管理创新 |
| 26 | 青岛 | 2014 | 公共图书馆体制机制创新 |
| 27 | 长春 | 2015 | 现代公共文化服务体系建设进程中城市公共图书馆的创新发展与服务效能提升 |
| 28 | 济南 | 2016 | 城市图书馆:创新与发展 |
| 29 | 哈尔滨 | 2017 | 公共图书馆评估与城市图书馆发展研究 |

综观连续13届的十五城市图书馆工作研讨会的主题,时间跨度从“十一五”末至“十三五”期间,正是我国公共图书馆事业发展的战略机遇期,历届主题研讨的内容,客观记录了以副省级图书馆为中坚力量的全国公共图书馆在履行社会教育职能、促进基本公共文化服务均等化与便利化、提升服务信息化与管理科学化水平、不断满足广大读者信息需求的努力实践与工作创新历程。

## 2 第六次公共图书馆评估指标的副省级馆适应性分析

### 2.1 副省级图书馆一、二级必备条件的指标分析

| 必备条件 | | 一级馆 | | | 二级馆 | | |
|---|---|---|---|---|---|---|---|
| | | 东 | 中 | 西 | 东 | 中 | 西 |
| 服务效能 | 年文献外借量(万册次) | 95 | 75 | 55 | 80 | 60 | 40 |
| | 年阅读推广活动次数 | 25 | 22 | 19 | 21 | 18 | 15 |
| | 读者满意率(%) | 85 | 85 | 85 | 75 | 75 | 75 |
| 业务建设 | 本区域服务体系规划与共建共享(分) | 20 | 20 | 20 | 15 | 15 | 15 |
| | 业务统计分析(分) | 20 | 20 | 20 | 15 | 15 | 15 |
| 保障条件 | 年财政拨款总额(万元) | 5500 | 4500 | 3500 | 4500 | 3500 | 2500 |
| | 普通文献馆藏量(万册件) | 400 | 300 | 200 | 350 | 250 | 150 |
| | 建筑面积(万平方米) | 4.5 | 3.5 | 2.5 | 4.0 | 3.0 | 2.0 |

上述必备条件显示:副省级图书馆评估中,无论位于东中西部,服务效能模块中读者满意率指标、业务建设模块中本区域服务体系规划与共建共享以及业务统计分析指标,同等级评定的分值是完全一致的。这表明在综合考虑地区现实条件差异的前提下,副省级馆在业务建设与服务效能方面的要求是相同的,体现出新一轮评估突出服务绩效的导向性。

### 2.2 服务效能模块中新增指标分析(基本300分;加分150分)

| 标号 | 一级指标 | 二级指标(新增) | 基本分值 | 加分项分值 |
|---|---|---|---|---|
| 1.1 | 基本服务 | | 50 | 35 |
| 1.2 | 未成年人及其他特殊群体服务 | | 20 | |
| 1.3 | 阅读推广与社会教育 | | 65 | 25 |
| 1.3.4 | | 年数字阅读量占比(%) | | 1—5 |
| 1.3.5 | | 阅读指导 | 0—10 | 0—5 |
| 1.4 | 信息咨询服务 | | 35 | 30 |
| 1.5 | 网络资源服务 | | 25 | 20 |
| 1.6 | 新媒体服务 | | 20 | 10 |
| 1.6.1 | | 微信公众平台、微博服务 | 0—10 | |
| 1.6.2 | | 移动图书馆 | 0—10 | |
| 1.6.3 | | 触摸媒体服务 | | 0—10 |
| 1.7 | 服务管理与创新 | | 25 | 20 |
| 1.7.1 | | 服务数据显示度 | 0—5 | 0—10 |

续表

| 标号 | 一级指标 | 二级指标(新增) | 基本分值 | 加分项分值 |
| --- | --- | --- | --- | --- |
| 1.7.2 | | 服务品牌建设 | 6—10 | 0—5 |
| 1.7.3 | | 服务创新推广 | 0—10 | 0—5 |
| 1.8 | 读者评价 | | 60 | 10 |
| 1.8.1 | | 读者意见处理与日常评价 | 0—30 | 0—5 |

## 2.3 业务建设模块中新增指标分析(基本400分;加分200分)

| 标号 | 一级指标 | 二级指标(新增) | 基本分值 | 加分项分值 |
| --- | --- | --- | --- | --- |
| 2.1 | 馆藏发展政策与馆藏结构 | | 30 | 10 |
| 2.1.2 | | 馆藏专项规划 | 0—5 | |
| 2.2 | 编目与馆藏组织管理 | | 50 | 35 |
| 2.2.3 | | 编目文献占比(%) | 2—5 | |
| 2.2.4 | | 采用规范控制数据 | | 0—5 |
| 2.2.5 | | 数字资源与传统文献的关联揭示 | | 0—5 |
| 2.2.9 | | 新技术应用 | | 0—10 |
| 2.3 | 数字资源建设 | | 20 | 5 |
| 2.4 | 地方文献工作 | | 35 | |
| 2.4.1 | | 地方文献工作组织 | 0—10 | |
| 2.5 | 本区域公共图书馆服务体系建设 | | 40 | 5 |
| 2.5.2 | | 公共图书馆服务网点建设(个) | 2—10 | |
| 2.6 | 图书馆行业协作协调与社会合作 | | 25 | 10 |
| 2.6.3 | | 社会合作 | 0—10 | |
| 2.7 | 重点文化工程 | | 40 | |
| 2.8 | 基层辅导与学会工作 | | 35 | 10 |
| 2.9 | 行政与人力资源管理 | | 30 | |
| 2.10 | 财务、资产与档案管理 | | 15 | |
| 2.11 | 安全与环境管理 | | 15 | |
| 2.12 | 业务管理 | | 30 | 5 |
| 2.12.3 | | 用户管理 | 0—5 | |
| 2.13 | 业务研究 | | 20 | 50 |
| 2.13.2 | | 馆内学术活动 | 0—5 | |
| 2.13.3 | | 参加馆外学术和业务活动 | 0—5 | 0—5 |

续表

| 标号 | 一级指标 | 二级指标(新增) | 基本分值 | 加分项分值 |
|---|---|---|---|---|
| 2.14 | 组织文化和表彰奖励 | | 10 | 20 |
| 2.14.1 | | 使命、愿景与团队建设 | 0—5 | |
| 2.14.2 | | 荣誉体系建设 | 0—5 | |
| 2.14.3 | | 表彰奖励 | | 0—20 |
| 2.15 | 社会化和管理创新 | | 5 | 50 |
| 2.15.1 | | 法人治理 | | 0—10 |
| 2.15.2 | | 社会购买服务 | | 0—10 |
| 2.15.3 | | 图书馆获得社会捐赠 | | 0—5 |
| 2.15.4 | | 第三方评价机制 | | 0—15 |
| 2.15.6 | | 文创产品开发 | | 0—5 |
| 2.15.7 | | 组织管理和运营创新 | | 0—5 |

## 2.4 保障条件模块中新增指标分析(基本 300 分;加分 150 分)

| 标号 | 一级指标 | 二级指标(新增) | 基本分值 | 加分项分值 |
|---|---|---|---|---|
| 3.1 | 政策与法制保障 | | 30 | 15 |
| 3.1.1 | | 政策保障 | 0—20 | 10 |
| 3.1.2 | | 法制保障 | 0—5 | 0—5 |
| 3.2 | 章程与规划 | | 10 | 5 |
| 3.2.1 | | 图书馆章程 | 0—5 | |
| 3.2.2 | | 地方发展规划中的图书馆条款 | | 0—5 |
| 3.2.3 | | 图书馆“十三五”规划制订与实施 | 0—5 | |
| 3.3 | 经费保障 | | 70 | 40 |
| 3.3.5 | | 经费结构 | 0—5 | |
| 3.4 | 文献资源保障 | | 55 | 45 |
| 3.5 | 图书馆建筑设施保障 | | 35 | 20 |
| 3.5.2 | | 功能适用性 | 0—20 | 0—10 |
| 3.6 | 信息基础设施保障 | | 70 | 5 |
| 3.6.6 | | 智能化管理 | 0—10 | |
| 3.7 | 人员保障 | | 30 | 20 |

# 3　城市定位与副省级城市图书馆发展方向

## 3.1　城市定位的内涵、作用与原则

城市定位是根据自身条件、竞争环境、需求趋势等及其动态变化，在全面深刻分析有关城市发展的重大影响因素及其作用机理、复合效应的基础上，科学地筛选城市地位的基本组成要素，合理地确定城市发展的基调、特色和策略的过程。其含义是通过分析城市的主要职能，揭示某个城市区别于其他城市本质的差别，创新个性化的城市形象，抓住城市最基本的特征，引领自身发展的目标、占据的空间、扮演的角色、竞争的位置。从内容上来分析，城市定位由定性、定向、定形和定量四个方面所组成。“定性”是指确定城市的性质，“定向”是确定城市的发展方向，“定形”是指城市形象的确定，“定量”是指从数量的角度给城市发展以某种形式的标定。

城市定位的作用包括：一指城市定位是城市发展和竞争战略的核心。科学和鲜明的城市定位，可以正确指导政府活动、引导企业或居民活动、吸引外部资源和要素，最大限度地聚集资源，最优化地配置资源，最有效地转化资源，最有效地制定战略，最大化地占领目标市场，从而最有力地提升城市竞争力。二指城市定位是城市营销和品牌建立的基础。城市定位既是城市品牌营销的前提，也是建立城市品牌的基础，还是塑造良好城市品牌的核心性要素。

城市定位的原则：一是遵从独特性原则，城市定位应该有鲜明的个性，城市特色是城市内在素质的外部表现，是地域的分野、文化的积淀，城市定位的个性可以从历史文脉、名胜古迹、革命传统、自然资源、地理区位、交通状况、产业结构以及自然景观、生态环境、建筑风格等诸多方面去发掘培育，讲究创意和标新立异；二是遵从美誉性原则，城市定位的美誉性、生动性越强，就越易进入人们的视野和头脑，越能增强城市的凝聚力、吸引力和辐射力；三是遵从连续性原则，科学的城市定位一旦确定，就必须在较长的一段时间内保持不变，并坚定不移地去贯彻、宣传和实施。

## 3.2　十五城市总体规划中的城市定位与人文目标

笔者通过对十五个副省级城市发展规划的系统调研，梳理出各自城市的发展定位与人文目标。

| 城市 | 城市发展定位与人文目标 |
| --- | --- |
| 长春 | 吉林省省会，东北地区中心城市之一，国家重要工业基地城市 |
| 成都 | 四川省省会，国家历史文化名城，国家重要的高新技术产业基地、商贸物流中心、综合交通枢纽，西部地区重要的中心城市，突出人文景观与自然景观交融、古城风貌与现代文化辉映的特色 |
| 大连 | 北方沿海重要的中心城市，港口及风景旅游城市，东北亚国际航运中心，突出山、海、岛、城有机交融的城市风貌 |

续表

| 城市 | 城市发展定位与人文目标 |
| --- | --- |
| 广州 | 广东省省会，国家历史文化名城，我国重要的中心城市，国际商贸中心，综合交通枢纽，构建传统格局、时代风貌和岭南特色有机融合的城市 |
| 哈尔滨 | 黑龙江省省会，东北地区重要的中心城市，国家重要的制造业基地，国家历史文化名城，突出北国江城和国际冰雪文化名城的特色 |
| 杭州 | 浙江省省会，全省经济、文化、科技中心，长三角中心城市之一，美丽中国先行区，突出城湖合璧、山水城相依、人文景观与自然景观互映的特色风貌 |
| 济南 | 山东省省会，国家历史文化名城，环渤海地区南翼的中心城市，突出“山、泉、湖、河、城”有机结合的特色风貌 |
| 南京 | 江苏省省会，东部地区重要的中心城市，国家历史文化名城，全国重要的科研教育基地，综合交通枢纽。彰显文化古都、滨江城市、人文绿都风貌 |
| 宁波 | 东南沿海重要的港口城市，长三角南翼经济中心，国家历史文化名城，突出“江、河、湖、港、桥”独特风貌，集江南水乡与现代港城于一体 |
| 沈阳 | 辽宁省省会，东北地区中心城市，国家先进装备制造业基地，国家历史文化名城 |
| 武汉 | 湖北省省会，国家历史文化名城，中部地区的中心城市，全国重要的工业基地、科技基地，综合交通枢纽，突出江河交融、湖泊密布的特色 |
| 西安 | 陕西省省会，国家重要的科研教育和工业基地，西部地区重要的中心城市，国家历史文化名城，世界著名古都，统筹协调古代文明与现代文明的发展 |
| 厦门 | 国家经济特区，东南沿海重要的中心城市，港口及风景旅游城市，突出山水相融、城景相依的海湾城市特色 |
| 深圳 | 国家经济特区，全国性经济中心城市，国际化城市 |
| 青岛 | 沿海重要中心城市和滨海度假旅游城市，国际性港口城市，国家历史文化名城，形成集山、海、城于一体的空间格局 |

通过十五城市发展定位与目标的梳理分析，我们认为：上述城市综合实力与发展潜力可观，大多具备综合服务、产业集群、物流枢纽、开放高地、人文凝聚等项功能，属于国家区域中心城市，肩负着引领区域内其他城市协调发展、为促进区域经济社会发展和缩小地区之间发展水平差距的重要职责。

### 3.3 副省级城市图书馆的发展方向与目标

副省级城市图书馆作为具有特殊地位的城市公共图书馆，是当下我国城市公共文化服务体系的重要组成部分，是建设、传播先进文化的重要载体和阵地。副省级城市图书馆系统所在省域范围内具备或履行部分省馆职能的图书馆，更是所在城市的文献资源保障中心与信息知识服务中心。“十三五”及今后一个时期，副省级城市图书馆似应围绕城市总体规划与发展目标，在国家和省市文化发展方针政策的指导下，针对城市人文资源系统开发与智慧城市建设服务等重点领域，充分发挥各自在资源、人才、管理、服务、研究等方面积累的特色优势，在城市公共文化服务提档升级、优化总分馆布局与终端服务、强化城市区域与城市群之间资源共建共享、传承保护城市文脉与创新文化服务方面，走在全国公共图书馆事业的前列，更好发挥中心城市图书馆的辐射带动作用。

## 4 公共文化服务新形势下副省级城市图书馆的发展对策

### 4.1 以《公共文化服务保障法》实施为要领，增强副省级馆核心竞争力

由全国人大常委会表决通过的《公共文化服务保障法》于2017年3月1日正式施行，作为我国公共文化领域一部基础性、全局性、基本性的重要法律，对于统筹推进公共文化服务体系建设、盘活包括图书馆在内的现有公共文化服务存量资源、提高公共文化设施利用与综合服务效能、推进公共文化服务供给制度化、促进协同合作融合发展，意义非凡。以副省级图书馆为中坚的城市公共图书馆，作为全国公共图书馆系统的重要组成部分，在更加自觉地强化服务意识与法律意识、健全图书馆服务规范、高效运用信息技术实施服务转型升级、以"互联网+"理念实现服务创新与跨界融合方面，理当勇于实践和开拓。当前应以迎接第六次全国公共图书馆评估定级工作为切入点，对照标准，努力提升图书馆管理与服务水平，以评促管、以评促用，强化各级政府文化建设与管理的责任担当，达到以评促建的目标。为此，副省级馆需在现有工作基础上，努力对接政府文化管理职能与方式的转变，以《公共图书馆法》立法进程为呼应，深化法人治理结构改革与绩效管理，明确工作与职能定位，在城市图书馆数字化建设与服务、书香城市建设与全民阅读推广、完善区域图书馆总分馆服务体系、探索社会化合作、实施精准服务等方面不断进取，在与时俱进的历程中进一步增强自身的核心竞争力。

### 4.2 副省级城市图书馆创新发展需要考虑的要素

(1)对于城市图书馆发展相关的法规与政策的认知与把握，明确发展趋向，即以数字化、社会化、专业化、体系化为抓手，迈向公共服务的均等化目标。

(2)城市图书馆始终坚守读者为本、精准服务、技术为先的理念，以信息化培育新动能，以全域服务构建图书馆服务链。

(3)城市图书馆应注重特色立馆与错位发展，特别要正确处理好省域内与省馆之间在功能互补与职责分工上的关系，以达到互补共赢的效能。

(4)强化城市图书馆服务共同体的职能，积极探索城市图书馆总分馆体系及区域服务联盟建设。

(5)保持开放包容的心态，继续学习与借鉴，立足实际形成自身特色的服务品牌与系列产品，彰显城市图书馆在智慧城市与人文城市建设中的价值追求。

(6)加强城市图书馆社会化办馆的实践探索，在合理布局的基础上深化特色主题馆的内涵建设，依托社会专业服务体系从效能入手推进通用服务项目的社会化外包，调动和发挥图书馆理事会或基金会的作用，实现图书馆管理的社会化。

(7)适应城市化转型的要求，在发展方向、服务边界、使命功能上参与社会问题的解决，帮助各阶层群体对城市公共生活的理性对话与交流，发挥城市公共空间的社会功能。

**参考文献**

[1]全国十五城市公共图书馆概况表(2016年度).第29届全国十五城市公共图书馆工作研讨会交流材料汇编[内部资料],2017.

[2]中国图书馆学会.第29届全国十五城市公共图书馆工作研讨会通知[EB/OL].[2017-02-17].http://mt.sohu.com/20170519/n493644126.shtml.

[3]文化部公共文化司.文化部办公厅关于开展第六次全国县级以上公共图书馆评估定级工作的通知[EB/OL].[2017-01-05].http://blog.sina.com.cn/s/blog_171eb1d0a0102xdg3.htm.

[4]城市定位[EB/OL].[2017-01-05].http://baike.sogou.com/v57882361.htm.

[5]国务院关于大连市城市总体规划的批复[J].中华人民共和国国务院公报,2004(9).

[6]中国人大网.中华人民共和国公共文化服务保障法[EB/OL].[2016-12-25].http://www.npc.gov.cn/npc/xinwen/2016-12/25/content_2004880.htm.

# 地方文献工作在评估标准中的指标设定及比较分析研究

赵　靖(哈尔滨市图书馆)

## 1　引语

地方文献工作是图书馆一项重要工作,某种程度上代表着图书馆的一定实力。在图书馆评估标准中,有关地方文献相关工作也作为一项重要指标对各个图书馆进行考核,其目的自然是让图书馆明确地方文献工作的意义,明确地方文献的内涵及收藏、整理、利用等一系列地方文献工作流程,加强图书馆特色馆藏建设。

### 1.1　地方文献概念及范围

什么是地方文献,其范围与概念是什么,学者们有多种描述,笔者认为有两种观点值得重视,一是杜定友先生的观点,他对地方文献提出明确的概念、范围,并把地方文献作为一种重要的文献资源而加以单独收藏、保管。杜定友先生认为:地方文献是指有关本地方的一切资料,表现于各种记载形式的如图书、杂志、报纸、图片、影片、画片、唱片、拓本、表格、传单、票据、文告、手稿、印模、簿籍等等”。在地方文献的范围方面,杜定友阐述为“地方文献包括三部分:史料、人物、出版”。史料的范围是:“关于本地方的一切情况的记载,包括过去和现在的,如:史地、文教、经济等,特别是当时的新鲜事物,政治上、经济上的最近成就,党和政府的指示和决议”[1]。另一种是金沛霖先生在《图书馆地方文献工作》一书中提出:“狭义的概念是指内容上具有地方特点的一切出版物(无论出版形式、出版地和出版物的载体如何),只要反映本地社会政治、历史、地理……即使零张散页,也在收藏之列,而地方人士著作和地方出版物,内容上无地方特色的,则不应作为地方文献处理”[2]。笔者认为,杜定友先生的观点，能够对什么是地方文献从更为广泛的角度，有一个深刻的认识；而金沛霖先生的提法使从事地方文献工作者，在工作实践中更能够有所遵循，容易把握，具有可操作性。

### 1.2 图书馆相关法规中收藏地方文献的规定及评估标准中的设定

文献信息资源是公共图书馆赖以生存并提供服务的保证，其中地方文献资源占据着不可或缺位置，它存在意义深远，一定程度上代表着公共图书馆馆藏实力和馆藏特色，亦是承载着继承地方文化遗产，展现地域特色功能，是地域历史文明轨迹的记忆。

地方文献的重要性，从图书馆法、各省颁布的图书馆法规、条例中可见一斑。《中华人民共和国公共图书馆法（征求意见稿）》中第二十一条规定："……政府设立的公共图书馆应当完整系统入藏地方文献，保存和传承地方文化。"另外，各省、市、直辖市如上海、深圳、内蒙古、湖北、河南、浙江、广西、四川、江苏以及广州市等所发布的图书馆相关法规、管理办法，把入藏地方文献，保存地方文献连续性等内容写进法条，以显示地方文献的收集、保存对图书馆的馆藏资源的重要性。

公共图书馆评估到今年已实施第六次了（包括2017年度的），考查第四次、第五次、第六次评估标准中，地方文献的考核标准的设定是必备项目，而且分值有逐步增加趋势。

下面就近三次评估标准中涉及地方文献内容的设定，来分析与评价图书馆对于地方文献相关工作的引导力度。

## 2 近三次评估中地方文献标准的比对及分析

### 2.1 呈缴制度设定

呈缴本制度，又称出版物呈缴制度、缴送制度，是指一个国家或地区为完整的收集和保存全部出版物，要求所有出版者必须向指定的图书馆或出版主管机关呈缴一定份数的最新出版物的制度[3]。

下面是三次评估标准中呈缴制度设定：

2009年省级图书馆评估标准中有关呈缴制度执行情况的规定：

| | | | | |
|---|---|---|---|---|
| 222 | 呈缴制度与执行情况 | 呈缴制度<br>执行情况 | 0—2<br>0—3 | 1. 指在地方法规或政策中有出版社向省级图书馆呈缴出版物的规定<br>2. 提供有关呈缴制度文本<br>3. 提供执行情况报告 |

2013年省级图书馆评估标准中有关呈缴制度执行情况的规定：

| | | | | |
|---|---|---|---|---|
| 342 | 呈缴制度与执行情况 | 呈缴制度<br>执行情况 | 0—2<br>0—2 | 1. "呈缴制度"项主要考查所在地是否制订本地出版社向省级图书馆呈缴出版物的行政法规或政策文件，应提供相关政策文本<br>2. "执行情况"项需达到《公共图书馆服务规范》中"呈缴本征集的品种、数量应达到地方正式出版物的70%以上"的要求方可得分 |

2017 年省级图书馆评估标准中有关呈缴制度执行情况的规定：

| | | | | | |
|---|---|---|---|---|---|
| 3.1.3 | 呈缴制度与执行情况 | 0—5 | 基本分项包括：<br>(1)呈缴制度,2 分;<br>(2)执行情况,3 分 | A3113 | 1. 呈缴制度主要考查所在地是否制订本地出版社向省级图书馆呈缴出版物的行政法规或政策文件,提供相关政策文本<br>2. 执行情况需达到《公共图书馆服务规范》中"呈缴本征集的品种、数量应达到地方正式出版物的 70% 以上"的要求,70%—79% ,2 分;80% 及以上,3 分 |

从上面三次评估标准可以看出,我国图书馆界的评估,是非常重视地方文献的累积程度,从地方文献源头就已经开始收藏,此处呈缴制度所指的地方文献是一个广义的地方文献范围,但至少这样将地方文献公开出版的掌控在图书馆收藏范围内。评估标准中不仅有呈缴制度,而且设定执行情况的量化指标,可见考查执行情况趋向重于具备呈缴制度本身。

IFLA 的《法定缴送立法准则(修订版)》(*Guidelines for Legal Deposit Legislation*)指出呈缴制度建立的意义在于:第一,保存国家文化遗产;第二,保障公民自由利用信息资源的民主权利[4]。所以,呈缴制度指标设定,就是为了保证本地区地方文献能够保存在图书馆中,保存了本地区的文化遗产,文化遗产的存留是研究地域前尘往事、历史文化的重要渠道。呈缴制度是地方文献工作的基础,是保证图书馆地方文献收藏体系建立的第一步工作。

## 2.2 地方文献入藏情况

入藏情况的设定,主要考察地方文献入藏状况的质量与数量。三次评估标准中入藏情况如下:

2009 年省级图书馆评估标准中有关地方文献入藏情况的规设定:

| | | | | |
|---|---|---|---|---|
| 2231 | 地方出版物入藏种数/地方出版物种数(%) | 95↑<br>90↑<br>80↑ | 5<br>3<br>2 | 指正式出版的书、刊、报。不含中、小学教科书、辅导资料、单幅画。提供 2008 年地方出版物目录 |

2013 年省级图书馆评估标准中有关地方文献入藏情况的规定:

| | | | | |
|---|---|---|---|---|
| 334 | 地方文献入藏完整率(%) | 95↑<br>90↑<br>80↑ | 5<br>3<br>2 | 1. 计算方法:(地方文献入藏种数/地方文献出版物种数)×100<br>2. 指正式出版的书、刊、报,不含中、小学教科书、辅导资料、单幅画。提供前一年地方出版物目录<br>3. 提供上一年度本省出版社的出版目录(含纸质印刷型图书、期刊、报纸,电子文献、视听文献等)<br>4. 提供上一年度入藏的本省出版物出版社 |

2017 年省级图书馆评估标准中有关地方文献入藏情况的规定：

| | | | | | |
|---|---|---|---|---|---|
| 2.4.2 | 地方文献入藏 | 0—15 | 基本分项包括：(1)方志、谱牒类入藏，5 分；(2)地方出版物类(本地出版的书、刊、报，不含中、小学教科书和辅导资料)入藏，5 分；(3)本地生成的内部资料入藏，5 分 | A2057 | 1. 主要考察各类地方文献入藏的数量与质量，包括品种、载体和文献价值<br>2. 本地生成的内部资料入藏包括本地编辑印刷的材料、各种交换资料、各机构资料、会议资料、图片照片、手稿、音频视频文件、档案文件等<br>3. 提供本馆地方文献目录 |

从以上入藏情况看，有以下几方面变化：①评估标准中要求地方文献入藏类型日趋细致，在文献的品种、载体和文献价值方面有所要求，要求有方志、谱牒类入藏，这一规定映射到实际工作中，要求采访人员具备专业的地方文献知识，掌握地方文献的范围，深入了解每一种地方文献大致内容；②考察标准越来越严谨，不仅有收藏数量上的要求，而且需要提供馆藏地方文献目录；③除了对正式出版物的考量，增加了对内部资料入藏要求，而且类型细致入微；④分值上的变化，分值由 10 分增至 15 分，表明图书馆界对于地方文献工作整体要求越来越细化，也突出其特色馆藏的地位。

### 2.3 地方文献数据库建设

地方文献数据库建设的要求，是伴随着技术发展而生的。不仅需要技术手段、设备，而且需要懂技术的人才。评估标准中要求的关于地方文献数据库建设设定，其更深层的意义在于对图书馆整体财政、设备、人员的要求。

2009 年省级图书馆评估标准中有关地方文献数据库的规定：

| | | | | |
|---|---|---|---|---|
| 2232 | 地方文献数据库 | 书目数字化 100%<br>全文<br>多媒体 | 4<br>0—3<br>0—3 | |

2013 年省级图书馆评估标准中有关地方文献数据库的规定.

| | | | | |
|---|---|---|---|---|
| 373 | 地方文献数据库建设 | 建设内容<br>建设规模 | 0—5<br>0—5 | 1. 建设内容考查其选题规划情况<br>2. 建设规模考查其可用数据库存数量及其容量 |

2017 年省级图书馆评估标准中有关地方文献数据库的规定：

| | | | | | |
|---|---|---|---|---|---|
| 2.4.3 | 地方文献数据库建设 | 0—10 | 基本分项包括：(1)建设内容，考查其选题规划情况，4 分；(2)建设规模，考查其可用数据库数量及其容量，6 分 | A2058 | 1. 地方文献数据库包括书目数据库、全文数据库、多媒体数据库等<br>2. 地方文献数据库数据须达到按月更新 |

上述标准中在 2009 年要求是书目数字化达到 100%，有全文数据库和多媒体数据库即可得满分；4 年之后，科学技术发展水平更进一步，2013 年标准要求更进一步，考查地方文献选题规划情况同时，要求数据库数量与容量数据；到了 2017 年数据库建设的标准提出了一个按月更新规定，也就是要求图书馆在地方文献馆藏、地方文献人才等方面、数据库建设以

及承载数据系统等一系列配备上，能够形成良性运转，地方文献数据库建设应该已经成为图书馆一个工作常态。

### 2.4 新增项目

2017年省级图书馆评估标准增加了地方文献工作组织一项评估内容，分值设定10分，主要涵盖地方文献专门人员、专藏、专门服务、地方文献研究以及有研究成果。

2017年省级图书馆评估标准有关地方文献工作组织的规定：

| | | | | | |
|---|---|---|---|---|---|
| 2.4.1 | 地方文献工作组织 | 0—10 | 其中分项包括：(1)有专门组织机构和人员，1分；(2)有专门工作计划并实施，1分；(3)有图书馆自行采集的地方图片、地方音视频文献和地方档案，1分；(4)有地方文献专藏并管理，2分；(5)地方文献编目加工整理，2分；(6)开展地方文献对外服务，2分；(7)有地方文献研究，1分 | A2056 | 1. 地方文献编目加工整理包括各种地方文献目录索引、地方文献资料汇编<br>2. 有地方文献研究指图书馆开展了针对整个区域地方文献或具体的某件地方文献的专门研究，且有研究成果 |

本项标准是开展地方文献工作的基础之一。这项标准主要是针对各个图书馆开展地方文献工作状况的评估，项目设定相对细致，大致涵盖图书馆地方文献工作的各个方面，尤其是提出了图书馆开展针对整个区域地方文献或具体某件地方文献的专门研究，而且要有研究成果。也就是说，今后对地方文献工作的要求上，不仅仅是停留在对于地方文献收藏、提供服务上，更是要求图书馆对本地区地方文献进行学术性质的研究，为本地区地域文化提供深层次服务。

### 2.5 评估标准中涉及地方文献工作的方面

在2017年评估标准中，第二部分业务建设中关于馆藏专项规划中，含有地方文献专项规划。这说明图书馆地方文献工作，已经成为图书馆馆藏结构中的重要组成部分。

2017年省级图书馆评估标准中有馆藏专项规划的规定：

| | | | | | | |
|---|---|---|---|---|---|---|
| 2.1 | 馆藏发展政策与馆藏结构 | 30 | 10 | | A2036 | |
| 2.1.2 | | 馆藏专项规划 | 0—5 | | A2036 | 含有关数字资料、地方文献等方面的专项规划 |

## 3 关于评估标准中地方文献工作设定的评价及思考

评估标准的设定，是站在整个国家图书馆发展水平最高度，结合各省市图书馆实际工作水平来认定，应该具有前沿高度和普遍性相结合的特点，同时，有关地方文献相关标准的设定，也是结合了我国一些相关法律法规和政策而制定的，所以，在一定程度上能够评定出图书馆在地方文献工作上的发展程度和水平，并对今后各个图书馆开展地方文献工作具有引导作用。

纵观这三年的评估标准，对于地方文献工作项目的变化最大的是 2017 年：分值增加，开展工作要求更为细致，要求标准也在提高，对地方文献的研究并且伴有研究成果，其重视地方文献的程度不仅仅是提供文献服务那么简单，而是要求从事地方文献的工作人员本身就应该是地方文献的研究专家、学者。这种要求的方向是正确的，因为随着现代化技术手段越来越先进，人们获取信息的手段也越来越方便、快捷，各个图书馆提供的信息资源应该相差不多，只有地方文献资源以及其他特色资源才能够代表个体图书馆的特色，加大对地方文献资源收集、开发的力度自然是未来图书馆发展应该重视的方向，也是使图书馆具有本馆特色，具有地域特色的途径之一。

但是在地方文献实际工作中，由于地方文献产生过程的复杂分散，文献形式多样性、各个地域各具特色性等特点，在收集、整理、保存、开发利用等方面很难形成统一标准，这势必会给作为评估的统一标准制定带来一定困难，完备、真实考查图书馆的地方文献工作的真实水平也非易事。

那么，从评估标准中看出，一些有关地方文献工作方面的问题应该引起我们思考：

（1）呈缴制度的问题。呈缴制度一项的设定与地方文献概念的交错，呈缴制度规定是出版社呈缴所出版文献，这些出版物在内容上涉及各种领域，包括地方内容，是一个广义上的地方文献范围；前大多数图书馆所收藏地方文献，指的是内容上涉及本地区的，而涉及本地区内容的文献的出版，并不仅限于本地区出版社，其他省市的出版社，抑或是国外出版公司也会出版某一地域文献[5]。

（2）地方文献有大量的内部出版物，其产生在政府机关、科研、经济、文化教育以及个体研究者等领域，这部分文献在 2017 年评估标准中 2.4.2 项中"本地生成内部资料入藏"作为考察项目之一，可以说是一个重要指标。内部资料是最为难以收集到，许多内部资料收藏的方式及途径不甚明确，需要从事地方文献的工作人员长期的工作经验中总结出来。希望能够通过评估定级来促成制定对于内部资料呈缴相关法规条例，这也是评估定级的意义所在。

（3）公共图书馆是否设有地方文献专项经费也应该作为一项评价指标，虽然公共图书馆每年都拿出相当一部分经费去购买地方文献，2017 年评估标准中 2.1.2 一项中馆藏专项规划中就包括地方文献，这已经是很大进步，但评估标准中没有明确说地方文献经费每年应该占有馆年购书经费比例，这也是一种缺憾。

北大信息管理学院教授刘兹恒在总结归纳图书馆未来发展十大趋势时曾说："……因为未来图书馆能够生存的根本原因是其有自己特有的资源……而唯一具备竞争力的就是地区或地域的特色资源建设，这是图书馆独有的，相对成本最低的一种资源。因此，城市或区域的特色资源建设就成为图书馆生存发展的原动力。特色资源的采集、加工、整理工作将越来越受到重视。"[6]地方文献是图书馆特有资源之一，每个图书馆的地方文献的地域特色都是其他图书馆无法替代的。图书馆应肩负起这一重任，收集、保存、整理、加工、利用地方文献，为地域后来人保存有历史文献与资料，让人们了解本地区历史、研究本地区历史，使本地域有历史传承底蕴，更好地发展区域经济，振兴区域文化。

## 参考文献

[1]盛功平. 杜定友图书馆学术思想研究综述[J]. 安徽工业大学学报(社会科学版),2004(7).
[2]金沛霖. 图书馆地方文献工作[M]. 北京:北京图书馆出版社,2000.
[3]中国大百科全书总编辑委员会. 中国大百科全书图书馆学、情报学、档案学[M]. 北京:中国大百科全书出版社,2004.
[4]周淑云,伍丹. 论我国地方性图书馆立法关于出版物呈缴制度的规定[J]. 图书馆建设,2016(5).
[5]袁逸. 论地方文献评估体系的建立[J]. 中国会议,2001(11).
[6]刘兹恒. 图书馆发展的十大趋势[N]. 中国出版传媒商报,2016-04-08(1).

# 表演艺术手段在现代公共图书馆阅读推广中的运用研究

王恺华(杭州图书馆)

现代公共图书馆,是一个包含有学习、灵感、交流等内容的综合空间,和表演艺术息息相关。公共图书馆的表演空间,是一个基于表现自我、展示美,通过表演而达到创新目标、推广阅读的空间。在这里,读者可以自由、开放地宣扬个性,表达情感,思考人生,寻找良知。

发挥表演艺术在图书馆阅读推广中的重要作用,对开拓表演艺术和全面阅读都有着特别重要的意义,为两者走向共同繁荣打开新的思路。中外公共图书馆在阅读推广过程中越来越重视表演艺术所发挥的作用,用广义的表演艺术手段来推广全民阅读,拓展公共图书馆的生存空间。

本文希望通过国内外案例的搜集整理,为公共图书馆工作开拓新的思路,即在现代公共图书馆阅读推广过程中运用表演艺术这一载体,既能使阅读推广工作从形式到内容都焕发新貌,促进全民阅读,让图书馆成为读者心灵的呵护者。

## 1 表演艺术与阅读推广的横向关系

表演艺术作为公共文化的重要组成部分,包含剧本创作改编、导演、舞台美术、音乐等方方面面。这里所指的表演,是广义的表演,不单是戏剧,还包括音乐、歌舞、合唱等。美国表演艺术理论和教育家理查德·谢克纳教授曾这样表述:什么是表演,什么是人类表演学?中文的"表演"是狭义的表演,人类表演学的表演是广义的表演,即"无时无地都在表演"。人类表演学具有"存在、行动、展示行动和对展示行动的解释"等四个要素,其中前三个环节的行动就是人类表演学的表演。他形象地指出:当我仅仅在街上走路的时候,我不是在表演,但当我走给你们看的时候,这就是表演,我在表演走路。街上有很多人并不是有意识地展示走路,但是因为有你或者很多人在看,那么你和那些看的人就把他们的走路变成了表演。就像许多拍纪录片的人和许多画家,他们就把一些本来不是表演的东西变成了表演。这样一来，表演艺术就更加具有公共性，成为公共文化不可或缺的一员。随着公共图书馆开放程度的加大，表演艺术与公共图书馆的结合就越来越紧密。

# 2 国外公共图书馆将表演艺术运用于阅读推广实例

## 2.1 作为艺术中心的公共图书馆

图书馆的价值要在艺术层面上有所体现时，其馆藏资料与服务样式必须是多种多样的，它需要囊括与艺术有关的一切活动，包括欣赏、创作、享受、普及等。艺术是昂贵的，但培植艺术的土壤应该是无限广袤的。把艺术植入最平民化的图书馆，让它被最广泛的民众充分享受，唯有如此，艺术的生命力才能获得深度的体认和支撑。

在面对表演艺术这样一个居于较高层次的艺术门类时，纽约表演艺术图书馆[1]和新加坡滨海艺术中心图书馆[2]为世人做出了榜样，即图书馆只有以尊重艺术本身的态度来重新设计自己，才能将“艺术”所具备的超强号召力发挥到极致。

我们可以通过下表来简单了解下这两个作为艺术中心的公共图书馆概况：

**表　纽约表演艺术图书馆和新加坡滨海艺术中心图书馆概况**

| 图书馆 | 纽约表演艺术图书馆 | 新加坡滨海艺术中心图书馆 |
|---|---|---|
| 成立时间 | 1956 年 | 2002 年 |
| 坐落地址 | 林肯中心 | 新加坡滨海艺术中心 |
| 行业特色 | 纽约公共图书馆 4 个特殊科研分馆之一 | 新加坡第一个表演艺术图书馆 |
| 建设特色 | 媒体时评摘要：<br>“林肯中心的隐形宝石”<br>“学者们习惯了传统的音乐和剧院收藏中倾斜和阴郁的部分，新的环境看上去像一个梦幻般的珊瑚塔。”<br>“这座民用房屋安静的、慷慨的、干净的氛围和打造让表演艺术触手可及的环境的理念，能够让纽约市民为之喝彩。” | 新加坡滨海艺术中心图书馆位于艺术中心的三楼，2300 平方米。整个图书馆洋溢在一种慵懒的艺术味道里面。透过落地窗可以看到的最具新加坡式的风景：鱼尾狮以及周围新加坡河口的摩天大楼 |
| 开放程度 | 对音乐家、音乐学者和普通的音乐爱好者全面开放。林肯中心其他场馆的表演都需要付费观看 | 对音乐家、音乐学者和普通的音乐爱好者全面开放。艺术中心内有音乐厅、剧院、演奏厅和排练室，还有户外表演空间 |
| 馆藏与活动 | 拥有世界上最珍贵的研究馆藏资料，包括音乐、舞蹈、戏剧和录音。提供的任何服务都与其主题相关，各类展览和表演活动，其运营资金来源于捐赠款、基金和市/州政府拨款 | 不仅提供国内收藏表演艺术最为丰富的资源，而且提供表演空间，不定时举办一些形式丰富多样的艺术领域活动和展览，对新加坡表演文化艺术的发展提供了强有力的支撑 |

续表

| 图书馆 | 纽约表演艺术图书馆 | 新加坡滨海艺术中心图书馆 |
|---|---|---|
| 经典案例 | 2013 年 4 月，与 Smithsonian Institution Traveling Exhibition Service 合作，策划一个名为"American Sabor"的展览。该展览最初由 EMP 发起，并由 Smithsonian Institution Traveling Exhibition Service 负责组织筹办，相关项目由福特汽车公司基金运作。截至 2015 年将在 13 个城市巡展 | 2009 年 6 月，与新加坡一家音乐剧公司合作创立音乐鉴赏俱乐部。每两个月的周五晚上 7 点至 8 点举办一次面向普通人群的音乐鉴赏活动。以促进理解和欣赏结合了音乐、戏剧、舞蹈元素的音乐剧这种艺术形式，艺术家、有抱负的演员，以及广大市民，可以借此机会与音乐艺术家来个亲密接触，以展示自己的艺术才华 |

## 2.2 重视表演空间的社区图书馆

建成于 2004 年的泰国知识公园[3]，其目标实是成为未来知识的源头。知识公园缘起于"真人图书馆"这一概念，它不只是一个放置图书的空间，更是一个交互的互动学习空间。

泰国知识公园由多种不同功能的区域组成，其中与表演有关的是：

迷你剧场——一个电影放映的场地，在这里可以体验观看不同电影的乐趣，这里放映的电影包括故事片、短片以及由有抱负的电影制作人制作的动画。用户还可以跟专家和演讲者互相交流想法和知识。

公开广场——配有灯光和音响系统，是一个公开场地，让所有年轻人和专业表演者在舞台上展示他们创意表演。

学习礼堂——一个灵活的学习场所，定期举办各种活动，如研讨会、工作坊及表演等。

泰国知识公园举办过很多重大活动项目，提倡不同层面的阅读和学习，方法正是从多样化的推广活动和创意教学法这两方面着手，旨在推广多元化的学习模式。他们会定期在公园里组织各式各样的舞台表演，其中以音乐表演最为热闹。表演从泰国古典音乐到西洋音乐都有，这些歌曲都是由年轻人与音乐爱好者以泰国知识公园的名义，兼任词曲编排和歌曲演唱。

一直以来，泰国知识公园都被视为泰国政府已经承担实施最成功的推广学习项目之一。

## 2.3 表演艺术元素的多形式体现

### 2.3.1 莫斯科涅克拉索夫图书馆的圣诞狂欢

2014 年 12 月 20 日，莫斯科涅克拉索夫图书馆[4]策划的圣诞庆祝活动，是从魔术创新大师和为节日联欢准备了面具、礼物、明信片、玩具的志愿者助手们的表演开始的。

新年印象大师团队展示了大学生娱乐作品"别墅里的圣诞树"，圣诞老人和雪姑娘为小孩子带来了和声表演、歌曲献唱、团体游戏等节目，而图书馆为成年人带来了"大海感动了一次"的改编电影及舒金戏剧学院天才学生创作的"文学世界的十字路口"幻想秀。

### 2.3.2 英国国家图书馆的 HOMOFONIA 行为艺术活动

英国国家图书馆[5] HOMOFONIA 活动开始于 2005 年，是由其图书馆学习小组第二皮尔森创意研究会会员 Ming Wong 发起的。

作为一个艺术家，Ming 探索表演、语言、移动图像和文化认同。在他学习期间，他的研究集中在英国国家图书馆声音档案的录音方面，特别是那些荒谬的语言。他感兴趣的材料包括：作者们解读实验文学的历史录音，或著名配音演员的配音材料；20 世纪 70 年代录制的诗朗诵；英国喜剧演员片段；英译外文文本等。他主要聚焦于基于材料“捕捉意义”：只有当听见或用永远带有模棱两可的、难以捉摸的语意大声朗读时才能体现的意义。

在 HOMOFONIA 的首场活动，Ming Wong 设计了一个交互式现场艺术活动。年龄在 12 岁到 70 岁的 8 个特色演员变成了“人类的老式留声机”，他们表现作品的灵感来自于荒谬的录音——专门收集自戏剧和文学的声音档案。该活动是一个试图将当时原本是录音数据的声音赋予生命，给予其人类的声音。

## 3 表演艺术与公共图书馆的跨界共赢

如何进一步拓宽、拓深表演艺术与公共图书馆阅读推广的合作，充分发挥表演艺术在公共文化建设中的作用，这是值得深入探究的课题。事实上，国内公共图书馆也已日益认识到，加强表演艺术空间的建设对于启迪心智，陶冶情操具有不可替代的功用，是进行阅读推广的重要手段。

近年来，杭州图书馆以“加强公共文化服务的意识，加强为群众服务的意识，加强为基层馆站服务的意识”为主导思想，强化公益性服务，在表演艺术与阅读推广的跨界融合上做出了许多突破性的动作，主要表现在三个方面：

### 3.1 优秀表演艺术活动的引进

近年来，廖昌永、李云迪、郑京和、陈萨、曹通一、陈祥文等国际艺术大师都曾前后在杭州图书馆为市民读者进行音乐讲座和音乐表演。市民音乐普及班让市民学员与专业乐团的乐手们面对面，一边讲解一边演奏的教学方式得到了参与者的极大好评。

### 3.2 业余表演艺术的培训

通过馆员专业知识结构体系的不断完善和充实，“杭州市民合唱团”“市民剧社”等品牌活动陆续启动，由专业馆员担当主力，为市民读者提供各类表演艺术的培训；“咏秋社”“市民民乐团”充分体现了让读者参与图书馆业务建设，让读者自主完成社团管理、社员招募以及日常培训。

### 3.3 自有团队的表演艺术创作和演出

杭州图书馆音乐分馆新年音乐会、市民合唱团汇报演出、咏秋社年度大戏，这些都是杭州市民无比期待的公益性文化活动。其中，杭州市民合唱团先后获得 2013 年布达佩斯国际合唱节金奖、2014 年北京国际合唱节金奖、2016 年浙江省合唱节金奖以及“全国十佳合唱团”的称号。

### 3.4 其他与表演艺术有关的活动

“小文艺家首秀”活动为每一个有文艺专长的孩子提供了展示平台,每一个孩子都有机会成为聚光灯下的明星;“总有一种声音打动你　夏季纳凉晚会”通过搭建露天舞台的形式,为热爱唱歌、热爱表演的市民读者提供了一个展示自我才艺的平台;面向盲人读者的无障碍视听、面向外来务工人员的周末佳片欣赏,都取得了非常好的社会效益。

表演艺术在公共图书馆中的运用,给予了读者全新的到馆体验,增进了读者对图书馆的黏合度,从而直接或间接地促成了阅读推广的效用。

### 参考文献


[1]纽约公共图书馆[EB/OL]. http://www. nypl. org/.

[2]新加坡滨海艺术中心[EB/OL]. https://www. esplanade. com/.

[3]曼谷世茂中心商场[EB/OL]. https://www. bangkok. com.

[4]大英图书馆[EB/OL]. http://www. bl. uk/.

[5]莫斯科涅克拉索夫图书馆[EB/OL]. http://www. bibliogorod. ru/.


# 美国《儿童与家庭阅读报告第六版》解读及对我国公共图书馆家庭阅读推广的启示

马小翠(金陵图书馆)

阅读,是个人发展的基础,也是一个民族发展和进步的基础。在美国,儿童的阅读得到了全社会的支持,并拥有相对完善的儿童阅读推广网络。从家庭的亲子阅读,到学校的图书馆、班级阅读及书市,从社区公立图书馆的互动指导,到儿科医生的阅读促进,全方位、多角度地给儿童阅读营造了良好的社会氛围。他山之石可以攻玉,我国儿童与家庭阅读起步较晚,还没有形成体系。因此研究和分析美国儿童及家庭阅读的成功及不足之处,对我国公共图书馆推动和创新家庭阅读推广具有一定的指导意义。

## 1 《儿童与家庭阅读报告第六版》概述

为了探索儿童和家庭的阅读态度和行为,推动儿童阅读和书籍力量的对话,全球知名的童书出版、教育及传媒公司学乐出版公司(Scholastic)自 2006 年起每两年推出一版针对英语母语国家的《儿童与家庭阅读报告》,与时俱进提出一些阅读相关的问题,最新针对美国的报告《儿童与家庭阅读报告第六版》*Kids and Family Reading Report* $6^{th}$[1](以下简称《报告》)于 2017 年年初发布。

此次调研由全球Top25之一的调研公司YouGov于2016年9月19日至10月10日之间进行,参与调查的对象共2718人,包括632名0—5岁儿童的父母,1043对6—17岁儿童及其父母。调研结果涵盖了多方面的内容,如从出生开始的阅读研究,围绕儿童读物的阅读和多样性的讨论,促进暑期阅读的努力等。报告还首次关注了拉丁裔和非裔美国家庭对儿童读物的选择。

对6—17岁的儿童,《报告》用“经常阅读者(frequent readers)”“普通阅读者(moderately frequent readers)”和“偶尔阅读者(infrequent readers)”对样本进行了区分。其中经常阅读者定义为一周有5—7天为了乐趣而阅读;普通阅读者定义为一周有1—4天为了乐趣而阅读;而偶尔阅读者定义为一周里为了乐趣而阅读不超过1天的儿童。《报告》中儿童阅读的书籍不包括教辅之类的课外书。

# 2 《儿童与家庭阅读报告第六版》核心内容分析

## 2.1 儿童与家庭的阅读现状

### 2.1.1 儿童的阅读量:经常阅读者与偶尔阅读者相差五倍

数据显示,过去的一年,6—17岁的儿童平均阅读了23本课外书,其中经常阅读者为42.4本,中等阅读者17.4本,偶尔阅读者只有7.4本。经常阅读者的阅读量将近是偶尔阅读者的6倍。32%的儿童每周阅读5—7天,44%的儿童每周阅读1—4天,24%的儿童每周阅读的时间不到1天。6—17岁的孩子中,经常阅读者的比例随年龄的增长呈下降趋势。6—8岁儿童中经常阅读者的比例是47%,9—11岁为39%,而到了15—17岁则降为17%。女孩中的经常阅读者的比例要高于男孩。从图1可以看出儿童的阅读频率从2010年起相对稳定,但经常阅读者的比例多年来略有下降。

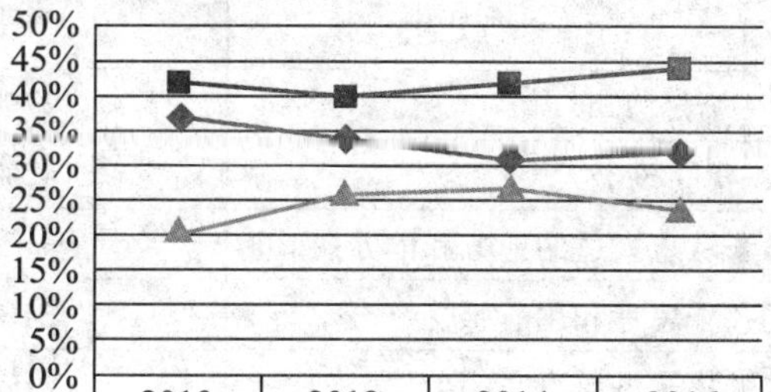


| | 2010 | 2012 | 2014 | 2016 |
|---|---|---|---|---|
| 经常阅读者 | 37% | 34% | 31% | 32% |
| 普通阅读者 | 42% | 40% | 42% | 44% |
| 偶尔阅读者 | 21% | 26% | 27% | 24% |

图1　2010年—2016年各阅读频率读者所占比重的变化

### 2.1.2 家庭童书拥有量:经常阅读者家庭是偶尔阅读者家庭的两倍多

家里有适合儿童阅读的书籍将有助于孩子们的阅读生活。《报告》证实,经常阅读者的家庭比偶尔阅读者的家庭拥有更多的儿童书(如图2所示),在低收入家庭、非洲裔美国人和西班牙裔的家庭中也存在类似的差异。数据显示0—17岁儿童家庭平均拥有104本童书,其中6—17岁的儿童中,经常阅读者家庭拥有141本,而偶尔阅读者家庭仅拥有65本。家庭收入是影响家庭藏书量的一个因素,家庭年收入10万美元以上的家庭拥有127.1本,年收入6万至10万的家庭拥有111.8本,年收入3.5万至6万的家庭拥有104.7本,年收入3.5万美元以下的家庭拥有68.6本。家庭收入在一定程度上影响家庭中儿童读物的收藏量。

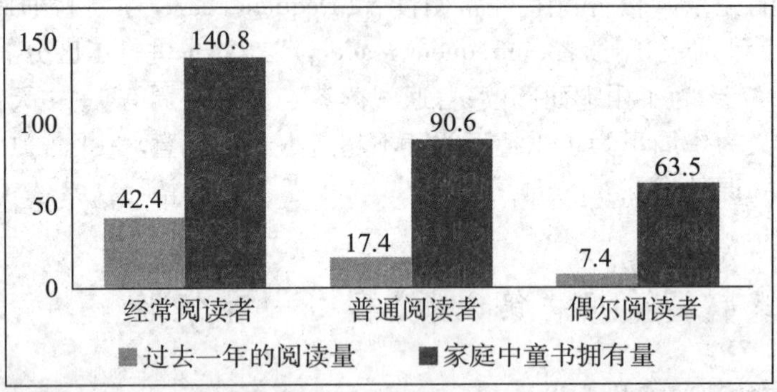


图2 各阅读频率者2016年的阅读量和家庭中童书的拥有量

2.1.3 儿童读物的选择:"好故事""好笑"

调查显示,大约4/10的孩子和家长在挑选儿童读物时,都会选择"好故事""好笑"的书籍,在这两点上家长跟孩子的观点较为一致。从下表可看出,差异比较大的是,家长在选书的时候更看重"能启发我的孩子做有意义的事"以及"让我的孩子思考和用心感受"。在人物的类型方面,"好故事"依然是最重要的,此外"可以成为榜样"以及"战胜困难"的角色也是父母和儿童想找寻的。

**表 儿童和父母挑选书籍的偏好**

| 类型 | 孩子 | 家长 |
|---|---|---|
| 一个好故事 | 37% | 42% |
| 令我/我的孩子大笑 | 42% | 37% |
| 探索我/我的孩子从未去过的地方和世界 | 31% | 38% |
| 让我/我的孩子思考和用心感受 | 24% | 42% |
| 启发我/我的孩子做有意义的事 | 24% | 44% |
| 帮助我/我的孩子想象和了解别人的生活 | 22% | 36% |
| 让我/我的孩子暂时远离现实世界 | 20% | 16% |
| 关于一个我/我的孩子想熟悉的话题 | 19% | 30% |
| 跟我/我的孩子正在经历的事相关 | 16% | 29% |

## 2.2 儿童与家庭的阅读行为

2.2.1 从出生开始为孩子大声朗读

2014年,美国儿科学会(AAP)发布了一项政策声明,建议从婴儿一出生开始,所有的儿科初级护理内容应该包含促进读写能力的内容,儿科医生应鼓励家庭从孩子出生起便开始为他大声朗读[2]。受这项倡议的影响,早期为孩子朗读越来越受到家长的重视。报告显示77%的0—5岁儿童的父母在孩子1岁前就开始为孩子朗读书籍,其中有40%的父母在孩子出生后的3个月内就开始对着孩子朗读,比2014年的30%提高了10个百分点。且在3—5岁的儿童家庭中每周能有5—7天的时间为孩子们朗读的比例从2014年的55%增长至62%。0—5岁儿童的家长中有2/3表示每周至少为孩子读一本以上的图书。

2.2.2 互动性的阅读有助于增进亲子关系

0—17岁儿童的家长中有87%表示喜欢为孩子朗读,且儿童年龄越小的家长越喜欢为孩子朗读。6—11岁的儿童及父母认为他们喜欢一起朗读最主要的原因是因为这是一个跟父母(孩子)在一起的美好时光,而且非常有趣。正如《报告》中一位4岁男孩的父亲所说:"我相信这是与我的孩子建立亲密关系的重要时刻,我最美好的童年回忆就是我的父母为我朗读,这灌输了我对书籍和阅读的热爱。"一个6岁的男孩则说:"读书是有趣的,我喜欢依偎在妈妈身边,我们挑选有趣的书来读。"这种互动性亲子阅读无形中使父母和孩子之间更加亲密。

2.2.3 如何应对"暑期滑坡"现象:带孩子去图书馆是家长的首要选择

暑假是阅读的黄金时期。96%的家长和80%的孩子都认为暑期阅读对下一学年很重要。家长认为暑期阅读有助于保持孩子的大脑活跃,而且阅读需要经常练习。62%孩子表示,喜欢暑期阅读则是因为喜欢阅读本身,并且这是一种度过暑假时光的有趣方式。相比较而言,低龄的孩子以及女孩更享受暑期阅读的乐趣。

"暑期滑坡"(Summer Slide)是指暑假期间因为远离书籍而普遍出现学习技能滑坡的现象。这种现象在国内外都很普遍。家长们表示老师和学校是他们了解"暑期滑坡"的主要渠道。接近一半的6—17岁孩子的家长听说过"暑期滑坡"现象,而低收入家庭中只有38%的家长听说过。家庭收入以及家长的观念导致"暑期滑坡"现象在低收入家庭中更为突出。

### 2.3 影响儿童阅读行为的因素

2.3.1 父母的榜样力量促进孩子的阅读

著名儿童教育教学家陈鹤琴先生曾说:"我们的家庭、我们的社会要有阅读的环境,我们的孩子才能学会阅读。"父母以身作则,自身养成良好的阅读态度与习惯,对孩子就是一种潜移默化的熏陶和言传身教的榜样。《报告》中一位8岁的男孩是这样描述他的暑期时光:爸爸喜欢在早晨阅读,所以我也会得到一本书,并和他一起阅读。调查显示父母和其他家庭成员以及老师和学校图书馆员是促进儿童阅读最重要的力量,其中父母和其他家庭成员以82%的得票居于首位。除此之外朋友、兄弟姐妹或表亲、公共图书馆员等也是促进儿童阅读的因素。

2.3.2 乐趣是持续阅读的动力

数据显示,86%的孩子认为成为一个好的阅读者对他们的未来很重要,76%的孩子知道他们应该阅读更多的书。58%的孩子则是为了体会阅读的乐趣。在书籍的选择方面,63%的孩子大多数时间会自己选择书来阅读,89%的孩子表示他们最爱的书是由他们自己挑选的。88%的孩子表示他们更有可能完成阅读他们自己挑选的书。这种情况在早期阅读中也已经显现出来了,大多数3—5岁的儿童每次或者大部分时候都会自己挑选图书由父母朗读，在0—2岁的儿童中也有超过半数的喜欢自己挑选父母为其朗读的图书。由此可见，自主选择更能提高儿童阅读的乐趣，而乐趣才是持续阅读的动力。

2.3.3 学校及图书馆为家庭阅读提供指导

《报告》显示，6—17岁的儿童中有41%的孩子表示随着年龄的增长，他们无法找到自己喜欢的书籍，其中57%的儿童是偶尔阅读者，26%的儿童为经常阅读者。可见阅读频率低的儿童更不容易找到自己喜欢的图书。《报告》中一位14岁的女孩表示：我不喜欢读书因为我找不到合适我的书来读。而在父母中，只有29%的家长认为"我的孩子无法找到他/她喜欢的书"。此时"如果能够有一位值得信赖的大人为小读者提供各种协助，分享他的阅读经验，那么孩子将可以轻易地排除横亘在他眼前的各个阅读障碍"[3]。《报告》显示（如图3），在图书的选择方面，51%的孩子会听取老师或学校图书馆员的意见，其次是朋友、兄弟姐妹或表亲。95%的家长认为每一个社区都需要一个公共图书馆，而且每个学校也都应该有学校图书馆。

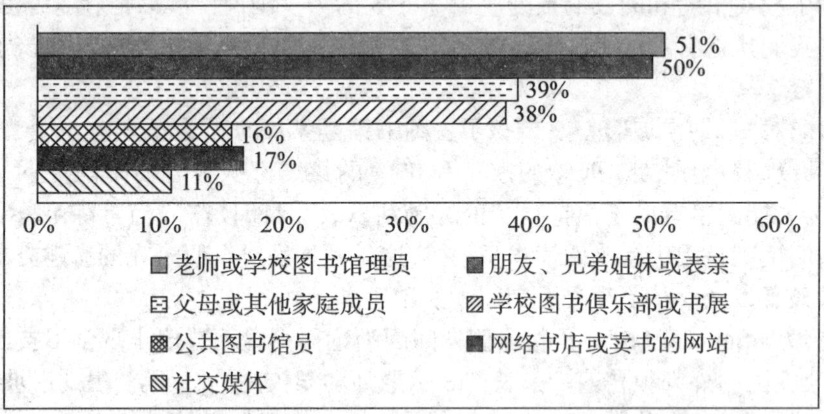


图3 儿童获取有关书籍选择方面建议的来源

## 3 对我国图书馆家庭阅读推广启示

### 3.1 家庭阅读推广是图书馆儿童阅读推广的突破口

"家庭阅读"是"家庭的阅读"，即个人作为家庭成员参与阅读活动，是一种家庭关系基础上的阅读[4]。家庭是社会的细胞，也是儿童成长的第一环境。2016年12月27日，国家新闻出版广电总局正式发布的《全民阅读"十三五"时期发展规划》中提出大力倡导家庭阅读、亲子阅读，发挥父母和未成年人监护人言传身教的作用，推动全社会共同创造、维护少年儿童良好阅读环境[5]。作为全民阅读主要阵地的公共图书馆，应成为家庭阅读的领航者，将阅读融入家庭的日常生活之中，倡导亲子阅读、促进家庭共读，推动全民阅读。《公共图书馆宣言》中明确指出图书馆肩负着"从小培养和加强儿童阅读习惯"使命，图书馆应遵循阅读习惯形成于幼年和童年、阅读习惯的养成需要伴随快乐的阅读体验、儿童阅读习惯与父母的阅读习惯具有相关关系、父母与孩子共度阅读时光能增强儿童的阅读快乐从而促进阅读习惯的形成等[6]规律，设计出以家庭为单位的文献资源体系和服务。2016年4月，中国图书馆学会阅读推广委员会图书馆与家庭阅读专业委员会成立，旨在通过对家庭藏书和家庭阅读行为方式的深入研究，积极发挥图书馆促进家庭阅读的作用。这意味着中国图书馆界有了专门的家庭阅读促进机构。

### 3.2 重建“耕读传家”的传统，推广科学的家庭阅读理念

“耕读”是在求生存之余，读圣贤书，在日常生活里接受潜移默化的熏陶和教化；“传家”则是相继传承的带有社会性的家庭生活方式[7]。我国自古就有“耕读传家”的传统，注重家庭藏书读书，而这种传统正在丧失。2016年《中国城市儿童阅读调查报告》中显示仅有19.5%的家庭中，适合孩子阅读的书籍数量超过50本；而有11.5%的家庭中，适合孩子阅读的书籍数量在5本以下，这与当代中国城市发达的消费水平相比是相当得可怜。《报告》数据显示，美国0—17岁儿童家庭平均有104本儿童图书，低收入家庭（收入3.5万美元以下）拥有的儿童读物也达到68.6本。报告显示除了最低收入家庭，其他层次的差别也不是很大，可见除了经济因素，家长的阅读观念还是最为重要的。

正如《报告》中提到的，尽管所有的家庭都希望他们的孩子成功，但并不是所有的人都能意识到，书籍和阅读可以提高儿童的学术能力和批判性思维能力，以及帮助孩子们产生同情心和怜悯之心。现阶段我国的儿童阅读还带有很强的功利色彩和实用的阅读态度，影响了儿童的阅读兴趣和阅读行为的发展。要改变家长错误的早期阅读观念，公共图书馆应开展早期阅读服务，通过各种幼儿早期阅读指导活动及亲子互动的阅读活动，帮助家长树立科学的阅读观念，掌握培养孩子养成良好阅读习惯的方法和技巧。公共图书馆可学习和借鉴先进的理念和成功的运作方式，如英国“阅读起跑线计划”作为最早且现在最有影响力的婴幼儿阅读推广项目[8]，目前很多图书馆都加入了“阅读起跑线计划”。

### 3.3 经典书目打造家庭“够得着的经典”，引领阅读传统的回归

《报告》显示，作为整个6—17岁的年龄段中儿童最喜爱的系列《哈利·波特》，也是家长喜欢一遍又一遍地向孩子朗读的经典之一。在6—17岁的儿童中有37%的孩子完整读过《哈利·波特》系列，其中有1/3的孩子喜欢重读，并表示《哈利·波特》让他们对阅读有了更大的兴趣。这些孩子的家长中有33%的人读过，并且这个比例在0—5岁儿童的家长中增加到了38%。有12%的孩子在5岁之前就跟父母一起读过。其实有很多经典的图书不同年龄的人看了都会得到不同的乐趣。黄乃毓在《童书非童书》一书中曾说过：“最聪明的大人是为自己买童书，跟孩子分享！”所以当父母与幼儿在亲子共读时，如果自己也能沉浸在故事情节中，随着故事内容情绪起伏，也一定能感染到孩子，幼儿也会随着投入到阅读情境中[9]。

朱永新说：“阅读重要，比阅读更重要的是给孩子读什么？”在图书出版业日趋繁荣、图书丰富到泛滥的今天，随着阅读质量的下降，人们已经远离和淡忘了经典。少年儿童的眼界与思想格局都还没有足够大的时候，尤其需要引导[10]。如何以儿童为本，寻找恰逢其时的图书，从家庭阅读的角度出发，从书海中披沙拣金，编制出适合家庭的经典阅读书目，这是图书馆家庭阅读推广的重点。在经典的选择上，应立足家庭亲子阅读需求，注重可读性，不仅要有古代经典，还要有现代经典，不仅要有中国经典，还要有外国经典，不仅要有文学经典，还要兼顾社会科学、科学普及读物等。2014年年初，深圳图书馆与中国图书馆学会阅读推广委员会联合策划启动“南书房家庭经典阅读书目”推荐项目[11]，计划通过10年，每年推荐30种适合中国家庭阅读与收藏的经典书目，形成家庭藏书示范，引领社会阅读风气。

### 3.4 打造暑期阅读品牌项目,注重为低收入家庭提供服务

《报告》显示,在暑假期间,6—17 岁的儿童平均读了 8 本书,并随着年龄的增长阅读量呈下降趋势,甚至在 12—17 岁年龄段以及低收入家庭中各有 1/5 的儿童没有读任何 1 本书。且对于“暑期滑坡”现象,低收入家庭了解得更少。有研究表明,夏季减少了学习的机会,扩大了成绩的差距,特别是对于来自低收入家庭的儿童。而 12—17 岁正是孩子进入中学的年龄段,学业的加重导致他们的阅读量下降。美国公共图书馆暑期活动的开展源于 19 世纪 90 年代,经过百年的发展已较为成熟,并已形成遍及全美公共图书馆的明星项目——“暑期阅读项目”。主要面向未成年人,部分馆还有面向成年人的相关活动[12]。而《报告》中的调查结果也显示,带孩子去图书馆是家长确保孩子暑期阅读的最主要的方式。

近年来,我国的公共图书馆暑期阅读推广活动开展得如火如荼,但仍然存在公众暑期阅读意识薄弱、暑期活动社会影响力小、缺乏对成年人和弱势群体的关注等不足。因此公共图书馆需要积极推广暑期阅读的理念,提高公众暑期阅读意识,多方合作,加强品牌建设,扩大影响力,并针对中学生、成年人和低收入家庭及弱势群体开展服务。匹兹堡的卡内基公共图书馆非常注重暑期为低收入家庭孩子服务,从 2002 年起与匹兹堡公立学校每年合作开展活动,随着合作的成效显现,教育系统请求图书馆将更多的学校纳入合作范围。这项活动的目标是使低收入地区从幼稚园到学校五年级的孩子都可得到图书馆的服务。2003 年卡内基公共图书馆调查显示:在没有与学校合作开展延伸活动之前,本地区 94% 的孩子没能参加图书馆的暑期活动。通过此项延伸服务,低收入地区的孩子们能够体验到图书馆的暑期阅读带给他们的乐趣和进步[13]。

### 3.5 与社区、家庭、学校及其他相关机构合作,建立多方联动机制

目前我国儿童家长的阅读意识普遍不足,对儿童早期阅读的方法也缺乏相关的指导,公共图书馆可以通过走进社区和家庭的方式,按照分级阅读理念,帮助家庭构建藏书体系,同时,对于在家阅读的儿童,定期上门进行阅读指导,对于低幼儿童家长,图书馆要专门对其进行亲子阅读技能的培训。2012 年上海市青浦区图书馆启动的“家庭图书种子”计划[14],引用“家庭图书馆”的理念,让馆员深入家庭提供专业的阅读指导,把亲子阅读的种子播撒进每个家庭。

《报告》显示,为儿童朗读图书的父母比例在儿童 5 岁之后大幅下滑,另一个急剧下降发生在 8 岁之后。这一方面是随着孩子年龄的增加,一部分朗读被亲子共读和孩子的自主阅读替代,另一方面的原因是这两个年龄正是孩子进入幼儿园和小学的时间,孩子的大部分时间会在幼儿园与学校度过。这就要求公共图书馆加强与幼儿园与小学的联系,促进孩子在园、在校期间的阅读,鼓励师生共读。青浦区图书馆 2016 年开始将“家庭图书种子”计划升级,构建“馆、校、家”三方联动机制[15],开展“清阅朴读”阅读推广进校园项目。

除了学校,公共图书馆还可以与未成年人相关的机构合作,推动家庭阅读。今年 4 月,金陵图书馆联合南京市青少年宫、鼓楼区小市街道共同打造了小市青柠绘本艺术馆。以绘本为重点馆藏、以未成年人及其家庭成员为服务对象,通过为家庭播种阅读的种子,用书香熏染家庭的每位成员,并通过分馆与周边中小学校的无缝对接和深度合作,把优质公共文化资源送到小读者及其家长、老师们身边[16]。家庭阅读推广是一项系统工程,需要多方面合作,建立联动机制,才能够有力地推动儿童与家庭阅读,从而推动全民阅读。

正如学乐公司的首席执行官理查德·罗宾逊(Richard Robinson)所说:《儿童与家庭阅读报告》有助于我们了解作为成年人如何帮助孩子学会阅读、爱上读书,并把为每个孩子“打开无限可能的世界”当作使命。而作为肩负着“养成并强化儿童早期的阅读习惯”使命的公共图书馆更应该积极行动起来,充分发挥自身优势,积极寻求合作,倡导科学的家庭阅读理念,创新家庭阅读推广模式,为家庭阅读提供专业指导,儿童和家庭阅读推广的前景将一片光明。

**参考文献**


[1]Scholastic. Kids & Family Reading Report? [EB/OL]. [2017-04-09]. http://www.scholastic.com/readingreport/files/Scholastic-KFRR-6ed-2017.pdf.

[2]Council on Early Childhood. Literacy Promotion: An Essential Component of Primary Care Pediatric Practice [EB/OL]. http://pediatrics.aappublications.org/content/134/2/404.

[3]艾登·钱伯斯. 打造儿童阅读环境[M]. 海口:南海出版公司,2007.

[4][7]何江涛. 耕读传家[M]. 北京:北京图书馆出版社,2008.

[5]新华网.《全民阅读“十三五”时期发展规划》发布[EB/OL]. (2016-12-27)[2017-04-09]. http://news.xinhuanet.com/politics/2016-12/27/c_129421928.htm

[6]于良芝等. 公共图书馆基本原理[M]. 北京:北京师范大学出版社,2012.

[8]王琳. 婴幼儿阅读推广策略研究——基于英国“阅读起跑线计划”案例[J]. 图书馆建设,2013(3).

[9]韦积华. 大班幼儿阅读理解能力、阅读态度及家庭阅读环境关系的研究[D]. 上海:华东师范大学,2016.

[10]张毅红:“可乐童书”受热捧,我们该为孩子做些什么?[N]. 新华书目报,2017-04-21(9).

[11]张岩. 从经典阅读到返本开新的文化建设——以深圳图书馆“南书房”经典阅读空间为例[J]. 图书馆论坛,2016(1).

[12]唐曦. 我国公共图书馆暑期阅读活动探究——由美国公共图书馆“暑期阅读项目”所得启示[J]. 新世纪图书馆,2013(6).

[13]聂卫红. 美国公共图书馆暑期阅读研究及启示[J]. 图书馆学研究,2009(11).

[14]顾丹华. 公共图书馆如何推广家庭阅读——以上海市青浦区图书馆为例[J]. 河南图书馆学刊,2015,35(8).

[15]张毅红,陈彦旭,顾丹华. 公共图书馆阅读推广之馆校合作研究——基于小学低年级的“阅读起步”策略[J]. 图书馆研究,2016(1).

[16]金陵图书馆特色绘本阅读分馆小市分馆建成开放[EB/OL]. (2017-04-05)[2017-04-09]. http://www3.jllib.cn/dtzx/hdzx/201704/t20170405_17026.html.


# 图书馆综合体创新模式初探


李雪垠　宋晓莉(沈阳市图书馆)


图书馆是人们生活、工作和学习中不可缺少的文化教育设施。随着打造第三代图书馆等概念的提出,如何转型发展、打造区别于其他机构具有多功能、复合型特点的公共文化空间,成为公众心中理想的“第三文化空间”,提供更多的文化产品和服务,进一步拓展图书馆功能,是当前国内外图书馆探索的热点,国内外许多图书馆都在进行着各种有益尝试。2016年8月13至19日,第82届国际图联大会在美国俄亥俄州哥伦布市举行,此次大会主题是"连接、合作、共同体"。这一主题为图书馆当前的发展指明了方向:跨界、综合体、共赢、资源共享。

# 1 综合体模式的社会实践

## 1.1 图书馆+博物馆

2012年7月,中国国家图书馆以总馆南区维修改造为契机,建设了"国家典籍博物馆",它是图书馆与博物馆理念相结合产物。作为国内首家典籍博物馆,其建筑总面积11549平方米,共10个展厅,为公众提供了更广阔的参观空间、更好的休闲场所和更佳的博物馆体验。该馆依托于国家图书馆宏富馆藏,以展示中国典籍、弘扬中华文化为宗旨的国家级博物馆,是国家图书馆社会教育职能的新拓展,是集典籍收藏、展示、研究、保护、公共教育、文化传承、文化休闲于一体的综合性博物馆,是中华典籍文物的收藏中心、典籍文化的展示中心、典籍文化的研究中心、世界典籍文化的交流中心、文化教育基地和公众文化休闲中心。国家典籍博物馆于2014年对公众免费开放,通过设计并推出一系列的展览活动,系统展示国家图书馆馆藏精品,时间跨度从3000多年前的甲骨到现当代名家手稿,藏品类型从甲骨、敦煌遗书、善本古籍、金石拓片、舆图、样式雷图档到民族文字古籍、名家手稿、西文善本,全面生动地呈现中华民族多元丰富的书籍文化以及国家图书馆丰富的馆藏。让平时深藏在库房中的典籍文物,贴近社会公众,增进群众对中华文化的认同感,从专家学者到普通大众,赞誉有加,好评如潮。据统计,自2014年9月10日对公众开放后截至2014年年底,参观人数就达24.7万人,2015、2016年更是持续走高,在进一步宣传传承中华文明同时,更进一步扩大和提升了国家图书馆的影响力。国家图书馆代表着一个国家的文化软实力,而典藏博物馆的成立更是锦上添花,向世人展示我国的博大精深与历史渊源。

## 1.2 图书馆+公园

上楼静静读书,下楼漫步公园。四川省第一家紧邻公园打造的成华区图书馆的楼下,就是占地10万平方米的成华公园。据悉,清明小长假期间,该图书馆人气爆棚。最多的一天,人数突破了1000人。倡导城市慢生活的成都人以前逛公园就是喝茶、打牌、晒太阳,现在还可以到图书馆读书。"图书馆+公园",这样的组合是为了最大限度地贴近百姓,满足普通群众的需求。早在新馆搬迁之前,成华区政府就把区图书馆、文化馆以及政务中心规划在成华公园旁。图书馆本身的服务半径因为与能够聚集周边更多的人的公园相交集,而相应扩大了图书馆服务范围。

早在2005年,沈阳市图书馆就搬迁至总占地面积242万平方米、目前全国最大的科普公园内。沈阳市图书馆与周边科学宫、儿童活动中心共同享受着科普公园的绿树成荫,花香四溢,构建成为人在画中游的得天独厚的文化中心。

无独有偶,石家庄也出现了公园图书馆。在河北省石家庄水上公园的,如毯的绿茵上矗立了一幢红色的古老小屋,这座位于公园一角的图书馆,吸引着每个过往市民在这里享受公园里读书的乐趣。据了解,该图书馆内的万余册书籍,以及书架、书桌等设施全部由爱心企业和社会爱心人士捐赠。

无论是政府规划还是社会捐赠,图书馆与公园的结合,亦动亦静,亦书亦景,可学习,可休闲,张弛有度,何乐而不为。图书馆的设计理念越来越偏向于内部的空间感与外部环境的协调。日本设计师深泽直人点评坐落在河北北戴河黄金海岸的三联海边图书馆时,就曾说,环境会影响置身该场域者的心理行为,在图书馆里看书,跟在不同地点阅读同本书,阅读方式及感受都大为不同。坐落于海边的图书馆,当人们面海阅读时,定会有一种沉浸于书本的感受。即使是平常的事,却会因其场所的氛围,带来截然不同的感受。

## 1.3 图书馆+剧场

"不是在图书馆,就是在图书馆的路上",2013 年 8 月 24 日,沈阳市图书馆经过充分认证、精心策划、倾力打造"星期六剧场"项目,一经推出,便引起了社会媒体及公众的高度关注,《中国文化报》《辽宁日报》《沈阳日报》以及中央电视台"新闻联播"、辽宁电视台、沈阳电视台等都先后做了报道,极大地提升了沈阳市图书馆的社会知名度和影响力。家住皇姑区的市民于大姐开心地说:"虽然家离这有十几公里,但每周六都雷打不动地到这儿来,因为在这里不但能借书、读书,更能免费看到一些平时看不到的名家演出、平时听不到的精彩节目,心里甭提多高兴了。"据了解,目前,"星期六剧场"已经演出百余场,取得了良好的社会效益。目前,沈阳市图书馆已成为沈阳市宣传部首批挂牌的 15 个市级艺术共享惠民演出基地之一。该剧场始终坚持艺术惠民、公益演出,参与"星期六剧场"的所有演职人员都是零报酬出演,这几年来先后有曲艺名家郝赫先生、快板表演艺术家朱光斗先生、"梅花奖"获得者京剧表演艺术家李静文等几十位名家名角,均是公益演出,演出的内容涵盖话剧、曲艺(相声、鼓曲)、大学生校园剧、器乐演奏、中国戏曲及名著改编剧目等,每一场演出都很精彩,也使越来越多的百姓走进了图书馆,"星期六剧场"的成功推出,使得图书馆不再是传统单一的只能借阅图书的地方,而是将图书馆逐渐变成一个具有综合文化功能的场所,吸引了更多的百姓走进图书馆。据该馆数据统计,自"星期六剧场"开办以来,通过品牌影响,读者流动量明显上升,带动了沈阳市图书馆工作的全面发展,更加发挥了图书馆传播知识、传承文化的功能。

## 1.4 图书馆+运动馆

2015 年 9 月,杭州图书馆运动分馆正式向公众开放。该馆是一座以"运动健身、运动养生、读书改变人生"为服务理念的图书馆,通过体验感受、交流互动、知识传播等手段,把文献传播科学养生的传统模式转变为注重交流、阅读、体验的立体形式。该馆具有三大特色:"运动+"体验、"运动+"阅读、"运动+"交流。"运动+"体验,将图书与运动有机结合在一起,馆藏文献以体育运动类为主,辅以旅游、摄影等休闲文化书籍。同时推出了射箭、跆拳道、空竹、高尔夫球、情景模拟骑自行车等体验项目,公众在馆内外可以在专业老师的指导下,亲身体验各类运动,了解体验项目知识。"运动+"阅读,就是在阅读服务基础上,将读者参与、地方特色人文等元素融入传统阅读,并积极打造多样的读者自主参与平台,使读者成为运动主题阅读活动的主角,通过馆内阅读、馆外走读相结合的形式,获取科学健身、健康生活的知识。"运动+"交流,就是通过开展相关的主题讲座、沙龙活动,向公众传播健身养生知识,指导公众科学参与运动健康,为运动爱好者搭建交流、互动、分享的精神栖息地和共同进步的平台。目前,已成为杭州市民体验现代运动项目、交流运动健身经验、了解健康科学生活方式的基地。

### 1.5 图书馆+实验室

图书馆作为公共文化机构,需要承担文化传播和教育职能。学习书本上记载的传统知识固然十分重要,而在新时代提高读者的科技文化素养、增强其运用新技术工具的能力,也应成为文化教育的重要内容。在德国科隆公共图书馆创客空间,读者可以利用3D打印机打印各种模型或工具,用"草图大师"(sketchup)软件描摹创建3D档案,拿起3D画笔获得"神笔马良"的奇妙体验,玩摇滚吉他和电子贝斯,用iPad谱曲、画画和制作电子书等。科隆公共图书馆通过举办"创客日",系统展示和推广图书馆各类型创客活动定期举办的培训班、一对一的专门训练、志愿者讲座、网络研讨会以及多样化的在线学习资源,快速入门指南等有助于更好地执行创客空间计划。我国上海图书馆在此方面也走在了前列。2013年,他们以"支持小微企业、草根创业,促进科创成果产业化"为宗旨,创设的上海图书馆"创·新空间"正式向公众开放,在这里,有多语种、多载体跨学科的文献借阅、文化创意产业各行业报告和专题数据库服务,有各类互联网等前沿软件,有多媒体触屏、专用会议投影、多功能一体机等先进设备,让读者在这里能充分地共享资源和知识,快乐交流,碰撞思想,激发想象力和创造力,实现每一个小创意。

### 1.6 图书馆+社交场所

在传统观念看来,图书馆承担书籍的收藏、流通、保护等职能,为公众提供安静地阅读、学习、研究的物理空间,这是以"书"为中心。但近些年来,全球图书馆界掀起了一场对本职业反思的大讨论,进行转变角色和工作理念,从"以书为对象"转变成为以"人为工作对象",挖掘图书馆作为场所的价值,以吸引更多的读者走进图书馆,使图书馆不再仅仅是一个看书阅读的地方,而是通过组织讲座、展览、书评和研讨等活动,通过设置一个小小的读书角、小小的咖啡厅、小小的娱乐吧等平台,把图书馆变成一个大众聚会、表演、学习的社交场所。纽约皇后区图书馆,过去图书馆80%的业务是图书借阅,现在仅占30%,而70%的精力在于非传统的读者活动上,如求职信息、求职技巧、语言培训等,根据美国图书馆协会2013年的统计,全美公共图书馆平均每天有一场活动。在这里,通过频繁举办的文化活动,使创意者得到良好的交流和互动,找到了可利用的社会的网络、资源和人脉,成为支撑和促进创新发展的最好的第三空间。

我国杭州图书馆,不但馆舍设施温馨舒适,为读者创建了良好阅读环境,其通过与政府、媒体合作,开设的"文澜大讲堂"这一项目,更是成为国内业界品牌,无论是与社科联合作还是社会力量开办,使用图书馆场地的"清风讲坛""读书会""人文财经大讲堂""小文艺家首秀"等多个系列活动,实现了对更多人群的服务。2010年推出的"文澜沙龙"活动,以自由、平等、公益的理念和氛围,读者可以申请主持沙龙活动,甚至可以设计策划主题,大受百姓欢迎。文化部领导称赞杭州图书馆是"中国最好的图书馆",读者则将其赞誉为"天堂一样的图书馆"。

### 1.7 图书馆 + 自助图书馆

2003 年,深圳图书馆就提出建设“图书馆之城”,旨在把深圳建成为一个没有边界的大图书馆网,建立覆盖全城、服务全民的文献信息资源共享网络,实现图书馆网点星罗棋布、互通互联、资源共享,为市民提供功能完善、方便快捷的图书馆服务,达到提供丰富资讯、支持终身学习、丰富文化生活的目的。为此,他们始终以打造了一个理念超前、设施先进、服务便利、互通互联的图书馆服务网络为追求,全市共设立 240 个自助图书馆,覆盖全市 98% 的街道,截至 2016 年累计服务 669 万人次,借还书 1617 万册次,仅 2016 年自助图书馆借还图书达 230.1 册次。作为“图书馆之城”的重要组成部分的深圳文献港,涵盖了 1100 万册件中外文纸本馆藏和 400 多种数据库,2016 年,网站访量达 4659.99 万页次,移动门户访问量 4204.36 万页次,为市民提供文献传递服务 21.56 万篇次。

## 2 应把握的几个要点

### 2.1 要提升馆员素质

阮冈纳赞说,“图书馆是一个生长的着的有机体”。但是缺乏人文关怀、缺少馆员温度、缺少氛围的润泽,图书馆就不是一个“有机体”。如杭州图书馆的一位负责人在《图书馆报》中谈道,多年来看似先进的语音自动咨询服务,其实已令不少读者觉得“冷”。因为很多读者进入图书馆不仅仅单纯地来借还图书,而是走进图书馆感受人和书的美好关系,这种美好关系构建离不开馆员引领,需要馆员与读者形成互动,使其在触摸到鲜活的读者服务中感受到,在图书馆里,自己的个性得到了尊重,情感得到了释放。为此,在图书馆的综合体建设中,我们既要注重创新手段、灵活形式、融合资源,更不能忽略了馆员培训,使馆员除了对馆内资源有全面充分的了解外,还需要有为读者提供最为有效的信息服务能力和意识,能为读者提供精辟独到的图书解读,能与读者形成良好互动,让读者在这里知识得到提升、思想得到共鸣、精神得到慰藉。在业界,对于馆员的业务培训,一直是长抓不懈的,但怎样才能不流于形势,这才是最重要的,学科型馆员与专家型馆员的不断涌动,才是推动图书馆生命力最基本的源泉。

### 2.2 要秉承使命初心

说到底,图书馆是让人体验美和新知的场所,是读者通过信息资源获取,发现和学习新事物,接触了解不同的文化,获得感知世界和体验内心,提升思辨能力的场所。这是公共图书馆建设发展永恒的主旨,不可偏移。为此,我们在推动图书馆转型发展,强化图书馆综合体建设中,绝不能忘掉初心,绝不能为了所谓的“创新”而创新,创造一些吸引眼球的“噱头”,使图书馆失去本真的存在意义,成为“四不像”。这一点南开大学于良芝教授在其《图书馆学导论》前言里,就对国内一些图书馆制造“肥皂泡”的现象提出,我们必须引起重视,严防偏轨。绝不能以为借助“互联网 +”“图书馆 +”,把图书馆办到民众身边,民众借阅图书方便了,就能通过阅读自然而然地提升自身文化素质。“互联网 +”“图书馆 +”,都可能看作图书馆最基本的读书服务功能的优化,它替代不了图书馆自身具备的培养人的思辨能力上的功能。

### 2.3 要量力有序进行

加强图书馆综合体建设,必须以相应的财力和物力为保障,这一点,在国际上,越是发达国家,发展建设的越好,如美英法等国家;在国内,越是沿海地区,发展建设的越好,如杭州、深圳、上海、广州等。相对而言,中西部一些地区在图书馆的综合体建设相对滞后,这里有财政支持的因素,更有思想观念和人文素质的因素。为此,要强化机会意识,图书馆虽不参与商业活动,但文化服务领域的竞争同样激烈,这就要求我们必须有敢为人先的意识,盯住图书馆发展前沿理念,敢迈步,敢创新,推动图书馆服务水平。同时,要因地而宜,量力有序,防止出现盲目脱离实际,追求大而全、新奇特的行为。比如实施创客空间,一开始时应在审视现有服务的基础上,应小而灵活,适时根据实际整合提高,有机融入,以便及时检验和修正,这样既防止出现"两张皮"现象,又能对项目、活动及时调整控制,实现可持续发展。

总之,日益发展的现代科技,为图书馆提供不断创新发展的手段,公众对文化服务的更高需求,为图书馆提出了不断创新发展的动力。图书馆应积极适应时代发展,强化创新,跨界合作,整合资源,注重综合融入,积极打造多功能复合式文化空间的现代图书馆综合体,建立多元文化互动,让图书馆成为人们日常生活的"第三空间",成为"触动人们内心最柔软的地方,带给人们最坚定的思想"的平台场所。

**参考文献**

[1]国家典籍博物馆[EB/OL]. http://www.nlc.cn/nmcb/gywm/js/.

[2]图书馆建在公园旁读者多了"家庭团"[N]. 四川在线,2016-04-06(12).

[3]"公园图书馆"现身石家庄[EB/OL]. http://www.chinanews.com/tp/2016/09-12/8001819.shtml.

[4]宋晓莉,刘阳. 公共图书馆打造"第三文化空间"的理论探索与实践[J]. 情报探索,2016(7).

[5]鲁直. 从节省读者的时间看图书馆定位[J]. 图书馆报,2017-04-17.

[6]布子. 图书馆的温度靠什么传递[J]. 图书馆报,2017-03-20.

# 浅议哈尔滨市县级公共图书馆迎接第六次全国县以上公共图书馆评估定级工作策略

马秋菊(哈尔滨市图书馆)

2016年年初,文化部办公厅发出通知,要求在全国范围内开展第六次县以上公共图书馆评估定级工作(以下简称"评估工作"),并正式发布了第六次公共图书馆评估标准,标准包括公共图书馆和少儿图书馆两个系列。自1994年我国首次开展县以上公共图书馆评估定级工作以来,我国公共图书馆评估工作逐步走上规范化与制度化的轨道。评估工作是促进公共图书馆事业发展的重要动力,评估指标体系作为公共图书馆评估的依据,是科学评估的关键。每次评估指标都是紧随着时代发展的步伐和事业发展的轨道不断发展和完善,并在继承以往标准的基础上增设新的指标,作为创新和引领。

本次评估的目的是“以评促建、以评促用、以评促管”,力求借此思路推进公共图书馆事业的进步。评估标准从总体上反映了评估的目标宗旨和采取的策略,反映了事业的发展趋势。评估标准所设计的指标体系涵盖服务效能、业务建设和保障条件等方面,且每个方面的指标又各成体系。这次评估标准的重要创新之一就是采取了加分制。除了有基本分值还有加分,对做得好的给予加分,对有创新的给与加分。鼓励创新,体现了系统性与引领性相结合。在定级必备条件中还体现了东中西部不同的差异,这也是与前五次评估标准的最大区别之一。在国家公共文化体系示范区创建标准中,对东中西部设计了不同的创建标准,在公共图书馆评估定级中对东中西部设计从高到低的指标,体现了实事求是的原则。

随着评估工作的日益推进,哈尔滨市区县公共图书馆围绕这一中心工作进行了大量的材料收集、整理和归档建档工作。下面我依据多年从事哈尔滨市区县公共图书馆辅导工作的经验,结合对第六次评估标准深入地研究和学习,探讨一下哈尔滨市县级公共图书馆迎接评估定级工作的策略。

## 1 吃透政策 掌握精髓

### 1.1 深刻理解第六次公共图书馆评估定级的目的

本次评估目的明确,分为三大部分。第一,以评促建。力求通过评估定级促进公共图书馆全面建设,同时提升建设质量,加强政府责任;第二,以评促管。力求通过评估定级促进公共图书馆全面管理,从而提升管理水平,推进图书馆转型;第三,以评促用。力求通过评估定级促进公共图书馆全面利用,进而提升服务效能,增强公民获得感。

哈尔滨市区县公共图书馆普遍缺少事业发展经费,整体发展水平偏低。根据2016年公共图书馆业务汇总表显示:馆舍面积已达到和2017年内有望达到一级馆标准的仅有南岗区图书馆和阿城区图书馆。五常(市)馆和方正县馆虽然建成新馆,2017年内将交付使用、全面对读者开放,但馆舍面积仍与本次评估中二级馆标准相差悬殊。年财政拨款总额(截止到2016年年底)能达到一级馆标准的有6个馆,其中有5个区馆和1个县馆。年外借册次(截止到2016年年底)能达到一级馆标准的只有双城区图书馆,能达到二级馆标准的只有呼兰区图书馆。以上因素大大制约了各馆读者服务工作的开展,所以要以本次评估定级为契机,结合《公共文化服务保障法》的实施,督促政府履行职责,推进图书馆的转型,提升服务效能。

### 1.2 掌握、运用好与评估指标相关的各项大政方针

近年来,国家相继出台了一系列与公共文化服务密切相关的政策文件、国家标准与行业标准。在第六次公共图书馆评估标准制定过程中,体现了与国家政策和标准的衔接。评估定级是为了更好地推动工作开展,了解图书馆事业的相关政策法规,就能在评估进程中获得政府的支持。

2011年,文化部、财政部印发了《关于推进全国美术馆、公共图书馆、文化馆(站)免费开

放工作的意见》。明确提出:各级财政部门要建立包括公共图书馆在内的免费开放经费保障机制,并保证免费开放后正常运转并提供基本公共文化服务。本次评估标准在“保障条件”部分,设置了免费开放经费落实情况的指标(3.3.4)。2011 年,国家下发了《关于公共文化服务体系示范区创建的通知》。通过示范区创建,推动所在地区的图书馆事业积极发展。本次评估标准在“保障条件”部分,设置了公共文化服务体系示范区和示范项目创建的指标(3.1.1),作为加分项,体现了一种政策引领。2012 年 5 月,由国家质检总局、国家标准化管理委员会批准发布的《公共图书馆服务规范》正式实施。这是我国第一个规范公共文化服务的国家级标准,也是我国图书馆标准规范体系中的首个服务类标准。本次评估标准在“保障条件”部分,对呈缴本制度(3.1.3)、读者用计算机数量(3.6.1)、网络带宽(3.6.3)、人均拥有新书数量(3.4.2)、人员配备(3.7.1)等做了明确的规定。体现了与标准的衔接。2016 年 5 月,文化部印发了《关于推进县级文化馆图书馆总分馆制建设的指导意见》,确定以县级图书馆为中心推进总分馆制建设。本次评估标准在“保障条件”部分的建筑面积指标(3.5.1)中,首次对总分馆做了整体考虑,这也符合公共文化服务体系在阵地服务基础上增加覆盖面的要求。2016 年 12 月,《中华人民共和国公共文化服务保障法》颁布并于 2017 年 3 月 1 日起实施,这是由全国人大牵头的首部文化立法,以法律形式明确了政府对公共文化的保障责任,体现了“责任政府”的理念。明确提出县级以上人民政府应当将公共文化服务纳入本级国民经济和社会发展规划。这次标准首次提出了“保障条件”框架,并设立的政策与法制保障、经费保障、文献资源保障、建筑设施保障、信息基础设施保障、人员保障等指标,其宗旨就是强化政府在公共文化服务中的主体责任,建设责任政府。

另外,还有诸如《关于加快构建现代公共文化服务体系的意见》(中办发〔2015〕22 号)、《关于做好政府向社会力量购买公共文化服务工作的意见》(国办发〔2015〕37 号)、《文化志愿服务管理办法》(文公共发〔2016〕15 号)、《关于推动文化文物单位文化创意产品开发的若干意见》(国办发〔2016〕36 号)等政策文件,都是各公共图书馆需要认真学习和探讨的课题。

## 2　更新信息　把握好时间进程

### 2.1　第一个阶段:评估研制、启动和宣读、准备

2015 年 1 月 5 日,县以上公共图书馆评估定级工作研讨会在天津召开。2016 年 5 月 31 日,由文化部公共文化司召集,县以上公共图书馆第六次评估定级标准研讨会在国家图书馆召开。2016 年 6 月 30 日,文化部公共文化司组织在中央文化管理干部学院召开第六次全国县以上公共图书馆评估定级试评估工作会议。2017 年 1 月 5 日,文化部办公厅发布评估文件。2017 年年初,中国图书馆学会成立宣讲工作专家委员会,并于上半年在全国范围内开展评估定级宣讲、培训。

### 2.2　第二阶段:各图书馆评估准备、信息化平台录入

2017 年 4 月至 6 月,县级以上参评公共图书馆按照评估标准进行自查自评,将自评数据录入“全国公共图书馆评估定级管理服务平台”,经本级文化行政部门审定后报送。

## 2.3 第三阶段:正式评估、定级

2017 年 7 月至 8 月,黑龙江省文化厅组织评估工作小组,对所辖县级公共图书馆进行实地评估,审核县级公共图书馆上报的数据;2017 年 9 月至 10 月,文化部会同中国图书馆学会组织评估工作小组,在每个省份随机抽查两个县级公共图书馆;2017 年 11 月至 12 月,文化部对评估结果进行审核并公示后,确定定级结果,命名一、二、三级公共图书馆。

# 3 尊重事实　提升分值

第六次公共图书馆评估标准结构体系分三大部分,构成及分值如下:

| | | |
|---|---|---|
| 服务效能 | 基本分值 400 | 加分分值 200 |
| 业务建设 | 基本分值 300 | 加分分值 150 |
| 保障条件 | 基本分值 300 | 加分分值 150 |
| 合计 | 1000 | 500 |

哈尔滨市属于中部地区,县级图书馆等级必备条件如下:

| 必备条件 | 一级图书馆 | 二级图书馆 | 三级图书馆 |
|---|---|---|---|
| 年文献外借量(万册次)(1.1.5) | 12 | 10 | |
| 年每万人参加读者活动人次(1.3.5) | 3 | 1 | |
| 读者满意率(%)(1.8.2) | 85 | 75 | |
| 本区域服务体系规划与共建共享(分)(2.5.1) | 15 | 10 | 根据评估结果确定分数线 |
| 业务统计分析(分)(2.12.1) | 10 | 8 | |
| 年财政拨款总额(万元)(3.3.1) | 150 | 130 | |
| 年人均新增文献入藏量(册件)(3.4.2) | 0.02 | 0.013 | |
| 建筑面积(万平方米)(3.5.1) | 0.5 | 0.45 | |

哈尔滨市县级图书馆要仔细把握评估标准,认真核实等级必备条件,积极提高加分项分值,争取在第六次评估定级中保级、升级,取得好的成绩,推动哈尔滨地区公共图书馆事业的发展。

## 3.1 重点核实等级必备条件

第六次评估必备条件是参照 2013 年第五次评估的必备条件,结合图书馆事业的整体发展情况和当前国家对公共文化服务体系建设的要求制定的。2015 年全国 2734 个县级馆中,馆舍面积小于 800 平方米的图书馆就有 527 个,占 19.28%。其中,中部地区小于 800 平方米的 159 个(引用自柯平老师评估课件中数据)。哈尔滨市有 3 个县级图书馆小于 800 平方米(数据来源自 2016 年公共图书馆汇总表)。

第六次评估必备条件共 8 项,第五次是 7 项。其中,两次都出现在必备条件里的共 5

项。分值对比如下：

| 必备条件 | 一级图书馆 | | 二级图书馆 | | 三级图书馆 |
|---|---|---|---|---|---|
| | 第六次 | 第五次 | 第六次 | 第五次 | |
| 年文献外借量(万册次) | 12 | 6 | 10 | 4 | 根据评估结果确定分数线 |
| 读者满意率(%) | 85 | 80 | 75 | 70 | |
| 年财政拨款总额(万元) | 150 | 90 | 130 | 70 | |
| 年人均新增文献入藏量(册件) | 0.02 | 2000 种(馆年总入藏) | 0.013 | 1500 种(馆年总入藏) | |
| 建筑面积(万平方米) | 0.5 | 0.2(区馆 0.15) | 0.45 | 0.15(区馆 0.1) | |

综上所述,第六次评估标准必备条件中新增了“年每万人参加读者活动人次”“本区域服务体系规划与共建共享”和“业务统计分析项目”。从上表可以看出,必备条件中每项指标都比第五次评估有所提高,尤其是“年文献外借量”“年财政拨款总额”和“建筑面积”三项,在指标设置上有了大幅度地提升。填报数据时需注意各项指标细则中设定的弹性空间。例如,“年文献外借量”包含本级总分馆中各分馆的外借册次,并不限制必须实行一卡通;“读者满意率”问卷不限制发放数量;“年财政拨款总额”可以截止到 2017 年 6 月底等。

### 3.2 灵活掌握标准细则

第六次评估定级工作虽然提高了各项标准的高度,以期达到“以评促建、以评促用、以评促管”目的,但也考虑到中西部各馆的实际情况,很多指标的细则也设定了一定的弹性空间,大家在迎评的准备工作中可以适当地探讨和利用。例如,第一部分的 1.1.3 持证读者占比(%)和 1.7.3 服务创新推广;第二部分的 2.2.3 剔旧工作、2.3.1 自建数字资源总量(TB)和 2.5.1 本区域服务体系规划与共建共享;第三部分的 3.3.1 年财政拨款总额(万元)、3.3.2 财政拨款年增长率与当地财政收入年增长率的比率(%)、3.3.3 年人均文献购置费(元)、3.4.1 人均文献馆藏量(册件)、3.4.2 年人均新增文献入藏量(册件)、3.5.1 建筑面积(万平方米)、3.5.3 阅览座席数量(个)、3.6.1 读者用计算机终端数量(台)、3.6.2 读者服务区无线网覆盖率(%)、3.6.3 网络带宽(Mbps)、3.6.4 存储容量(TB)、3.7.1 员工数量和 3.7.4 领导班子配备,细则中均规定了截止日期为 2017 年 6 月底。可以很清楚地看到,第三部分保障条件中出现的条目最多,各馆可以充分利用评估前的时间与各级政府主管部门沟通,为图书馆以后的建设和工作开展争取更多的支持。

### 3.3 充分利用加分项

第六次评估定级工作与以往最大的不同就在于设置了大量的加分项。县级标准除了 1000 分的基本分值外,另设置 500 分的加分。这些设置是对我们今后工作的一个引领,为我们今后的工作指明了发展方向。在 500 分的加分项中,服务效能大类加分分值共 200 分;业务建设大类加分分值共 150 分;保障条件大类加分分值共 150 分。通过对评估标准的认真研究,我认为以下 26 项对于哈尔滨市的县级图书馆来说,都可以通过评估前期的努力获得相应的加分。

| 标号 | 二级指标 | 加分项分值 | 指标解释与分项说明 |
| --- | --- | --- | --- |
| 1.1.2 | 周开馆时间(小时) | 0—10 | 加分项包括:(1)节假日开放,加5分;(2)夜间开放,加5分 |
| 1.2.1 | 未成年人服务 | 0—10 | 加分项包括:(1)未成年人服务专门品牌活动,加5分;(2)留守儿童服务,加5分 |
| 1.4.1 | 决策信息服务 | 0—5 | 加分项:决策信息服务效果突出,且获得县级以上表彰,加5分 |
| 1.5.2 | 年人均网站访问量(次) | 0—5 | 加分项:网站提供实时访问统计数据,含访客数据、访问页面等,加5分 |
| 1.6.1 | 微信公众平台、微博服务 | 0—5 | 加分项包括:能定期推送(每月至少2次)服务信息,加5分 |
| 1.6.2 | 移动图书馆 | 0—10 | 加分项包括:(1)实现移动图书馆服务且效果良好,加7分;(2)提供相应版本软件,加3分 |
| 1.6.3 | 触摸媒体服务 | 0—5 | 加分项:无触摸媒体,0分;每增加1台,加1分,加分最高不超过5分 |
| 1.7.1 | 服务数据显示度 | 0—5 | 加分项包括:(1)图书馆馆舍入口处服务数据实时显示,加3分;(2)手机等移动客户端实时发布服务数据,加2分 |
| 1.7.3 | 服务创新推广 | 0—5 | 加分项:服务创新获得表彰,并在上级区域内推广,加5分 |
| 1.8.2 | 读者满意率(%) | 0—5 | 加分项:读者满意率达到95%以上,加5分 |
| 2.2.1 | 文献编目标准化 | 0—5 | 加分项包括:(1)对馆藏少数民族文献或各类非书资料进行编目,加2分;(2)参加全国性、全省性、全市性联合编目工作,上传馆藏目录并及时更新,加2分;(3)下载全国图书馆联合编目中心数据,加1分 |
| 2.2.4 | 文献保护 | 0—10 | 加分项:被上级主管部门列为古籍保护单位的,加10分 |
| 2.2.5 | 新技术应用 | 0—10 | 加分项包括:(1)馆藏统一数字化揭示平台,加2分;(2)图书防盗检测,加2分;(3)利用数字化技术实现智能图书上架,加2分;(4)自助借还,24小时自助图书馆,加2分;(5)馆内图书流通动态数据分析能力,加2分 |
| 2.4.3 | 地方文献数据库建设 | 0—5 | 加分项包括:(1)建设内容,考查其选题规划情况,2分;(2)建设规模,考查其可用数据库数量及其容量,3分 |
| 2.13.3 | 参加馆外学术和业务活动 | 0—5 | 加分项:参加全国性学术和业务活动达到年2次,加5分 |
| 2.14.2 | 荣誉体系建设 | 0—5 | 加分项包括:(1)有荣誉体系设计和制度保障,加2分;(2)荣誉体系实施情况,加3分 |

续表

| 标号 | 二级指标 | 加分项分值 | 指标解释与分项说明 |
|---|---|---|---|
| 2.14.3 | 表彰奖励 | 0—20 | 加分项共20分:除根据表彰级别采取分级赋值换算方式得分外,获得国际行业组织或国家级表彰与奖励1次加3分,获得国务院业务主管部门和省级党委、政府及国家级行业协会(学会)表彰与奖励1次加2分;加分最高不超过20分 |
| 2.15.2 | 社会购买服务 | 0—10 | 加分项包括:(1)购买机制与管理制度,加5分;(2)资金管理与绩效管理,加5分 |
| 2.15.4 | 第三方评价机制 | 0—15 | 加分项共15分:采用第三方评价机制,并评价良好,加10分;达到优秀,加15分 |
| 2.15.7 | 组织管理和运营创新 | 0—5 | 加分项包括:(1)资源采购依据第三方数据分析按需采购的,加2分;(2)采取服务外包管理并具有完善的绩效考评的,加2分;(3)通过信息化方式资源采访的,加1分 |
| 3.5.2 | 功能适用性 | 0—10 | 加分项共10分:(1)有可供无障碍服务的阅览座位,加5分;(2)有动静分区和标识系统,加5分 |
| 3.6.1 | 读者用计算机终端数量(台) | 0—5 | 加分项共5分:达到80台,加2分;达到120台,加5分 |
| 3.6.2 | 读者服务区无线网覆盖率(%) | 0—5 | 加分项:覆盖率达到100%,加5分 |
| 3.6.3 | 网络带宽(Mbps) | | 加分项:网络带宽达到100Mbps,加5分 |
| 3.6.4 | 存储容量(TB) | 0—5 | 加分项包括:(1)达到20TB,加3分;(2)采用租用云存储空间方式,加2分 |

公共图书馆评估指标体系是一个不断完善、发展的过程,伴随着内外部新环境、新政策的变化,新技术的发展,评估指标也会随之调整、完善和增加。通过对指标的解读,可以看出公共图书馆正在朝着一个科学化、规范化、标准化的路径发展。哈尔滨市县级公共图书馆在2013年第五次全国县以上公共图书馆评估定级中取得了4个一级馆、2个二级馆、6个三级馆的好成绩,但通过对第六次评估标准的学习,在本次评估定级中想要保级的难度很大。希望各馆在工作推进过程中,要把评估标准和《公共文化服务保障法》紧密结合在一起,全面回顾各项工作的开展情况,在确保提供数据真实的前提下,把以往工作中的努力、取得的成绩和所面临的实际困难通过这次评估集中地体现出来。

**参考文献**

[1]柯平.公共图书馆评估定级的目的意义及总体要求、新特点和工作机制[内部资料],2017(4).
[2]许静华.《公共图书馆评估标准》条文解读:服务效能[内部资料],2017(4).
[3]刘晓清.公共图书馆评估标准—第二部分　业务建设解读[内部资料],2017(4).

[4]王筱雯.对第六次公共图书馆评估标准中“保障条件”指标的解读[内部资料],2017(4).
[5]《公共图书馆评估标准》县级图书馆等级必备条件[EB/OL]. http://zwgk.mcprc.gov.cn/auto255/201701/t20170117_477673.html.
[6]《公共图书馆评估标准》县级图书馆评估标准[EB/OL]. http://www.npc.gov.cn/npc/xinwen/2016-12/25/content_2004880.htm.

# 城市图书馆阅读推广形式与策略

张双羽(哈尔滨市图书馆)

党的十八大以来,以习近平同志为核心的党中央高度重视全民阅读。2014 年开始,“倡导全民阅读”连续 3 年被写入国务院政府工作报告[1]。2017 年 4 月 23 日,《黑龙江省人民代表大会常务委员会关于促进全民阅读的决定》开始施行,将全民阅读活动成效纳入社会主义精神文明建设和现代公共文化服务体系目标考核体系[2]。近年来,中国图书馆界的全民阅读活动开展得轰轰烈烈、精彩纷呈,而阅读推广更是新时期城市图书馆义不容辞的重要使命,也是提高全民阅读能力,提高国民素质和社会文明程度,打造书香社会的有效形式。在这样的大好环境下,城市图书馆应发挥主阵地作用,增强创新意识,丰富阅读推广形式,采取多元化的推广策略,研究不同读者需求和新型阅读方式,构建起阅读推广的常态化机制,让阅读推广活动更丰富多彩。

## 1 图书馆阅读推广概念

所谓图书馆阅读推广,是指图书馆通过精心创意、策划,以推进社会公众阅读意愿、行为和提升社会阅读水平为目标,培养其阅读兴趣、养成阅读习惯、提升信息素养而进行的各种实践。

## 2 城市图书馆阅读推广现状

图书馆作为最基本的公共文化服务机构,在阅读推广领域发挥着不可替代的作用。2005 年,中国图书馆学会将“倡导全民阅读”写入《中国图书馆学会章程》,并在《图书馆服务宣言》中郑重承诺:图书馆以促进全民阅读为公民终身学习提供保障为职业目标和社会责任[3]。此后,全国各级城市图书馆积极行动起来,努力构建全民阅读推广服务体系,逐渐成为全民阅读推广活动的中坚力量。2009 年,中国图书馆学会成立阅读推广委员会。2016 年,中国图书馆学会设立城市图书馆工作委员会,说明图书馆界充分认同城市图书馆在公共图书馆事业发展中发挥的带头示范作用。近年来城市图书馆服务设施的数量和质量都有明显提升,服务体系进一步完善,服务质量明显改善。城市图书馆利用“世界读书日”“城市读书月”“图书馆宣传周”“全国科普日”等时间点,以及在元宵节、端午节、中秋节等传统民俗节日举办如读书征文、诗歌朗诵会、讲座展览、读书会、书评导读等阅读推广活动。越来越多的城市图书馆利用多种模式,积极开展延伸服务,将阅读活动推广至社区、学校、军营及边远的农村地区。哈尔滨市图书馆通过多种手段在馆内营造良好的阅读氛围,每年都举办科普阅读系列活动、连续12年开展“优秀读者评选奖励”活动、连续11年举办各类公益讲座累计450场,听讲人数达10万余人,最大限度地满足读者需求。2017年4月,中国新闻出版研究院发布第十四次全国国民阅读调查报告。数据显示,2016年我国成年国民综合阅读率为79.9%,成年国民人均图书阅读量为7.86本,未成年人图书阅读率为85%,同比提升3.9个百分点,未成年人的人均图书阅读量也从7.19本提高到8.34本[4]。虽然城市图书馆阅读推广活动丰富,阅读率和阅读量都有所上升,但同时也存在一些问题:我国国民的阅读量每年都在攀升,但平均阅读水平还是低于世界文化强国;城市图书馆用于阅读推广活动的资金捉襟见肘,有许多图书馆甚至没有专项的资金投入,只能挤占其他项目资金搞活动,拆东墙补西墙;阅读推广工作缺乏统一规划和组织保障,缺乏系统有效的管理机制;城市图书馆内部空间布局跟不上新时代阅读推广发展的需要,设施落后,设备老化,缺少时尚的、与时俱进的阅读平台;有的图书馆为了搞活动而搞活动,甚至于依赖文化传媒公司,不惜花费重金搞阅读推广活动;还有的图书馆在与社会机构合作开展的阅读推广活动中,图热闹走形式,图书馆特色体现不充分。另外,国内有很多城市图书馆阅读推广形式都照抄照搬自国外图书馆,如“一城一书”“快乐阅读”“阅读起跑线”等,几乎都是借鉴欧美的图书馆,缺乏自主创新精神。

## 3 城市图书馆阅读推广新形式探析

### 3.1 新颖的阅读体验空间使阅读推广实现全新体验

在城市图书馆内设立新颖的、集多功能于一体的阅读体验空间,可以使读者赏心悦目、舒适怡然,感受多方位的阅读体验。在阅读体验空间设计上要有新的突破,独具匠心,应集文化艺术普及、阅读体验、阅读推广功能于一体,突出“一区多用、资源共享”理念[5],具有广泛性、多面性,使不同层次的读者通过参与体验丰富的阅读方式,感受阅读带来的乐趣,促进阅读。

#### 3.1.1 设立阅读推广活动平台

城市图书馆打造有特色的阅读体验区,举办传统文化、书法、茶艺、剪纸、诗词吟诵等方面主题读书活动,吸引感兴趣的读者群体参与进来。阅读体验区设在图书馆进出方便的位置,具有时代感、特色突出的、有文化气息的阅读空间布局,要突出浓厚的阅读文化氛围,如墙面悬挂孔子画像、设置古琴、电子琴、文房四宝等开展活动所需配套设备,可以满足有各种兴趣爱好的读者的不同需求,极大地丰富阅读推广活动内容。

#### 3.1.2 设立特色数字阅读体验平台

可以有针对性地在城市图书馆内设立特色数字阅读体验平台,提供精准服务。在哈尔滨市图书馆周边分布多所高校,大学生群体数量巨大,因学习、就业等需要及时更新海量信息。阅读体验区设立适应大学生的数字阅读体验平台,填充最新各类专业知识、就业信息,展现时尚的新媒体、新阅读方式,为学生提供最新数字阅读平台,便于学生更有效地利用图书馆。

3.1.3　设立休闲空间

阅读体现区要充分考虑并尊重读者的阅读兴趣、阅读习惯,营造温馨舒适的休闲空间,随意摆放的桌椅、可以随时收听收看视频、音频的设备、绿意融融的装饰等都会吸引读者驻足休憩。安静、舒适、便捷的休闲空间,使人置身其中产生亲切感,既享受了图书馆人性化的休闲服务,又能品味浓厚的文化意境。

### 3.2　新技术支撑的阅读推广新模式

数字化阅读的兴起为人们的生活和学习提供了更多乐趣和便利,2016 年我国成年国民数字化阅读(网络在线阅读、手机阅读、电子阅读器阅读、Pad 阅读等)方式的接触率为 68.2%,较 2015 年的 64.0% 上升了 4.2 个百分点[6],连续 8 年保持上升势头,而如何利用新技术来推广数字化阅读是城市图书馆当前要面对的重要课题。

3.2.1　数字阅读新形式成为阅读推广的主要形式

随着电子书、手机、笔记本电脑、PC 电脑等数字阅读载体的广泛应用,数字化阅读成为全民阅读的新热点。数字阅读体现信息技术的最新发展,城市图书馆应该大力开发相互促进的数字阅读新形式,采用二维码、微信等信息技术,将数字阅读进一步拓展,数字阅读与书本阅读兼容并重,线上阅读与线下阅读互补叠加[7],从而使数字阅读最大限度地为阅读推广服务。

3.2.2　城市图书馆利用新技术的主动推介

城市图书馆可以利用数据汇总功能,向有相似兴趣的用户群体,根据其年龄、性别、学历、阅读需求以及预约登记信息等定期向其推介有关书籍,形式类似于"猜你喜欢",这样可以在最短的时间内把图书馆的图书更新信息通知给用户,既有提醒功能,又能在第一时间让用户根据情况借到所需图书。还可以利用图书馆网站、微信平台等向读者推介阅读推广活动并提前发送活动通知,便于召集读者参与活动,并根据读者登记情况控制人数。

### 3.3　与时俱进的图书馆延伸服务使阅读推广更亲民

传统的图书馆服务已不能满足各阶层群众日益增长的文化需求,这就要求城市图书馆转变服务观念,创新服务模式,走出图书馆大门,把阅读推广延伸至各个角落,如通过社区分馆、汽车流动图书馆、巡回讲座等形式,让更多的人了解图书馆,利用图书馆。地铁作为我国近年来逐步加大力度投入运营的主要交通工具,具有方便快捷、人员流动量大、覆盖范围广、安全高速等特点,已经成为城市交通的主动脉。地铁图书漂流就是城市图书馆开展延伸服务的一种新形式,2017 年 5 月 24 日起,哈尔滨市图书馆联合哈尔滨地铁报《朝闻快线》共同举办"龙江首届地铁图书漂流月"活动,在早高峰时段,随机选取幸运地铁乘客发送图书,乘客可以在地铁车厢内阅读,也可以将书带回家阅读。首批两千册图书一个月内与市民陆续见面,涵盖人物传记、历史文化、言情小说、经典名著、音乐美术等,可以满足各类读者的兴趣。

# 4 城市图书馆阅读推广实践策略

2017年是《全民阅读"十三五"时期发展规划》实施的重要一年,我国将加大阅读推广力度,制定实施国家全民阅读战略,以国家战略的高度推进全民阅读。城市图书馆要抓住机遇,乘势而上,开拓创新,勇于实践,做好阅读推广工作。

## 4.1 首先要培养创意敏感度和创新观念

城市图书馆的阅读推广首先要靠富有创意的形式吸引读者的兴趣,要在创新上多下功夫,树立创品牌意识,积极打造独具图书馆文化烙印的活动品牌。2016年,苏州市图书馆独辟蹊径打造了"悦读宝贝计划",向0—3岁的苏州籍婴幼儿免费发放"阅读大礼包",家长们通过申领平台登记就可以刷卡取大礼包[8]。该计划作为幼儿早期教育阅读推广活动,就是参考了欧美等国家的成功经验。城市图书馆通过学习、讨论、思考这种成功案例,形成创新意识,才能提高创意的敏感度,将这些创意结合到图书馆工作中,就可以创造出新的阅读推广方式。

## 4.2 构建常态化机制,确保阅读推广活动有效开展

城市图书馆要将阅读推广活动作为长期工作的重点,成立专门机构负责阅读推广工作的组织实施,要健全阅读推广机制,制定详细的长期有效阅读推广活动项目策划,加强阅读推广人队伍建设,确保阅读推广活动的持续性,确保阅读推广工作实现常态化。

## 4.3 利用社交媒体开展阅读推广

当前,社交媒体已成为城市图书馆与为读者提供数字化阅读的新窗口,城市图书馆应顺应数字化潮流,结合实际工作,大力开发信息服务平台,采取二维码、微信、微博、QQ等方式推行数字化阅读。

### 4.3.1 利用社交媒体推送数字化阅读要进行科学设计

城市图书馆在研究分析用户需求的前提下,要围绕知识价值、趣味阅读、情感共鸣来开展数字化阅读,以此来增强关注度[9]。

### 4.3.2 社交媒体推送数字化阅读要注重内容体现形式的多样性

在社交媒体上可以通过文字、图片、声音、视频、动画等多种形式来体现,具有新鲜感,有可读性、有趣味性、有吸引力、有亲切感。

### 4.3.3 社交媒体推送数字化阅读要时时更新,注重实效性

新媒体时代,数字化阅读的一大特点就是信息量大且更新速度快,要想吸引更多读者持续关注就要保证信息的时时更新,就像新闻报道一样总有最新内容推送,而且要有连续性。

## 4.4 挖掘馆藏文献特色进行阅读推广

在全民阅读背景下,城市图书馆应充分发挥馆员对馆藏文献的专业知识,挖掘馆藏文献中的独特价值,结合公众的文化需求进行推广,彰显特色馆藏文献独特的文化价值[10]。如

哈尔滨市图书馆选择本省作家萧红研究的系列地方文献建成数据库,围绕文献开展观影会、朗读会、真人图书等活动向大众推广,通过挖掘和展示文献内涵,使公众了解哈尔滨本土文化,唤起民众的本土历史记忆。

### 4.5 特殊群体的阅读推广

特殊群体有权公平获取图书馆服务,城市图书馆面向特殊群体开展阅读推广服务是人文关怀的体现。哈尔滨图书馆在门前铺设了无障碍通道,一楼大厅入口处配置了残疾人轮椅、设立盲人阅览室,配置盲人电脑、购置盲文书籍、开展语音服务,每周三还派专人定期为盲人提供上门送书服务。同时每年还结合"全国助残日""国际残疾人日"等举办残疾人保障法讲座、残疾人音乐会,为盲人捐助声光盲杖,慰问智障儿童等多种形式的助残活动。把面向特殊人群的阅读推广活动开展得有声有色,让特殊人群感受到社会的温暖并享受阅读的乐趣。

### 4.6 借鉴国外阅读推广经验,讲好中国图书馆界自己的"中国故事"

美国医疗机构开展的、面向儿童的"触手可读"活动,用医疗机构图案作为标识,有效的突出阅读推广主体,给读者印象深刻[11]。城市图书馆阅读推广人应该认识到这个问题,主动学习但不拘泥于国外经验,不照抄照搬,结合自身实际活学活用,有信心创造真正属于中国图书馆界经典的阅读推广形式,同时,国内城市图书馆还要有能力在开展阅读推广活动之后总结经验,讲好自己的"中国故事"。

城市图书馆应充分发挥其在全民阅读中的作用,创新思维,办好阅读推广活动,培养国民的阅读兴趣、阅读习惯,提高阅读质量、阅读能力、阅读效果,给社会公众带来新鲜的生活方式、思维方式,全面提升全民阅读质量和水平,以进一步推动全民阅读工作常态化、规范化,建设书香社会。

### 参考文献

[1]新华网.《全民阅读"十三五"时期发展规划》发布[EB/OL]. http://news. xinhuanet. com/politics/2016 - 12/27/c_129421928. htm.

[2]黑龙江省人民代表大会常务委员会. 黑龙江省人民代表大会常务委员会关于促进全民阅读的决定[EB/OL]. [2017 - 04 - 18]. http://www. hljrd. gov. cn/detail. jsp? urltype = news. NewsContentUrl&wbtreeid = 1036&wbnewsid = 16785.

[3][5]刘怡. 论公共图书馆阅读推广的创新———以广州图书馆新馆阅读体验区设计为例[J]. 河南图书馆学刊,2016(11).

[4][6]新浪读书. 第十四次全国国民阅读调查报告出炉:2016 年人均阅读 7. 86[EB/OL]. [2017 - 04 - 18]. http://book. sina. com. cn/news/whxw/2017-04-18/doc-ifyeimqy2574493. shtml

[7]王世伟. 论数字阅读[J]. 图书馆杂志,2015(4).

[8]扬子晚报. 苏州图书馆推免费"阅读大礼包"[N]. 2016 - 09 - 28(c2).

[9]张秋菊. 公共图书馆社交媒体服务调研分析[J]. 山东图书馆学刊,2016(5).

[10]王宁. 阅读推广基础理论的探索与构建——第一届全国图书馆阅读推广理论研讨会综述[J]. 图书馆论坛,2017(6).

[11]石继华. 国外阅读推广的品牌化运作及启示[J]. 图书情报工作,2015(2).

# 中部地区区县级图书馆迎评工作的现状与措施
## ——以香坊区图书馆为例

李丽娜(哈尔滨市香坊区图书馆)

我国图书馆评估从20世纪80年代开始,一些学者指出图书馆评估就是对图书馆各种信息进行收集,对图书馆目标、形态、价值进行客观判断的过程。图书馆评估是一个综合性概念,其基本定义是:为了实现图书馆目标,对图书馆运作进行客观描述,并通过科学方法进行定量、定性对比分析,对目标对象在一定时间内的状况进行客观综合评价。图书馆评估主要是了解图书馆工作状况,认清图书馆发展方向,使图书馆效率变得更高,为读者提供更优质的服务,同时也有利于各级政府监管,为政府决策提供依据,促进图书馆行业健康快速发展。而区县级公共图书馆在我国图书馆体系中数量庞大,在文化惠民工程中占有重要地位,是我国发展公共图书馆事业的重要环节。长期以来,我国注重省、市级图书馆的建设,而对区县图书馆等基层图书馆的建设关注度不够,一直没形成一个能够覆盖全国的公共图书馆服务体系,高端图书馆因受其所处位置和所承担任务的局限,很难深入到基层的民众当中;而区县图书馆作为最贴近民众的图书馆,在保障基层民众信息获取,发挥图书馆的教育、休闲、娱乐功能等方面有着极为重要的作用,区县图书馆应该是公共图书馆系统的服务主体。但区县图书馆长期被排除在公共图书馆体系之外,区县图书馆作为最基层图书馆,它的评估工作显得尤为重要。

## 1 区县公共图书馆评估的意义和作用

区县公共图书馆评估是对区县图书馆的一项综合检测,使区县图书馆业务可以更加规范,促进区县图书馆队伍建设和整个区县图书馆素质的提升。具体来说,区县图书馆评估具有以下作用:

(1)通过评估可以使区县图书馆管理效果得到提升

区县图书馆管理者通过评估方式及时发现潜在问题,并对区县图书馆管理做出调整,使区县图书馆管理更加科学化、人性化。

(2)促进区县图书馆事业的健康发展

评估工作有利于提高区县图书馆上级部门的工作效率,使区县图书馆在经费和基础设施上都能得到提升,这也促使区县图书馆在各项服务上有所提升。

(3)使区县图书馆的工作更加规范

通过评估,可以使区县图书馆的业务更加规范,促进区县图书馆向科学化方向发展。

(4)通过评估可以提升区县图书馆的服务质量

以评估作为方式,可以在公众中大肆宣扬区县图书馆的公共文化服务功能。通过评估可以引起各级政府的重视,增加对区县图书馆的财政支持,使区县图书馆硬件设施提升,并最终提升区县图书馆整体服务质量。

# 2 中部地区区县级图书馆发展现状及存在的问题

改革开放以来,我国的经济、政治、社会飞速发展,综合国力大幅提高,全社会掀起文化建设的新高潮,推动社会主义文化大繁荣大发展的战略部署,文化建设进入了一个新的发展阶段,人民物质文化生活得到显著改善,然而中部许多地区由于受到经济的制约、自然环境的限制,与东部沿海地区在经济发展上形成较大差距,这种发展上的不均衡,同样反映在公共文化服务体系建设方面,表现在中部区县级公共图书馆事业的发展滞后,状况令人担忧。

## 2.1 社会对区县级图书馆认识不到位,其社会功能和作用还没有引起足够重视

社会和各级政府对图书馆事业的重视程度不够,特别是对国家建设基层公共文化网络服务体系的战略意义认识远不到位,区县级公共图书馆是基层公共文化体系的重要组成部分,作为收集、整理、保存、传播和利用文献信息资源的文化教育机构,既是该地区的文献信息资源中心,又是精神文明建设的阵地和窗口,尤其是在构建社会主义和谐社会的建设进程中,图书馆的作用更是无可替代。而如今一部分区县级图书馆由于受观念的影响和制约,对图书馆的功能和作用均缺乏足够的理解和认识,图书馆工作开展不够理想,造成图书馆许多工作难以正常开展,图书馆的功能和价值没能得到应有的体现和发挥。

## 2.2 图书馆硬件设施极为简陋,服务观念和手段比较落后

硬件设施是图书馆开展各项业务工作的前提和基础,服务观念则是指引图书馆员开展好有关业务工作的导向。由于受经济发展缓慢和人才等因素的制约,各区县级公共图书馆在基础业务工作中仍然是手工操作,办公设备十分陈旧,有的图书馆甚至连基本的书架、阅览桌椅都不够用,致使一些图书长期打包存放而未能得到很好利用;多数图书馆的服务方式仍然是传统的借阅方式,自动化、网络化,文献资源的数字和服务工作的现代化未能提上议事日程。正是在这种落后观念的支配下,馆内职工也缺乏工作的积极性和主动性,缺乏进取和创新,致使有限的馆藏资源没能在经济文化建设中发挥很好的作用。

## 2.3 经费投入不足,严重影响了区县图书馆事业的健康发展

政府投入的经费是图书馆生存和发展的重要条件。除少量区县级图书馆能有稍多一些的经费购买到一定数量的新书,许多区县级图书馆受经济条件等诸多因素的影响和制约,没有更多的资金投入到业务工作中,图书馆要想改善条件和购买新书就更加困难,这使得图书馆的建设和发展几乎处于停止状态。

### 2.4 专业人才匮乏，无法开展更高层次的信息服务

图书馆员业务水平的高低是图书馆事业发展的重要因素。许多区县级公共图书馆馆员所构成的专业队伍无论是学历结构、知识结构、职称结构、年龄结构来说都不能令人满意，更不符合国家对图书馆从业人员所要求的有关知识素质规定。区县级图书馆从业人员中，80%—90%以上为图书馆学专业，其他专业人才缺乏，尤其缺乏自然科学及外语、自动化等急需人才。专业人才匮乏使得现代化新技术在图书馆难以推进，无法开展更深层次的、内容丰富、形式多样的服务工作。

## 3 中部地区区县级图书馆应采取的迎评措施

虽然我国中部地区区县级图书馆存在一些问题，但在各级政府关心支持下以及区县图书馆工作人员的努力下，在观念更新、服务个性化、现代技术应用、馆员素质等方面，也取得了较大进展。区县级图书馆事业也形成了一定规模，在各地精神文明建设和经济发展中也起到了重要作用。所以，中部地区区县图书馆还应采取以下的迎评措施。

### 3.1 进一步明确区县级公共图书馆在公共文化服务体系中的地位和职责

作为重要公共文化基础设施和公益性文化服务机构的区县级公共图书馆，无疑是公共文化服务体系的重要组成部分和文化信息传播网络的重要节点。它面向基层，直接服务于广大人民群众，是公民公平地享有文化资源的重要保障。政府以及图书馆应当“跳出图书馆看图书馆、跳出图书馆办图书馆”，从公众的角度和社会需求的角度思考图书馆在社会公共文化服务体系中的定位和作用，自觉将“提供公共文化产品和文化服务，不断满足广大人民群众日益增长的精神文化需求，保障公众的文化权利，公众的文化素质和文化生活质量，人的全面发展”作为当地政府和区县级图书馆的职责和工作目标，在服务理念、服务内容、服务范围、服务方式、服务手段，以及工作机制等方面进行全面的提升和创新，以顺应社会发展的需要，承担起时代赋予区县图书馆的历史使命。

### 3.2 加强区县级公共图书馆建设，努力提高图书馆馆藏量及各项服务水平

区县公共图书馆应充分利用馆藏优势、管理优势对各社区分馆、农家图书室进行有层次、分阶段的科学管理。目前，哈尔滨市香坊区图书馆现有馆藏21.39万册，年外借图书达24.54万册，其中电子图书外借量达7.54万册。年开展读者活动60余场次，年每万人参与读者活动1574次，年接待读者3.13万人次，读者满意率达95%以上；在业务建设上，香坊区图书馆现有社区分馆15家，社区图书室30家，农家书屋39家，15家社区分馆均可与本馆通借通还，馆际互借，30个图书室因网络问题，仅能在本室采用ILASNT系统借还。

### 3.3 加大投资力度，以经济发展促进图书馆建设

图书馆属于事业单位，国家全额拨款。区县级公共图书馆利用评估上等级争取当地政府支持，除继续争取当地财政拨款外，应积极探索民间资金投资、赞助的可靠性，包括民营企

业、海外人士赠书、捐助等多种形式。各地必须加大文化建设投资力度,改善图书馆办馆条件,搞好基础建设,转向结构性调整。地区经济的快速发展,为区县公共图书馆事业的发展提供了保证,应定出区县级公共图书馆购书经费的具体最低标准并应逐年有所增加,编入预算形成制度,定期拨入图书馆支付使用,或归入政府采购,图书馆负责购买新书或添置新设备、开展新业务。

就哈尔滨市香坊区图书馆而言,保障条件是我们目前迎评工作中存在的最大问题和工作难点。由于客观原因政府重视力度不够,所以图书馆的各项工作发展都有着一定的困难。香坊区服务人口745820人,辖4镇20个街道。评估工作准备前图书馆年财政拨款124.28万元,2013—2015年图书馆存在免费开放匹配资金不到位,馆舍面积不集中,年人均新增文献入藏量尚缺等问题。为了更好地迎接此次评估,香坊区图书馆在政府部门以及全体馆员的共同努力下,实现了“以评促建”目的。政府根据此次图书馆评估召开了区政府常务会,会议决定将2017年全部财政收入经费下拨,并补齐2013—2015年图书馆免费匹配资金,以及2013—2016年财政拨款不达标的差额拨款,共计下拨经费209万元,用于2017年经费和此次评估所需经费。这无疑是对香坊区图书馆发展的一个很好的促进。

### 3.4 改善办馆条件,增加设备

区县级图书馆的设备也在逐年增加。各馆在图书馆计算机自动编排基础上,加大了图书馆网络化、数字化建设的力度,建立了一批电子阅览室、区县馆多媒体电子阅览室,提供电子图书阅览、在线数据库查询、课题检索;电子阅览室为读者提供网上专题搜索、信息服务、多媒体辅助学习、光盘阅览,利用丰富、快捷的网络资源,进行查询、检索。为了充分发挥图书馆电子阅览室辅导读者、传播科普知识,提高读者文化素质的功能,有的区县馆还建立了图书馆网站,向读者宣传图书馆、提示馆藏、介绍新书。哈尔滨市香坊区图书馆针对此次图书馆评估,加大投入力度,新安装ILASNTT图书外借系统、华博大数据分析平台、服务效能评价反馈系统、阅读活动推广系统,重新请专业机构对图书馆网站及微信平台进行了维护。使香坊区图书馆的办馆条件有了明显的改善,上了一个新台阶。

### 3.5 读者服务工作向个性化发展

区县馆藏量有限,要强调资源共享与延伸服务等特色服务。区县公共图书馆重视读者服务工作,结合当地特点、人文环境,在藏书、服务上突出特色,有针对性地开展服务,提高图书馆的活力,使本馆服务与其他馆能有效地接轨;通过延伸服务阵地,突出个性化服务,吸引读者到馆;通过加强一线咨询服务,发挥馆员书海导航作用,辅导读者查找资料;在图书外借处、阅览室设立推荐图书专架;主动上门为学校、企业、机关现场办理借书证,送书上门;各馆利用馆藏资源,开展读书活动,开设读书辅导讲座。通过区县级公共图书馆之间的协调、延伸,以及资源共享,适应社会需求吸引读者,加强读者服务。香坊区图书馆近年来各项阵地延伸工作也做了许多必要的调整,增加了满足读者个性化要求的各项服务,取得了很好的社会效果。

### 3.6 转变服务观念、提升服务水平

#### 3.6.1 应转变服务观念,变被动服务为主动服务

要真正树立起以人为本、读者至上、服务第一的观念,从方便读者的角度出发,确定开放

时间和开放程度,减少各种限制,最大限度地满足读者的需求。与此同时,要注入人性化服务理念,营造人文氛围,弘扬人文精神,使整个服务环节充分体现人文关怀。

3.6.2　应创新服务方式和服务手段,切实提高区县级图书馆的公共文化服务能力

重点开展对基层的服务。加强对基层文化需求的了解,提供针对性、有特色的区县图书馆服务。省、市公共图书馆应成为区县图书馆服务的坚强后盾,向他们提供必要的知识资源和文献信息,加强对他们的业务指导和技术支持,解决他们工作中遇到的各种困难和问题,必要时可以直接参与基层图书馆的服务工作和服务活动,为区县级图书馆读者服务工作提供重要保障机制。香坊区图书馆就曾多次得到哈尔滨市图书馆的业务指导和技术支持,这不仅能提高全体馆员的整体业务素质,还使馆员对第六次公共图书馆评估工作有了一定的了解,改变了馆员的服务理念,转变馆员的服务方式。

### 3.7　加快立法进程

图书馆立法,是发展区县级图书馆事业的根本保证。制定图书馆法的目的是为了加强对图书馆的管理,加快图书馆事业的发展,充分发挥图书馆的作用。图书馆法是区县级图书馆开展工作的法律依据和保障,是从"人治"走向"法治"的必由之路。用立法手段来确保财政税收、投资发展图书馆事业,维持和兴建区县级图书馆,保证区县级图书馆的稳步发展,保障文献信息的收藏和传递。因此,要加快图书馆的立法步伐。完善管理体制,健全法规。制定当地的普通图书馆法,出台相关法规。有关区县图书馆的指标要具体实用,可操作性强,通过立法增强区县馆业务管理的透明度,创造公平竞争的环境。

### 参考文献

[1]郑全太,葛玉. 对我国图书馆评价的科学性的散点透视[J]. 河南图书馆学刊,2012(3).

[2]熊伟. 图书馆评估类型的理论重组[J]. 图书情报工作,2015(11).

[3]阮孟禹. 图书馆评估的意义与缺失[J]. 图书馆建设,2014(2).

[4]赖辉荣. 公共图书馆评估中的委托代理问题研究[J]. 情报理论研究,2013(1).

# 浅述公共图书馆绘本阅读推广模式的多元化特点*

朱小燕(广州图书馆)

书籍是人类进步的阶梯,尊尚阅读成为体现社会文明的一个重要标志,为了促进阅读,从世界各国到联合国机构,都在主动地做着阅读推广的实际工作。在我国要实现全民阅读的目标,公共图书馆作为全民阅读的主要公共场所,实施有效的阅读推广活动变得尤

* 本文系广东省图书馆科研项目"公共图书馆英文绘本阅读推广策略研究"的阶段性研究成果之一,项目编号:GDTK1539。

为有意义。

## 1 公共图书馆阅读推广工作有多元化的趋势

公共图书馆具有服务于大众阅读的义务,体现出公平阅读与全民阅读的特点,如何吸引更多的读者走进图书馆,充分利用公共图书馆的空间优势、资源优势,实现全民阅读,使阅读成为文明的风尚,做好阅读推广势在必行。华东师范大学的范并思教授认为"在阅读服务中开展推广活动,这项图书馆一直在从事的服务,现在名为阅读推广""阅读推广是我国图书馆界对于图书馆新型阅读服务和推广活动的统称,是当代图书馆发展到一定时代的产物,是图书馆服务在信息时代的重大创新"[1],公共图书馆的服务实践也证明,开展阅读推广活动在公共图书馆读者服务中占有越来越重要的地位,如何更好地组织进行这些活动也成为公共图书馆日常服务工作的重点之一。

公共图书馆服务的对象是不同的目标群体,广州图书馆的数据显示读者群体数量正在变大,2012 年年底统计到馆 337 万多人次,2015 年年底的数据是 615 万多人次,读者群体的大量增加说明图书馆的阅读引导和推广工作起到了重要的作用,如何做好大量不同对象的图书馆服务工作,需要细分目标群体并研究他们不同的图书馆服务需求。在公共图书馆的服务对象读者群体中,按年龄段可以区分为成年人读者和未成年人读者,前者对阅读环境的要求是安静、舒适、整洁、方便,而后者更多的是需要安全、健康、有吸引力的阅读氛围,把成年人阅读与未成年人阅读区分开来,可以针对儿童与青少年阅读独特的要求和特点,设计出适合他们的阅读推广活动形式。为未成年人提供优质的阅读服务,研究如何提供更好更适合儿童与青少年的阅读推广服务是公共图书馆工作人员的义务。阅读群体的多元化,要求阅读推广活动的多元化。

信息时代传统图书馆服务受到挑战,国际图书馆界不断创新,出现了新形式的阅读服务。如美国奈特基金会组织的图书馆文化艺术系列项目,将艺术与文化带进了公共图书馆,使图书馆出现了有声行为艺术。加拿大 Snøhetta 新设计的 Calgary 中心图书馆理念是:使一个强制安静的机构变成社会活动的空间[2]。近年台北市还推出"阅说舞唱游于艺"活动,以话剧、歌剧、舞台剧的形式将书籍生动形象地表达出来,为阅读增添了不少新意[3]。

## 2 绘本阅读推广多元化实践意义

绘本阅读推广是未成年人阅读推广活动中的一个重要部分,能为培养儿童阅读良好习惯打下坚实的基础。通过研究广州地区公共图书馆绘本阅读推广活动的案例,可以发现绘本阅读推广多元化这一特点。

首先,绘本阅读推广具有多元化的实践基础。绘本在西方叫作图画书,在日本和叫作绘本,是指以图画为主,文字为辅的一类图书。对于儿童阅读,绘本阅读占据重要的地位,主要原因是绘本具有精美的绘图,配以简短和浅显的文字,两者完美结合,或讲述故事,或抒发情感,在儿童启蒙教育领域发挥着重要的作用。经典绘本不论是在绘画的艺术性还是故事内容的审美追求上,都适合作为儿童心智启蒙时期不可缺少的阅读物陪伴。由于绘本主要是绘画和少量的文字,所以更加适合亲子阅读,通过亲子阅读来加深亲子关系,提升儿童幼年时期的安全感。绘本阅读的优势还体现在多方面,阅读绘本可以欣赏图画的色彩和结构,可以看图讲故事,还可以按照故事来扮演角色,日本绘本之父松居直、台湾作者郝广才等对如何欣赏绘本做了深入的研究,分别著有《打开绘本之眼》《好绘本如何好》等书籍。由此可见绘本阅读推广在实际操作中具有多元化的先天性优势。

其次,绘本阅读推广具有多元化的实践意义。国内公共图书馆在绘本阅读推广领域做了很多工作,取得了不少成绩。广州地区公共图书馆最近几年的绘本阅读推广积累了不少成功的案例和经验,对这些案例和经验进行分析研究,对以后更好地开展儿童与青少年阅读推广活动具有参考意义。

### 2.1 语言多元化实践

广州图书馆对低龄儿童的阅读推广非常重视,新馆少儿部专门开辟一个面积 1150 平方米的空间作为亲子绘本馆,为 0—6 岁亲子家庭阅读提供服务,这个区域的空间布置、馆藏布局都是按照幼儿特点来安排,主要提供绘本亲子阅读。案例一,“爱绘本爱阅读”亲子读书会(2017 年改名“小樱桃阅读树”)。读书会挑选经典中文绘本,使用中文语言,对象为亲子家庭,每周末举行,2014 年 1 月至 2016 年 7 月共举行亲子读书会 125 场次,参加人数超过 3500 人。广州作为华南地区中心城市,随着对外开放的步伐加大,外籍人士越来越多,为其他语种的小朋友开展图书馆服务被提上工作日程。案例二,2013 年起广州图书馆“爱绘本爱阅读”亲子读书会拓展出英文亲子绘本故事会。英文亲子绘本故事会至今已举办活动近 100 场次,由图书馆员和志愿者共同主持,深受亲子家庭欢迎,家长留言表示:“希望公共图书馆多开展英文故事会”[4]。案例三,浏览广东省中山图书馆少儿部网页的活动预告,发现周末除了举办中文绘本故事会,还有“星星树”英文绘本故事会。案例四,广州少年儿童图书馆设立外文馆,开展 Learn & Play 英文绘本阅读与学习系列活动。这些案例说明在广州地区绘本阅读推广活动中,多语种的使用已经成为常态化。广州图书馆新馆儿童与青少年部 2013 年 6 月 1 日开放以来还举办过多场次希伯来语、日语、韩语等多语种绘本故事会,其中“公共图书馆英文绘本阅读推广策略研究”获 2015 年广东省图书馆科研课题立项。

### 2.2 形式多元化策略

信息时代阅读不再只是书本阅读这种静态方式,已经体现出多元化的特点,阅读推广随之呈现多样化,绘本阅读推广的对象是儿童,更加具有多元化的特性。案例一,广州图书馆玩具馆是一个深受家长和幼儿喜爱的图书馆空间,将玩具活动与阅读相结合,充分调动孩子们的阅读兴趣,非常具有创新性。2016 年 6 月 22 日,广州市图书馆学会未成年人图书馆服务专业委员会工作启动仪式暨“突破边界创新发展——未成年人图书馆服务发展与合作”研讨会在广州少年儿童图书馆举行,广州图书馆“合作共赢的阅创空间——广州图书馆玩具馆”“英文绘本故事会”等获评优秀案例。

绘本创作大赛也是绘本阅读推广的重要方式之一。案例二,至 2015 年年底广州图书馆举办了“‘激情亚运,创意广州’青少年绘本制作大赛”“广东省幸福成长图书绘本制作大赛”和“全国图书馆绘本创作研修班”，参赛作品有简单的四页书、翻翻书、拉拉书、转转书等。通过自己动手制作绘本，儿童对一本书的形成有了深刻的了解，从封面的制作到内页的完成，绘图和文字的组合，注明作者和某某出版社，最后装订成册，一本绘本的制作才完成，通过绘本制作，可以体验绘本形式的多元化，理清绘本创作的脉络和方向，建立完整的绘本观。

舞台剧和电影是由馆员策划的换一种方式阅读的推广活动。主要内容是把经典绘本和电影、舞台剧两个元素加起来，让孩子们通过文字和影视、戏剧多方位感受经典绘本文学的魅力，学会主动阅读与思考，逐渐获得心灵的成长。案例三，广州少年儿童图书馆情绪管理系列之绘本剧课堂，让孩子们有机会在模拟情境中学习和感知怎样管好自己的情绪，并做出了实际的行动，做图书馆小小的志愿者。

### 2.3 活动品牌多元化策略

绘本阅读在广州地区引起亲子家庭的重视，一些低年级孩子会在开学拿到老师的推荐书单，其中大部分是绘本。公共图书馆纷纷举办各种形式的绘本故事会，并致力于打造自己的绘本阅读推广品牌，例如：广州图书馆“爱绘本　爱阅读”亲子读书会、广东省立中山图书馆的公益小书房故事会、广州少年儿童图书馆“七色花亲子绘本故事会”，不同品牌的故事会具有相同点和不同点，经过不断的探索和完善，形成了固定的品牌，获得广州地区亲子家庭的广泛参与。例如广州图书馆“爱绘本爱阅读”亲子读书会从2009年6月起至2016年年底已经开展了300多场次活动，最早的小读者已伴随着读书会成长起来，读书会取得了较好的社会效益。这三个品牌的比较见下表。

表　三品牌故事会比较表

| 单位名称 | 活动品牌 | 共同点 | 不同点 |
|---|---|---|---|
| 广东省立中山图书馆 | 公益小书房故事会 | 中文绘本故事会；面向亲子家庭；由馆员或阅读推广志愿者主持；利用本馆资源和场地；在周末举行 | 无须报名，现场签到，额满即止 |
| 广州图书馆 | 爱绘本 爱阅读亲子读书会（2017年改名为小樱桃阅读树） | | 提前报名，名额15个亲子家庭 |
| 广州少年儿童图书馆 | 七色花亲子绘本故事会 | | 提前报名，采用积分制（报名签到有积分，迟到、早退、请假、未到扣积分） |

### 2.4 合作主体的多元化

以广州图书馆为例，积极参与由市政府部门组织的“羊城之夏”系列活动，每年暑假为中小学生提供丰富的暑假图书馆活动，让他们从最初的了解图书馆，到学会利用图书馆，再到参与绘本制作。例如2013年广州市第34届“羊城之夏”活动过程中，广州图书馆少儿部7月和8月共举办“童心影视窗”“图书馆之旅——参观图书馆”“图书馆知识小讲堂”“绘本制作工作坊”“暑期安全知识PK赛”“铅笔画现场展示”“2013·少年梦——乡村少年夏令营”

等14种超过60场次的活动,由馆员策划,馆员和志愿者共同参与主持,为1500多个亲子家庭提供了图书馆服务。

与高校合作研究,为读写困难症儿童提供阅读帮助。案例一,2014年广州图书馆正式加入华南师范大学“公共图书馆为阅读障碍人群服务的理论、方法与对策研究”课题组,为读写困难症的儿童提供特定阅读服务[5]。2015年6月和2016年7月共举办4期“暑假伴读计划”活动,针对有读写困难症的一年级到三年级的孩子,采取大学生志愿者与小读者一对一的方式,主要挑选绘本陪伴阅读和辅助手工制作,目前为止参与这项计划的孩子共计有21人,其中有4名小朋友连续参加了两期活动,学生家长反馈良好:伴读活动给孩子心里撒下了阅读的种子,静待种子的发芽、开花,让阅读成为相伴孩子一生的习惯。

与特殊机构合作为特殊儿童提供专门服务。案例二,2012年4月,启动广州图书馆与广东省康复中心“爱”阅读故事会活动,至2015年年底已举办了近40场活动。例如2015年3月和4月就举办了6场活动,分别邀请广东省康复中心智障部、语训部、自闭症部、脑瘫部的孩子,来广州图书馆少儿部听馆员讲绘本故事,参加玩具馆活动,为特殊儿童打开一扇图书馆之门。

欧美等发达国家以公共图书馆为主体的绘本阅读推广措施已日趋成熟和完善,如英国的“阅读起步走”,美国的“出生阅读计划”,德国的“阅读测量尺”,是全球知名的绘本阅读推广活动品牌。我国绘本阅读推广起步不久,结合艾索儿童研究咨询机构总裁在2015年世界读书日发布的《2015年中国亲子阅读报告》和第12次全民阅读调查两个调查报告,可以看出中国家长虽然比较重视儿童阅读,但是缺乏有效的行动力[6],为他们提供合适的阅读指引成为阅读推广人的工作动力。国内公共图书馆越来越重视绘本阅读推广,一些经济发达地区的公共图书馆已经获得了丰富的实践经验和成果,取得了很好的社会效益,但是由于各地公共图书馆事业发展不平衡,优质公共资源相对集中,能够享受优质公共图书馆服务的儿童覆盖面还需要扩展。为了让更多的儿童得到优质的公共图书馆服务,有必要对这些成果进行分析和研究。进行公共图书馆儿童阅读的推广时,要根据所在图书馆的具体情况和遇到的问题具体分析[7],分析广州地区公共图书馆成功的绘本阅读推广案例,为更好地进行儿童与青少年阅读推广服务提供参考。

**参考文献**

[1][2]范并思. 图书馆阅读推广的理论问题[Z]. 广州图书馆学术讲座,2016-4-21.
[3]刘楚珊. 关于海峡两岸图书馆少年儿童阅读推广工作的思考[J]. 图书情报导刊,2016(2).
[4]冯莉. 公共图书馆英文绘本阅读推广策略初探[J]. 山东图书馆学刊,2015(5).
[5]招建平,方筱盈,苏丽平. 广州图书馆读写困难症儿童服务研究[J]. 国家图书馆学刊,2015(6).
[6]陈瑜. 公共图书馆儿童绘本阅读推广研究[J]. 图书情报导刊,2016(4).
[7]郭艺. 公共图书馆儿童阅读推广探析[J]. 图书馆工作与研究,2015(9).

# 读者决策采购对中文纸质图书馆藏建设的指导意义
## ——以深圳市科技图书馆为例*

温　娜　王红霞(深圳市科技图书馆)

## 1　引言

大学图书馆的建设与发展直接关系到学校的教学与科学研究能否顺利开展。现代大学培养人才,离不开图书馆系统的支撑。而纸质图书作为图书馆主要文献资源之一,具有举足轻重的作用[1]。深圳市科技图书馆(深圳市大学城图书馆)作为北京大学、清华大学、哈尔滨工业大学深圳研究生院、南方科技大学和中科院先进技术研究院共同拥有的图书馆(前三校与图书馆同在大学城),主要为三校高校师生服务,同时也面向深圳市民开放,是国内第一家兼具高校图书馆和公共图书馆双重功能的图书馆。因此,该图书馆的中文纸质图书的馆藏质量直接关系到高层次人才的培养和高新企业工作人员的研究需求。

国外伊利诺伊大学厄巴纳－香槟分校和宾夕法尼亚州立大学的流通分析表明,图书馆未离开过书架的图书比例过高,长期维护成本高达140美元/卷[2]。深圳市科技图书馆不可避免地也有类似的问题。为改善图书节约率,馆员在原有纲目采购为主的基础上,引入PDA方式。该辅助方式对中文图书馆藏建设具有不可替代的作用。

自深圳市科技图书馆2006年建馆以来,一直都开展"读者荐购"服务,但收效甚微。鉴于馆藏纸质书目,深圳市科技图书馆于2014年下半年,在官方网站完善"读者荐购"通道,优化读者决策采购服务。该服务从2015年步入正轨,至今已稳定运行两年多,研究该期间读者荐购行为的规律,对图书馆中文图书馆藏建设具有重大的指导意义。

## 2　读者决策采购的流程

2014年6月,深圳市科技图书馆为响应深圳市政府实施"文化立市"发展战略,加入了深圳市"图书馆之城"统一服务平台、升级了图书馆系统整体功能,并整合了全市公共图书馆的服务系统和文献资源,为深圳建设成为一个没有边界的图书馆网贡献重要的作用。办理了"图书馆之城"读者证的师生和社会读者,均可在全市范围内加入统一服务的任何一家公共图书馆享受阅览和借还文献以及查阅数字资源等图书馆服务。

* 本文是"基于读者荐购行为的PDA模型构建"课题(2016—2017年度深圳市图书情报研究课题,编号:2016121)的研究成果之一。

为更好地服务读者，图书馆馆员在图书馆官方网站开通"读者荐购"栏目，该项栏目的服务功能等同于读者决策采购[3]。馆员将"读者荐购"栏目，置于网站首页"服务推荐"栏目下方醒目位置。读者点击"读者荐购"，即可加入该项服务详细介绍页面。"读者荐购"包括三项服务：中文纸本书刊在线荐购、数据库在线荐购和外文图书荐购。因为本研究对象为中文纸本图书的荐购行为，所以笔者主要分析 2015 年至 2017 年 3 月深圳市科技图书馆中文图书荐购规律。

读者荐购的图书，馆员按照馆藏建设的要求选书，馆藏建设主要考虑以下 10 个方面：①选书所述范围与读者的关系；②选书知识的深浅程度；③作者和出版者的权威性和信誉；④主题；⑤与馆藏中类似的书的比较；⑥出版时间；⑦装帧；⑧书价；⑨同学习教学计划配合情况；⑩读者需求[4]。馆员按照以上要点，选择符合馆藏的荐购图书，而不予采购的图书，馆员需将不符合馆藏要求的原因通过电话或者邮件告知荐购读者[5]。

# 3 读者决策采购实施情况

## 3.1 图书分布分析

读者决策采购的图书主要在当当网等电商平台购买。"读者荐购"服务开通初期，较少读者使用此项公共服务进行中文图书的荐购。2014 年下半年，有效的读者荐购的中文图书只有 21 种 42 册。因此，馆员加大"读者荐购"服务宣传，以及读者熟练使用该项服务后，2015 年至 2017 年 3 月荐购的图书合计 929 种 2197 册，这两年多，每年有效荐购的图书数量均远远超过 2014 年的数量。基于样本的研究有效性，本研究主要通过汇总 2015 年至 2017 年 3 月的中文纸质荐购图书情况，并按照 22 大类总结分析读者荐购图书的分布特点和规律，绘制了 2015 年至 2017 年 3 月中文纸质荐购图书结构表（表 2 所示）。

**表 1 2015 年至 2017 年 3 月中文纸质荐购图书结构表**

| 分类 | 年份 | | | | | | | | | | | |
|---|---|---|---|---|---|---|---|---|---|---|---|---|
| | 2015 | | | 2016 | | | 2017(1—3 月) | | | 2015—2017 合计 | | |
| | 种数 | 册数 | 百分比（种） | 种数 | 册数 | 百分比（种） | 种数 | 册数 | 百分比（种） | 合计种 | 合计册 | 百分比（种） |
| A 马克思主义 | 0 | 0 | 0.00% | 0 | 0 | 0.00% | 0 | 0 | 0.00% | 0 | 0 | 0.00% |
| B 哲学、宗教 | 20 | 40 | 9.43% | 33 | 91 | 5.53% | 7 | 18 | 5.83% | 60 | 149 | 6.46% |
| C 社会科学总论 | 9 | 18 | 4.25% | 27 | 75 | 4.52% | 1 | 2 | 0.83% | 37 | 95 | 3.98% |
| D 政治、法律 | 4 | 8 | 1.89% | 67 | 145 | 11.22% | 3 | 6 | 2.50% | 74 | 159 | 7.97% |
| E 军事 | 0 | 0 | 0.00% | 0 | 0 | 0.00% | 0 | 0 | 0.00% | 0 | 0 | 0.00% |
| F 经济 | 21 | 42 | 9.91% | 52 | 142 | 8.71% | 14 | 35 | 11.67% | 87 | 219 | 9.36% |
| G 文教体育 | 9 | 18 | 4.25% | 12 | 26 | 2.01% | 6 | 15 | 5.00% | 43 | 100 | 4.63% |
| H 语言、文学 | 9 | 18 | 4.25% | 12 | 26 | 2.01% | 6 | 14 | 5.00% | 43 | 100 | 4.63% |
| I 文学 | 57 | 114 | 26.89% | 147 | 416 | 24.62% | 20 | 52 | 16.67% | 224 | 582 | 24.11% |

续表

| 分类 | 年份 | | | | | | | | | | | |
|---|---|---|---|---|---|---|---|---|---|---|---|---|
| | 2015 | | | 2016 | | | 2017(1—3月) | | | 2015—2017 合计 | | |
| | 种数 | 册数 | 百分比（种） | 种数 | 册数 | 百分比（种） | 种数 | 册数 | 百分比（种） | 合计种 | 合计册 | 百分比（种） |
| J 艺术 | 10 | 19 | 4.72% | 22 | 49 | 3.69% | 16 | 34 | 13.33% | 48 | 102 | 5.17% |
| K 历史、地理 | 23 | 46 | 10.85% | 72 | 176 | 12.06% | 29 | 46 | 24.17% | 124 | 268 | 13.35% |
| N 自然科学总论 | 0 | 0 | 0.00% | 2 | 9 | 0.34% | 1 | 4 | 0.83% | 3 | 13 | 0.32% |
| O 数理化 | 1 | 2 | 0.47% | 11 | 20 | 1.84% | 2 | 6 | 1.67% | 14 | 28 | 1.54% |
| P 天文、地球物理 | 0 | 0 | 0.00% | 1 | 2 | 0.17% | 1 | 2 | 0.83% | 2 | 4 | 0.22% |
| Q 生物科学 | 1 | 2 | 0.47% | 0 | 0 | 0.00% | 0 | 0 | 0.00% | 1 | 2 | 0.11% |
| R 医药、卫生 | 3 | 6 | 1.42% | 13 | 31 | 2.18% | 1 | 2 | 0.83% | 17 | 39 | 1.83% |
| S 农业科学 | 0 | 0 | 0.00% | 2 | 6 | 0.34% | 0 | 0 | 0.00% | 2 | 6 | 0.22% |
| T 工业技术 | 36 | 70 | 16.98% | 105 | 244 | 17.59% | 13 | 36 | 10.83% | 154 | 350 | 16.58% |
| U 交通运输 | 7 | 13 | 3.30% | 0 | 0 | 0.00% | 0 | 0 | 0.00% | 7 | 13 | 0.75% |
| V 航空、航天 | 0 | 0 | 0.00% | 0 | 0 | 0.00% | 0 | 0 | 0.00% | 0 | 0 | 0.00% |
| X 环境科学 | 1 | 2 | 0.47% | 1 | 2 | 0.17% | 0 | 0 | 0.00% | 2 | 4 | 0.22% |
| Z 综合性图书 | 1 | 2 | 0.47% | 2 | 4 | 0.34% | 0 | 0 | 0.00% | 3 | 6 | 0.32% |
| 合计 | 212 | 420 | 100.00% | 597 | 1505 | 100.00% | 120 | 272 | 100.00% | 929 | 2197 | 100.00% |

观察表 2,可知,2015 年荐购的图书共 212 种 420 册,该年排名前六大类及其占当年百分比为:I 文学占 26.89%,T 工业技术占 16.98%,K 历史、地理占 10.85%,F 经济占9.91%,B 哲学、宗教占 9.43%,J 艺术占 4.72%。

2016 年荐购的图书达到 597 种 1505 册,种数同 2015 年相比,增长了 181.60%,该年排名前六大类及其占当年百分比为:I 文学占 24.62%,T 工业技术占 17.59%,K 历史、地理占 12.06%,D 政治、法律占 11.22%,F 经济占 8.71%,B 哲学、宗教占 5.53%。

2017 年 1—3 月已达 120 种 272 册,按照 2016 年同比增长率估算,2017 年荐购图书种数将超过 1000 种。该年(1—3 月)荐购纸质图书(种)排名前六大类及其占当年百分比为:K 历史、地理占 24.17%,I 文学占 16.67%,J 艺术占 13.33%,F 经济占 11.67%,T 工业技术占 10.83%,B 哲学、宗教占 5.83%。

2015—2017 年每年,I 文学,T 工业技术,K 历史、地理,F 经济,B 哲学、宗教这五类均在排名前六之列,且这五大类的荐购图书种数占同年荐购图书总种数的百分比均超过 5.5%。反之,A 马克思主义、E 军事和 V 航空、航天这三类的图书在 2015 至 2017 年均无读者荐购;N 自然科学总论、P 天文、地球物理、Q 生物科学、S 农业科学、X 环境科学和 Z 综合性图书每一年荐购种数占当年总荐购种数均低于 1%。

由表 2 可知,2015—2017 年,I 文学,T 工业技术,K 历史、地理,F 经济,B 哲学、宗教这五大类种数占总种数的百分比分别是:I 文学 24.11%,T 工业技术 16.58%,K 历史、地理 13.35%,F 经济 9.36%,B 哲学、宗教 6.46%,这五大类比例合计达 69.86%,可见读者对这五大类的图书需求很大[6-7]。该结果与深圳市科技图书馆主要服务对象有关。

深圳市科技图书馆主要读者来自北京大学、清华大学、哈尔滨工业大学深圳研究生院。三所院校的学科分布不一。表2描述了深圳市科技图书馆主要服务院校学院(学部)分布情况。从表中可知,北京大学包括8个学院,清华大学包括7个学部,哈尔滨工业大学包括9个学院。他们相近的学部主要集中在生物、信息、环境与能源、材料、建筑、人文社科等方面。因此,读者对以上相关学科的图书需求较大。

**表2　深圳市科技图书馆主要服务院校学院(学部)分布情况**

| 序号 \ 学院 | 北京大学深圳研究生院(学院) | 清华大学深圳研究生院(学部) | 哈尔滨工业大学深圳研究生院(学院) |
|---|---|---|---|
| 1 | 信息工程 | 生命与健康 | 计算机科学与技术 |
| 2 | 化学生物学与生物技术 | 能源与环境 | 电子与信息工程 |
| 3 | 环境与能源 | 信息科学与技术 | 机电工程与自动化 |
| 4 | 城市规划与设计 | 物流与交通 | 土木与环境工程 |
| 5 | 新材料 | 海洋科学与技术 | 材料科学与工程 |
| 6 | 国际法 | 社会科学与管理 | 建筑与规划 |
| 7 | 人文社会科学 | 先进制造 | 经济管理 |
| 8 | 汇丰商学院 | / | 人文与社会科学 |
| 9 | / | / | 理学院 |

结合观察表1和表2,馆员开展中文纸质图书PDA,不仅遵循了完整性、时效性、高质量和满足需求的原则,而且遵循了实用性、系统性[8],其中满足读者需求原则是深圳市科技图书馆采访工作的根本所在。深圳市科技图书馆主要以高学历研究生和老师为服务对象,他们的学术水平相比其他普通院校更高。而读者人数一般是随着学术水平的提高而减少,读者对文献资料品种和数量的需求是随着学术水平的提高而提高的。所以,深圳市科技图书馆开展中文纸质图书的读者决策采购服务,弥补了馆员学科水平的不均衡,保证了荐购的图书100%被借阅,提高了馆藏建设高质量图书的比例。

## 3.2　荐购费用分析

本研究除了按照22大类总结分析了读者荐购图书的分布特点和规律,还汇总分析了荐购图书不同年份的经费规律[9]。随着互联网技术的不断发展,荐购的经费也可以通过深圳市图书馆之城中心管理系统(网络平台)进行汇总。通过改平台,汇总了2015年、2016年、2017年1月至3月的荐购经费情况,详见2015—2017年荐购经费统计表(表3所示)。

**表3　2015—2017年荐购经费统计表**

| 年份 | 种 | 册 | 码洋(元) | 实洋(元) | 实洋占上一年的比率 | 当年中文纸质图书购置经费(万) | 荐购经费占比 |
|---|---|---|---|---|---|---|---|
| 2015 | 212 | 420 | 24685.8 | 18416.5 | / | 380 | 0.48% |
| 2016 | 597 | 1505 | 68140 | 59025.05 | 320.50% | 530 | 1.11% |
| 2017年1—3月 | 121 | 274 | 14638.4 | 12016.82 | / | 480 | 0.25% |

据美国耶鲁大学图书馆的调查分析,读者需求的90%集中在5%的文献中,百分之百的满足读者需求,需要增加馆藏19倍,显然是不可取的[10]。从表3可知,2016年实洋是2015年实洋的320.50%,按照相同增长率,2017年年底实洋经费预计达到130150.26。另外,2015年、2016年、2017年1月至3月的荐购经费占当年经费比分别是0.48%、1.11%和0.25%。该比率2016年与2015年相比,增长了131.25%,按照同样的增速,2017年年底,荐购经费占当年总经费比将达到2.57%,该比率将超过耶鲁大学的调查分析结果5%的一半,这说明,深圳市科技图书馆读者决策采购按照目前的流程开展,将取得显著成效,与读者需求的90%的目标也将更接近。

从图书馆荐购经费的分析中,可知PDA满足了读者的需求度和馆藏建设的要求:荐购经费逐年提高,体现了读者参与决策采购的积极性不断提高,并不断提高读者的需求度;荐购经费达到了100%有效利用率,间接提高了馆藏建设总经费的利用率。

深圳市科技图书馆与深圳市其他公共馆的主要区别为,主要收录研究型的图书(面向高学历师生及社会科研人员等),尽量不收录高职高专、青少年及少儿的图书。深圳市科技图书馆通过适时开展读者决策采购,经过多年努力,取得了一定成效。本文通过跟踪统计2015年至2017年3月读者决策采购的情况,并经过科学汇总和分析,可知,读者决策采购是一种有效的、较好的辅助采购方式,对本馆中文纸质图书的馆藏建设具有重大意义:

①有利于缩短资源建设周期;

②读者决策采购的中文图书种数不断丰富,种数具有逐年递增的趋势,提高了图书借阅率,促进了馆藏平衡和发展;

③读者决策采购费用具有逐年递增的趋势,有效辅助馆员采访工作,为馆藏经费的筹划和合理使用提供依据;

④读者决策采购的图书中,约70%左右为I文学,T工业技术,K历史、地理,F经济,B哲学、宗教这五大类,馆员在后续采访工作中,可以参考读者荐购的详细情况,加强该五大类的图书采访工作;

⑤读者决策采购的图书中,N自然科学总论,P天文、地球物理,Q生物科学,S农业科学,X环境科学和Z综合性图书每一年荐购种数占当年总荐购种数均低于1%,可适当调整这几类图书的采购。

PDA模式的设立,拓展了图书馆藏的层次结构,弥补了采访人员专业性不全面的缺陷,缩短了资源建设周期,提高了经费有效使用率。但是,深圳市科技图书馆的PDA模式,主要依赖于荐购人员自主选书。荐购人员的主动性和分布的广泛性有待提高。针对此问题,采访工作人员可进一步分析图书的二级类目分布规律,优化重点类目特别是T工业技术类图书的PDA模式,必将进一步提高图书成本的有效性,加快馆藏建设的周期。

## 参考文献

[1]林水秀.高校图书馆资源建设与管理研究[M].长春:吉林大学出版社,2016.

[2]王丹丹.数据驱动的馆藏建设趋势及实践案例[J].情报资料工作,2016(5).

[3]韩小亚,徐变云,王黎.纸质图书读者主导式采购与图书荐购的比较研究[J].情报探索,2015(10).

[4][5]罗华.高校图书馆荐购决策支持系统研究[D].重庆:西南大学,2008.

[6]丁海晖.读者决策采购在纸质图书采购中的应用分析与效果评估[J].图书与情报,2014(4).
[7]李威宁.对纸质图书实施读者决策采购(PDA)的实践与探索[J].图书馆工作与研究,2013(5).
[8]Nancy Egan,Simone L. Patron-driven Acquisitions at the City University of New York: A case study[J/OL]. Technical Services Quarterly,2016,33(2):131-144. http://dx.doi.org/10.1080/07317131.2016.1134997.

# 公共图书馆服务体系建设“深圳模式”研究

余胜英　冉文革　王　洋(深圳图书馆)

深圳在诸多领域有着“先行先试”的创新举措,在众多行业中树立了标杆,形成了引领效应。深圳公共图书馆事业在不断探索和实践的道路上,后起勃发,形成了成效显著、具有广泛影响力的“深圳模式”。本文重点研究在深圳市政府的大力支持和推动下,深圳市公共图书馆界协力推进图书馆事业发展的历程和存在问题,提炼具有地域性、代表性、独创性和引领性的公共图书馆服务体系建设“深圳模式”,展示深圳公共文化服务体系建设成就,弘扬深圳市图书馆人的职业精神,彰显深圳地区公共图书馆对城市、社会和全国图书馆事业的贡献。

## 1　发展环境

近年来,“现代公共文化服务体系”“全民阅读”等关系到中国公共图书馆发展命脉的问题被党和国家领导人多次提出并形成重要文件。2015 年年初,中共中央办公厅、国务院办公厅印发了《关于加快构建现代公共文化服务体系的意见》,为现代公共文化服务体系建设的经费、人才和法律法规等方面提出了较完善的保障机制。

在国家文化发展战略精神的指引下,深圳从“文化立市”到“文化强市”,通过一系列推动文化改革发展繁荣的政策和措施,把构建公共文化服务体系与经济发展、社会发展、城市发展战略等结合起来,率先探索出了一条具有深圳特色与经验的文化发展道路。

1997 年 10 月 1 日,深圳在全国率先施行《深圳经济特区公共图书馆条例(试行)》,使深圳成为全国第一个为公共图书馆立法的城市;2003 年深圳启动“图书馆之城”建设,先后制订“图书馆之城”建设三年方案和连续 3 个五年规划,为全市公共图书馆服务体系建设指明了发展方向和实施路径;2007 年,“人均公共图书馆馆藏图书”被列入深圳市政府发布的“深圳市民生净福利指标体系”,开全国之先河,形成了文献资源的基本保障机制;2016 年《深圳经济特区全民阅读促进条例》成为全国第一个地方性全民阅读促进条例。同时,深圳市文化主管机构还先后出台多项针对各级图书馆的评估标准、管理规范;各区政府也把图书馆的建设纳入了文化立区、文化强区战略,相应颁布了与“图书馆之城”建设目标相一致的各项政策文件,提出了实施的具体规划与目标。这一切都显示出深圳这座经济高速发展的移民城市,文化发展和法律政策保障也走在全国的前列,文化自觉的城市特性推动着深圳市公共图书馆服务体系建设快速发展,并逐步形成具有鲜明特征的“深圳模式”。

## 2 历程与成就

2003—2005 年是“图书馆之城”建设起步阶段。三年方案的实施,全市公共图书馆事业展现了“图书馆之城”建设之初的蓬勃发展势头:大力推进图书馆网络建设,文献藏量逐年增长,以总分馆制为主导各区积极探索多元化办馆模式,共享工程建设提升了基层图书馆的信息化水平,全市公共图书馆自动化、网络化建设稳步推进,在市区图书馆全面采用自动化管理的基础上实现了“通借通还”。

2006—2010 年是“图书馆之城”建设第一个五年规划实施时期。深圳图书馆、深圳大学城图书馆、深圳少年儿童图书馆新馆相继落成开放,城市街区自助图书馆网建设全面展开,基层图书馆持续发展,公共图书馆人均藏书指标被列入《深圳市民生净福利指标体系》,全市藏书量快速增长,“图书馆之城”统一服务平台全面启动,“深圳文献港”正式开通,全市公共图书馆共建共享和一体化服务领域不断拓展,实现了“图书馆之城”建设由“建馆”到“建城”的转变。

2011—2015 年是“图书馆之城”建设第二个五年计划实施时期,深圳市政府提出加快推进文化强市战略,特区“一体化”步伐的加快、“十二五”规划的出台等都对图书馆事业的发展提出了新要求。罗湖区“悠”图书馆建设和宝安区社区阅读中心建设实现了基层图书馆模式创新;各区均加入了“图书馆之城”统一服务;“深圳文献港”二期工程——“深圳市科技文献信息服务平台”实施提升了全市数字资源服务能力和保障能力;各级公共图书馆大力开展阅读推广活动和全城联动,成为深圳市赢得联合国教科文组织颁发的“全球全民阅读典范城市”的骨干力量;“图书馆之城”统一服务获得“广东省特色文化品牌”荣誉。

至 2015 年年底,深圳市已拥有各级公共图书馆 620 家,是 2012 年的 3.5 倍,自助图书馆 240 台,全市 228 个各级公共图书馆及 240 个自助图书馆已经实现统一服务;全市公共图书馆总藏量共计 3282.19 万册(件),纸质文献与电子图书之和为 2809.36 万册,为 2002 年的 5.2 倍;人均图书藏量达 2.43 册,是 2002 年的 3.38 倍;持证读者 186 万人,是 2002 年的 6.6 倍;持证率达 16.35%,是 2002 年的 4.36 倍;全年接待读者达 2614.81 万人,为 2002 年的 4.62 倍;全市各级图书馆外借书刊总量 1112.05 万册,为 2002 年的 6.88 倍。一个以深圳图书馆为龙头,深圳市科技图书馆、深圳少年儿童图书馆共同参与,各区图书馆为区域总馆和骨干,各基层图书馆、自助图书馆为网点的全市公共图书馆服务体系已基本建成,实现了每 15 万人拥有一座公共图书馆,每 1.3 万人拥有一个社区图书室(含自助图书馆),社区覆盖率超过 95%。

## 3 模式与特征

总结“图书馆之城”建设十多年的发展之路,其主要模式与特征如下:

### 3.1 理念先行 打造“图书馆之城”

牢牢把握公益服务的办馆理念,是深圳“图书馆之城”建设的基础。“图书馆之城”建设伊始就将深圳图书馆在国内倡导“开放、平等、免费”的服务理念作为核心理念，市、区公共图书馆实现了图书馆基本服务全免费，此举推动了全国公共文化场所全面免费开放。

深圳市在“图书馆之城”建设的实践中，凭借技术优势，联合市区图书馆，通过统一服务平台建设，打破市区财政分级的体制壁垒，构建了均等化的图书馆服务网络，实现了市区主要图书馆和城市街区自助图书馆一体化、均等化、无差别的公共图书馆服务。

多年来，深入实地调研、开展业务专题研究和科研项目是深圳“图书馆之城”建设持续发展、领先同行的关键。市、区图书馆先后承担国家、省、市重大科研项目和文化部行业标准的制定，如国家科技文化提升计划项目，国家或部级标准《射频识别　图书馆　数据模型》《社区图书馆服务规范》《县级公共图书馆业务规范》等，并推进其在深圳地区的应用。

深圳市文体旅游局围绕不同时期的“图书馆之城”建设中心任务，依靠深圳图书情报学会组织近百项研究课题，如总分馆制研究、图书馆之城指标体系、街道社区图书馆评估标准等，为深圳“图书馆之城”建设提供了有力的支撑。

### 3.2　政府主导　推动体系建设与运营保障

政府自上而下主导推动“图书馆之城”建设，是深圳市图书馆事业跨越式发展、兴旺发达的关键因素之一。特别是2003年以来，市、区两级政府高度重视，在馆舍、运营经费以及人员、设备等方面统筹规划、分步实施，市委市政府更是把公共图书馆服务纳入民生净福利指标定期考核，推动了全市公共图书馆服务体系建设，全市文献资源快速积累，文献资源总量初具规模，由全城通借通还服务、预借服务、数字资源服务、保障本查阅服务、地方文献参考服务等构成的多级文献保障体系逐步形成。各级政府及时出台各类政策，用充足的财政保障各级公共图书馆的运营。2003年以来，3个市级馆、7个区馆相继新建或改扩建，240台自助图书馆覆盖98%的街道，深圳图书馆调剂书库立项，光明新区、坪山新区图书馆新馆筹建等无不体现市、区两级政府在图书馆基础设施建设方面的全力投入与发展意识。

### 3.3　体制探索　建设与管理模式多元化

深圳实施“图书馆之城”建设以来，各市、区级图书馆均进行了探索和创新，摸索出符合市、区实际的公共图书馆服务体系建设与管理模式。“图书馆之城”建设“十一五”规划提出以“统一布局、统一采购、统一编目、统一配送”为主要特点的总分馆制是构建公共图书馆服务体系的理想模式，经过多年的实施推进，目前已形成以“图书馆之城”龙头馆深圳图书馆为总馆，以其直属创维分馆等和遍布全市的240台自助图书馆为分馆的市属公共图书馆模式；以深圳少年儿童图书馆为总馆，以各中小学图书馆为分馆的学校总分馆模式；以各区图书馆为总馆，区属街道、社区图书馆为分馆的区域总分馆模式；市级图书馆牵头，统领全市规划与发展，区级图书馆发挥中坚、骨干作用，统筹辖区基层图书馆，共同推进城市图书馆体系化建设与服务的良好局面。

### 3.4　技术创新　推进“全城一个图书馆”

深圳“图书馆之城”建设秉承共建共享的理念，借助网络信息技术及其各类新技术的应用与创新，助推城市图书馆服务一体化，实现“全城一个图书馆”的目标。深圳市图书馆界充分利用深圳地区图书馆新技术应用引领全国图书馆的优势，共同构建深圳地区一体化的“图书馆之城”统一服务平台，共同构建深圳地区数字资源统一服务门户“深圳文献港”，为实现全市图书馆的资源有效管理与一体化服务奠定了坚实的基础，并通过 RFID 技术、监控技术、可视化技术、数据挖掘技术等的研究与应用，不断实现图书馆服务的便捷性和个性化，促进图书馆管理的全城化和智能化。

### 3.5 全民阅读 图书馆专业引导与联动

营造书香社会是深圳市委市政府的文化发展战略，“图书馆之城”建设的目标之一是把深圳打造成因读书而受人尊敬的城市。深圳市公共图书馆界多年来以阅读推广为己任，建立公共图书馆的阅读推广联动机制，不断加强合作，合力促进全民阅读。各市、区级图书馆充分挖掘潜力，努力营造城市阅读氛围，打造人性化、多元化阅读空间。深圳图书馆南书房、讲读厅、爱来吧，罗湖区图书馆悠·图书馆等都是深受公众喜爱的城市阅读空间。各市、区级图书馆在品牌与空间融合的基础上策划开展了丰富多彩的读者活动，利用报告厅、会议室、大厅及服务区等空间，举办多元化、常态性的图书馆活动，打造、培育和提升具有深圳特色的阅读推广品牌。深圳图书馆的“深圳学人·南书房夜话”、大学城图书馆的“大学城新论·名家讲座”、少年儿童图书馆的“国学讲堂”、福田区图书馆的“大家讲坛”、罗湖区图书馆的“真人图书馆”、南山图书馆的“博士论坛”、盐田区图书馆的“山海论坛”、宝安区图书馆的“宝图星期讲座”、龙岗区图书馆的学术讲座等，经年累积，誉满鹏城。

### 3.6 规范管理 城市图书馆质量提升

深圳“图书馆之城”经过十多年的建设和发展，已形成有 600 余家图书馆的公共图书馆服务体系，规范管理的作用至关重要。“图书馆之城”自建设之初就重视规范管理，促进图书馆业务工作的科学化、规范化，多次颁布社区图书馆和街道图书馆管理规范、评估标准，特别是全市公共图书馆实现“图书馆之城”统一服务以来，打造一体化、规范化的全市公共图书馆服务体系更成为“图书馆之城”建设的重要内容。

2015 年修订了《深圳市基层图书馆达标定级评估标准》，发布了《公共图书馆统一服务技术平台应用规范》和《公共图书馆 RFID 技术应用业务规范》两个市级标准，制定实施了《网点建设与管理工作规范》等 5 个统一服务业务规范。同时，深圳市图书馆界还积极参与国家文化行业标准的起草制定工作，不仅大力宣传了深圳市公共图书馆服务体系建设的一体化、规范化理念，更加提升了深圳市图书馆界的行业地位，同时这些国家文化行业规范和条例的颁布实施，必将进一步促进城市图书馆朝着规范化、有质量、可持续的方向发展。

深圳图书馆和龙岗区图书馆分别获得市长质量奖和区长质量奖。

## 4 问题与展望

经过分析研究，目前影响“图书馆之城”发展的主要问题是“图书馆之城”建设的规划目标与现行管理体制之间的矛盾，导致公共图书馆发展水平不一，功能、定位与一体化服务目标不相适应。具体表现在：全市公共图书馆市、区两级行政管理架构使市馆的行业龙头作用无法充分发挥；各区级财政经费下拨与分配不当使得区馆也无法与辖区内所有基层图书馆形成紧密的总分馆关系;市、区两级财政的强力保障促使市、区级公共图书馆强者恒强,街道馆由于经费无法保障而显薄弱;公共图书馆服务体系基层网点——社区图书馆,由于建设责任主体不明确或责任不到位,经费无保障,后续发展乏力,虽然数量多但服务能力、可持续发展能力较差,使得全市的公共图书馆网难以形成有效合力。

展望未来,为了破除深圳市公共图书馆服务体系建设的体制机制障碍,应加强顶层设计,将“图书馆之城”建设纳入全市文化建设总体规划,各级公共图书馆的建设均应纳入城市区域建设规划。坚持顶层设计与实践探索相结合,确立一体化发展策略,包括区域目标一体化,布局一体化,服务一体化,要以服务人口数量为基本依据,市、区统一规划,从更高的层面、更宽的视野来考虑全市公共图书馆的总体构架与布局。在顶层设计中要制定基层图书馆管理办法,明确基层图书馆的建设和管理主体,保障其后续发展,强化指导与监督,建立现代多元化评价指标体系。市、区公共图书馆应以实现“图书馆之城”一体化和均等化为共同目标,秉承“共建共享”“求同存异”“团结协作”原则,不断强化市、区图书馆协调与决策机制,遵守“图书馆之城”建设各项协议和制度,共同推进“图书馆之城”建设的各项工作。

深圳市公共图书馆服务体系建设经过二十多年的努力,特别是提出“图书馆之城”建设十余年的高速发展,在理念创新、网点建设、文献积累、技术支撑、服务规范等方面取得令人瞩目的成就,已形成了一套行之有效、享誉全国的“深圳模式”。其成功之处在于率先在全国提出建设“图书馆之城”宏大设想,并始终坚持政府主导和业界实践良性互动的发展路径,奋发图强、自我加压的深圳市图书馆界通过寻求共识、通力合作,共同打造“全城一个图书馆”,期间专家学者的前瞻研究、总结提炼和阐释宣传也发挥了积极的引领和推动作用。

时至今日,全国各地公共图书馆服务体系建设蓬勃开展,深圳市公共图书馆服务体系建设也到了从数量增长到质量发展的历史新阶段。深圳必须在总结“深圳模式”现有成功经验的基础上继续探索,在政府的支持下,遵循有质量的稳定增长、可持续的全面发展的宗旨,通过持续创新和融合发展破解发展难点,从而实现“图书馆之城”建设速度和质量有机统一的内涵式发展目标。

# 对《图书馆建筑设计规范》(JGJ 38—2015)照明设计标准值的理解与思考

李　源　王东文(西安图书馆)

## 1　研究照明标准值的意义

公共图书馆是综合性的公共文化服务场所,其服务资源不仅仅是文献资源和经费资源,随着读者对图书馆文献信息、主题文化活动及文化休闲等多项服务活动质量要求的不断提高，建筑物、场地和设备等硬件资源作为一项服务资源，在图书馆的工作及服务中也日益发挥出其重要作用。《公共图书馆服务规范》（GB/T 28220—2011）要求“公共图书馆服务体现以人为本的原则”，在建筑功能总体布局应“以读者服务为中心”“安全节能”。在第六次全国县级以上公共图书馆（省级、副省级）评估标准中，第一部分服务效能的1.8.1项中，含有读者满意率问卷项，其中有对馆舍内外环境的评价；第二部分业务建设中2.11.2中，环境整洁美观安静、设施维护良好、节能减排措施都有其相应的考核及分值。

照明是图书馆阅读环境的一个重要组成部分，照明是否充足舒适，直接影响到读者对图书馆的运用体验和阅读效果，对于长期利用图书馆的读者，还会影响到其身体健康。随着公共图书馆服务理念和功能转变，新型照明技术的使用，原有的图书馆设计标准已经不能满足使用要求。中华人民共和国住房和城乡建设部批准《图书馆建筑设计规范》为行业标准，编号为JGJ 38—2015，自2016年5月1日起实施。对比《图书馆建筑设计规范》（JGJ 38—2015）（简称“现规范”）与《图书馆建筑设计规范》（JGJ 38—99）（简称“原规范”），学习、理解和思考现规范中照明设计标准值，进行对图书馆的电气照明系统的工作管理、布局调整、维护改造，以读者为本，实施标准化、优质化的服务，以良好的照明为读者创造一个健康安全、高效准确的阅读视觉环境，避免对读者造成视力伤害，提高读者的阅读品质，为读者提供更为舒适的环境，是我们图书馆人应尽的工作职责。

## 2 现规范与原规范中照明设计标准值的对比

现规范中照明设计标准值对原规范中相应条款进行了修订，增加了条款，内容更加丰富、细致。如表1和表2所示。

**表1 图书馆建筑设计规范（JGJ 38—2015）**
**图书馆建筑各类用房或场所照明设计标准值**

| 房间或场所 | 参考平面及其高度 | 照度标准值（lx） | 统一眩光值UGR | 一般显色指数 $R_a$ | 照明功率密度（$W/m^2$） |
|---|---|---|---|---|---|
| 普通阅览室、少年儿童阅览室 | 0.75m水平面 | 300 | 19 | 80 | 9 |
| 国家、省级图书馆的阅览室 | 0.75m水平面 | 500 | 19 | 80 | 15 |
| 特种阅览室 | 0.75m水平面 | 300 | 19 | 80 | 9 |
| 珍善本阅览室、舆图阅览室 | 0.75m水平面 | 500 | 19 | 80 | 15 |
| 门厅、陈列室、目录厅、出纳厅 | 0.75m水平面 | 300 | 19 | 80 | 9 |
| 书库 | 0.25m垂直面 | 50 | – | 80 | – |
| 工作间 | 0.75m水平面 | 300 | 19 | 80 | 9 |
| 典藏间、美工室、研究室 | 0.75m水平面 | 300 | 19 | 80 | 9 |

表2　图书馆建筑设计规范(GBJ 38—99)人工照明照度标准

| 房间名称 | 照度标准(lx) | 参考平面及其高度(m) |
|---|---|---|
| 老年人阅览室 | 200—500 | 0.75(水平) |
| 少年儿童阅览室 | | |
| 珍善本、舆图阅览室 | | |
| 光盘检索室 | 150—300 | 0.75(水平) |
| 普通阅览室 | | |
| 装裱修整间 | | |
| 美工室 | | |
| 研究室 | | |
| 内部业务办公室 | 75—150 | 0.75(水平) |
| 陈列室 | | |
| 目录厅(室) | | |
| 出纳厅(室) | | |
| 视听室 | | |
| 报告室 | | |
| 缩微阅览室 | | |
| 会议室 | | |
| 读者休息室 | 50—100 | 0.75(水平) |
| 开敞式运输传送设备 | | |
| 电子阅览室 | | |
| 书库 | 20—50(垂直照度) | 0.25(垂直面) |
| 门厅、走廊、楼梯间、厕所等 | 30—75 | 地面 |

注:①专业阅览、珍善本舆图阅览可设局部照明;
②陈列室应设局部照明;
③缩微阅览室的环境亮度与缩微阅读器屏幕亮度比宜为1:3;
④开架书库设有研究厢的,应设局部照明。

## 2.1　现规范与原规范相应条文的不同点

现规范对于部分条文进行了修订,与原规范有以下不同点,如表1和表2所示:

(1)相应条文标题不同

表1为现规范图书馆建筑各类用房或场所照明设计标准值(现规范原表号:表8.3.5),表2为原规范人工照明照度标准(原规范原表号:表7.3.2)。

(2)阅览室、房间或场所类型划分不同

原规范与现规范都是根据“照度”的不同要求对阅览室进行分类划分。但是对房间或场所类型的分类方式不同。

原规范将阅览室分类为:“老年人阅览室、少年儿童阅览室、珍善本阅览室、舆图阅览室”

照度标准(lx):200—500;“光盘检索室、普通阅览室、装裱修整间、美工室、研究室”照度标准(lx):150—300。

现规范将阅览室分类为:“普通阅览室、少年儿童阅览室”照度标准值(lx):300;“国家、省级图书馆的阅览室”照度标准值(lx):500;“特种阅览室”照度标准值(lx):300;“珍善本阅览室、舆图阅览室”照度标准值(lx):500。现规范将阅览室划分更细致,分类更明确。

(3)照度标准值不同

现规范中“照度标准值”和原规范中“照度标准”不同。原规范中使用“照度标准”为一个区间值,现规范中使用“照度标准值”为一个定值。原规范中“光盘检索室、普通阅览室、装裱修整间、美工室、研究室”照度标准(lx):150—300。现规范中“普通阅览室、少年儿童阅览室”照度标准值(lx):300。现规范中“照度标准值”都取原规范中相应“照度标准”的上限。规定照度标准值利于统一设计。

### 2.2 现规范新增条文

现规范中“图书馆建筑各类用房或场所照明设计标准值”除规定“照度标准值”,还增加了“统一眩光值 UGR”“一般显色指数 Ra”“照明功率密度”标准值。

(1)类型增加

现规范中将“国家、省级图书馆的阅览室”单独作为一个类型列出。“国家、省级图书馆的阅览室”照度标准值 500lx。

(2)统一眩光值 UGR

现规范增加了“统一眩光值 UGR”设计标准值,除了“书库”照度较低不易产生眩光,对“书库”的眩光值不做要求,其余图书馆各阅览室、房间或场所统一眩光值 UGR 均为 19。

(3)一般显色指数 Ra

现规范增加了“一般显色指数”标准值。图书馆各阅览室、房间或场所一般显色指数 Ra 均为 80。

(4)照明功率密度值

现规范增加了“照明功率密度值”标准值。“国家、省级图书馆的阅览室”和“珍善本阅览室、舆图阅览室”照明功率密度值为 15W/$m^2$;图书馆其他房间或场所照明功率密度值为 9W/$m^2$。

## 3 现规范照明设计标准值在公共图书馆照明中的意义

现规范中“图书馆建筑各类用房或场所照明设计标准值”除规定“照度标准值”,还增加了“统一眩光值 UGR”“一般显色指数 Ra”“照明功率密度”标准值。利于正确选用光源、灯具和电气设备,防止产生视觉疲劳问题。为读者提供一个安全、准确、高效和健康的视觉环境,以提高读者的阅读品质。

### 3.1 照度标准值

#### 3.1.1 照度的含义

照度也就是俗话说的“亮不亮”。光照强度(illumination/illuminance)是指单位面积上所接受可见光的能量，简称照度，单位勒克斯（lux 或 lx）。为物理术语，用于指示光照的强弱和物体表面积被照明程度的量。阅读图书约需 250lx，即 25 瓦白炽灯离书 30—50 厘米，书写约需 500lx，即 40 瓦白炽灯离书 30—50 厘米。

3.1.2　现规范与各国图书馆照度标准的对比

从表 3 中可以看到现规范中图书馆阅览室的照度标准值等于或高于美国、俄罗斯、德国和日本相应标准值，“国家、省级图书馆的阅览室”照度标准值达到国际照明委员会（Commission Internationale de L'Eclairage，CIE）标准，在各国图书馆的照度标准值中属于较高水平。

**表 3　各国图书馆照度标准对照表（单位：lx）**

| 阅览室或场所 | 现规范 | 原规范 | CIE S 008/E - 2001 | 美国 IESNA - 2000 | 俄罗斯 CHNII23 - 05 - 95 | 德国 DIN 5035 - 1990 | 日本 JISZ 9110 - 1979 |
|---|---|---|---|---|---|---|---|
| 普通阅览室、少年儿童阅览室 | 300 | 150—300 | 阅读 500<br>书库 200 | 300 | 200—300 | 300 | 阅读<br>150—500 |
| 国家、省级图书馆的阅览室 | 500 | — | 500 | 300 | 300 | 300 | — |
| 珍善本阅览室、舆图阅览室 | 500 | 200—500 | 500 | 300 | 300 | 300 | — |

3.1.3　照度标准值在图书馆照明中的意义

现规范采用了高标准的照度标准值。良好适宜的照度能够帮助读者顺利地完成阅读等活动，提高读者的舒适度和愉悦感。在我们的服务对象中，有着大量的青少年读者。儿童和青少年眼睛的视觉功能处于生长发育期，根据相关研究表明，阅读面照度对眼调节有很大影响，近视的发生发展可能与低照度阅读有很重要的关系，“光线昏暗处阅读容易引起儿童轴性近视”。因此较高的照度可以减轻儿童和青少年阅读时的眼部疲劳，保护他们视力，使他们在健康和舒适的照明环境中学习。所以现规范采用这样高标准的照度标准值可以提高阅读效率，为读者提供健康和舒适的视觉阅读环境。

## 3.2　统一眩光值 UGR

3.2.1　统一眩光值 UGR 的含义

眩光（Dazzle）也就是俗话说的“灯光刺眼”。是指视野中由于不适宜亮度分布，或在空间或时间上存在极端的亮度对比，以致引起视觉不舒适和降低物体可见度的视觉条件。统一眩光值 UGR（Unified Glare Rating）是度量室内视觉环境中的照明装置发出的光对人眼造成不舒适感主观反应的心理参量，其量值可按规定计算条件用 CIE 统一眩光值（UGR）公式计算。

3.2.2　统一眩光值在图书馆照明中的意义

眩光会加速眼部疲劳，使阅读效率降低，是引起视觉疲劳的重要原因之一。视野内产生人眼无法适应的眩光，可能引起厌恶、不舒服。眩光还会使人感到刺眼，引起眼睛酸痛、流泪、视力降低，甚至可能会暂时失去视看能力。眩光现象不仅影响观看，而且对视力健康有影响。对于儿童和青少年读者，眩光易使其眼睛疲劳引发近视类屈光不正，应尽力减轻眩光在他们阅读时造成的眼部疲劳,使他们在健康和舒适的照明环境中学习,保护他们视力。对于老年读者,由于他们视网膜的新陈代谢功能下降,对于眩光造成的损伤修复能力下降,可能对视力造成不可逆的损伤。

藤野雅史认为:"众所周知,通过心理学和生理学测试证实,合理控制眩光能够改善人眼工作质量。"[9]统一眩光值与工作效率的关系如下图所示:

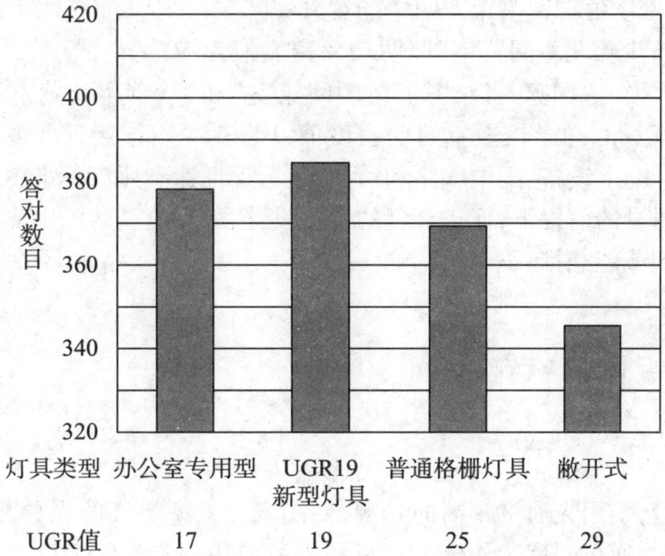


图 UGR 值与工作效率的关系

注:该测试通过在 6min 内答对的 1 位加法计算题数量评估工作效率

UGR 值按《建筑照明设计标准》GB 50034—2013 所提供的公式计算。UGR 值 28 为刚刚不可忍受值,19 为感觉舒适与不舒适的界限值,10 为无眩光感值。现规范中规定各阅览室、房间和场所(除书库以外)统一眩光值 UGR 均为 19。可以有效地防止眩光的产生危害,提高阅读效率和舒适度。

### 3.3 一般显色指数(Ra)

3.3.1 一般显色指数(Ra)的含义

显色性就是指不同光谱的光源照射在同一颜色的物体上时,所呈现不同颜色的特性。也就是俗话说的"灯光下颜色是否真实"。一般显色指数(Ra)是光源对国际照明委员会规定的 8 种颜色样品的特殊显色指数的平均值。光源的显色指数愈高,其显色性能愈好。日光和白炽灯的显色指数定义为 100,视为理想的基准光源。低于 20 的光源通常不适于一般用途。

3.3.2 一般显色指数(Ra)在图书馆照明中的意义

一般显色指数(Ra)90—100,显色性优良,一般用于需要色彩精确对比的场所;一般显色指数(Ra)80—89,显色性良好,一般用于需要色彩正确判断的场所;一般显色指数(Ra)60—79,显色性普通,一般用于需要中等显色性的场所。公共图书馆中许多图书中都有彩图和彩色照片,特别是美术阅览室、少儿阅览室和展厅等的彩图和彩色照片较多,对显色性要求较高,应该采用显色指数高的光源,真实的表现彩图和彩色照片的色彩,利于读者的阅览。特别是少儿阅览室中应该充分利用自然光和显色指数高的光源,保证儿童对色彩形成正确的认知。

### 3.4 照明功率密度值

3.4.1 照明功率密度值的含义

照明功率密度值是在达到规定的照度值情况下,每平方米所需要的电气照明设备的功率。

需要照明空间的电气照明设备的总功率 = 照明功率密度值 × 需要照明空间的面积

3.4.2 照明功率密度值在图书馆照明中的意义

"普通阅览室、少年儿童阅览室"照明功率密度值为:9W/$m^2$,等于或大于一般的办公场所7—9W/$m^2$ 的水平。"国家、省级图书馆的阅览室"和"珍善本阅览室、舆图阅览室"照明功率密度值为15W/$m^2$,与学校教室照明密度值:10—15W/$m^2$ 接近。规定照明功率密度值将促使正确的设计配电设备、配电线路和照明设备,保证达到照度标准值。在保证电气照明设备数量和照明质量的前提下,促进合理的优化设计,采用更高效的电光源及灯具等照明设备,节约能源,达到节能减排。

## 4 实践途径与改进措施

### 4.1 提高照度

增加光源数量,使用光通量较高的光源,使用发光效率更高的光源,选用利用系数较高的灯具,使更多的光通量到达工作面。灯具和光源使用一定时间之后,光源会衰减、灯具上会有灰尘。这些因素都会导致工作面照度降低,因此,还需提高维护系数,定期更换光通量衰减的光源,定期对灯具进行清理保证工作面照度达到设计要求。

随着服务需求的改变,图书馆各个区域的功能发生改变,对照度的要求也会变化。在西安图书馆的实践中,二、三、四楼各有长16米,宽3米的区域,需改为自修区,原来通道照明光源为18支40W白炽灯。40W白炽灯光通量340流明(lm),平均照度只有71.4lx。现选用18支欧司朗(OSRAM)23W螺旋日光色节能灯作为照明光源,23W节能灯光通量为1460流明(lm),自修区平均照度达到306.6lx。平均照度由71.4lx提高至306.6lx,照度提高到原来的4.29倍,功率降低为原来的57.5%。达到现规范中普通阅览室300lx的要求。并节约了能源。

### 4.2 防止或减少眩光

在照明系统设计和改造中采用多种方法防止或减少光幕反射和反射眩光。使用防眩光的灯具和光源,避免将灯具安装在干扰区内,采用低光泽度的表面装饰材料,同时,限制灯具亮度,根据实际限制灯具亮度,在满足照度需要的情况下,不额外增加灯具数量和光源功率,以减少眩光的产生。西安图书馆阅览室的照明灯具均为格栅灯,可以减少眩光的影响;避免将灯具安装在干扰区内,新增照明灯具尽量安装在阅览桌的正上方,不直接照射到读者的眼睛里。在少儿阅览室的改造中,发现少儿坐在较低的凳子上阅读时,水磨石地面的反射光就会反射到少儿眼中引起眩光。为了防止眩光,采用了不反光的塑胶地面以及不反光的墙纸,防止反射眩光。在少儿活动区(小荷读书会)的改造中,为了消除眩光对少儿的影响,采用漫反射照明,天花板使用浅色漫反射材料,光源布置在四周,光源发出的光线投向天花板,经过漫反射向下照射,消除了光源直射光对少儿造成的眩光影响。大大降低了眩光对于少儿阅读的影响,保护了少儿的视力。

### 4.3 提高一般显色指数

为了提高一般显色指数(Ra),保证色彩的真实,应该采用一般显色指数(Ra)较高的电光源,白炽灯显色指数为100;三基色荧光灯的显色指数为80—98,光色荧光灯的显色指数为80—94,可根据实际环境进行选择。西安图书馆古籍保护中心为了有效抑制400nm以下的紫外线,减少紫外线对古籍文献的损害,将普通荧光灯管均更换为T8黄色高光通防紫外线灯管(FLR-15A)。但是无紫外线灯管光色为色温3000K,中心波长600nm黄色光,一般显色指数Ra为30,影响读者阅读。为了保证读者正常阅读,在阅览桌上加装局部照明台灯。选用25W白炽灯作为光源,一般显色指数Ra为100。提高了一般显色指数,保证了读者正常阅读。

### 4.4 照明功率密度值的计算方法

例如,一间100m$^2$的阅览室,按照“国家、省级图书馆的阅览室”的照明功率密度值15W/m$^2$计算:

需要照明空间的电气照明设备的总功率 = 照明功率密度值 × 需要照明空间的面积

= 15W/m$^2$ × 100m$^2$

= 1500W

按照单相AC220V电源,计算功率为1500W并留有一定安全裕量,应选用单相10A自动空气开关,电源线路选用BV-1.0mm$^2$,光源选用36W欧司朗T8荧光灯管光通量2300lm,配36W电子镇流器。

1500W ÷ 36W/支 = 41.7支,选用42支36W T8荧光灯管。

平均照度(Eav) = 光源总光通量(N * Φ) * 利用系数(CU) * 维护系数(MF)/区域面积(m$^2$)

= 2300 × 42 × 0.7 × 0.8/100

= 540.96(lx) > 500lx

(利用系数CU取0.7,维护系数MF取0.8。)

100m$^2$的阅览室照明功率密度值15W/m$^2$,安装42支36W T8荧光灯可以保证达到“国家、省级图书馆的阅览室”的照度标准值500lx。

现规范的照度水平有大幅度提高,对各阅览室、房间或场所的眩光限制、显色性有了较高的要求,照明功率密度已定量化,对节能减排提出要求。照明质量标准水平已经达到国际先进水平。良好的照明设计可以提高读者阅读效率和舒适度;可以帮助弥补老年人的视觉能力的衰退,保持阅读能力和享受阅读乐趣;特别是对于保护儿童和青少年眼睛的视力都有着重要意义。我们应该在实际工作中按照规范的要求,认真研究照明相关设计标准值,不断提高照明质量,为读者提供良好舒适的阅读环境。

### 参考文献

[1]中华人民共和国国家质量监督检验检疫总局,中国国家标准化管理委员会.公共图书馆服务规范:GB/T 28220—2011[S].北京:中国标准出版社,2012.

[2]中华人民共和国住房和城乡建设部.图书馆建筑设计规范:JGJ 38—2015[S].北京:中国建筑工业出版社,2015.
[3]中华人民共和国建设部,中华人民共和国文化部,中华人民共和国教育部.图书馆建筑设计规范:GJ 38—99[S].北京:中国建筑工业出版社,1999.
[4]中华人民共和国住房和城乡建设部,中华人民共和国国家质量监督检验检疫总局.建筑照明设计标准:GB 50034—2013[S].北京:中国建筑工业出版社,2013.
[5]国际照明委员会.室内工作场所照明:CIE S 008/E—2001[S].2001.
[6]百度文库.各国照度标准值对比参考[EB/OL].[2013-11-11].https://wenku.baidu.com/view/d19200c481c758f5f61f6770.html? from=search.
[7]高前应,施明光,金成鹏.三种不同阅读面照度对儿童调节的影响[J].中国斜视与小儿眼科杂志,1998,6(1).
[8]张玉芳,马剑.老年人适宜阅读照明条件的研究[J].中国老年学杂志,2007,27(12).
[9]藤野雅史.防眩光灯具基本知识及最新技术[J].辛相东,译.中国照明电器,2007(7).

# 发达国家公共图书馆投入运行模式研究及启示

罗　玲(成都图书馆)

世界最早的公共图书馆产生于19世纪中期的英国和美国,几乎同时,西方社会开始了第二次工业革命的洪潮。伴随着电的发明和使用,科学技术在最近的一百年里得到了突飞猛进的发展,人类逐渐进入了"信息时代"。同时,工业革命后,社会日益分裂和混乱,意识形态受到了前所未有的冲击,物质享受至上成为许多人的生活目标。如何解决工业革命带来的诸多社会弊端,传承科学技术和经济文化的脉络,建设良好的社会公共秩序,成为西方发达国家首要面对的课题。因此,公共图书馆以其特殊的社会职能——向人类传播知识、记录文明、引导公众、普遍均等,成为经济社会发展所必需的职能机构。伴随着第二、三次工业革命的发展,各国政府都在逐步加强对公共图书馆的投入力度,以期获得最大化的社会效益。经过近150年的资源积累和制度沿革,很多发达国家的公共图书馆已经建立了完善的投入与运行体系,本文通过对英国、美国、新加坡等国家公共图书馆的考察,重点阐述其投入与运行情况,以达到比较和借鉴的目的。

## 1　发达国家公共图书馆投入运行情况

### 1.1　英国

19世纪中期,欧洲一些国家为了促进图书馆的公共化,保证图书馆经费的固定来源,加强图书馆管理,开始制订和颁布图书馆法。1850年英国议会通过《公共图书馆法》,规定每5000人的地区设一所图书馆,地方政府应对本地区的成人和儿童提供图书馆服务,经费从房地产税中提取。这是世界第一部全国性公共图书馆法，后相继于1851、1892、1893、1908、1919年补充和修订。1964年颁布了新的图书馆法《公共图书馆和博物馆法》，规定4万人口以下的地区平均每人应有图书馆藏书1.5册，每2500人应配备1名图书馆工作人员，其中专业馆员应占三分之一，应从地方税中抽取约2%作为地方图书馆的经费等，进一步从法律上保证图书馆事业的发展，也成为目前英国公共图书馆建设的基本依据。英国政府1972年又公布了涉及国家图书馆的《不列颠图书馆法》。近年来，英国中央政府以项目经费的形式提供的财政支持也对图书馆的发展起着重要作用。

英国大部分地区的地方政府都以所在行政辖区管理自己的公共图书馆，地方政府下设公共图书馆局作为公共图书馆的管理机构。地方政府在文化、传媒与体育部的监督下，通过公共图书馆局向辖区内的居民提供各项图书馆服务。每个公共图书馆局管辖的人口平均为29万余人。

公共图书馆局通常在辖区内的各级行政区划内设置规模和数量不等的固定图书馆和流动图书馆，从而形成由一个总馆（公共图书馆局）统一管理、若干分馆（市、村、镇图书馆和流动图书馆）隶属的总分式公共图书馆体系。公共图书馆局负责所有图书馆的财务和人事管理，同时负责图书资料的采购、加工及服务工作的指导与协调；各馆集中开展读者服务。公共图书馆总分馆体系中规模较大的馆有专任馆长，多个规模较小的馆聘任一位兼任馆长。在某一个公共管理局辖区内公共图书馆体系实行统一规划、统一管理、统一的自动化系统、虚拟参考咨询系统，读者在体系中的任意图书馆都可办理统一的借书证，因此，公共图书馆局既负责建设一个地区公共图书馆系统，也担负着统一管理和运行的责任。

由此可见，英国政府通过法律上的保证和公共资金上的投入，更好地整合资源、更新设施设备、转变体制结构、改变服务方式等，保障了公共图书馆的有效运行，使读者享受更加现代化和人性化的服务。

### 1.2　美国

美国是当今世界上图书馆事业最为发达的国家之一，也是公共图书馆立法较为完善的国家之一。美国图书馆法对美国图书馆事业的发展起了很大作用。

1848年，马萨诸塞州议会通过在波士顿市建立公共图书馆的法案，被认作是世界上第一部地区公共图书馆法。目前美国各州均有各自的公共图书馆法。1956年，美国联邦政府颁布了第一个国家级图书馆法——《图书馆服务法》，表明联邦政府开始通过立法直接对图书馆提供经费，改善各州公共图书馆服务与设施。该法案促使各州将公共图书馆服务范围扩大到城镇和乡村地区，以实现普遍均等的享有图书馆服务。

20世纪50年代以来，伴随着工业革命的发展，人们对公共图书馆的需求急剧增加，1964年，美国联邦政府对《图书馆服务法》做了修订，并改名为《图书馆服务与建设法》（简称LSCA）。LSCA规定联邦政府补助金及各州相对拨款比例、额度等，并进一步追加了经费。

1996年，克林顿总统签署了《图书馆服务和技术法》（简称LSTA）。LSTA是在LSCA和其他有关立法的基础上形成的。LSTA规定，经费的绝大部分必须用于州基金，分配到各州，必须用于两个主要内容：一是发展和改善网络设施，连接图书馆服务到资源的提供者和使用者；二是重视对未受到良好服务或者没有良好条件的公众（如残疾人、文盲、贫困家庭的少年儿童）的服务。

表1 LSTA对图书馆的资助经费

| 年份 | 1997 | 1998 | 1999 | 2000 | 2001 | 2002 | 2003 | 2004 |
| --- | --- | --- | --- | --- | --- | --- | --- | --- |
| 投入（亿美元） | 1. 36 | 1. 46 | 1. 66 | 1. 66 | 2. 08 | 1. 98 | 2. 15 | 2. 31 |

2003年，LSTA被再次修订，确定从2004年到2009年财政年度，对图书馆的经费拨给每年约2. 32亿美元，各州所分配到的经费都有所提高。

美国是通过立法保证公共图书馆经费的来源和使用最好的国家之一，随着联邦图书馆法的历次修订，联邦政府的图书馆经费拨给不断提高，范围不断扩大。美国各州图书馆法对图书馆经费来源也都有明确的规定：①根据人口数量确定图书馆事业的总投资；②根据家庭财产征收图书馆事业特别税；③从地方政府的财政收入中拨出专款作为图书馆资金；④从联邦政府中获得资金支持。同时，依照谁付费谁收益的原则，一个社区的公共图书馆基本服务于该社区公民。以俄亥俄州为例，公共图书馆的经费70%来自州政府的拨款，而州政府拨款来源于联邦政府拨款和个人所得税。根据州立法，全州个人所得税的5. 7%将直接用于公共图书馆经费。

美国联邦立法和州立法相结合保证了图书馆法执行的最大效力，使各个图书馆的活动做到有法可依，运行得到保障。美国大多数公共图书馆的法律由州立法机构制定，州图书馆法基本上每两年修订一次，以及时保障各州公共图书馆的良性快速发展，保证读者的使用权利。

美国公共图书馆的经费除了政府拨款外，社会捐助也是公共图书馆经费的主要来源。美国很多公共图书馆都是钢铁大王卡耐基（Andrew Carnegie）捐助的。从1886年到1919年，卡耐基共捐助了5600万美元，在全美1400个地区建立了2000座图书馆，其中绝大多数是公共图书馆。微软创始人比尔·盖茨也热衷美国公共图书馆事业。1995年起，微软公司就开始探索图书馆上网的解决方案。1997年盖茨和夫人一起设立了“盖茨图书馆基金”。该基金用于低收入地区公共图书馆添置计算机和网络设备，以及图书馆管理人员计算机知识的培训。按计划，基金将为此在五年内投入2亿美元现金和2亿美元价值的设备。如今，美国98%的公共图书馆都已向读者提供免费的上网服务。

在美国，所有公共图书馆的运行都遵循以下几个原则：①美国的公共图书馆是居民聚集的“公众空间”，大家在这里互相交流、互相联系。所以，公共图书馆除了让市民随时能够进来读书、用书、借书以外，还把举办各种文化讲座、文化聚会、社区的公共社交活动等放在很突出的地位，并且经常把图书馆开放给不同族裔的市民，开展他们本族裔的文化活动。②每一个读者进入图书馆后就成为各种服务的中心，所有读书、用书的便利都因读者的具体需要而设。比如架上找不到的书，只要从图书馆的电脑联网上查到，大多也可以免费从千里之外辗转送来。③美国公共图书馆还兼具社区活动中心、信息中心、政府服务中心的功能，为居民举办各种免费讲座，提供会议室和各类文件，如税表等，供居民免费索取。④美国很重视公共图书馆的教育功能。除了对居民通过提供信息等途径间接地普及教育外，每个公共图书馆都专门为儿童设立了图书分部，为不同年龄的儿童提供适合他们年龄和学习特征的书籍。美国图书馆学会的统计资料显示，儿童书籍约占了公共图书馆全部藏书的31%。

## 1.3 新加坡

历史上，新加坡的公共图书馆曾有过几次较大的转折，但对公共图书馆服务体系建设影响最大的转折莫过于1994年出版的公共图书馆研究报告——《图书馆2000》和随后成立的国家图书馆管理局。《图书馆2000》报告在考察新加坡公共图书馆现状的基础上提出“建立一个让新加坡人民容易取得资讯、便于使用、有效及收费合理的世界级图书馆服务体系，以服务于现代国民的终身教育”，国家图书馆管理局就是为了实现这一目标而建立的全国图书馆管理机构。它不仅负责国家图书馆和公共图书馆的管理，也负责大学图书馆、专业图书馆和学校图书馆的管理；不仅负责图书馆的规划、协调及政策制定，还具体负责整个公共图书馆系统的经费管理、人事管理和业务管理。例如，在人员配置上，国家图书馆管理局负责图书馆专业人员的招聘、培训，然后将合适的人员分配到各馆；在经费方面，国家图书馆管理局掌管国家为图书馆事业投入的经费，并在考核各馆业绩的基础上，决定每个图书馆的年度经费。在国家图书馆管理局的管理下，新加坡形成了高度集中的公共图书馆系统。

这个系统中的国家图书馆是全国图书馆的核心业务中心，负责为整个系统选择、采购、加工、配送图书，提供参考咨询服务和策划读者活动。系统中的社区图书馆是整个系统的延伸，大都建在居民区、商场等方便读者利用的地方，主要负责借阅服务；有些社区图书馆有独立馆舍，有的与其他机构分享馆舍。读者使用整个系统就如同使用同一个图书馆一样，他们可以在任何图书馆通借通还任何其他馆的藏书。不仅如此，由于整个系统使用了RFID技术和邮局的物流服务，读者可以在任何时候将任何馆的藏书归还到任何自助还书点。

## 2 发达国家公共图书馆投入运行特点总结比较

国外公共图书馆有着较长的发展历史，伴随着国家社会经济的进步而不断地改革完善，逐渐形成了各自的公共图书馆体系。由于发达国家在政治体制、国家组织结构上的类似，公共图书馆体系也有一定的相似性，但又有各自较为突出的特色。而国外政府无一例外的优先选择从立法角度保证公共图书馆的投入经费和运行机制的长效性，这是国内公共图书馆应该借鉴的。下表就对上面几个国家公共图书馆投入与运行特点进行一些总结和比较。

**表2 发达国家公共图书馆投入与运行特点**

<table>
<tr><th></th><th>管理机构</th><th>投入模式</th><th>运行共同特点</th><th>突出特点</th></tr>
<tr><td>英国</td><td>公共图书馆局</td><td>公共基金和地方税收</td><td rowspan="3">1. 各级公共图书馆均有相对完善的立法保障<br>2. 公共图书馆覆盖率大，服务受众广<br>3. 普遍实行成熟的总分馆制度，运行机制科学高效<br>4. 服务人性化，功能多样化<br>5. 图书馆运行效益和投入挂钩，社会及政府监督机制完善</td><td>立法完善、组织和管理机构明确、大型公共图书馆逐渐复苏</td></tr>
<tr><td>美国</td><td>地方政府和州政府</td><td>联邦拨款、地方税收和个人（机构）捐助</td><td>十分重视公共图书馆事业的发展和图书馆法的制订，不仅立法较早，而且随着时代的发展对图书馆法不断进行修改补充</td></tr>
<tr><td>新加坡</td><td>国家图书管理局</td><td>国家统一投入</td><td>国家统一管理公共图书馆事业，有很强的集权性和规划性，便于政策的实施和服务的统一开展</td></tr>
</table>

## 3 发达国家公共图书馆投入运行模式的启示

### 3.1 公共图书馆发展应得到政府支持和立法保障

从发达国家公共图书馆的兴起历程可以看出,它是随着西方社会工业文明的发展逐步建立和完善的,其主要目的就是为了在经济高速发展同时满足人们的精神需求,引导社会风气,保障人们能够平等、自由、无偿的分享社会科学文化成果。历史上,公共图书馆在发达国家社会生活和经济发展中都占有重要作用。所以国外特别强调公共图书馆立法,将公共图书馆发展提升到了一个国家战略的高度,通过立法明确规定图书馆的类型、职责及经费来源等,使公共图书馆有一个依法、长效、稳定的发展机制。对比我国现状,目前尚未有国家立法机关颁布的具有约束力的图书馆法律,基本都是从政策层面出台了一些规章制度,在最近几年,北京、上海、湖北、内蒙古、山东、深圳等省区市人大和市人大通过颁发了地方性的公共图书馆法(通常称《公共图书馆管理条例》),但其中对公共图书馆的投入运行也没有非常明确的规定。没有政府支持和从国家到地区的图书馆立法保障,将在很大程度上制约公共图书馆事业的发展。

### 3.2 建立图书馆事业、图书馆服务的社会听证制度

公共图书馆建设作为一种社会公益事业,理应由国家和各级地方政府进行资金投入。但是我国目前地区经济发展不平衡状况决定了仅仅依赖政府投入还远远不够。在发达国家和地区,公益性的服务机构有很大一部分的经费来源于企业捐赠、基金会和个人捐款,建立社会听证制度可以使服务内容和方式更切合民众的需求,更容易获得广泛的支持;成立图书馆事业的支持团体,可以更广泛地争取到社会的支持和捐助。

### 3.3 制定图书馆战略与规划

发达国家公共图书馆,哪怕小到社区图书馆,都制定有三至五年甚至更长时期的战略规划,并定期动态修改。战略规划体现了一个图书馆的发展方向和行动路线,其制定的过程也是不断凝练目标、加强主动设计、规划发展重点的过程。我国除了国家图书馆和几个发达地区图书馆有自己的五年规划外,大部分公共图书馆在战略规划方面都有所欠缺。如果能根据自身特点制定出具体可行的战略规划并将其纳入地区公共文化服务体系建设的五年规划中去,将是对公共图书馆可持续发展最好的"强心针"。

### 3.4 将公共图书馆视为教育的辅助系统

最后,发达国家社会都有良好的阅读传统,重视教育,同时将公共图书馆事业看成是社会福利的一部分,让每个公民都享受到图书馆的服务。我国公共图书馆事业起步较晚,社会阅读风气还有待进一步形成,伴随着互联网的普及和信息技术的应用,公共图书馆已经从传统的一项图书事业提升到了引导全民阅读、提供多层次公共文化服务、填补信息鸿沟、搭建社会沟通渠道等全方位的文化立体复合模式,这是国内政府、学界和公共图书馆同人所必须提前认识的。

**参考文献**

[1]邱冠华,于良芝,许晓霖.覆盖全社会的公共图书馆服务体系:模式、技术支撑与方案[M].北京:北京图书馆出版社,2008.
[2]陶学荣,陶睿.中国行政体制改革研究[M].北京:人民出版社,2006.
[3]王世伟.世界著名城市图书馆述略[M].上海:上海科学技术文献出版社,2006.
[4]崔晓文.美国图书馆立法发展及启示[J].图书馆建设,2008(8).
[5]石烈娟.美国社区图书馆服务及启示[J].图书馆,2009(2).
[6]陈纪建.中西不同文化背景下的公共图书馆制度比较[J].图书馆理论与实践,2006(1).

# 馆藏地方外文文献在地方经济发展中的作用及保护
## ——以哈尔滨市图书馆为例

冯世华(哈尔滨市图书馆)

1896年至1903年,随着中东铁路建设,工商业及人口开始在哈尔滨一带聚集。中东铁路建成时,哈尔滨已经形成近代城市的雏形。20世纪初,哈尔滨就已成为国际性商埠,先后有33个国家的16万余侨民聚集这里,16个国家在此设领事馆。与此同时,中国民族资本也有了较大发展,建立了哈尔滨在伪满洲国经济中心和国际都市地位。1932年,哈尔滨沦为日伪统治,人民生活在水深火热之中。1945年,哈尔滨从日伪统治下解放出来,当时人口已达70余万。1946年4月28日,哈尔滨建立了人民政权。

## 1 哈尔滨市图书馆概况及馆藏外文资料情况

哈尔滨市图书馆的历史可以追溯到20世纪20年代初。它最初是私人集资举办的,1927年4月收归市管,并定名为哈尔滨特别市市立图书馆。抗战胜利后,东北图书馆(现辽宁省图书馆)由哈尔滨迁到沈阳,所遗一曼街馆址及部分中、日文图书一并交市教育局接管。在此基础上,又经过一年多的筹备,哈尔滨市图书馆于1950年正式开馆。哈尔滨市图书馆的历史虽然不长,但它收藏的图书馆资料却相当丰富,尤其是日、俄、西文资料的地方文献具有特色。

## 2 馆藏外文资料情况

哈尔滨市图书馆馆藏外文图书13万余册,外文期刊25万册。具有一定的地方性、艺术性、资料性、学术性乃至文物性。收藏的地方外文资料有4000余种。俄文图书50余种期刊

20 余种，日文图书近 3000 种，日文期刊近 100 余种，英文图书 100 种，英文期刊 100 余种。在 1988 年编纂的《哈尔滨历史资料联合目录》一书中收录了有关哈尔滨历史资料的日文 257 余条。在 1983 年编纂的《哈尔滨地方史资料索引》中收录有关哈尔滨历史资料的日文 1000 余条；有关哈尔滨历史资料的俄文资料 300 余条。这些外文资料均为新中国成立前出版，其中俄文、英文图书大多是 1896—1925 年出版。俄文图书主要反映中东铁路在哈建设、沙俄历史、西伯利亚、东北等方面的资料所占的比例较大。有的资料非常罕见，已属国宝级文物，如《中东铁路大画册》《东省杂志》《亚细亚时报》等。英文图书中有一部分地方资料也非常珍贵，如《北满与中东铁路》《哈尔滨傅家甸防疫摄影》等。日文书刊资料主要为日本侵占东三省时对经济、文化、教育等各方面所做的调查、统计资料等，都直接反映了当时东北地区及哈尔滨市各个方面的历史沿革以及工农业生产、财政金融、文教卫生、风土人情和东北革命斗争等方面的重要史实。

## 3 馆藏外文资料在研究哈尔滨近代城市发展史中的作用

### 3.1 俄文资料在研究哈尔滨城市经济发展史中的作用

众所周知哈尔滨城市发展是从 1898 年俄国人修建的中东铁路开始的，之前的哈尔滨是一个小渔村，首先大量的俄国工人进驻，随着商业、工业、金融、学校、教育等迅猛发展起来至 1903 年中东铁路通车，哈尔滨已具有城市雏形。这在哈尔滨市图书馆收藏的《中东铁路大画册》《东省铁路沿革史》《东省杂志》及《哈尔滨年鉴》的图片和文字资料均有记载。例如《中东铁路大画册》从俄国人的视角介绍了中东铁路的修建历史和早期哈尔滨的城市发展建设的轨迹，以及俄国移民在哈尔滨生活工作情况，对研究哈尔滨城市发展具有重要的参考价值。为研究早期哈尔滨提供了确凿的依据。

### 3.2 英文资料在研究哈尔滨城市发展史中的作用

随着铁路的修建，20 世纪 20、30 年代外侨迅速涌入哈尔滨，据统计在哈尔滨仅领事馆就有 30 余个，交流的中介语言为英语，随之出版了大量的书刊，如《哈尔滨傅家甸防疫摄影集》《北满与中东铁路》《哈尔滨傅家甸防疫摄影集》等详细记载了有关 1906 年在哈尔滨爆发鼠疫的情况及防疫情况，对当下防疫工作也有着重要指导作用。

### 3.3 日文资料在研究哈尔滨城市发展史中的作用

1932 年俄国战败，日本全面接管对哈尔滨的管辖。日本在哈尔滨成立了北满经济调查局、哈尔滨事情案内所等机构，对哈尔滨的当时经济、政治、教育等做了细致严密的统计、分析，出版了大量的调查资料。如《大哈尔滨明信片》《满洲画册》《哈尔滨商工名薄》等，这些都是研究哈尔滨的第一手资料。

## 4 外文资料的保护工作

哈尔滨市图书馆所藏的外文资料均为民国时期文献,均为近代机器纸、新式印刷方式和西洋(精平装)装帧方式,因其所面临纸张酸性脆化的问题,还存在装帧结构偏弱,装订材料不合理等问题,再加上文献保存条件较差,这些都造成现存馆藏外文资料严重破损的局面。如何进行保护是图书馆的当务之急。

### 4.1 环境保护

面对图书馆馆藏外文资料生存状况严重恶化的情况,首先应从解决保藏环境入手。虽然近代文献面临的主要问题是纸张因其中的酸而严重劣化,但不良保藏环境更加加速了这种状况,所以要从根本入手,创造适宜纸质文献长久保存的收藏环境,严格控制温湿度,延缓其裂化。

### 4.2 脱酸处理

虽然文献保护界仍有人对批量脱酸技术存有疑虑,科学也尚未完全证实脱酸技术的长期安全性,但对于处于濒危状态的近代纸质文献,脱酸确实可以延长其寿命,应为一种可以采取的保护措施。但一般认为去酸处理的最佳应用时刻,应是在图书尚未酸化变脆之前,当书已酸化脆裂时,再做去酸处理,仅能维持图书不再继续酸化,而却无法恢复图书原来强度。

### 4.3 进行修复

近代文献的修复除了采用一般纸张的修复技术外,对于文献结构的重建、恢复甚至加固也是非常重要的。由于我国近代文献大部分以订书钉平订和纸面平装为主,其强度远不如折贴锁线装订和布面皮面精装的图书。当其破损后,在对其书页修复后,对不适宜长期保存使用的装订装帧方式是恢复原样还是改为更加适宜的装订装帧,这是一个需要讨论的问题,尽量做到“最小干预”恢复原貌。

### 4.4 复制扫描

载录格式的转换是保障使用、保护原件的有效手段。近代文献大都已经非常脆弱,不堪使用。为了不影响读者的使用,采用缩微、数字化和影印等手段进行载录格式的转换和复制不仅可以为读者提供更为便捷的使用手段,也可以起到保护原件的效果。但载录格式转换对于近代文献而言,是保护原件的手段,不能为了缩微、数字化而忽视了对原件的保护,甚至造成更大的破坏。

哈尔滨市图书馆收藏的不同时期地方外文资料,从不同侧面反映出哈尔滨历史发展的全貌。为研究哈尔滨地方志提供了基础条件。只有做好保护和利用工作才能更好地发挥其文献价值,为子孙后代留下可贵的文献遗产。

# 未成年人阅读推广工作的实践与思考

李松梅(哈尔滨市图书馆)

目前,我国在全国范围内大力宣传建设书香社会,提高全体国民的素质,把"树立阅读理念,提升阅读水平"列为教育改革的重中之重,而对于承载着新中国未来与梦想的未成年人则更应该成为这项教育改革中的重点。阅读需求是图书馆事业发展的最强大动力和基本前提,阅读需求的强弱决定了社会对图书馆事业需求的强弱,也决定了图书馆事业的兴衰。而未成年人阅读推广是一项繁杂的工程,近年来,我国公共图书馆未成年人阅读推广工作取得了长足的进步,在服务形式,硬件设施,活动方式等方面都有了很大的改观,公共图书馆现有馆藏资源能否满足未成年人的阅读需求、公共图书馆硬件设施能否跟上未成年人的阅读发展成为制约着未成年人阅读推广的关键。

阅读是获得知识的重要渠道。通过阅读,能缩小人们之间的知识差距,培养终身学习的公民,并提高国家综合国力。未成年人作为国家未来的希望,其阅读能力的培养显得尤为重要。近些年来,我国将未成年人阅读推广作为教育改革的重点。所谓未成年人阅读推广,是指阅读对未成年人所产生的巨大影响,引导未成年人树立正确的阅读理念,通过各种方法向未成年人推介阅读材料、阅读方法,逐步引导未成年人爱上阅读,帮助未成年人成为真正自觉并且能够独立阅读的终身阅读者。未成年人的阅读越来越受到政府、社会及家庭的重视,未成年人阅读推广活动在全国各地形成联动,而公共图书馆则是最重要的环节之一。如今各地公共图书馆开展各种多样的未成年人阅读活动也可以看出全社会重视未成年人阅读推广活动的程度。然而,未成年人阅读推广活动能否对未成年人群体的阅读水平产生一定的影响,除了图书馆,还需要政府、社会,以及家庭等多个因素的影响。所以公共图书馆未成年人阅读推广还存在着一些问题。

## 1　公共图书馆未成年人阅读推广存在问题

### 1.1　缺少相应的法律政策支持和资金保障

法律是包含权利与义务的社会规范,是最具约束力的行为准则,我国图书馆立法一直滞后,而针对图书馆的法规和政策较少,这些阻碍了图书馆事业的发展。图书馆近年来的发展只能依靠政策来进行,但政策具有时效性,稳定性较差,不利于图书馆事业的长期发展,这必然会影响到未成年人阅读推广的开展。目前我国未成年人阅读推广大多是公共图书馆独立作战,由于独立公共图书馆的能力局限性导致未成年人的阅读推广工作没有连续性,一过性的工作比较多,没有起到良好的系统性、规范性、社会性的阅读引导作用。目前国内大多数公共图书馆也存在经费不足的问题,有些图书馆图书更新缓慢、设备老旧,以至于不能够吸引读者前来，更不用说开展未成年人的阅读推广工作，而且很多未成年人读物的价格远远高于成人普通图书的价格。

### 1.2　馆藏资源与硬件设施跟不上发展的要求

公共图书馆馆藏资源还大多以成人读物为主，馆藏资源建设很少向未成年人服务倾斜，传统资源的建设跟不上未成年人日益增长的需要，数字资源不符合未成年人的阅读，缺少一些现代化的阅读工具，并且没有未成年人书目查询系统，未成年人查询书目只能粗略地检索，并不精细。而且内容更新缓慢，与现在未成年人新、奇、特的阅读需求相距甚远。未成年人比较喜欢新鲜、有趣味的认知形式，特别是对图文并茂的动漫、游戏等感兴趣，这就要求在建设未成年人馆藏资源时，图书采编人员根据未成年人图书借阅情况以及未成年人读者的阅读需求来采购，争取满足未成年人读者对馆藏资源多元化的需要。有些公共图书馆没有经费更新一些新的、多元化的服务设备，致使图书咨询设备老旧。

### 1.3　未成年人读物质量不佳

如今各个公共图书馆购买的未成年人图书，我们会看到有一些共性的问题，许多图书都装帧精美、纸张美观，但内容却粗制滥造，满足不了未成年人阅读的实际需求。因为耐人回味的文学作品通常要花很多精力和成本才能完美呈现出来，并且实际效果也需要长时间的考验，所以很多出版机构都很浮躁，从满足人们的快餐消费心理出发，从而使得优秀未成年人图书少之又少。

### 1.4　馆员队伍服务方式比较单一

公共图书馆未成年人阅读推广，会使公共图书馆工作重点和服务方式有所改变，而图书馆员原有的知识水平和服务方式很难适应变化的需要。阅读，是我们与外界沟通的桥梁；阅读是人们学习知识、接受教育、发展智力、获得教养的最根本途径。然而，未成年人的阅读与成年人的阅读有很大的区别，由于知识储存和学习经验的差距，他们正处于学习阅读的阶段，需要专业人士的辅导。图书馆员不仅需要图书馆的专业知识，还应具备指导未成年人阅读所需的素质和能力，具备多种学科的专业知识。图书馆员的培训，应考虑实际工作的需要，了解未成年人阅读需求，选择有一定的组织能力、辅导能力的馆员。因此，对未成年人而言，传统的、单一的图书馆服务手段已不能满足其多样化的阅读需求。

### 1.5　有相当一部分未成年人由于主观与客观的原因而影响他们的阅读需求

①一部分未成年人无书可读，基本文化需求得不到保障，没有条件享受图书馆平等、免费的服务。而“留守儿童”和“流动儿童”就是这部分未成年人中的主体，并且近年来数量呈递增趋势，他们迫切需要全社会的关注。

②一部分未成年人因繁重的学业使之没有时间阅读，或阅读趋于目的化、快餐化。

③还有一部分未成年人受电子设备及网络的影响，与书本的距离似乎越来越远。未成年人占全国人口的三分之一，有30%的未成年人到过游艺厅，这个数字触目惊心。

## 2 公共图书馆在未成年人阅读推广中所应采取的措施

鉴于以上这些问题,公共图书馆应该做好如下工作才能保障越来越多的未成年人享受到图书馆给予他们的福利。

### 2.1 争取各级政府的支持,加强多元合作

公共图书馆要积极与当地政府沟通,争取能够利用立法和行政手段大力推广未成年人阅读活动,建立长期有效的推广机制。2017 年 4 月 19 日召开的国务院常务会议通过了《中华人民共和国公共图书馆法(草案)》,决定将草案提请全国人大常委会审议。国务院常务会议指出,发展公共图书馆事业,是完善公共文化服务体系的重要内容,可以促进全民阅读,更好满足群众精神文化需求,提高全社会科学文化素质,助力创新型国家和学习型社会建设,传承和弘扬包括中华传统优秀文化在内的人类文明成果。所以,如今政府部门非常重视公共文化服务建设,这可以说是图书馆的福音。在政府政策的支持下,就可以多方面保障未成年人阅读推广工作的顺利进行。政府规划一定比例的购书经费辅助图书馆开展未成年人阅读推广活动,集中图书馆、教育界、出版界、媒体等多方的力量,向社会宣传未成年人阅读推广的重要性和必要性,促进未成年人阅读推广实现多元化合作。

### 2.2 创造适宜的阅读环境,激发未成年人的阅读兴趣

公共图书馆是未成年人汲取知识的重要环节,因此,公共图书馆需要适合未成年人阅读的人文环境,这样才能够为未成年人提供一个良好的阅读环境,在精神上也更加愿意与书籍亲近和交流。公共图书馆,应当宽敞明亮、舒适干净、设备齐全,不仅能让人感受到浓浓的书卷气,还能在阅读中陶冶情操。良好的阅读环境能提高阅读效率,让人能够静下心来,在图书馆知识的海洋中遨游。另外还可以摆上适当的绿色装饰,能够缓解人们由于阅读带来的视觉疲劳。在走廊和墙壁上,可以挂一些名人字画,增加人文气息,给予未成年人舒适的感觉。在指示牌上,尽量不直接使用非常直白的语言,而应采用具有轻松气息的表达方式提醒未成年人,这样就能给未成年读者提供一个轻松良好的阅读环境,使他们在图书馆中能够放松身心,从而使整个图书馆的氛围更加人性化,更加有亲和力。

### 2.3 与学校合作,提升阅读推广质量

把适合于未成年人阅读的优秀读物配送到学校,供师生传阅,这是使更多的未成年人认识图书馆、走进图书馆的最佳途径,也是使图书馆在全民阅读推广活动中更好地发挥作用的强大支持,还能拓宽未成年人阅读的广度和深度。根据不同年龄层未成年人的心理特点及阅读兴趣的变化,定期推荐书单,并为学校开展关于图书信息服务,培养他们独自利用图书馆的能力,从而有效提高阅读质量。

哈尔滨市图书馆少儿借阅活动中心在此方面做了很多工作,近些年来陆续建立了 7 所流动服务站——哈达小学、红旗中心小学、王岗中心小学、光宇小学、富强小学、乐业小学和东方红小学。少儿借阅活动中心定期为各小学的同学们更换新书,为这些同学们准备的都

是由图书馆工作人员精心挑选的适合师生阅读的类型,包括文学、漫画、作文以及如何掌握正确学习方法等几个方面的图书,通过哈尔滨市少儿借阅活动中心的服务,使这些农民工子弟以及处于偏远地区的同学们也能享受到图书馆的福利,扩大了同学们的视野,增长了见识,提高了阅读水平,受到了师生们的热烈欢迎。

### 2.4 开展活动是未成年人阅读推广的重要环节

开展未成年人阅读推广活动是阅读推广的最好体现。未成年人阅读推广活动要突出点面结合。面是面向社会,使之与图书馆未成年人活动相结合,扩大参与活动的单位、部门,争取多方面的支持,不仅能吸引更多的未成年人,而且能更好地做好阅读辅导。点是指图书馆内的各类型未成年人活动,未成年人特点是活泼好动,开展活动不仅可以提高未成年人的阅读兴趣,让未成年人在活动中有所感悟,更有助于培养孩子团结协作、做事认真的可贵品质。所以未成年人阅读推广活动要有趣味性、知识性、教育性,具有个性化、人性化的特征,以书为媒,以活动带动读书。通过丰富多彩的读书活动,吸引更多未成年人到图书馆,并能引导他们逐步学会利用图书馆,把图书馆作为自己终身受教育的最佳场所。

哈尔滨市图书馆少儿借阅活动中心每隔周举办一次"少儿剧场",播放一些孩子们喜闻乐见的动漫大片;每月举办一次"雪孩子故事屋",故事屋不仅招募讲故事妈妈,而且还让孩子角色转换,让孩子参与到故事中来,让他们体会讲故事的快乐;每年春节举办"少儿猜灯谜","4.23"讲述"世界读书日"的由来、每逢寒暑假招募"义务小馆员"到图书馆来实践,通过实践活动,使小馆员了解图书馆基本业务流程,熟悉少儿借阅中心的工作,感受图书馆浓郁的文化氛围,使小馆员们更加喜爱图书馆,真正体现图书馆以文化人的社会职能。市图书馆少儿借阅活动中心每逢五一、六一、十一等节日与各小学共建,共同开展讲座、展览、演讲、竞赛、读书分享会等形式的活动,受众面较广,不仅丰富了图书馆的服务方式,也提高了学生们的阅读水平,受到了广大师生的欢迎。市图书馆这一系列活动吸引了许多未成年人参加,并在活动上积极展示自己,他们也非常珍惜图书馆提供的这个平台,能让自己充分发挥才能,每次活动孩子们都像过节一样,这些正是未成年人阅读推广的集中体现,也是阅读推广工作的尝试,使更多未成年了解图书馆、认识图书馆、走进图书馆、利用图书馆,使图书馆这个没有围墙的学校为更多的人所认识,更好地为他们服务。

### 2.5 帮助未成年人掌握正确的阅读方法

未成年人阅读推广工作,不仅需要向未成年人推介图书,更重要的是帮助他们学习阅读的方法,掌握阅读的能力。阅读能力是未成年人在阅读活动中理解内容的能力,包括对图书的选择,对内容的吸收,以及对内容的消化能力。未成年人一旦掌握了阅读能力,许多问题就会迎刃而解。台湾著名儿童阅读推广人林文宝说,"孩子有选择书的权利,没有好书坏书,只有适合与不适合,阅读是瞎子摸象,摸久了就明白了。多元社会,要尊重每个人的选择。己所不欲,勿施于人,己所欲,也勿随便施于人;孩子开始阅读后,慢慢地他们就有想法了,把握孩子的阅读方向,在与孩子交流阅读的过程中给予他们阅读的重要方法"。

### 2.6 积极与社会各种组织机构配合

公共图书馆想要开展未成年人阅读推广,必须与教育界、出版界、文化宣传部门以及其他相关的各个政府部门、各个团体密切合作,他们都是公共图书馆开展未成年人阅读推广所需要的社会资源。首先从低幼儿童的幼儿园开始,就应该与之共建,对低幼儿进行启蒙教育,推荐他们阅读的书目,掌握阅读的方法,帮助他们建立低幼儿阅览室。更应该与小学、中学联合,因为大多数未成年人多半时间是在学校接受教育,而学校对未成年人具有巨大的影响力和号召力,是最切实有效的宣传阅读理念的场所,可以很自然地引导未成年人培养阅读习惯、掌握阅读方法、增强阅读意识。另外还要与一些出版机构合作,根据未成年人的阅读需求和阅读兴趣,迎合他们的阅读心理选定出版题材,争取有更多更好的未成年人读物出版。

由于我国的未成年人阅读推广还处于初步阶段,所以应该加大向全社会的宣传力度,让更多的机构与群体关注未成年人阅读推广,保证未成年人阅读推广长效持续地发展。

**参考文献**


[1]王志庚,李俊国.坚持儿童优先原则　开创图书馆未成年人服务工作新局面[J].图书馆工作与研究,2013(3).

[2]冯睿,吕梅.我国公共图书馆未成年人阅读服务研究[J].图书馆工作与研究,2015(10).

[3]王锰,郑建明.图书馆少年儿童阅读服务的实践研究[J].图书馆工作与研究,2013(4).


# 哈尔滨市图书馆的馆店合作运营模式探析


冯若愚(哈尔滨市图书馆)


哈尔滨市图书馆在客观条件因素严重制约其开展更优质的读者服务的情况下,及时转变思路和办馆策略,在图书馆开展服务的工作方式、技术创新上进行了一些积极探索,馆店合作运营模式正是在这种探索中试探出来的一条新道路和新突破。

## 1　哈尔滨市图书馆发展现状及突破

### 1.1　哈尔滨市图书馆的发展窘境

哈尔滨市图书馆作为一座省会城市的副省级图书馆,本应发挥着比较强大的社会服务功能。但实际上,其馆舍还是20世纪80年代设计施工,从馆舍面积到功能设计上都已经远远不能满足当今公共图书馆的文化需求。其次由于运营经费的紧张,年久失修的老化设施更让开展读者服务工作难上加难,也大大降低了读者的到馆体验感。

### 1.2　馆店合作是困局中的新突破

馆内开展工作出现困难的情况下,自然而然地就会把工作的开展目光放到馆外。针对自身馆舍老旧、面积狭小及运营经费紧张等一系列客观因素，凭借图书馆自身力量无法改变。但为了图书馆工作的进一步发展而不是原地踏步，哈尔滨市图书馆始终关注图书馆业内发展最新动态寻求发挥图书馆自身主观能动性来摆脱困境的良方，因此馆店合作这种运营方式就进入我们的视野中来，也因此有了黑龙江省首个馆店合作的成功案例，即哈尔滨市图书馆联合中央书店推出的命名为“喜阅”的图书购借服务项目。“喜阅”这个名字不但表达了读者享受服务时的喜悦心情，同时也让在困境中摸索的哈尔滨市图书馆人露出了一丝喜悦之情。

## 2 黑龙江首例馆店合作“喜阅”购借服务项目内容

“喜阅”购借服务是哈尔滨市图书馆和中央书店在双方自动化系统并轨能够数据实时传递的基础上，实现图书馆与书店联合运营，即读者只需持有哈尔滨市图书馆有效读者证件即可在中央书店选购并在书店工作人员的简单操作下借走书店里崭新的图书，同时图书馆也会不定期在书店为书店读者做现场办证。整个服务过程中读者感受到的是无缝衔接，在书店就像在图书馆两个单位有机地结合在了一起，服务项目一经推出便获得试用读者的广泛好评。

在图书和读者群体共享同步运营服务的基础上，哈尔滨市图书馆和中央书店还在主营业务以外的周边活动建立了良好互动。例如：利用中央书店比图书馆优良的环境设施，把以前在图书馆搞不起来或者搞起来但是体验感不好的读者活动挪到书店去搞。同时也让书店读者加入图书馆微信群，关注图书馆服务动态和读者活动动态。

## 3 哈尔滨市图书馆馆店合作的发展经历

馆店合作运营说起来容易做起来却有诸多障碍，哈尔滨市图书馆更是在硬件设施条件简陋，资金配套条件不足的情况下在馆店合作这条路子上迈出了举步维艰但同时也是扎实的第一步，成为黑龙江省首家馆店合作的成功案例。

作为黑龙江省首个馆店合作案例，既然说首例就意味着没有前人可以仿效。图书馆和书店都没有成形经验可以借鉴，我国其他地区虽然也有一些馆店合作案例但是地域原因不能实地考察，因此基本上哈尔滨市馆的馆店合作开展过程是在理论结合实践的基础上一点点摸索着进行。

### 3.1 合作书店的选择过程

从最初对合作书店的选择上，哈尔滨市图书馆可谓慎之又慎。我们在选择书店合作方时的首要原则是，既需要有书店自身图书零售业务能力，又要有针对图书馆的销售和加工业务能力。这两个业务能力是馆店合作的前提，也只有同时具备这两个业务能力的书店才能做到跟图书馆的业务对接和服务对接。但在我们实际工作接触中，能兼顾这两个业务能力的书店实在为数不多。例如哈尔滨市某大型图书零售书店可以说是哈市规模较大的图书零售商之一，也是我们初步设想的合作书店之一。但是在我们进行深入接触与了解后发现，虽然该书店零售业能够做到行业内首屈一指，可惜在图书馆业务对接能力上却是零起步。像这样忍痛割爱的案例还有很多，最终我们选择了地处哈尔滨市道里区中央大街的中央书店作为哈尔滨市图书馆推出馆店合作案例的首个合作伙伴。选择中央书店是有着我们的综合考量，首先中央书店具备以上提到的两个业务能力，不仅零售业业绩斐然更是有多年的图书馆合作经历，比较了解图书馆加工方式和工作流程。其次中央书店的所在地哈尔滨市中央大街是哈尔滨市最具代表性的旅游观光地，人流客流密集，开展服务后的辐射效果不容小觑，同时中央书店的建筑外形为巴洛克式风格，建筑内部装修也为欧式及仿欧式，极具哈尔滨市地方特色。最后在哈尔滨市图书馆同中央书店的几次深入接触和洽谈中双方可谓一拍即合，由此拉开了我们馆店合作的序幕。

### 3.2 业务合作的推进与难点应对方案

#### 3.2.1 业务合作

图书馆与书店的业务合作主要包含两大项，即自动化业务系统的合作对接和人工服务工作的合作对接这两大项。

自动化业务系统对接方式是通过第三方软件实现，因为不管是书店业务系统还是图书馆业务系统都有其自身的专业属性和本单位自身数据安全的问题存在。所以业务系统的合作共享不能以某一方系统数据的完全开放为前提，否则会大大降低系统数据安全性也不利于业务流程开展。而第三方软件是依据我们配置好的权限调用数据和更改数据，通过网络传输和调用图书馆和书店数据，使其步调一致并限制了操作权限，简化操作人员的操作流程。即使发生操作失误的情况，由于有权限设置的保障也不会影响图书馆和书店业务系统的主要业务数据安全。

其次是人工服务对接，书店和图书馆的工作人员都有其各自的工作操作流程。但是馆店合作之后就需要分别相应调整各自人员的工作流程，达到两个单位的人工服务能够对接得上。

#### 3.2.2 合作难点与应对方案

图书馆对中央书店的业务系统和人工服务工作流程进行了多次调研，最终结合图书馆自身业务流程设计并制订了目前的馆店合作方案。在方案制订伊始遇到了很多困难，困难也主要集中在前面提到的两大项即业务系统合作和人工服务合作上。

首先是业务系统的整合与联动的难点，图书馆业务系统和书店业务系统分别是两套完全独立并且功能性差异很大的自动化集成系统，但馆店合作的业务流程需要对两套系统同时进行数据操作，这就需要两套系统做到数据记录保持一致并能做到实时传递。在中央书店技术人员的配合及技术厂商的技术支持下，在不增加资金投入的基础上，最终克服诸多技术难题实现了两套系统并行，为馆店合作的顺利开展打下了良好的技术实现基础。

其次是人工服务流程的变化，图书馆传统工作流程是采访、编目、加工、上架、借还这样一个工作顺序，而馆店合作彻底打乱了这样一个工作顺序，把原本是最后一道工序的借还图书直接排到了第一道工序。只是一个工作顺序的变化，图书馆却要调整几乎所有业务部门工作内容。采编部门、技术部门、借还窗口部门等几个图书馆最主要的业务部门全都投入这次工作流程的设计中来，既要兼顾传统业务工作流程又要保证馆店合作业务的顺利进行，可以说各个部门在人员配置和工作内容上都做了大量的调整。

## 4 馆店合作的运行现状

哈尔滨市图书馆的馆店合作项目从设计之初到项目实施并成功试运行，酝酿了长达半年之久的时间。之所以耗费这么长时间一是要在试运行前攻克技术难题，二是要力求我们流程设计的合理性。即确保馆店合作之后读者享受到的服务是增益的，而不是因为流程设计的缺陷导致读者非但新的服务项目没享受到反而让过去原本正常的服务项目打了折扣。

又经过了长达一个月的试运行，哈尔滨市图书馆的馆店合作已转入正式运行阶段，在试运行期间根据读者和工作人员的反馈在技术流程上又做了诸多细节改进。总结哈尔滨市图书馆馆店合作的发展历程，可以说设计大胆但小心实施，步子迈的虽小但是却能稳扎稳打。从试运行期间的服务效果来看读者的反馈还是很踊跃的，同时对书店和图书馆的业务数据分析上看，服务数据上都有比较大的增长和促进。

图书馆的发展道路并不唯一，有丰厚的物质基础建设大型先进的图书馆馆舍和服务设备是一条发展道路，但并不是唯一道路。哈尔滨市图书馆有着自身的发展困局，在物质资源条件不足的情况下就需要通过转变思维和运营模式来破解困局，馆店合作就是在这种转变中应运而生。作为黑龙江省首家馆店合作，哈尔滨市图书馆的馆店合作之路是否能越走越宽还有待哈尔滨市广大市民读者的检验。

**参考文献**

[1]许建业.基于馆店(社)合作的图书馆精准服务之探索与思考——以南京图书馆“陶风采”服务暨惠风书堂项目为例[J].新世纪图馆,2017(1).

# 新阅读环境下的图书馆读者类型分析
## ——以哈尔滨市图书馆为例

袁晓宇(哈尔滨市图书馆)

## 1 社会阅读环境概况

十八大以来，全国各地开展全民阅读活动，构建书香社会，国民阅读调查结果显示，近年来全民阅读率有了明显的提高。从 2010 年到 2014 年，成年人图书阅读率由 52.3% 增长到 58.0%，提高了 5.7 个百分点。这其中主要分为纸质图书阅读和数字化阅读。

纸质图书阅读是指通过传统纸质文献进行阅读，阅读的环境包括图书馆、书店、家庭等环境，是深层次的阅读，能够触摸到文字，加深记忆。据统计成年人人均纸质图书阅读量已由2010年4.25本增长到2014年4.56本，增加了0.31本。数字化阅读是指通过各种电子产品终端，如在电脑、手机等数码设备上阅读最新的碎片化信息，具有高效、便捷的特点。成年人数字化阅读率已由2010年的32.8%增长到2014年58.1%，提高了25.3个百分点。随着社会的发展，越来越多的读者习惯数字化移动阅读方式，因此而带来的阅读行为也在逐渐地改变图书馆的服务方式和功能定位。

## 2 哈尔滨市图书馆阅读环境与读者类型分析

哈尔滨市图书馆坐落于哈尔滨市学府路中心地段，周围高等院校环绕，与省内两家知名医院相近，更是紧邻哈西服装城商圈，地铁1号线出口就在馆舍院内，是生活休闲、医疗保健、学习工作、商业活动等人流活动范围的中心点。

如此黄金地理位置，到馆的读者类型也丰富多样，就笔者多年来在图书馆工作中观察整理，主要归为6类：

### 2.1 结果型读者

该类读者目的性强且单一，来图书馆只为借阅到自己想看的图书、查阅相关资料、听讲座、看展览。一般是通过市图书馆公共网站检索到需要信息，进而直奔主题，办理相关事项。可以看出这类读者文化素质、工作效率都很高，从传统意义上来讲，为此类读者服务，图书馆会有很高的价值感存在，发挥了文献的作用，也发挥了图书馆的作用。

### 2.2 环境型读者

此类读者以学生为主，主要是借助图书馆安静的环境、浓郁的学习氛围来约束自己认真自习，注重的是环境而不是图书的有无、新旧。平时他们中大多数是附近高校的考研学生，而在节假日和寒暑假期间，主要是中小学学生，还有一部分是社会上考公职、考证件人员。图书馆就是一个大教室，能够感染每一位到馆读者发奋自强。

### 2.3 休闲型读者

此类读者是以退休中老年人居多，他们把图书馆融入生活中的一部分，每天来图书馆看看报纸、期刊，天气好会在图书馆院内三五成群悠哉散步，高谈阔论。他们往往也是图书馆服务的监督者，比如，某份报纸还没有上架，某种期刊缺少一期等诸如此类的信息都会及时反馈给图书馆，促进图书馆提高服务水平。

### 2.4 旅游型读者

这类读者是城市间的精灵，他们一个城市一个城市的去了解，不仅来到图书馆寻找当地的文献，也在感受图书馆带给他们的惊喜。他们就像参观访问的学者一样，对图书馆的每一处细节都很感兴趣，都会去尝试，去实践，去体会。在一定意义上来说，他们也是图书馆的宣传者，与他们交流不仅能了解到其他图书馆的情况，也能把自身的馆情馆貌通过他们的描述传递给热爱图书馆的异地人们。

### 2.5 偶遇型读者

此类读者不知道图书馆的存在,能来到图书馆纯属偶然。他们主要目的是送孩子上大学、来服装城购物、去医院照顾病人等,但在路途中偶然发现图书馆的存在,所以就走进图书馆,认识图书馆,进而在图书馆里小憩一会,感受图书馆的气息,他们虽还不是真正意义上的读者,但也是图书馆阅读推广发展的人群,这类群体是社会中对图书馆最不清楚、最不了解、人数最多的群体,是图书馆发展读者最大潜在资源。

### 2.6 生活型读者

此类读者虽然有很严重的功利化思想,但他们无疑也是图书馆公益性的最佳体现。此类读者来到图书馆的目的很简单:公共的停车场、公共的卫生间、卫生间的水可以用来刷车、热水间的水在临走时接一壶、开放的自习桌椅是天然的饭桌、高速的无线网络是追热剧的最佳途径……这些都是图书馆免费开放的好处。虽然看上去图书馆被占了便宜,但这正是说明图书馆的作用正在发生改变,图书馆的社会责任越来越大。

可以毫不夸张地说,如今的图书馆就是一个小社会闭合生态圈,而不单单只是社会中的文化设施这一环节。在图书馆中就能处理完成人们日常的各种需求,形成这一服务模式的原因有第三点:

一是地理位置优越,交通条件便利。哈尔滨市图书馆能为众多读者服务,得益于其周边基础服务设施健全、便利,金融、学校、商业、娱乐、交通等各行各业均有受理点,各公交线路和地铁也都设有站点,人员流动大、密集成度高,促使图书馆能够充分发挥出关于图书以外的其他惠民服务功能和作用。

二是空间格局开阔,网络环境畅通。哈尔滨市图书馆现馆舍采用20世纪90年代大开间、高举架设计风格,建筑结构开阔,能够让人放松身心,愉快阅读,相比较如今建筑格局过于强调个人空间,使人们产生压抑、烦躁的情绪。明亮宽阔的阅览室,是众多自习读者梦寐以求的优良环境。同时图书馆搭建起的300M高速无线覆盖网络,为每一位到馆读者提供了畅享阅读数字资源的便利,这无疑是最吸引年轻读者的利器。

三是政策保障到位,公益文化免费。近年来,哈尔滨市图书馆始终坚持贯彻实施国家相继出台的各种文化方面法律法规和指导性意见,把文化惠民工作落实到实处,突出免费办馆、公益服务项目,通过读者的口碑,树立起图书馆的公益品牌。

## 3 新阅读环境下读者类型对图书馆的影响

### 3.1 对图书馆建筑格局的影响

传统图书馆建筑目的以藏书为主,书库面积占主要使用面积,对读者只留有阅览面积。如今无论是活动的开展,还是上自习的读者,都在日益增多,面临着读者与藏书争位的尴尬局面,这需要调节馆藏布局,腾挪出读者空间。

### 3.2 对图书馆馆藏体系建设的影响

随着社会科技的进步,读者的阅读需求也日新月异,急速加快,许多馆藏图书都已在各阅览室或者书库中成为“死书”,无法发挥“每本书有其读者”的作用,因此应在保障基藏的情况下,开展借阅文献剔旧工作,不能因一时总藏量变化的利益而导致整体服务工作的积重难返。

### 3.3 对图书馆读者服务方式的影响

图书馆是公益服务型事业单位,不能让存有权力部门的“门难进、脸难看、事难办”的情况发生,服务标准和水平要向企业中的服务行业看齐。在优化学科专业人才的同时,也要保证经常开展服务培训工作,降低社会中对图书馆的负面报道和影响。

## 4 未来图书馆读者服务的发展方向

基于以上观察分析不难发现,目前公共图书馆已从传统的“藏借阅”专业服务模式转变为“空间综合体”服务模式,即以图书馆建筑环境为空间载体,依托丰富的馆藏资源搭建起的文化氛围,融合休闲、办公、餐饮、娱乐等功能于一体,并在各功能间建立一种相互依存、相互裨益的能动关系,从而形成一个多功能、高效率、复杂而统一的综合服务体。

此种服务模式的转变,正是新阅读环境下读者对图书馆服务的倒逼,激励图书馆进行软、硬件升级和服务方式方法的转变,未来图书馆的发展有三个大体方向。

第一个方向是采用“二八理论”,把图书馆的人、财、物等资源20%用于馆藏建设,80%用于读者服务,提高读者对图书馆的依附性。

第二个方向是扩大宣传,让社会知道图书馆的价值和作用,提高图书馆在社会中的影响力。

第三个方向是积极参与,承担社会责任,加强跨领域的合作,提高图书馆在社会中的权威性。

**参考文献**

[1]安秀丽.新媒体环境下图书馆深化读者服务研究[J].图书馆工作与研究,2016(7).
[2]杜红娟.人文服务理念在图书馆读者服务中的体现[J].河南图书馆学刊,2017(1).
[3]范秀红.浅谈图书馆读者服务的优化策略[J].黑龙江档案,2016(6).

# 公共图书馆在为特殊群体服务中的探索与思考
## ——以宁波市图书馆为例

彭　佳(宁波市图书馆)

随着我国经济的飞速发展和社会结构的快速转型,文化建设重要性不断凸显。在大众看来,学习文化、享受文化是一件非常简单、普遍的事情,但在我们的社会大家庭里却有一个群体不能和普通人一样轻松享受文化建设的丰硕成果,他们就是特殊群体。加强对特殊群体文化传播不仅是一项民生问题,也是社会文化建设的重要方面,是中国梦的重要组成部分。为特殊群体提供文化传播服务是公共图书馆的一项重要工作和使命[1]。

## 1 开展特殊群体服务的意义

特殊群体又称弱势群体,一般指在社会资源过程中,由于受客观条件的制约,其经济收入、社会地位、权益保护、竞争能力都处于相对弱势的特殊社会群体[2]。2002年3月,朱镕基总理在第九届全国人大五次会议上所做的《政府工作报告》使用了"弱势群体"这个词,从而使得特殊群体成为一个非常流行的概念,引起了国内外的广泛关注。

### 1.1 加强对特殊群体服务有利于维护社会稳定

特殊群体在任何社会都存在,不是我国独有的社会现象,但特殊群体从根本上讲也是一项民生问题。加强对特殊群体进行公共文化服务和信息援助,是使整个社会充满活力、创造力的需要,为维护社会稳定有序的需要。图书馆正好可以发挥其职能,为广大特殊群体排忧解难,为特殊群体提供必要的咨询帮助,既可以减轻社会发展转型的压力,也为特殊群体切实办实事,有利于社会稳定。

### 1.2 加强对特殊群体服务是图书馆的神圣使命

图书馆是社会公众获取知识的重要渠道,是传播文化和信息的重要阵地,是精神文明建设的重要舞台。图书馆应积极将特殊群体的服务纳入日常工作中去,通过系列活动体现对特殊群体的关心、关爱,发挥图书馆的社会职责,满足特殊群体的文化需求。图书馆的公共性和公益性决定了其加强对特殊群体文化传播的职责。同时,加强对特殊群体文化传播是图书馆人文精神的重要体现。图书馆人文精神的核心是人文关怀,读者是人文关怀的主要对象。

### 1.3 为特殊群体提供服务是图书馆自身发展的需要

特殊群体既然作为图书馆的服务对象,我们有必要建立专门的馆藏、设施等相关资源,为其提供专门的服务,把他们真正地当作自己的服务对象,而不是仅仅停留在学术研究的层面上,这是现代社会发展对公共图书馆发挥社会公益性的具体要求。图书馆在该项服务中可以起到示范带头作用,为特殊群体提供多样化的服务,吸引他们进入图书馆,使图书馆的社会效益最大化,不仅体现了图书馆的价值,同时可以引起政府和社会的广泛关注,获得更多的经费与社会支持,加快自身的发展。

## 2 宁波市图书馆的实践探索

宁波市图书馆是宁波市文化局下属的公益性事业单位,创建于1927年,现馆舍为1988年建成。截至2015年年底,全馆纸质藏书200万册(其中古籍近8万种)、电子图书200余万种,电子数据库 68TB。该馆坚持以人为本的原则,秉承关爱特殊群体、传播书香气息的服务宗旨,积极贯彻落实上级精神,立足宁波实际,充分发挥馆藏优势,积极开展对特殊群体的文化传播工作。自 2014 年第三十一届国际盲人节启动以来,通过举办一系列丰富多彩的阅读活动来服务特殊群体读者。利用丰富的馆藏资源、先进的活动设备和多样化的阅读形式,联合社会各级慈善单位,打造了盲人阅览室、天一音乐馆等精品文化品牌,不仅丰富了全市读者的业余文化生活,更为特殊群体读者提供了一个享受文化盛宴的平台,切实保障了他们的基本文化权益。据统计,海曙、江东、江北、镇海四区的特殊群体读者逾几百人次先后参与了宁波市图书馆"光明照亮你和我"系列活动,与广大读者们一起分享图书馆资源,为他们开启一扇"阅读"多彩光明世界的窗口。

### 2.1 创新载体,打造精品服务

#### 2.1.1 成立首家盲文阅览室

为了深度贯彻各级文广主管部门要求,更好地服务盲人读者,宁波市图书馆在 2008 年建立了全市第一家盲文阅览室,是宁波市为盲人及弱视力读者建立的公共多功能盲文阅览室,人性化阅读、无障碍服务是其宗旨。为了方便盲人读者,盲文阅览室专门设在一楼,与全馆图书阅览室相比,盲文阅览室虽然只是一个小小的空间,但这里却是盲人朋友们享受"阅读"的大舞台。在盲文阅览室开设的 8 年多时间里,有无数的盲人朋友在这里查阅资料、阅读名著、相互交流,这里已经是他们必不可少的一个活动场所。

#### 2.1.2 广宣传、借外力、造平台

以第三十一届国际盲人节为契机,宁波市图书馆通过联合宁波市残疾人联合会、宁波市众信人力资源服务有限公司等社会各级慈善单位,接送来自江北地区的十余位盲人朋友来到宁波市图书馆盲文阅览室"阅览"盲文书籍、上网冲浪、收听有声读物等,举办了一系列盲人阅读爱心活动。从事盲人推拿工作的小孙仔细"阅读"了《臂穴按摩》,并在工作人员的指导下通过电脑里安装的阳光读屏软件上网"浏览"了一些娱乐节目;喜欢小说的王阿姨"阅读"了《啼笑姻缘》,还在离开的时候借阅了两本盲文小说;一位爱好音乐的盲人老先生"阅读"了《二胡演奏抒情歌曲 100 首》,且和工作人员聊起了越剧,试唱了众多越剧选段,盲文阅览室内气氛热烈,仿佛开起了小型联谊会。也就是从这次活动开始,该馆一月一期的"光明照亮你和我"盲人阅读系列活动正式拉开了序幕,力争打造出属于宁波特色的盲人文化服务平台。

#### 2.1.3 勇创新,推动关爱活动持续开展

经过不断的尝试和摸索,宁波市图书馆通过文化载体的创新和突破,灵活运用现有馆内各种资源,为广大盲人群体提供了一系列丰富多彩的"阅读"活动。该馆邀请了海曙区的部分盲人朋友走进"天一讲堂",聆听王锦文带来的"国色声香话甬剧"。天一讲堂作为宁波市图书馆的文化品牌,以各地名家与读者交流互动的形式,深受全市人民的喜爱,每周六下午的三楼报告厅都是济济一堂、场场爆满,但是几乎没有看到过一位盲人。此次盲人阅读活动不仅突破了"天一讲堂"参与人群的固定范畴,更是拉近了盲人朋友们与名家之间的距离,正可谓是一举两得。2015 年 1 月,宁波市图书馆天一音乐馆正式对读者开放,也是盲人阅读活动的崭新活动平台,邀请来自镇海区的部分盲人朋友们欣赏邓丽君的"十亿掌声演唱会",他们和普通读者们一起共同走进音乐世界,品鉴音乐,共同享受生活中的音乐之美,仅 2015 年宁波市图书馆针对盲人等特殊群体就举办了各类活动十余次。

## 2.2 拓展形式,延伸服务触角

### 2.2.1 走出去、创建新阵地

除了邀请视障读者到盲人阅览室来"阅读"盲文书籍、聆听有声读物,宁波市图书馆还积极走出去,因地制宜建立流动图书馆,让盲文学校的孩子能够更加方便地"阅读",享受到均等的文化服务。2013 年 9 月 13 日,宁波市图书馆在宁波市聋哑学校创建了全市首家盲文流动图书馆。该流动图书馆里面放置的盲文书籍也是为聋哑学校专门购置,内容涵盖儿童故事、历史名著、心理健康等诸多方面,共计 200 余册,盲文流动图书馆的设立受到了学校师生的一致好评。为更好地服务他们,宁波市图书馆建立长期送书上门机制,帮助视障儿童实现"阅读"的梦想,让他们在"阅读"中丰富自己的人生。

### 2.2.2 促联动、拓展活动类型

宁波市图书馆联合浙江大学宁波理工学院的实践小分队在市图书馆一楼大堂开展了"保护来自星星的孩子——百人横幅签名"活动。并在市图书馆少儿阅览室大堂举行专项摄影展,一组组照片真实反映了宁波市自闭症孩子的生存现状,这是通过调研宁波自闭症相关康复机构和部分自闭症家庭得到的真实反馈。希望前来阅读学习的广大市民能够更加了解"星星的孩子",关爱这个特殊的特殊群体,并给予他们更多的帮助和希望。

### 2.2.3 "共享冬日暖阳"绿色出行

"共享冬日暖阳"绿色出行活动的对象是来自宁波市达敏学校的亲子家庭,这些从二年级到职高班的 10 个年级段中选出来的孩子们,有的是唐氏综合症患者,有的是自闭症患者,非常需要社会各界的关爱和温暖。组织他们参观了全国第一个"慈孝文化之乡"称号的江北慈城,除了让孩子们远离城市雾霾,呼吸清新空气之外,更希望他们能够体会到父母以及整个社会对他们的关心和爱护,长大以后成为一个孝顺父母、慈善可亲的人。

### 2.2.4 叶子姐姐讲故事

2016 年 5 月,15 个"星星的孩子"在父母的陪同下参加了宁波市图书馆"浸润书香"喜迎六一活动。小朋友们首先参观了图书馆的各个开放窗口,然后参加"叶子姐姐"讲故事活动。"叶子姐姐"和小朋友们分享了一个奇妙的绘本故事:《奇怪的蛋》。在"叶子姐姐"生动地讲述下,小朋友们专注地听着故事,当讲到出壳的鳄鱼宝宝乖乖地跟着"鸭妈妈"的时候,小朋友们兴趣高昂,都踊跃上台表演才艺,有的唱歌、有的讲故事,虽然有些歌曲只能唱上几句,有些故事也讲述不清,但是在场的所有人都给予了他们最热烈的掌声,这是该馆专门针对孤独症儿童群体探索的全新阅读模式。

## 2.3 盲文捐赠,感受社会回馈

2016 年 6 月 23 日,宁波市图书馆迎来了第一位盲人捐赠者,他就是鄞州励志盲人小伙董鲁达。他向宁波市图书馆捐赠了 67 本盲文书籍,其中有盲文缩编版《现代汉语小词典》(共 12 册),有部分小学教材以及文学类等图书,丰富了市图书馆盲文阅览室的馆藏资源。董鲁达是一位宁波市图书馆的老读者,他经常出入馆内的盲文阅览室,利用市图书馆的设施和工作人员热情周到的服务,查找资料、传递信息,发挥自己的艺术才能和传播爱心,经常积极参加市图书馆举办的各种活动。董鲁达告诉工作人员,宁波市图书馆为他的创作工作和业余生活提供了众多便利和帮助,他也想尽自己的一份薄力,为公益事业添砖加瓦。

## 3　实践思考

### 3.1　加大财政投入，完善图书馆的馆藏建设与基础设施建设

加强对特殊群体的文化传播，不仅是图书馆或者文化部门一家的事情，应该是全社会共同的责任，应该积极取得政府大力支持，加大财政投资力度，完善图书馆的基础设施建设和馆藏建设。比如图书馆的无障碍设施是残疾人进入图书馆的基本条件，也是方便老人、儿童和其他社会成员的重要举措。特殊群体的特殊性决定了他们需求的文献资源也具有特殊性，比如盲文图书、有声阅读资料等，该类资源目前馆藏还不够丰富，随着活动的深入开展和到馆人数的增加，两者的不匹配矛盾逐渐暴露出来，这就需要加大财政投入，建立健全图书馆服务体系，使特殊群体来图书馆尽可能得到更优质的服务。

### 3.2　进一步强化馆员对特殊群体的服务意识

宁波市图书馆的服务方针是“公益、平等、开放、创新”，还应进一步强化全馆工作人员对特殊群体的服务意识，特别是针对特殊群体的心理脆弱性和敏感性等特点，要更加尊重他们，为他们多投入一份感情、多一份关怀，让他们觉得社会的大家庭没有歧视、没有等级之分，在图书馆这个精神家园学习新知识、获取新信息。

### 3.3　加大宣传力度，让特殊群体真正认识图书馆

特殊群体中的大部分人不知道他们也是图书馆的服务对象。这部分读者对图书馆利用率低，与图书馆界长期以来对外宣传力度不够有直接的关系。要让社会公众真正了解图书馆，更好地利用图书馆，就必须加强图书馆与社会的沟通和交流，加深社会对图书馆的认同。例如：通过新闻媒体对图书馆的服务亮点、服务对象进行宣传，让图书馆的每一项新服务、每一个新举措都能深入人心；通过学校组织学生参观图书馆，让少年儿童从小就知道利用图书馆；通过各种宣传材料的发放，让社会公众真正认识图书馆。

### 3.4　利用“互联网+”，拓宽服务特殊群体的领域

互联网的飞速发展，使整个社会发生了深刻的变化，图书馆有必要抓住机遇，在广阔的互联网环境下发挥优势，利用网络的便捷、丰富的图书馆信息资源，拓宽服务特殊群体的领域。2002 年文化部和财政部开展的“全国文化信息资源共享工程”就是充分利用现代高新技术手段，对优秀文化信息资源进行数字化加工整合，通过网络最大限度地为公众享用的文化工程，我们应该顺应时代发展，利用互联网、云平台等新技术，创新服务特殊群体的新手段，拓展服务特殊群体的新领域。

特殊群体最缺乏的也许就是文化和知识，他们只有掌握了知识，才能掌握自己的命运，为社会做出贡献。社会对文化基础设施的投资是对特殊群体最重要的投资，是对他们直接关心，也是最经济、最有效的投资。作为社会知识保障体系的一部分，图书馆要坚持其公益性原则，弘扬平等、免费服务的理念，持续关注特殊群体，为他们提供优质服务，这既是当代图书馆的社会责任，也是广大图书馆工作者的神圣使命。深入贯彻中央全面深化文化体制

改革的精神,不断创新图书馆公共文化服务运行机制,以宁波市图书馆新馆建设为契机,为实现中国梦凝聚起强大的精神文化力量。

**参考文献**

[1]王保华.创新公共图书馆对特殊群体提供阅读服务的思考[J].菏泽学院学报,2015(4).
[2]高岩.公共图书馆为弱势群体服务刍议[J].图书馆学刊,2012(11).

# 公共图书馆少儿国学推广教育研究
## ——以金陵图书馆"红蜻蜓国学堂"为例

卜　璐(金陵图书馆)

从21世纪初兴起的"国学热"在全国范围内持续高涨,至今方兴未艾。2017年1月,中共中央办公厅、国务院办公厅联合发布的《关于实施中华优秀传统文化传承发展工程的意见》从国家文化自信和文化战略高度阐释了传承中华优秀传统文化的重要意义、基本原则、重点项目和措施保障。继人民大学、清华大学、武汉大学等高等学府纷纷设立国学院以培养专门之人才,民间也悄然盛行起一股研究国学的狂潮。

## 1 "国学"与国学阅读推广

### 1.1 "国学"是什么?

"国学在中国古代是指设在京师的教育管理机构和高等学府,而近代以来为学人们所关注的国学则主要是指中国传统的学术文化和价值体系"[1]。以上这种对于国学的概括基本上是全面的,也是学界和大众普遍接受的说法:它一方面立足于"一国固有"的根本,另一方面也没有触及具体的划分。而一旦当我们试图去设定"国学"的界限和具体内容时,几乎无可避免会陷入混乱。

历史上,有记录的"国学"一词,从《周礼》(《周礼·春官·宗伯》:"乐师掌国学之政,以教国子小舞")始一直到《明史》(《明史·胡俨传》:"洪武二十五年夏,中山贡使以其王从子及寨官子偕来,请肄业国学"),其中两千多年的文献史料记载,"国学"一概指称官方教育机构,这也是"国学"概念在清以前的唯一使用方式。现代意义上的"国学"概念产生于清末民国初,刘梦溪认为"至少在1902年,在梁启超和黄遵宪的通信中,他们已经在使用国学这个概念了"[2]。而对"国学"第一次做出分梳的是新文化运动中的胡适,胡适给"国故"下了这样的定义:"中国一切过去的文化历史,都是我们的'国故',研究这一切过去的文化历史的学问,就是'国故学',省称'国学'。"[3]这一定义始终在有关"国学"界定的争论中占据一席,也成为今天我们谈论国学时首先会使用的一个概念。后来季羡林先生提出"大国学"之说,基本上也是这个意思，意即将中国的传统文化之学问全部纳入“国学”范畴。

马一浮先生认为“依固有学术为解，所含之义亦太觉广汎笼统，使人闻之，不知所指为何种学术”[4]。并且进一步将“国学”界定为“今楷定国学者，即是六艺之学，用此代表一切固有学术，广大精微，无所不备”[5]。“六艺”也称“六书”，即《诗》《书》《礼》《易》《乐》《春秋》，简言之，马一浮先生认为国学就是儒学经典，国学的讨论范围就是儒学研究的内容。马先生指出儒学是两千多年来我们一切学术的源头，而近代“国学”的概念是作为一门学科出现的，作为学科的“国学”必须要考镜其学术源流，这个源头就是“六艺”。

还有一种说法认为“国学”主要指意识形态层面的传统思想文化。以上种种界定都是合理的，但都没有得到学界普遍的认同，可以说关于“国学”是什么并没有一个具体恰当的规定性。本文也无意纠缠于“国学”概念的辨析，只是提醒会存在一种混乱，即“国学”概念的不确定，必然会对国学阅读推广的理论和实践造成一定影响。

### 1.2 “国学”推广教育认知

这种混乱反映在公共图书馆阅读推广的理论和实践上，表现为两个方面：在理论层面，概念的模糊造成“国学”阅读推广理论建设的困难；在实践层面，它导致了公共图书馆在面向少儿和成人两种群体进行阅读推广时采用两套不同内容，割裂了国学阅读推广的延续性。此外，这种割裂进一步造成了公共图书馆国学阅读推广活动难成体系。

徐州图书馆的谭楚子在《阅读推广跟风时下的“国学热”应当慎行》一文中，对公共图书馆推广国学教育进行了冷静的思考，认为国学中的部分价值观念与当代中国所倡导的法制观念不符，应当警惕这种盲目跟风的“国学热”。我认同他审慎的态度和论证思路，但不得不指出他的立论依据存在问题，问题就出在上文所说的混乱中：他的文章是以马一浮先生对“国学”的界定为基准的，因而他在文中主要批判了儒学作为一门经世致用之学在当代存在的危害。而他的立论依据——阅读推广“国学热”指的是“大国学”的热潮，并非（事实上也没有）儒学一门的热潮。

他所担忧的问题，顾颉刚先生在20世纪20年代也就明确表过态：“至于老学究们所说的国学，他们要把过去的文化作为现代人的生活规律，要把古圣贤遗言看做‘国粹’而强迫青年们去服从，他们的眼光全注在应用上，他们原是梦想不到什么叫做研究的，当然说不到科学。”[6]

关于这两套体系的平衡和协调，我个人比较认同刘梦溪先生在“2016年国学传播与发展研讨会”①上的发言：“作为学问系统的‘国学’不宜太热；而作为价值系统的‘国学’，包含着中华文化的价值伦理体系，是每个中国人做人的基本的精神依据，需要通过施教来惠泽大众。”

刘梦溪用两套系统去分梳了“儒学国学论”和“大国学论”，将“儒学国学”列为学问系统，而“大国学”则属于价值系统，并且认为价值系统的“国学”应该惠泽大众。这样一来就解决了“国学”阅读推广应该推广什么的问题，本文认同刘梦溪的观点，公共图书馆国学阅读推广的应该是包含着中华文化的、作为中国人精神依据的“大国学”（当然这其中包括儒学，但范围远远不止儒学一家）。本文在接下来论述到的公共图书馆“国学”推广教育时，指的都是“大国学”范围内的。

① 2016年12月27日下午，由凤凰网、一点资讯联合主办、凤凰网国学频道承办的“2016国学传播与发展研讨会”在北京举行。

## 2 公共图书馆少儿国学推广教育的意义和现状

### 2.1 公共图书馆进行少儿国学推广教育的意义

国学文化影响根深蒂固，影响深远，国学是中国传统文化的精髓，对中国政治、经济、军事等各方面都影响极大，对于传承文明、增强民族凝聚力以及中华民族的复兴都起着重要作用。十八大以来，习近平总书记就弘扬优秀传统文化做出一系列重要指示，具有重要的理论意义与现实意义。当前，我们迫切需要加强国民的文化认同与文明修养。

武汉大学国学院院长郭齐勇于2015年"两会"期间提出议案，认为"国学或传统文化的教育，对一代又一代国民的文化认同、伦理共识及文化价值观、人生观的形成，对国民的人格养成、文明修养、人文教化，最为重要"。他建议"把优秀传统文化课程作为必修课，把最需要中小学生们掌握的中国文化基本的精神内核、做人做事之道，以循序渐进、春风化雨、潜移默化的方式，滋润孩子们的心田"。中国人民大学国学院教授韩星，在2015年由团中央网络影视中心青少年国学教育办公室监制的，文华正道国学宝典发布会的现场，提出"现在的国学在当代主要是针对青少年，因为我们国学的断裂大概100多年，现在的三四代人都断裂了，他们现在要重新读懂可能比较麻烦，所以我们国学首先想到青少年是重点"[7]。

中华文化经典即是中华文化中最精华、最有价值的典范性著作，它们是经过时间淘漉和历史沉淀的文化精品。目前学龄前孩童学习的经典国学大多是指《三字经》《千字文》《百家姓》和《唐诗三百首》等。这些经典著作是传统文化千百年历史的积淀，不管从文化内容上还是道德上，都能启迪孩子们的智慧，都能达到积极教育孩子的目的。

公共图书馆的主要功能之一是社会教育，少儿图书馆（少儿阅览室）应当承担起传播先进文化和弘扬中华优秀传统文化的责任与义务。公共图书馆也是青少年的在接受学校教育以外的有益和必要补充，是青少年在学校以外接受知识、提高修养、陶冶性情的最佳场所。"美国把公共图书馆视为学校教育的延伸，是没有围墙的学校；日本学者把学校教育与图书馆教育看作是'同一辆车上的两个轮子'，可见图书馆的教育作用与学校教育同等重要，不容忽视"[8]。尽管在我们国家，图书馆在青少年教育上并没有达到与学校教育并驾齐驱的程度，但是近年来越来越成为学校教育以外的有效辅助手段。

### 2.2 公共图书馆少儿开展国学推广教育现状分析

#### 2.2.1 全国公共图书馆范围内的"国学热"

目前国内一些公共图书馆开始设立国学馆，2009年深圳少年儿童图书馆开设国学馆，面向广大青少年儿童提供有关历史、文学、艺术等方面的各类国学文献，同时，还致力于传播中国传统文化、打造国学精品阅读体系、推广"大国学"思想文化精髓、集各类传统艺术的义务教学及定期的国学文化讲座等实践活动为一体。南京图书馆也于2015年春节后开放国学馆，集展览、展示、活动、交流及研究于一体，成为南京图书馆传承和弘扬传统文化的重要场所；其后10月，南京图书馆少儿馆也正式对外开放，新建成的两个"馆中馆"相继投入使用，表明了南京图书馆对青少年服务和国学阅读推广的重视。除此以外，国内其他公共图书馆则纷纷举办各种传统文化讲座、古籍经典诵读等内容丰富、载体多元的国学服务活动，帮助少儿通过观摩、参与，全方位接触优秀传统文化。

2.2.2　金陵图书馆国学推广工作问题分析——以金陵图书馆“红蜻蜓国学堂”为案例

近年来，金陵图书馆有关传统文化阅读推广工作包括以下几个方面：①开展相关讲座、沙龙、展览、征文等活动；②配合“南京传世名著”推广，推出24部传世名著展览、书友会活动；③馆办阅读刊物《阅微》推出《诗经》《论语》《红楼梦》等传统经典“悦”读系列专刊；④编辑出版诗词集《金陵雅韵》；⑤于暑期推出专门面向少儿的国学夏令营，同时举办经典诵读活动①。

金陵图书馆“七彩夏日暑期夏令营”贯穿7、8月间，包括“赤、橙、黄、绿、青、蓝、紫”七大板块，涵盖国学知识、绘本阅读、电影放映、英语互动、故事讲演、手工制作、才艺表演等动静结合、形式多样的活动内容。其中“红蜻蜓国学堂”作为专门面向少儿读者的国学推广教育活动受到少儿读者和家长们的欢迎，取得了一定的社会影响，应该说它是一项成功的暑期少儿活动，但必须正视的是它并不能算得上是一项十分有效的少儿国学阅读推广项目，其中的一些误区和不足也比较明显，本文将梳理其开展过程中的一些突出问题，并简单提出相应重点和对策。

(1)活动缺乏延续性

少年儿童的国学推广教育不是一蹴而就的，需要长期熏染和耐心引导，“七彩夏日”暑期夏令营的活动性质决定了这项活动开展的时间的有限，金陵图书馆2015、2016两年间一共举办该活动16场(暑假期间每周一场)，每场活动时间在一个小时到一个半小时之间，总体而言，“红蜻蜓国学堂”在为少儿提供的国学推广教育的时间上是很有限的。

(2)少儿国学推广教育手段相对单一

金陵图书馆少儿国学推广以诵读为主，这就决定了当前少儿阅读推广的文本范围局限，基本跳不出《三字经》《论语》以及其他相近的蒙学读本。而中华传统文化博大精深，从四书五经到诗词歌赋，不乏丰富的适宜少儿的国学教育内容。“红蜻蜓国学堂”每期邀请志愿者进行解读和领读，志愿者主要来自南京各大高校的相关专业的大学生，其中以南京晓庄学院汉语言文学系学生为主。金陵图书馆与南京晓庄学院保持着良好的合作，近年来，晓庄学院作为在语言文字规范化教育、未成年人心理健康教育的高校，多方面为金陵图书馆输送文化志愿者。但必须要承认，尽管晓庄学院大学生具备一定的少儿教学能力和相应的社会实践经历，但是大学生的身份和志愿者每期不固定的事实注定了课程教育模式的单一性。

(3)推广的内容良莠不齐

面向少儿的国学阅读推广不仅是知识的灌输，更应该是价值观的引导和精神世界的塑造，而当前少儿国学推广教育，不论官方和民间都存在一个严重的误区，即是，文本的良莠不齐，导致《弟子规》一类“伪国学”大行其道，而即便是《论语》《三字经》等传统国学读本之中也存在着一些不符合当代普世价值的内容，这需要推广教育者具备一定的甄别能力。

(4)缺乏分级国学阅读推广

鉴于少年儿童读者的特殊性，在国学推广教育具体操作中，需要区分不同年龄段的少年儿童，而这在大多数少儿国学推广实践中并没有得到良好推行。

---

①　根据李海燕发表于《图书馆报》(2017年4月17日)A09版《寻求多方合作、多样形式》的文章整理。

# 3 少儿国学阅读推广的重点和策略

## 3.1 少儿国学阅读推广的重点

### 3.1.1 重视兴趣激发

卡尔维诺认为:“出于职责或敬意读经典作品是没用的,我们只应仅仅因为喜爱而读它们。”[9]大多数国学典籍,不论诗词歌赋还是经史子集,对于没有相当知识储备的少年儿童而言,国学典籍的艰深难解是影响他们进一步去阅读的最大障碍。尤其是少年儿童正处于兴趣爱好的养成阶段,这时候引导他们接触优秀国学经典,一旦能形成习惯和爱好,会在他们以后的国学阅读生涯中树立坚实的基础。

### 3.1.2 重视价值引导

少儿国学阅读推广应善于鉴别,甄选优秀译者、优秀版本等,为少儿读者创造提供经典阅读之外的人文价值和情感价值。以现下大肆流行的“伪国学”经典《弟子规》为例,该书成书于清顺治年间,乡村秀才所撰写,在最初的使用环境是祠堂、茶馆、书馆,使用对象是干完农活的成年人。如果以为“儿童传统文化教育”就是把一千多字的《弟子规》读个若干遍的话,不要说不能培养一个合格的现代儿童,甚至远远不够培养一个合格的古代儿童。这样的小孩就是放到古代,也是一个只会复述一些僵化的道理,而不知道自然知识、生活常识、不会讲故事,不懂得鉴赏诗歌,没有用处,没有趣味的人。

### 3.1.3 重视意义阐释

国学不仅仅是用来诵读的。单纯地让少儿死记硬背,全然忽视理解,而且又不提供合适的国学诵读材料,这些方式严重打消了孩子学习的兴趣。过早地读经,单纯地背诵,不仅会导致孩子鹦鹉学舌,没有将经典融入心里,而且更危险的是,会造成学生对经典的误会和恐惧,在他们今后需要经典的时候,在他们能够理解经典的时候,依旧保持对国学经典的距离,不愿意到国学经典中去寻求启发和智慧。

### 3.1.4 重视地方特色

对少儿读者进行具有地方特色的国学文化教育,在汲取传统文化之外,还可以增强少儿对家乡的深层理解,产生共情和理解。南京作为六朝古都,拥有丰富的历史文化资源,在2014年南京市全民阅读活动领导小组组织实施了“南京传世名著”评选活动,至2015年年底评选出了24部具有南京特色的历史名著,这24部名著或诞生于南京,或描写了南京,跨越了从魏晋到民国的时间。这些具有南京特色的传统文化作品具有相当的文学价值和历史价值,是丰富的少儿国学推广教育的宝贵资源。

## 3.2 少儿国学阅读推广的策略

作为公共图书馆的重要组成部分,少儿阅览室(少儿图书馆)主要为青少年读者提供书刊借阅、阅读辅导、信息咨询、兴趣培训等服务,是当代少儿社会教育一个重要构成。国学教育作为少儿阅读推广的一个创新服务项目,有自己独特的服务目标,开展系统的服务方法探索与研究。当前面向少年儿童的国学推广教育,大致呈现出“以图书文献为主要服务载体,辅之以多元化的活动形式,并利用新媒体努力创新服务手段”[10]的样貌。

3.2.1　文献为主,充实优质国学特色馆藏

国学经典因为版权不受限制,市面上充斥了大量五花八门的版本,其中不乏鱼目混珠者。这些粗制滥造的少儿国学读本不仅存在印刷质量问题,内容错误百出:有释义不当、注音有误、错字连篇;有引用断章取义,割裂原文的意思,造成误导。这些从少儿时期就被吸收的错误知识,将根深蒂固地存在他们的认知里,即便随着知识的积累他们具有了一定的辨识能力,也需要花上一段时间去修正以前的认识。因此,图书馆少儿借阅室的国学馆藏质量直接关系到少儿国学教育的基础是否牢固和正确,同时,应该开设国学相关专题荐书,定期推荐优质图书,帮助家长和读者甄别真正有益的国学读本。

3.2.2　区分年龄段,进行分级阅读指导

学龄前儿童国学教育,一般以诵读型学习为主,应该推荐一些趣味性、故事性强的书籍,以鲜明的色彩、生动的形象吸引小读者的注意力;小学阶段儿童性格趋向定型,他们开始具备初步的认知与辨别能力,这一年龄段在传统经典阅读的基础上,可以开展相关讲座、展览、主题演讲等各种活动方式,帮助少儿读者从多个渠道深入了解传统经典的文化内涵,汲取国学文化的精髓。中学以上的青少年,其阅读推广目标在于拓展少年人的古代文化经典阅读面,图书馆可以鼓励少儿撰写阅读笔记,激励少儿读者自主学习,开设沙龙,鼓励相互交流,培养他们对民族传统文化的长久兴趣。

3.2.3　搭载新媒体平台,打造多种寓教于乐的模式

国学有益,而经典难读。这是摆在少儿读者和少儿国学阅读推广人之间最大的难题,怎样让小读者更轻松地接受国学知识,台湾大学学者朱高正表示:国学要玩,要寓教于乐,只有新媒体才有这个条件,让大家在不知不觉当中就走进国学的平台①。图书馆网站、微博微信平台、APP 等多种新媒体形式都可以用来为少儿国学推广服务,实现线上线下互动活动,推动少儿数字阅读的系统化,打破碎片化阅读模式。今年“4.23”期间,金陵图书馆官方微信平台举办线上活动“读诗童声汇”,号召小读者朗读一首古诗,感受中华时令文化之美,通过润物无声的互动让小读者不知不觉爱上传统文化。“问渠那得清如许,为有源头活水来”,在新媒体时代,互联网+是一个源源不断的平台,突破时间空间的限制为古老国学注入不竭活力。

少儿时期的经典阅读对人生的影响是深远的,经过历史沉淀淘洗出的国学经典具有引领成长、培养人格的价值。敞开大门吸引少儿读者阅读国学、体味经典,进一步激发少儿的阅读热情,应成为图书馆少儿服务的重要目标,引导少儿读者学习优秀传统文化、阅读国学经典是少儿阅读推广人义不容辞的职责。

**参考文献**

[1]干春松.“国学”:国家认同与学科反思[J].中国社会科学,2009(3).

[2]刘梦溪.论国学的内涵及其施教——马一浮国学论的立教义旨[J].文史哲,2017(2).

[3]胡适.《国学季刊》发刊宣言.胡适全集第2卷[M].合肥:安徽教育出版社,2003.

[4][5]马一浮.泰和宜山会语.马一浮集第1册[M].杭州:浙江古籍出版社,1997.

---

① 2015年8月6日,近200名学者名流与媒体精英齐聚千年学府岳麓书院,出席凤凰网国学频道上线仪式,并参加“新媒体语境下的国学传播”高峰论坛,朱高正参加论坛并参与讨论。

[6]顾颉刚. 1926 年始刊词[J]. 北京大学研究所国学门周刊,1926(13).
[7]郭齐勇. 重视国学教育加强文化认同[N]. 光明日报,2015 - 03 - 11(6).
[8]张竞元. 对少儿图书馆开展未成年人国学教育的思考[J]. 赤峰学院学报(自然科学版),2012(23).
[9]卡尔维诺. 为什么读经典[M]. 黄灿然,李桂蜜,译. 南京:译林出版社,2006.
[10]蒋焕琴. 少年儿童图书馆的国学教育服务探索[J]. 图书馆杂志,2015(8).

# 从青少年阅读现状探析公共图书馆阅读推广策略

展玉婷(青岛市图书馆)

公共图书馆是国民阅读主要的公共资源,阅读推广活动是公共图书馆服务的重要内容。作为社会公益机构,公共图书馆为大众服务和推广早期阅读提供了广阔的活动空间,为孩子构筑了轻松、自由、愉快、温馨的阅读氛围,因而在阅读推广活动中具有独特的优势。目前,随着青少年阅读推广的重要性日益增强,无论是独立建制的少儿图书馆,还是公共图书馆中专门为儿童设立的少儿、幼儿阅览室,都越来越多地从发展战略的高度积极探索,助推儿童阅读。

## 1 我国青少年阅读能力的现状

2016 年 4 月 18 日,由中国新闻出版研究院组织实施的第十三次全国国民阅读调查成果发布。本次调查对未成年人的三个年龄段(0—8 周岁、9—13 周岁、14—17 周岁)分别采用三套不同的问卷进行访问。调查结果显示,2015 年未成年人阅读率显著上升,而人均图书阅读量却降低了。

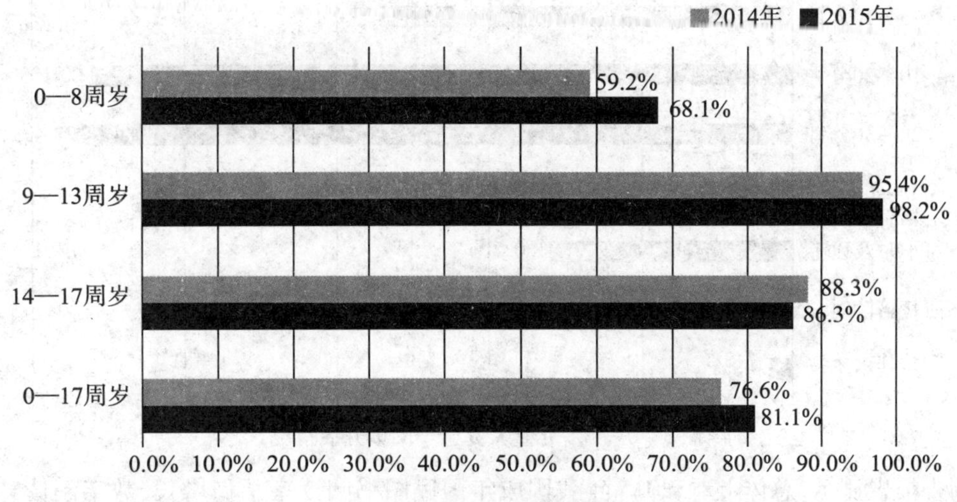


图 1 未成年人图书阅读率

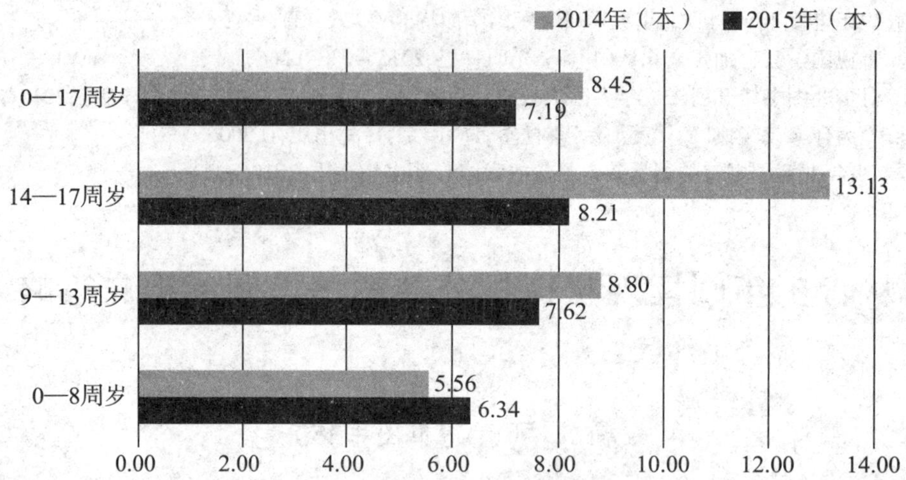


图 2　未成年人图书阅读量

如图所示，0—17 周岁未成年人图书阅读率为 81. 1%，比 2014 年的 76. 6% 提高了 4. 5 个百分点；未成年人的人均图书阅读量为 7. 19 本，比 2014 年的 8. 45 本减少了 1. 26 本。

综合三个年龄段来看，14—17 周岁的青少年人均图书阅读量最大，人均 8. 21 本，但是相比去年来看这个年龄段的阅读量和阅读率都有明显的降低。0—8 周岁的儿童阅读量虽然少，但是阅读率以及阅读量的增加十分显著。调查结果也显示，我国亲子早期阅读开展良好。在 0—8 周岁有阅读行为的儿童家庭中，平时有陪孩子读书习惯的家庭占到 87. 1%，这些家长平均每天花费 23. 69 分钟陪孩子读书，此外，2015 年我国 0—8 周岁儿童的家长平均每年带孩子逛书店 2. 98 次，比 2014 年的 3. 52 次有所减少。平均四成多（42. 3%）的 0—8 周岁儿童家长半年内至少会带孩子逛 次书店，其中三成多（31. 1%）的家长会在 1—3 个月内带孩子逛一次书店。

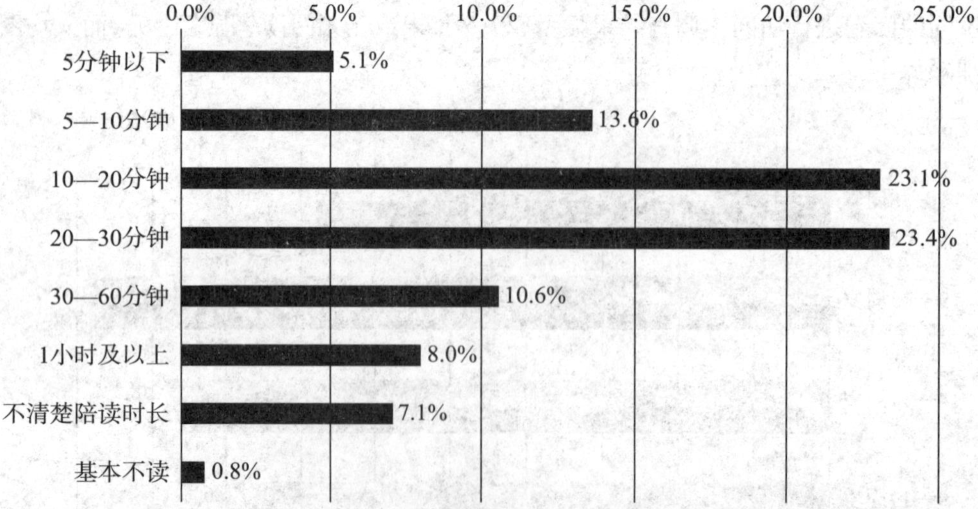


图 3　0—8 岁儿童家庭亲子阅读开展情况

调查报告显示，总体上看，2015 年我国成年国民图书阅读率平稳增长，数字阅读特别是手机阅读持续快速发展，移动阅读、社交阅读正在成为国民新的阅读趋势。然而，数字阅读尚在发展之中,需要有效地引导和进一步完善,使之向更好的方向深化,同时,数字阅读的空间也需要更好的内容做支撑,例如可以把经典文学作品转化为数字阅读。特别是当前数字阅读者的主体为青少年,因此不论是公共图书馆、学校和家长在孩子们阅读习惯的养成方面,需要给予有效地引导,避免其阅读内容低俗的读物。

## 2 青少年阅读推广面临的困难

### 2.1 家长在阅读推广中存在认识误区

《中国儿童早期阅读现状与对策研究报告》指出,在中国家庭教育中,家长对早期阅读重要性的认识存在着巨大的偏差:一是大多数家长不能正确理解儿童阅读活动的含义,对儿童早期阅读活动缺乏科学的认识,缺乏家庭亲子读书的培养环境;二是家长在指导儿童读书时,对孩子各年龄段的阅读能力发展特点认识不够,开展的方式针对性差,对儿童早期阅读的过程缺乏有效的控制;三是过早强调将儿童的读书活动作为儿童获取信息和知识的主要工具。

对于课外阅读,许多家长都不太重视,为了让孩子能够在考试中得高分,考上更好的学校,家长们似乎更愿意让孩子们把时间花在教学课本、考试试卷上,而忽视了对孩子阅读兴趣的培养和引导。笔者认为,家长这种对阅读认识上的误区,不仅导致了青少年的课外阅读匮乏,课外知识贫乏,同时也使家长和青少年对公共图书馆所开展的阅读推广活动缺乏兴趣和关注,导致活动参与率不高,加大了青少年阅读推广的难度。

### 2.2 公共资源有限,阅读氛围缺失

随着我国公共图书馆事业的发展,独立建制的少儿图书馆主要集中在我国东部、南部、沿海等较发达城市地区,农村及中西部欠发达地区非常有限。且我国青少年人均图书拥有量较低,农村阅读设施(图书馆)及图书资源较少。公共基础设施的薄弱、人均书籍拥有量较低且分布不均匀的现状,导致无法满足广大青少年儿童的阅读需求。

### 2.3 青少年自身缺乏良好的阅读习惯

当今时代,大量的电视娱乐节目、互联网上的图片新闻以及新一代电子媒介的普及,青少年的业余生活正被各种各样的娱乐方式占据着,许多青少年沉迷于一些肤浅的网络文学而远离经典名著。课外阅读氛围不够浓厚导致青少年在成长过程中很难养成良好的阅读习惯。中国儿童文学研究所所长朱自强曾说,“当下青少年阅读的现状是功利性阅读多,情趣性阅读少;‘浅阅读’多,‘深阅读’少;图像阅读多,文字阅读少”。

## 3 公共图书馆开展青少年阅读推广的服务策略

### 3.1 充分发挥图书馆资源优势,拓展阅读服务的内容和形式

公共图书馆可以学习国外的先进经验,通过书目推荐和青少年课业咨询服务等形式,开

展青少年阅读推广。近年来,推荐书目问题日益受到社会的重视。推荐书目是阅读指导的重要方式,也是图书馆开展阅读推广活动的一项重要内容。对处于认知阶段的少年儿童来说,推荐书目对于帮助和指导少儿阅读具有十分重要的意义,它使小读者在短时间内入门并获得最大的阅读效果,能有效提升少儿的阅读效率和阅读质量。

青少年的课业信息是其信息需求的关键,国外大部分公共图书馆都会提供各式课业咨询服务。课业咨询的主要目的是协助青少年完成功课,并借此提升其信息能力。课业咨询服务大致可以分为几个层次:①学科知识或研究资源网站收集;②在线咨询,提供各种方式的咨询管道;③专人服务或专门志愿者面对面提供学生课业咨询;④提供考试信息,大部分欧美公共图书馆都会针对学生生涯重大考试如 SAT、GCSE 等提供考题、考试情报网站、考试求胜指南等。但目前来看,由于缺乏财力、人力、物力的支持,这类服务在国内公共图书馆较少提供。

### 3.2　与社会各界多元合作,开展形式丰富的阅读推广活动

丰富多彩的阅读推广活动可激发少年儿童阅读兴趣,吸引青少年儿童主动参与到阅读活动中,使少儿体验阅读带来的成功与喜悦。公共图书馆可联合学校、媒体等,与社会各界开展多元合作,借鉴国内外青少年阅读推广的先进经验,开展丰富多彩、形式多样的阅读推广活动。例如,可以效法英国阅读协会发起的面向 4—12 岁儿童的“暑期阅读挑战”,也可以积极策划和组织诸如“阅读周”“弱势儿童知识援助”行动、“经典美文朗诵大赛”“好书伴我成长”百科知识竞答,以及各种形式的读书会、亲子共读、邀请名人朗读故事等阅读讲座活动,把多元化的阅读推广活动推送给广大少年儿童读者,为儿童营造阅读氛围,促进青少年阅读。在参加活动的过程中,很多亲子活动也必将引起父母对孩子阅读的重视,改变家长们对儿童阅读的认识误区,从而达到培养青少年阅读兴趣的效果,强化公众对青少年阅读的重视。

### 3.3　积极倡导青少年分级阅读

图书馆要成为积极推动少儿分级阅读的中坚力量,积极倡导分级阅读。公共图书馆可根据不同年龄青少年的不同阅读特征,参考《中国儿童分级阅读参考书目》,按照 5 个年龄段儿童的心智发展水平和阅读欣赏习惯,为少儿选择、配置合适的分级阅读读物,科学运用阅读分级,帮助少年儿童掌握行之有效的读书方法,激发少儿阅读兴趣,增强阅读自信心,引导少儿从依赖性阅读发展为自主性阅读。

### 3.4　关注阅读困难群体的需求,重视阅读公平

青少年中的阅读困难人群一般包括低幼与学前儿童、残障儿童、农民工子女等。图书馆应帮助他们克服各种阅读困难,促进其养成阅读习惯,形成阅读能力,维护社会的阅读公平。这一类型的阅读推广活动更适合一对一的阅读指导,因而需要志愿者的大量参与。

### 3.5　利用最新网络技术,推广数字阅读服务

如今,数字阅读已经成为人们日常阅读的重要组成部分,公共图书馆理应顺应时代潮流,利用最新的网络技术,架设在线读书会,建置数字阅读服务平台,促进数字阅读与数字资

源的共享。此外,图书馆还可利用网站导航,推荐国内著名的儿童阅读推广网站,诸如红泥巴读书俱乐部、蓝袋鼠亲子文化网、小书房公益儿童文学网等,这些网站中的推荐内容,不仅形式多样、内容丰富,大多还具体划分了年龄段,可为小读者及家长们阅览图书提供有益的指导。

### 3.6 加强队伍建设,进一步提升图书馆员的知识储备和专业素养

少儿图书馆员的知识储备和专业素质是做好少儿阅读推广活动的关键。仅就阅读指导来讲,少儿图书馆员不仅需要具备儿童心理学知识、沟通的技巧、策划组织活动的能力,还要掌握儿童文学、信息整理及资源利用等各方面的知识。图书馆可定期开展少儿图书馆员的培训和交流活动,通过短期培训班、专业经验交流会、专家讲座等多种方式,不断提高少儿图书馆员专业素养和综合素质。

青少年阅读推广是一个系统工程,包括诸多方面的内容,公共图书馆的青少年阅读推广工作不仅需要争取政府教育部门的最大支持,也要注重与学校、媒体等社会各界的相互配合,更需要深入开发利用自身丰富的阅读资源,因势利导,开拓创新,不断丰富阅读推广服务策略,只有把这些方面有机融合在一起,才能有效做好青少年的阅读推广工作,在全社会范围内营造一个良好的阅读氛围,才能提高青少年精神文明素质,为推动公共文化服务体系建设贡献力量。

### 参考文献

[1]第十三次全国国民阅读调查结果发布[EB/OL]. http://www.360doc.com/content/16/0423/17/2842202_553152926.shtml.
[2]范并思. 拓展图书馆未成年人阅读服务[J]. 图书与情报,2013(2).
[3]吕梅. 馆社合作　共促阅读——图书馆与社会合作推动青少年阅读推广[J]. 图书与情报,2011(1).
[4]周强. 公共图书馆青少年阅读推广服务探讨[J]. 图书馆界,2015(6).
[5]张磊. 青少年阅读推广的创新举措[J]. 图书馆学刊,2012(11).
[6]邹蓉. 美国国会图书馆青少年阅读推广探析[J]. 图书情报研究,2015(6).
[7]郑洁. 浅析青少年阅读推广中的现状、问题与对策[J]. 海峡科学,2014(4).
[8]秦鸿. 英国的阅读推广活动考察[J]. 图书与情报,2011(3).

# 家庭阅读:城市图书馆阅读推广的重要抓手

程　帆(深圳图书馆)

美国国会图书馆图书中心(The Library of Congress Center for the Book)于1987年发起了美国第一个全国性的阅读推广活动"全国读者年(Year of the Reader)"[1],以城市图书馆作为社区活动中心,将系列主题活动推进到社区与家庭。至20世纪90年代,国外图书馆已然逐渐成为公众阅读的重要推动力量。在我国,自2005年以来,图书馆阅读推广活动呈现井

喷式发展[2]，至2016年，中国图书馆学会阅读推广委员会图书馆与家庭阅读专业委员会成立，标志着国内公共图书馆尤其是城市图书馆作为民众最常见的文化服务机构和最主要的全民阅读阵地，将在家庭阅读推广领域处于更加重要的地位、发挥日益显著的作用。

## 1 推广家庭阅读的意义

### 1.1 推动建设书香社会

在中国文化的历史上，家庭阅读一直承担着非常重要的作用。“耕读传家久，诗书继世长”，体现了中国文化传承和绵延的方式，所谓“富贵传家，不过三代；诗书传家，继世绵长”，千百年来几成共识。如果家庭阅读成为家庭的必需项目，那么无数个书香家庭则就汇聚成书香社会。在一定程度上，通过家庭阅读氛围的感染、家庭阅读习惯的形成，使得家庭成员特别是青少年从小树立坚定的理想信念、正确的人生价值观、良好的思维方式[3]。因此，倡导全民阅读，关键在于倡导家庭阅读[4]，图书馆应该把阅读推广的着力点放在“家庭”，以家庭阅读作为阅读推广的重要抓手，重视家庭阅读推广，为建设书香社会做出应有的贡献。

### 1.2 推动建设和谐家庭

习近平总书记在2015年春节团拜会上指出，“家庭是社会的基本细胞，是人生的第一所学校。不论时代发生多大变化，不论生活格局发生多大变化，我们都要重视家庭建设”[5]。“端蒙养，重家教”是中华民族的优良传统，历史和现实反复证明，良好的家风、家教和家庭建设有利于引导家庭成员遵守家庭道德规范，形成良好的家庭氛围，形成守护个人健康成长和家庭幸福、社会和谐的重要力量。城市图书馆就像一座“没有围墙的大学”，通过推广家庭阅读，充分发挥对家庭阅读的指导作用，带动家庭建设，推动家庭阅读成为家庭建设的必修功课。

如果把一个家庭比作是一只木桶，那么家庭成员就是组成木桶的木板，这只木桶能装多少水取决于它最短的那块木板，因此家庭建设要顾及每一个家庭成员，避免出现“短板”。因此，一定程度上，家庭阅读推广其本质上就是围绕家庭成员来开展，这是图书馆开展家庭阅读推广的落脚点。此外，注重把学校教育和家庭教育结合起来，以家庭阅读引导家庭教育，通过大力弘扬传统美德，助力建立以社会主义道德为指导，具备积极正面家教家风的家庭。同时，注重倡导快乐阅读，推动和谐家庭建设。针对城市中最常见的“2+1”或“2+2”家庭，图书馆应该提供亲子阅读项目，围绕育儿立志、明德知礼等主题开展阅读推广。对于没有小孩在身边的夫妇家庭，图书馆则应该围绕快乐阅读、养生保健、时尚志趣、生活百科等主题开展个性化的阅读推广活动。

### 1.3 助力图书馆自我营销

20世纪70年代末，市场营销理论即被推广引入到图书馆领域。1977年，加拿大皇后大学企业管理学系教授卡尔·劳伦斯（Carl Lawrence）曾发表文章 *Libraries：A Marketable Resource*，强调图书馆的管理应以读者为中心，图书馆员应利用营销的技巧。从市场营销学角度讲，图书馆推广家庭阅读本身就是一种自我营销。对于城市图书馆而言，作为当地最基本的文化设施，它既是市民终身教育的知识殿堂，亦是城市文化内涵和文化品位的重要象征，因此自我营销不仅具有现实价值，而且具有象征意义。城市图书馆应该通过开展家庭阅读推广，宣扬图书馆的社会价值和行业使命，以点带面对社会大众进行图书馆“通识教育”。在我国，即便在经济条件较好的城市里，仍有一部分人不知道图书馆的功能和作用，更别说熟悉使用图书馆资源与服务，这是一种社会性现象，需要所有图书馆人共同面对和努力。2016年3月，国家图书馆常务副馆长陈力曾在做客武汉“名家论坛”时强调“得从小培养孩子的图书馆意识”[6]。图书馆通过开展家庭阅读推广，培育小孩爱阅读、会阅读的习惯，潜移默化中，图书馆意识一定会在他们幼小的心灵里生根发芽。同时，通过倡导亲子阅读，带动家庭、全社会爱上阅读，爱上图书馆，营造了全民阅读的社会气氛，从根本上培养和提升了公众的图书馆意识。从这个角度讲，通过推广家庭阅读，图书馆实现了自我营销。

## 2 城市图书馆如何开展家庭阅读

### 2.1 优化家庭阅读资源

由中国新闻出版研究院最新发布的第14次全国国民阅读调查结果显示，我国国民在购买图书时可接受的图书价格仍然偏低，能够接受的一本200页左右的文学类简装书平均价格仅为14.42元[7]，而据国家新闻出版广电总局所发布的数据，2015年我国单册新书平均定价已经高达55.15元[8]。显然，此种“剪发差”现象对推动家庭阅读是相当不利的，亦从侧面反映出大众读者并不太情愿通过购买图书以满足家庭阅读的需要。在此情况下，城市图书馆的资源保障功能之于家庭阅读的重要性则更加凸显出来。

近几年，随着我国全民阅读活动的深入开展，城市图书馆越来越重视和加强家庭阅读相关的馆藏资源建设，切实为推动家庭阅读提供资源保障。一是，作为市民的“大书房”，为给家庭读者提供全面的、系统的阅读资源，城市图书馆应该基于家庭读者的阅读需求逐步扩大馆藏收藏范围，优化资源结构。二是城市图书馆要注重特色资源建设。因为特色资源一般具有稀缺性，或文化独特性，或传承性，或需要系统积累，普通家庭难有收藏，城市图书馆要发挥应有作用，加强特藏建设。三是城市图书馆包括下属分馆以及各基层图书馆要确保提供免费的阅读资源和平等的阅读机会。这不仅体现了城市图书馆服务的公益性和基本性，而且会大大拉近家庭读者与图书馆的心理距离，吸引越来越多的读者到馆借阅。

### 2.2 打造家庭阅读“第三空间”

随着社会的发展，图书馆正显现出不可替代的功用，逐步成为社会主义精神文明建设和文化建设的重要载体。城市图书馆致力于为市民阅读和活动提供一个没有门槛的场所，利用得天独厚的空间和资源优势，为家庭营造出一个充满人文关怀的、充分尊重读者的、轻松自由而又温馨的“第三空间”，增加家庭与图书馆的黏合度。一是城市图书馆要借重信息化优势，营造一个良好且多元化的信息共享空间，让阅读空间变得更加富有吸引力。比如，开通各式各样的网络信息空间、数字学习空间、图书馆驿站、社区书吧等。二是要注重阅读空间理念创新。比如引入创客理念，设立创客空间，为家庭和青少年读者打造创意交流与实践空间。

### 2.3 提升家庭阅读活动品质

阅读推广的使命是让每一位潜在的读者都参与到阅读中来，通过多姿多彩的形式激发他们的阅读兴趣和激情[9]，比如开展主题活动、主题展览等，其中主题活动作为最常见的家庭阅读推广活动形式，具有鲜明的主题特点，如家长论坛、亲子阅读、趣味阅读、益智游戏、文明阅读、征文评奖、图书馆参观等，容易激发未成年读者的阅读兴趣，获得家庭持续关注，吸引越来越多的读者家庭参与到阅读活动中来；主题展览则如同搭建一个临时的文化空间和知识空间，通过策划和举办与家庭、未成年人有关的主题图文展览，在挖掘、整理、推广图书馆资源的同时，吸引家长和孩子前往赏阅，沉浸其中，与图书馆一起脉动。城市图书馆应基于自身资源积极开展家庭阅读活动：首先，要把好家庭阅读活动质量关。内容丰富、品质上乘的家庭阅读活动不仅有助于扩大家庭阅读推广的影响力，而且有助于在读者心目中形成优质的品牌形象，无形中锁定众多目标读者。其次，要把家庭阅读推广逐步提升为城市图书馆的一项核心业务和重要工作，增加家庭阅读活动在全馆业务和阅读推广中的比重。再者，要创新与发展家庭阅读推广活动的形式，丰富其内涵。比如深圳图书馆开展“南书房家庭经典阅读书目”推荐活动，旨在向广大读者推荐适合当今中国家庭阅读与收藏的经典著作；罗湖区图书馆推出真人图书馆活动，通过双方问答的方式，将生动鲜活的人生故事和经验分享给各位读者，等等。

### 2.4 加强家庭阅读指导

家庭阅读指导是指图书馆以家庭为服务对象，以亲子阅读作为纽带，根据不同家庭成员的需要，兼顾所有家庭内部成员的年龄差别，提供阅读书目和阅读资源，给予阅读方法等方面的指导，其中，尤以围绕亲子阅读所开展的阅读指导最为常见、最受关注。首先，对家长开展亲子阅读指导。据2016年7月在北京举行的中国童书博览会所发布的我国首份《中国城市儿童阅读情况调查报告》，在阅读影响上，父母以34.8%居于首位[10]。图书馆不仅要指导家长学会亲子阅读，能开展和指导亲子阅读，而且要指导家长自己学会阅读，为孩子树立爱读书、好读书的榜样，增进亲子交流。其次，对孩子开展阅读方法指导。通常情况下，小孩子注意力不容易集中，而且会对爸爸妈妈撒娇，图书馆要鼓励家长和孩子一起前来图书馆，“他山之石，可以攻玉”，通过参与亲子讲座、亲子阅读活动，让孩子接受馆员的专业指导，帮助孩子领会正确的阅读方法，培养孩子的阅读兴趣。再者，条件允许时，城市图书馆应为本地区亲子阅读编制书目、提供阅读指导，包括面向家长的亲子阅读书目和面向孩子的阅读书目。同时，在开展家庭阅读指导过程中，城市图书馆应凭借自身的资源和平台优势，有针对性地邀请家庭阅读领域的权威专家、名家、作家，共同开展家庭阅读指导活动，促使家长认同和掌握阅读理论和阅读指导方法。

## 3 家庭阅读推广工作中存在的主要问题

### 3.1 缺乏全民阅读法律法规

首先，国家层面还未实现就全民阅读促进条例正式立法。全国性的全民阅读法律法规缺失，势必将不利于推动全民阅读工作纳入法制化轨道，不利于确定和落实政府作为促进全民阅读的责任主体。其次，在地方层面，全国除少数几个省、市以外，绝大多数地方均未出台本地阅读推广法律法规。同样道理，这种缺失不仅不利于明确当地政府在全民阅读活动中的行为，保障市民阅读权利，而且不利于呈现当地全民阅读推广工作决策的科学性和统筹性，亟待引起有关政府部门的重视。

### 3.2 缺乏家庭阅读推广长效工作机制

建立长效工作机制就是要为家庭阅读推广持续开展建立配套制度，并通过不断完善和创新，以提供长远的制度性保障。就目前而言，尚有不少城市图书馆，特别是中西部地区的城市图书馆，仍然对家庭阅读推广制度化建设认识不足。比如不单独设置阅读推广部门，而是将阅读推广业务并入其他综合性业务部门，在重要时间节点到来时，通常情况下必须向其他部门抽调精兵强将，组成临时的推广团队，无法保障开展阅读推广活动常态化。

### 3.3 缺乏家庭阅读推广品牌观

目前，全国范围内家庭阅读推广活动的类型众多，但能称得上为品牌的不多，扬名全国、有知名度的品牌更少。鉴于国情，东中西区域差异、城乡差异现象依然存在，图书馆家庭阅读亦不够普及，最后一公里的问题没有得到有效解决，家庭阅读推广发展潜力巨大，树立品牌意识，加强家庭阅读推广品牌建设显得更加重要和紧迫。

### 3.4 缺乏“互联网+”意识

通过调查不难发现，几乎所有城市图书馆均非常注重引入互联网技术做加法，但对于部分地区的城市图书馆而言，基本上仍只能算作是处于“+互联网”阶段，因为这种做法从本质上讲并没有体现出互联网思维，在资源、服务和管理等诸多层面也未因互联网技术的引入而实现整体创新或转型。他们多半是通过建设门户网站、WAP网站，开发微博、微信等，用以介绍资源与服务、发布活动公告、报名讲座等，要想实现从“+互联网”质变到“互联网+”，恐怕尚有一段路要走。

## 4 家庭阅读推广工作策略

### 4.1 建立长效工作机制

推动阅读推广制度化。对于城市图书馆而言，应当重视阅读推广制度建设，尽快实现从无到有、从有到优，建立并完善本馆阅读推广制度。具体来讲，就是要将阅读推广列入本馆规章制度，并细化到工作规范当中，根据当地全民阅读发展的实际情况和自身资源状况，实事求是制订本馆的阅读推广发展规划，从而增强全馆阅读推广工作决策的科学性和统筹性，突出针对全馆阅读活动的组织性和指导性。可以说，完善的制度建设是图书馆持续开展阅读推广工作的基础和保障。

创立阅读推广机构。城市图书馆应该带头响应政策号召、统一思想、转变工作思路，重视阅读推广机构建设，使阅读推广逐步发展成为全馆核心业务、独立运作。一是要明确将阅读推广作为全馆的主要业务、核心业务。二是要设立独立的常设阅读推广部门，作为全馆阅读推广活动的管理责任部门，负责全面推进和管理阅读推广活动的相关工作，充分发挥对阅读推广的服务、组织、指导和协调作用，保障各项家庭阅读推广活动高效、顺利开展，实现阅读推广活动开展常态化。三是要开展全民阅读、家庭阅读相关分析、研究工作。一方面，通过阶段性地对全馆阅读推广活动尤其是重点活动进行认真总结与分析评估，为后期阅读推广工作的开展提供借鉴和指导，另一方面，通过加强图书馆学专业理论和阅读推广理论的学习和研究，保持未来阅读推广工作的前瞻性和先进性。

注重阅读推广人建设。阅读推广人指个人或组织阅读机构，通过多种渠道、形式和载体向公众传播阅读理念、开展阅读指导、提升市民阅读兴趣和阅读能力的专业和业余人士[11]。在图书馆界，全国“少儿阅读推广人”培育行动首期培训于2015年举办，不仅表明了全国图书馆界对家庭阅读推广和“少儿阅读推广人”的重视和期许，而且折射出阅读推广人建设还有很多路要走。城市图书馆应该勇于探索，带头创新，积极推进阅读推广人培育行动。具体来讲，就是各图书馆要充分利用自身的资源优势，联合一切优秀的社会阅读推广人资源，大力推动本馆阅读推广人建设，通过举办定期的、针对性的业务培训，开拓阅读推广人视野，提高其阅读推广能力，以期为本馆本地区培养出一支规模适当、队伍稳定、实践与理论兼具的阅读推广人队伍。

### 4.2 加强品牌建设

家庭阅读推广无论在开展之初，抑或推进到了一定阶段，均需要创设品牌，树立形象，并在品牌的引领下实现可持续发展。在商业领域，品牌是高质量和高服务、高利润的代名词。对家庭阅读推广而言，品牌同样代表着高质量和高服务，具有较强的号召力和引导力。培育优质品牌可以有效吸引家庭读者，有力引导家庭阅读，帮助他们节省时间、选择优良读物，帮助他们挑选高品质的家庭阅读活动。

家庭阅读推广品牌建设正得到图书馆界越来越多的重视和认可，尤其在副省级市或者经济较为发达的地区，城市图书馆事业相对发达，无一例外都建立了自己的全民阅读活动品牌，而且渐成体系，由单个品牌形成平台品牌，再延伸出众多子品牌。就全国范围而言，各城市图书馆应该树立和保持品牌意识，注重以品牌为导向，充分发挥品牌的引领力，推进全民阅读走向深入，推动家庭阅读走向繁荣。

### 4.3 引入“互联网+新媒体”

新媒体指在数字技术和网络技术的基础之上延伸出来的各种媒体形式[12]。近年来，绝大多数图书馆均已非常注重引入各种新媒体技术，特别是近两年来，随着国家“互联网+”行动的快速推进，新媒体技术已经迅速成为图书馆开展服务和阅读推广工作的重要工具。据笔者统计，截至2017年第一季度，全国所有省级、副省级公共图书馆均开通了基于互联网技术的移动服务。与此同时，通过调查研究发现：全国各地区城市图书馆特别是经济条件较好地区的城市图书馆更加重视“互联网+”行动。比如浙江图书馆于2015年联合全省公共图书馆公布专门的“互联网+”行动计划[13]。同时，越来越多的图书馆相继投入巨大的精力和资源切实推进本馆“互联网+”计划，并借助互联网技术和互联网思维，推动“互联网+新媒体”在阅读推广中的应用逐步深入和广泛。

对于尚未实施“互联网 + ”计划的图书馆而言,应该积极响应“互联网 + ”行动,紧紧抓住“互联网 + 新媒体”为图书馆带来的崭新契机,推动家庭阅读推广工作思路和模式创新,打造新媒体环境下图书馆的智慧服务和阅读推广,通过线上与线下的融合,最大可能地降低家庭阅读门槛,满足不同家庭的阅读体验,让每个家庭都能很便捷地获得阅读资源,实现多层次、全方位、宽领域开展家庭阅读推广活动。

### 4.4 实施“图书馆 + ”战略

在“互联网 + ”行动计划的影响下,城市图书馆正积极转变观念,寻求着对外合作的新思路,由此“图书馆 + ”逐渐兴起。

开展跨界合作。跨界合作通常属于社会合作范畴,指图书馆与自身法人实体之外的社会其他机构和个人之间开展的各种形式的合作和共建活动[14]。在国外,一直以来,图书馆在推进全民阅读的过程中均十分注重与社会各界开展广泛合作。例如,美国国会图书馆阅读中心只有 10 位专职工作人员[15],但每年却能够举办全国性质的阅读推广活动,主要就是依赖于社会组织的协办和参与。在国内,图书馆界亦越来越重视引入社会合作,凝聚社会共识与优质资源,共同推进家庭阅读。①与社会组织合作,争取资源支持,开展项目合作;②与家庭合作,开设“家庭图书馆”,不仅能满足家人的阅读需求,也有助于增进邻里间的联系往来,以点带面,有效推动家庭阅读和全民阅读;③与学校合作,双方携起手来,向家长、儿童着重强调阅读的重要性,并借助公共图书馆的丰富资源,引导家长和儿童对阅读产生兴趣,或者与学校建立文献资源互相流通制度,联合开展家庭阅读指导;④与社区合作,在人力、财力、资源和服务等方面给予社区图书馆实际支持和指导,帮助其走出困境,并将其优化升级为名副其实的信息共享空间,突出社区开展聚会、活动、沙龙的功能需求,发挥天时和地利优势,大力推动家庭阅读。

推进业界合作,实施区域联动。区域内不同类别、不同级别的图书馆之间,应该通过建立联动机制,创新联动项目,开展联合行动,共同推进本地区全民阅读推广事业。阅读推广区域联动具备关系协调、资源共享、形式多样、合作灵活等特点,基于联动机制,不同级别、不同类别的城市图书馆之间可以在阅读活动资源上实现战略共享和优势互补,实现对有限的家庭阅读活动资源进行优化配置,进而协调推进本区域全民阅读,整体提升家庭阅读推广活动的品质和影响力。

推进全民阅读,家庭是重要起点。各地城市图书馆要切实以家庭为对象,大力推广家庭阅读,并凭借城市图书馆资源与平台优势,树立品牌形象,充分发挥火车头的引领和推动作用,开展高品质家庭阅读推广活动。同时,要勇于探索,推动家庭阅读推广机制不断创新,使城市图书馆逐渐成为家庭阅读活动的主要场所和家庭阅读推广的主阵地,并以此为抓手推动全民阅读。

### 参考文献

[1]郎杰斌,吴蜀红. 美国国会图书馆阅读推广活动考察分析[J]. 图书与情报,2011(5).

[2]范并思. 阅读推广:理论如此年轻[J]. 公共图书馆,2016(2).

[3]周海英. 论图书馆在家庭阅读指导中的实践与探索[J]. 图书馆学研究,2008(8).

[4]推进全民阅读　家庭是重要起点[N/OL].[2017－04－20].http://culture.people.com.cn/n/2012/1120/c172318－19629587.html.
[5]习近平.在2015年春节团拜会上的讲话[N/OL].[2017－04－20].http://news.xinhuanet.com/2015－02/17/c_1114401712.htm.
[6]多识字,多去图书馆有助于培养孩子的阅读能力(图)[DB/OL].[2017－04－25].http://www.chinalibs.net/ArticleInfo.aspx? id＝396094.
[7]第14次全国国民阅读调查:51.6%成年国民倾向读纸质书[N/OL].[2017－04－20].http://news.cyol.com/content/2017-04/18/content_15954886.htm.
[8]亲,你觉得书贵吗[N/OL].[2017－04－20].http:/epaper.xiancn.com/xawb/html/2016－03/19/content_416749.htm.
[9]许天才,杨新涯,王宁等.图书馆阅读推广的多元化趋势研究——以首届高校图书馆阅读推广大赛为案例[J].图书情报工作,2016(2).
[10]父母阅读量越大,孩子的阅读量也就越大[N/OL].[2017－04－20].http:/news.cyol.com/content/2016-07/15/content_13171746.htm.
[11]谯进华.深圳阅读推广人的实践及发展[J].特区实践与理论,2013(2).
[12]刘行芳.新媒体概论[M].北京:中国传媒大学出版社,2015.
[13]浙江全省公共图书馆开启"互联网＋"新模式[N/OL].[2017－04－25].http://www.ce.cn/culture/gd/201507/28/t20150728_6058084.shtml.
[14]李宏荣,练六英.利益相关者理论视角下的图书馆社会合作研究[J].图书馆论坛,2010(6).
[15]Center for the Book Staff[EB/OL].[2017－04－25].http://www.read.gov/cfb/staff.html.

# 公共图书馆"阅读疗愈"创新服务研究
## ——以杭州图书馆"阅读疗愈"服务为例

叶　丹(杭州图书馆)

## 1　公共图书馆开展阅读疗愈的背景与现状

### 1.1　阅读疗愈的源起与应用

关于阅读对心理问题和心理疾病的疗愈功效,人们早有认知并实践。国外医护人员或牧师为伤病者朗读《圣经》《古兰经》等用以减缓病痛,汶川大地震后,台湾大学图书信息学系和台湾地区的图书馆辑选《儿童情绪疗愈绘本解题书目》等情绪疗愈绘本送去灾区,帮助受灾儿童走出灾难阴影、疗愈心灵创伤、重建内心平衡。2014年1月11日,俄罗斯《论据与事实》报道,英国利物浦大学的科学家设计一项实验并邀请志愿者参与,在实验中科学家观察志愿者阅读莎士比亚作品时的大脑活动变化。结果发现,读书时大脑负责情感部分的工作正常化,且自控区域被激活,由此,科学家认为,每个人都可以根据自己的愿望选择用于治疗的书籍[1]。读书是恢复健康的一种有效方法,可以激发读者乐观精神和信心,可以洗涤灵魂并冲刷掉愁绪。

阅读疗法的应用在国外起步较早，发展也较为成熟。20世纪初，西方就已经把阅读纳入医疗卫生体系，作为一种辅助的治疗手段进行研究和应用并逐渐推广[2]。出版界也积极践行"阅读疗法"，如美国除了有意识地出版疗愈类图书外，还与专业心理师合作，在书中附加测试试卷，让有潜在心疾或尚未意识到自己患有心理疾病的人及早发现问题，有针对性地用"书药"治疗，意大利则有十几家"诗药有限公司"，根据不同的病症开发"诗药"，放在书店或药店出售。在日本，流行"周末号哭"，通过阅读伤感悲情类的材料催泪减压[3]。阅读疗法在中国的提法最早始于沈固朝教授1994年发表的《图书，也能治病》一文，之后王波的专论《图书疗法在中国》，展开了图书疗法的本土化研究。进入21世纪，山东泰山医学院图书馆宫梅玲以大学生心理问题为课题开展了一系列的阅读疗法的研究与实践，是国内图书馆界最早的阅读疗法实践者。另有台湾陈书梅、南京万宁、北京王一方等以不同角度对阅读疗法做了实践与理论研究。但公共图书馆在阅读疗法方面的实践与探索涉猎不多且未能形成较为成功的案例和借鉴模版。

### 1.2 公共图书馆开展阅读疗愈有必要也具备优势

著名医学杂志《柳叶刀》2016年一项新研究指出，中国约1.73亿人有精神疾病，包括焦虑、抑郁和强迫症等，其中1.58亿人从未接受过专业治疗。这组数据充分说明，心理问题已经成为当今中国的社会病，且还没有引起人们充分的重视。在目前我国还不具备足够庞大的心理咨询与治疗系统来应对现状的情况下，作为社会公共文化服务体系的重要组成部分——公共图书馆，有义务承担起维护公民的心理健康的职责。

"阅读疗愈"源自20世纪流行于日本的网络词汇"疗愈系"和医学界的"阅读疗法"。以文献为媒介，通过文献内容的学习、讨论和领悟，让读者感到情绪有所释放、精神比较舒缓乃至心理开始坦然了，就好似被医药对症治愈了毛病一般[4]。它具备操作性强、疗愈效果好、附带价值高等优点，再加上公共图书馆拥有丰富的馆藏资源，为"阅读疗愈"的开展提供了充分的物质保障。这无疑使得"阅读疗愈"将成为公共图书馆开展公众心理健康服务的首选。公共图书馆应充分予以重视，将其纳入常规服务内容，并在图书馆中推广。

## 2 影响公共图书馆"阅读疗愈"服务开展实效的因素

但事实上，公共图书馆开展此项服务并非一路通途。笔者分析有四大因素在服务开展过程中起着至关重要的作用。

### 2.1 阅读疗愈理念

众所周知，凡事要想成功，理念先行。思想决定行动，态度决定高度。阅读疗愈的理念扎根在西方，有着广泛的群众基础，源远流长。早在古希腊时代，底比斯图书馆入口处的铭牌上就写着，这是"灵魂的治愈之所"。第一次世界大战结束之后，从前线回家的受伤士兵通常都要阅读指定的书目课程。20世纪末，阅读疗愈以不同方式应用于医院和图书馆，到了近代，心理学家、社工、老年护理人员和医生均已更多地将阅读当作一种可行的治疗方式。

但在中国，虽然古有“书犹药也，善读可以医愚”的说法，人们在日常生活中遇到挫折、压力、焦虑时也会在书本中寻找答案和慰藉，但总的来说，将其理论化地进行研究并自觉地有意识地运用到社会的各个领域中这一点，和西方还存在着不小的差距。

目前我国书市上关于阅读疗法研究的理论性著作和实践分享性的著作很少，针对性强、适用临床的专门性疗愈类读物出版也是零敲碎打，未成气候，普通大众对于“阅读疗愈”这一理念的认知度、认同感不高。

### 2.2 阅读疗愈师

要有效地开展“阅读疗愈”服务，一支专业素质过硬的阅读治疗师队伍必不可少，甚至可以说，阅疗师是“阅读疗愈”开展实效的灵魂人物。他承担起的是对“阅疗”书籍的选择，信息材料的删选、重组、分析以及面对面和阅疗对象的沟通等。如同面对一名就诊的病人，阅疗师就是以书为药的医生，直接决定了病人的疗愈效果。

一名合格的阅疗师首先应当具备良好的文学修养，深刻的思考能力，兼备心理学、社会学、医学等方面尽可能宽广的知识视野，还要拥有高情商和较好的人际交流能力，只有这样才能有资格、有能力胜任阅读治疗师的工作，只有这样才能充分发挥“书药”的作用，让阅疗者尽可能大地从书籍中汲取正能量，达到疗愈功效。目前我国尚未出台规范的“阅疗师”行业标准，也未有“阅疗师”职业认证体系，阅读疗愈师队伍匮乏，好的阅疗师可遇而不可求且流动性大。

### 2.3 阅读疗愈形式

丰富的阅读疗愈形式有助于增加“阅疗者”的参与兴趣，扩大“阅读疗愈”的受惠群体。目前我国的“阅读疗愈”开展形式比较单一，最为常见的是一对一或一对几的现场阅疗，即阅读疗愈者在阅疗师的指导、帮助下，通过文本的有效阅读和互动，阅疗者对图书内容针对性的接受、理解和领悟，从而改善消极情绪。

这种阅疗形式对阅疗师本身的专业要求较高，且受疗者易受贴标签模式和诊断式治疗的风险，阅疗群体参与面小，阅疗成本较高。

### 2.4 阅读疗愈反馈

及时、有效且长期的反馈对于阅疗者来说无疑相当重要。一次“阅读疗愈”活动可能减缓和解决阅疗者部分的心理问题，但从长远来看，人的心理受社会环境、家庭、事业等情况的变化而呈现多变的特点，每位阅疗者势必都希望有一个较为长效的阅疗机制的提供，在他们有心理诉求的时候可以更为方便快捷地得到专业阅疗师的指导和帮助。目前我国的“阅读疗愈”在长效反馈方面还有较大的发展空间，阅读疗愈服务是一个系统工程，是一场持久战，不能指望打“短频快”。

## 3 公共图书馆“阅读疗愈”创新服务策略

要保证公共图书馆“阅读疗愈”服务开展的实效性，笔者试以杭州图书馆“阅读疗愈”服务的实践为基础，初步探索公共图书馆开展此项服务的创新策略。

### 3.1 搭建平台，形成稳固的阅读疗愈师团队

公共图书馆要顺利开展“阅读疗愈”服务，组建一支高水准的阅疗师队伍是首要任务。杭州图书馆的“阅读疗愈”项目始于2013年，起步之初就十分重视阅疗师的招募和培养。启用12355青少年服务台、杭州市健康管理专业委员会的专家以及采用社会招募有心理学背景、阅读指导实践经验的志愿者等形式，目前“阅读疗愈”项目专家组已经集结了二十余位跨教育界、医学界、心理学界、文学界的专家、学者。他们有的来自于高校，有的来自于医院，有的活跃在作家圈，有的则是教育界的资深学者。他们拥有本专业较高的业务水准，同时又具备足够的文学修养，有很强的与人沟通能力，能够提供亲子关系、家庭伦理、人际职场、情绪管理等方面针对性的指导。

但是作为公益性团队，阅读疗愈师团队存在着流动性、不稳定性。因此需要公共图书馆在阅疗师的组建方面花心思，动脑筋，保持队伍的活力，不断充实新鲜力量。经过这几年的实践，广泛听取团队老师的意见和建议，我们努力做到阅疗师的规范化、流程化管理，从阅疗师的招募、登记、服务范畴、职责和义务等，以签订协议的形式进行长期的、规范化的合作。给每位加入团队的专家颁发杭州图书馆“阅读疗愈”特聘阅疗师荣誉证书，登记他们开展服务的次数和时长，对年度优秀的阅疗师进行表彰，对他们乐于奉献的精神表示肯定和鼓励。平时定期组织他们开展阅疗师恳谈会，介绍阅读疗愈服务的发展近况、服务内容，加强彼此间的交流互动合作，群策群力，为阅读疗愈服务更好地发展献计献策。今年我们还创造性地利用图书馆的微信平台推出“疗愈专家”每月主打星栏目，每周四向读者推送“阅读疗愈”团队中专家的个人介绍、擅长领域、主打活动、往期活动回顾、个案分析、推荐书目等，内容丰富翔实、语言生动、图片精彩，通过网络平台向公众呈现一个全面立体的个人专栏，方便读者更为深入和全面地了解专家团队以及服务范围、活动形式。我们还积极联系媒体宣传造势，本地多家主流报纸《都市快报》《杭州日报》等相继推出“阅读疗愈”报道，这既是一种对“阅读疗愈”理念的普及，也可以吸引更多的有识之士加入到我们“阅疗师”的队伍里来。

### 3.2 拓展阅读外延，开展“立体化”阅读疗愈

杭州图书馆的“阅读疗愈”服务最初多以阅读疗愈师与阅疗者“一对一”在一间小小的书吧就特定书目进行辅导沟通的形式，类似于专科医院的心理健康干预。但从实施效果来看，纯粹的纸质阅读基于阅疗者本身对文本的理解对阅读疗愈最终效果的左右成分较大，且因为阅读形式的单一，对阅读疗愈服务扩大受众辐射面极为不利。基于这样的现状，我们逐渐根据不同读者的需求，拓展阅读外延，开展了多种适应各个年龄层次针对不同心理问题的子项目，在具体疗愈活动开展过程中，采用的也是多手段、多角度地阅读体验渗透，意在让阅读疗愈者在一个立体化的阅读情境中，身心得到适度地“心理按摩”。

比如“阅读疗愈”项目专家组成员徐竞老师是高校心理学教师，杭州967032睡眠中心总监，主要从事音乐治疗、艾瑞克森催眠治疗、非药物睡眠管理工作。今年五月，在徐老师的多方牵头下，杭州图书馆联合967032助老服务热线、杭州市养老服务指导中心、浙江省人民医院、邵逸夫医院精神科、临床心理学家团队顺利开展了为期8周的老年人睡眠养护团体活动，提供免费“睡眠理论知识+自我催眠练习”讲堂，为有需要的读者提供专业的助眠服务，

取得了很好的效果。经过 8 周的课程,21 名阅疗者顺利“毕业”。他们均有不同程度的收获。

心理问题导致失眠的读者占绝大多数。疏通心理,即是打通睡眠难关的关键。这场“阅读疗愈”活动,既安排了邵逸夫的精神卫生科医生从医学角度阐述睡眠科学知识,又组织心理学专家老师开展针对个人或团体性的心理问题的疏导,更要求学员运用文本的力量,通过每日的大声朗读诗歌,汲取文字的正能量,不断自我正向暗示,学习和践行简单易行的音频催眠方法也起到了帮助学员长期自助疗愈的作用。通过一系列多种手段的身心共治方法,阅疗者靠自己的力量,重新掌控了生活,缓解了睡眠问题。

再比如今年新加入阅读疗愈团队的国家二级心理咨询师刘华,擅长绘画疗法。在她的热情带动下,短时间内让原先对禅绕画一无所知的读者,成了禅绕画这种疗愈形式的忠实粉丝。禅绕画被称为“心灵的画作”“头脑瑜伽”,它是一种全新的绘画方式,旨在通过轻松地涂画来使人进入一种冥想的状态,达到身心平和。禅绕的世界里,没有比较,没有对错,读者相聚在图书馆,在书香中分享、学习、探讨、交流,跟着感觉画,自在愉悦就好。老师不仅提供绘画技巧上的指导,更是分享的引领者,组织大家分享精神世界、阅读喜好、生活态度等。

除此以外,我们还定期开展不同形式的疗愈,比如电影疗愈,大家结合影片和纸质文本欣赏、品析作品,在专家老师的带领下,从心理学、性格学等角度深入剖析影片人物,从文学作品中汲取自己人生奋进的力量。又比如 OH 卡牌、心理剧、音乐疗愈,丰富多样的阅读疗愈形式扩大了受众群,扩大了影响力。这些“阅读疗愈”的成功案例,生动诠释了在公共图书馆面对不同年龄、种族、性别、爱好的不同心理问题的读者群体,唯有丰富阅读内涵,从文本阅读延伸扩展到音乐、影像,甚至是与专家、与同伴之间的交流互动,在大阅读的氛围中才能较好地引导、调整阅疗者复杂的心理状态,从而达到疗愈效果。

### 3.3 细化疗愈服务对象,个性化阅疗

南京大学的徐雁教授指出:“针对不同人群的个性化阅读指导,将越来越成为与馆藏资源建设同等迫切的图书馆重要业务。”的确,公共图书馆面对的是形形色色的读者,“阅读疗愈”服务的开展切不可粗线条,要走细化的路子,细分读物,细分受众群,开展个性化阅疗。

#### 3.3.1 充分利用图书馆丰富的文献资源细化疗愈读物类型

在图书馆 + 开辟一个区域作为“阅读疗愈书吧”,以文学疗愈、诗歌疗愈、国学疗愈、传记疗愈、婚恋疗愈、儿童心理疗愈、励志灵修疗愈为板块,以细化读物类型的方式向不同人群推出个性化的阅读指导,开展丰富多彩的以书为媒的阅读疗愈活动,将书吧打造成一个舒适、放松、安全的阅读、分享的场所,帮助市民释放浮躁、焦虑、悲观等负面情绪,缓解他们在职场发展、家庭教育、婚恋情感、亲子教育等方面的压力。

#### 3.3.2 根据每个特殊群体的心理疗愈的需求制订不同的“阅读疗愈”方案

比如联合医院以共建单位的形式为省人民医院的阅览室补充图书,尤其是输送一些疗愈类书籍,以缓解医护人员在职场发展、家庭教育、婚恋情感、亲子教育等方面的压力。联合监狱、福利协会、残疾人组织就各种问题推出阅读疗愈书目,为他们提供借阅图书的便利。

在医院住院部放置流动书柜,以疗愈类书籍为主,患者及家属可根据住院号单本借阅,以缓解病患在住院期间的焦虑、烦躁、悲观等负面情绪,促进他们的心理健康。

又比如将“阅读疗愈”服务走出去,专家进医院,进社区,进学校,向广大市民推送身心共

治的阅读疗愈系列活动。今年国际盲人节之际,阅读疗愈项目专家团队老师们为盲校三年级的近20位孩子带去了阅读疗愈活动。孩子们年龄尚小,又长期住校,和家人的相处时间短暂,他们的心理问题需要得到关注和解决。浙江省青少年心理健康协会会员、国家二级心理咨询师周茜老师带着她的团队为这些特殊的盲童度身定制了一场融音乐、触觉、绘画、师生互动的团队疗愈活动,活动中,孩子们通过爱的抱抱环节跟老师们打破了最初的陌生,彼此间建立起了信任,在音乐中通过绘画形式将情绪宣泄和释放,最后在爱的祈祷文的能量中修复与原生父母之间的关系,感受父母的爱,有些孩子情不自禁地在感动中流下了眼泪。

### 3.4 线上+线下及时反馈,长效阅疗

人类最大的智慧在于拥有学习能力和情感体验,所以,"阅读疗愈"服务的最终目标是让读者做自己的疗愈专家,运用自己的力量,通过书籍和艺术来改善生活、增强自信,获得幸福。

我们注重收集每次疗愈活动的读者意见和反馈,以便及时地做出适当的调整以更好地促进读者的自我成长。"授之以鱼,不如授之以渔"。每一个文本,每一段音乐,每一幅图画,每一次的思维碰撞与交流,其实是作为一种载体和途径,激活自我的潜意识,发挥无穷的创造力和想象力去改变内心,帮助自我修复烦躁、焦虑和抑郁等状态。许多参加过疗愈活动的读者反映说,疗愈活动就像是打开了他们内心的一扇窗,他们发现其实生活中很多的负面情绪、困惑的产生来源于自己头脑中的固定模式,借助文本、音乐、卡牌、团队交流等形式,帮助他们实现了自我选材和自我疗愈。许多读者在线下自发地建立了多个疗愈微信群、QQ群,有效打破了时间、空间的限制,在网络的便捷支持下轻松实现无障碍交流,从而将杭州图书馆的"阅读疗愈"服务从线下有限的活动疗愈,拓宽成无限的线上自助、助人的长效疗愈。

## 4 公共图书馆"阅读疗愈"服务的展望

公共图书馆开展"阅读疗愈"服务是快节奏、高压力时代背景下顺应读者心理需求、能对读者提供实际帮助,提升幸福感、生活品质的新举措、新尝试。虽然还在探索阶段,但从杭州图书馆的"阅读疗愈"服务实效来看,我们有信心也有必要对这种基于对公众的心理健康的关注而开展的有意义的服务新领域进一步探索与尝试。要想进一步扩展服务人群,提高服务质量,还应当呼吁起全社会的重视,集合媒体、出版社、图书馆界、医学界等多个行业的力量,最终让公众形成"以书为药"的自助意识,社会形成"有书药可寻"的疗愈氛围。

### 参考文献

[1]朱敏."疗愈类"读物出版与阅读推广[J].山东图书馆学刊,2014(2).

[2]徐雁."阅读疗法"、"文学疗愈"与全民阅读推广[J].图书情报研究,2010(4).

[3]朱敏.试论出版界在"阅读疗法"理论研究与实践中的缺位——兼论我国"疗愈类"图书的出版现状[J].连云港职业技术学院学报,2014,27(2).

[4]徐雁."开编喜自得,一读疗沉疴"——基于全民阅读推广活动的"文学疗愈"理念[J].图书馆杂志,2010(10).

# 《第六次县以上公共图书馆评估标准》法意观

## ——以省级图书馆评估标准为例

王连君(大连图书馆)

《中华人民共和国公共文化服务保障法》(以下简称《保障法》)2016 年 12 月业经全国人大常委会审议通过,于 2017 年 3 月 1 日在全国正式实施。这是“依法治国”理念的重要实践,是我国文化发展史上的一件大事。作为公共文化领域一部综合性、全局性、基础性的重要法律,实现了公共文化从“人治”到“法治”的转身。近期由中国图书馆学会编制,文化部颁布的全国《第六次县级以上公共图书馆评估标准(省级)》(以下简称《新标准》),很多方面与《保障法》相契合,二者时间上的“巧遇”相见,内容上的“巧合”呼应,体现了《新标准》的法意观和自觉性。

## 1 关于保障责任

法规与政策、场馆、经费、人员是开展公共文化和图书馆服务的必备条件。属政府行为。没有这些基本保障条件,公共文化尤其是图书馆服务无从谈起。细读“准法规”《新标准》,笔者发现其从两个方面较好吸收了《保障法》的精髓。一是在逻辑体系、评价体系上,专设了“保障条件”部分,与《保障法》“不谋而合”,且与《新标准》“服务效能”“业务建设”三分天下有其一。在 1000 分的“基本分值”中和 500“加分分值”体系中,以 300 分“基本分值”、150 分“加分分值”,定量考核政府责任主体行为,意在依法确责。二是整合了历往五次全国县级以上公共图书馆评估标准具体内容,重构了评价内容、分数定量阈值、考核方式,从“政策与法制”“章程与规划”“经费”“图书馆建筑”“设施”“信息基础设施”“人员保障”诸方面,考察各级政府的保障情况。《新标准》此举,非空穴来风。关于政府保障的责任要求,《保障法》第二章“公共文化设施建设与管理”、第四章“保障措施”有明确规定。前者立足于公共文化设施,包括建筑物、场地和设备、选址、设计和建设、维护管理、安全管理等。要求县级以上地方人民政府不但“应当将本行政区域内的公共文化设施目录及有关信息予以公布”,而且要“根据国家基本公共文化服务指导标准、省级基本公共文化服务实施标准,结合当地经济社会发展水平、人口状况、环境条件、文化特色”“将公共文化设施建设纳入本级城乡规划”“合理确定公共文化设施的种类、数量、规模以及布局,形成场馆服务、流动服务和数字服务相结合的公共文化设施网络”。后者着眼于公共文化服务资金、人员,包括预算、服务岗位设置、专业人员配备、社会组织建设、理论研究、专业人才教育和培训,对革命老区、民族地区、边疆地区、贫困地区的公共文化服务提供援助、免费或者优惠开放的补助享受、社会资本投入、政府购买服务、社会捐赠及税收优惠等。笔者冒昧,认为《新标准》对《保障法》保障责任的诠释是准确而令人欣慰的。

## 2 关于服务效能

服务效能，是文化单位服务社会的价值体现，也是衡量一个图书馆办馆水平的标尺。《保障法》对公共文化服务单位服务效能的要求，集中体现在总则第四条、第三章"公共文化服务提供"中。具体要求有：服务项目、服务内容、服务方式、服务时间、服务网络、流动服务、均等化、服务购买、文化志愿服务、社会参与服务等。法律规定，各级人民政府和公共文化管理单位应当"利用公共文化设施，促进优秀公共文化产品的提供和传播，支持开展全民阅读、全民普法、全民健身、全民科普和艺术普及、优秀传统文化传承活动""公示服务项目和开放时间""向公众免费或者优惠开放""促进城乡公共文化均等化""提高数字化和网络服务能力""采取多种方式，因地制宜提供流动文化服务"等。在这方面，《新标准》不仅"三足鼎立"架构了"服务效能"立柱，支撑整个《新标准》体系，而且通过基本分值300分、加分150分分值阈值和一级馆必备条件（年文献外借量、年阅读推广活动次数、读者满意率百分比）两个维度固化《保障法》要求。在保留第五次评估对省级馆：周开馆时间、年文献外借量、馆际互借与文献传递、年馆外流动服务点、文献借阅量、年讲座、年培训、年展览、年阅读推广活动次数、图书馆服务宣传推广、立法决策信息服务、普通参考咨询、专题咨询与情报分析服务、图书馆网站、年人均网站访问量、数字资源发布比、读者满意率要求基础上，增设数字阅读指导、年数字阅读量占比、微信公众平台、微博服务、移动图书馆、触摸媒体服务、服务数据显示度、服务品牌建设、服务创新推广、读者意见处理与日常评价考核指标，突显行业要求。通过基本服务、未成年人及其他特殊群体服务、阅读推广与社会教育、信息咨询服务、网络资源服务、新媒体服务、服务管理与创新8个一级指标考察，彰显公共图书馆服务效能的重要性，确保《保障法》在《新标准》落地生根。

## 3 关于业务建设

公共图书馆的业务建设专业性强，覆盖面宽、实务性强。水平高低，关系公共图书馆的服务目标实现与否。作为基础性和全局性法律的《保障法》，虽然没有对公共图书馆业务能力、状况的业务建设详求，但在涉及公共图书馆业务建设核心内容的资源、管理方面，于总则第二十二条、第二十二条、第二十三条"公共文化设施安全管理""使用效能考核评价""建立健全法人治理结构、吸收有关方面代表、专业人士和公众参与管理"，提出了明确要求。笔者以为：在这方面，《新标准》以《保障法》"推动公共文化服务社会化、专业化发展"为指针，整合了"文献资源""协作协调""管理与表彰""重点文化工程"等第五次评估相要求，通过一级馆必须满足"本区域服务体系规划与共建共享""业务统计分析"20分必备条件、"业务建设"板块基本分值400分，加分分值200分的分数阈值设计，传递其对《保障法》相关要求的领悟。通过"馆藏发展政策与馆藏结构""编目与馆藏组织管理""数字资源建设""地方文献工作""本区域公共图书馆服务体系建设""图书馆行业协作协调与社会合作""重点文化工程”“基层辅导与学会工作”“行政与人力资源管理”“财务、资产与档案管理”“安全与环境管理”“业务管理”“业务研究”“组织文化和表彰奖励”“社会化和管理创新”15 个一级指标，34 个基本二级指标，12 个基本加分指标，13 个加分指标体系设计，彰显法意。

综上所述，《公共文化服务保障法》《第六次县以上公共图书馆评估标准》在颁布实施时间、内容上不管有意还是无意的“巧遇”“巧合”，都说明公共文化事业尤其是图书馆事业将一改“人治”历史，文化“法治”的春天来到了。

**参考文献**


[1]中国人大网. 中华人民共和国公共文化服务保障法[EB/OL]. http://www.npc.gov.cn/npc/xinwen/2016-12/25/content_2004880.htm.

[2]第六次县以上公共图书馆评估标准[EB/OL]. http://zwgk.mcprc.gov.cn/auto255/201701/t20170117_477673.html.


# 跨系统图书馆联盟阅读推广工作管见


赵　日（沈阳市于洪区图书馆）


近年来，我国已把全民阅读推广工作提升到国家战略的高度，2014 至 2017 年连续 4 年的《政府工作报告》都提到“全民阅读”，《中华人民共和国国民经济和社会发展第十三个五年规划纲要》将“全民阅读工程”列为“十三五”时期文化重大工程之一。图书馆具有丰富的文献资源、庞大的读者群体、舒适的阅读环境以及专业的馆员队伍，长期为公众提供各种形式的文献服务，组织丰富多彩的读者活动，积累了丰富的阅读推广经验。作为专门的文献阅读服务机构，图书馆是推进全民阅读工作重要的引导者和组织者。但笔者在长期的图书馆阅读推广实践中发现，尽管我国各级各类图书馆在阅读推广领域取得了一定的成效，但仍然存在一些问题。

## 1　当前图书馆阅读推广工作存在的问题

阅读推广工作是图书馆核心业务工作之一，不少图书馆根据自身特点制订出阅读活动方案，通过举办各类活动吸引读者开展阅读。但由于一些主客观的原因，目前图书馆举办的阅读推广活动在覆盖范围、活动质量、用户满意度以及社会评价等方面还有较大的提升空间，阅读推广工作仍有待改进和进一步完善。

### 1.1　阅读推广活动的覆盖面十分有限

《全民阅读“十三五”时期发展规划》提出“大力推进全民阅读进农村、进社区、进家庭、进学校、进机关、进企业、进军营,使阅读活动真正深入基层、深入群众”。市县级公共图书馆和高等院校图书馆都是集中在城市中心区域,随着距离增加这些图书馆服务影响力迅速递减,市县级公共图书馆和高等院校图书馆开展的阅读推广活动无法全面覆盖基层。由于缺乏资金和人员的保障,乡镇图书馆,行业图书馆以及中小学校图书馆只能提供传统的报刊阅览和图书借阅服务,没有能力独立开展阅读推广活动。就近年来我国图书馆阅读推广工作的实践来看,阅读推广活动多局限在城市,更加广阔的基层群众难以辐射,更难覆盖。

### 1.2 阅读推广活动缺乏长期规划

不少图书馆开展的阅读推广活动呈现阶段性的特点,阅读推广活动主要集中在“4.23世界读书日”、寒暑假以及一些重要节日,平日较少组织读者开展阅读推广活动。图书馆举办阅读推广活动缺乏长期规划,活动的连续性差,这些活动很难激起社会公众的阅读热情。无论是社会阅读氛围的营造,还是民众阅读习惯的培养都需要一个漫长的过程,图书馆阅读推广活动需循序渐进地进行,不可能靠几次活动就能够实现“立竿见影”的效果。此外,除了一些大型的图书馆阅读活动规模较大,能够在当地产生巨大的社会影响并形成阅读活动品牌外,大多数图书馆的阅读活动辐射范围有限,社会影响力小,活动效果有待进一步提高。

### 1.3 阅读推广活动形式单一

目前图书馆开展的阅读推广活动多是以读书征文、名家讲座、资源展示、新书推介、图片展览为主,虽然每次活动都有不同的主题,但活动的内容单调重复,活动形式缺乏创新突破,不断重复或者相类似的活动很难激发读者的积极性,公众参与度较低导致活动的效果不明显,“形式化”和“表面化”的活动很难获得社会公众认可。主题鲜明、创意独特的阅读推广活动才能引起公众的关注并吸引他们积极参与,从而激发他们阅读的积极性,增加阅读数量和提升阅读质量。

### 1.4 高校图书馆开展阅读推广活动影响只限于校内

与公共图书馆相比较,高校图书馆不但文献资源丰富,而且在人才储备方面也有一定优势,高校图书馆每年都开展各种高层次的阅读推广活动,这些阅读推广活动是对公共图书馆“普及型”阅读活动最有效的补充。但目前高校图书馆开展阅读推广活动主要是面向校内的师生。近年来教育主管部门和地方政府鼓励高校图书馆开展社会服务,国内部分高校图书馆尝试打开大门为校外的读者提供服务,但高校图书馆对外开放的效果远远没有达到预期目标,真正参与高校图书馆阅读推广活动的校外读者不多,高校图书馆阅读推广活动影响力十分有限,仅局限于校内。

## 2 跨系统图书馆联盟阅读推广活动的优势

图书馆阅读推广工作是一项系统性、长期性的工程,单靠某一个图书馆或某一类图书馆无法完成此项工作。各级各类的图书馆需要加强协作,联合不同类型的图书馆共同开展阅读推广活动,努力提高阅读推广活动的效能。

### 2.1 扩大参与阅读推广活动的辐射力

跨系统图书馆联盟纵向上是公共图书馆四级服务网络，横向上公共图书馆、高校图书馆以及各行业系统图书馆参加服务联合体，图书馆联盟的服务覆盖面广，读者类型更加广泛，服务需求更加多样，这为各成员馆阅读推广活动的开展提供更广阔的空间。图书馆联盟成员馆分布在城乡各个地方，为读者提供就近阅读服务，有效保障了公民利用图书馆和参与阅读推广活动的权力，充分体现阅读推广活动均等性、便利性的要求。跨系统、多层级图书馆联盟整合了分散在不同文献服务机构的各种资源，借助高等院校、行业助管部门以及社会力量，能在短时间内形成辐射效应，有效扩大参与阅读推广活动的受众，从而强化阅读推广活动的影响力和阅读推广活动的效果。

### 2.2 突破管理体制束缚

受到行政“分级管理”和财政“分灶吃饭”的体制制约，不同类型图书馆经费来源、人员编制和资产归属分别由不同部门进行管理，公共图书馆、高校图书馆和行业图书馆之间的文献资源、技术人员、设施设备无法实现统一调配。无论是开展纸质图书通借通还，还是数字资源共建共享都受到管理体制上的限制，必须考虑资产归属等管理上的问题。跨系统图书馆联盟开展阅读推广活动不涉及实体资产的转移和交换，成员馆不用担心因资产流失而被上级主管部门问责。通过共同开展阅读推广活动可以加强图书馆联盟成员馆之间合作和交流，为进一步的资源共建共享工作打下坚实基础。从目前工作实践来看我国大多数跨系统的图书馆服务联盟建设还处于初级阶段，成员馆之间的资源共建共享和联合开展服务效果并不理想，联合开展阅读推广活动为加快跨系统图书馆服务联盟的建设创造了条件。

### 2.3 实现成员馆资源的整合

图书馆联盟各成员馆的特色馆藏和服务对象各有不同，在馆藏和服务方面形成了互补，图书馆联盟可以向读者提供的文献资源更加丰富，服务项目更加齐全，活动方式更加多样。隶属于不同系统的成员馆共同构成一个分工合作、优势互补的“城市图书馆阅读服务网络”，高校图书馆和行业图书馆在“城市图书馆阅读网络”中的作用并不是简单复制公共图书馆的活动内容和服务模式，在相互融合的基础上强化自身特点，利用地域或行业的优势积极开展阅读推广活动，为社会公众提供更高层次更多样化的文献阅读服务。高校图书馆和大型公共图书馆应成为阅读推广活动的策划者和组织者，小型成员馆集中力量为读者提供活动所需要的场地和人员的支持，保证阅读推广活动可以延伸到基层，覆盖到社会各个角落。这种模式可有效地降低成员馆阅读活动的成本，共同打造阅读推广活动品牌，有效提升阅读推广工作的服务效能。

## 3 跨系统图书馆联盟阅读推广工作策略

图书馆联盟可以最大限度地实现联盟内各成员馆资源的整合，为开展阅读推广活动提供有效的保障。成员馆之间可通过文献交流、技术合作以及人才共享，共同构建本地区的跨系统图书馆联盟阅读推广服务网络或称阅读推广工作联合体。这种跨系统图书馆联盟阅读推广工作模式要想收到成效,需要采取如下几个方面的建设和发展策略。

### 3.1 建立协调委员会,建立阅读推广联盟合作机制

联盟成员馆共同开展阅读推广活动涉及成本的分摊问题,只有协调好联盟成员馆之间的利益关系,才能吸引更多的成员馆协同开展阅读推广工作。因此必须建立跨系统图书馆联盟的阅读推广活动协调委员会,制定联盟阅读推广活动规范性文件,形成有力统筹协调机制和成本补偿机制,从而实现资源最优化配置,最大限度地发挥协同效应。阅读推广活动协调委员会要制定阅读推广相关的各项规章制度,对各成员馆在阅读推广活动的主要职责、规划制定、人员安排、资金使用、场地管理等做出规定,从制度和机制方面为阅读推广活动提供资金、人员以及场地的保障,保证阅读推广活动从方案策划到具体实施都能够按部就班地进行。阅读推广活动协调委员会还要加强与政府部门沟通,推动地方政府和文化主管部门建立阅读推广活动专项资金,根据不同类型图书馆开展服务情况和实际需要,采取以奖代补的方式解决成员馆经费短缺问题。

### 3.2 发挥现代信息技术和多媒体传播优势,搭建“阅读推广云平台”

为了提升阅读推广活动水平,跨系统图书馆联盟中技术力量强的高校图书馆和公共图书馆可以采用云计算、物联网、移动互联网等技术搭建“图书馆联盟阅读推广云平台”,云平台包括阅读推广服务门户网站、移动 APP 及微信、微博发布系统,提供“阅读推广活动发布系统”“阅读推广活动志愿者管理系统”“阅读推广活动统计系统”等功能模块。不同类型的图书馆通过“阅读推广云平台”发布阅读活动内容时间等信息,进行志愿者的组织管理,收集阅读推广活动相关数据,征求读者对阅读推广活动的需求。通过搭建“阅读推广云平台”对跨系统图书馆联盟成员馆活动、人员、场地等资源进行优化组合,实现各馆阅读推广活动相关信息的发布和共享,通过技术手段改变了以往不同图书馆阅读推广活动“单打独斗、各自为政”的运行模式。

### 3.3 重视阅读推广活动的绩效评价研究,不断优化阅读推广活动的效能和水平

图书馆联盟联合开展阅读推广活动,成员馆投入的人力物力将更多,参与活动的公众需求更加多样,影响活动效果的因素也更加复杂。如果只是注重推广活动的实施,忽视投入和产出的绩效评估必然导致资源大量浪费。因此图书馆联盟要根据基本保障条件、方案策划与前期准备、活动的形式和内容、活动实施过程、活动总结与反馈、社会影响力等指标对阅读推广活动绩效进行综合评价,分析服务的实际效果与预期目标之间存在差异的原因并采取有效的措施提高活动的效能。通过构建阅读推广活动绩效评估体系,制定以读者满意度为主导的评估标准,利用通过统计分析法、问卷调查法和专家评价法等技术方法,通过收集活动相关数据,最终形成阅读推广活动绩效的评估报告,对活动的服务效益进行定性和定量分析,及时发现活动过程中存在的不足之处,采取有针对性地改进措施,为优化阅读推广活动提供决策依据。

### 3.4 引入社会力量参与阅读推广,不断扩大全民阅读推广活动的辐射力和影响力

图书馆联盟投入到阅读推广活动中的资源总量有限,除了办好成员馆和联盟的活动外

还要扩大合作范围,引导政府部门、社团机构、中小学校、新闻媒体等社会力量共同参与全民阅读推广活动,搭建覆盖全社会的阅读推广服务网络,让公众能够方便快捷地获取阅读资源,提高公众阅读的兴趣和质量。近年来,社会上阅读机构的数量迅速增加,图书馆联盟应该鼓励和调动这些阅读机构参与全民阅读工作,对它们进行统一管理并提供活动场地、馆藏资源、阅读设备的支持,这些阅读机构负责具体阅读活动策划、志愿者组织和活动具体实施,通过加强合作使各种阅读机构在保持自身特色基础上,能得到更多的专业指导以及资源支持,对图书馆阅读推广活动进行有效的补充。一些大型的阅读推广活动可以引入社会力量购买服务工作模式,努力构建辐射广泛、影响深远的全民阅读推广常态化的工作机制,推动全民阅读推广活动实现持续健康发展。

目前学术界对阅读推广的研究主要集中在经费保障、运作机制,活动开展等方面,基于跨系统图书馆联盟阅读推广工作的研究基本一片空白。我们需要加强相关问题的研究,充分发挥跨系统图书馆联盟在阅读推广中作用,加强全民阅读工作的组织领导和统筹协调,让全民阅读推广活动真正收到成效,让全民阅读推广战略和构建书香社会战略得到真正落实。

**参考文献**

[1]孙琪.基于安徽省公共图书馆阅读推广联盟的全民阅读策略研究[J].大学图书情报学刊,2015(6).

[2]陶功美.基于图书馆联盟的全民阅读推广优势研究[J].新世纪图书馆,2016(12).

[3]王永芳.权变视角下异质性图书馆阅读推广联盟的组织变革及实践研究[J].图书馆,2016(2).

[4]朱海峰.均等文化服务背景下的图书馆阅读推广联盟建设——以安徽省为例[J].合肥工业大学学报,2014(5).

[5]王洋.深圳地区公共图书馆阅读推广联盟建设研究[J].图书馆理论与实践,2016(9).

# 面对政府信息资源管理

## ——公共图书馆义不容辞

冯丽娜(黑龙江大学信息管理学院)

目前,国家在政务公开方面的意识非常强烈。2016 年 5 月 9 日,李克强总理在《全国推进简政放权放管结合优化服务改革》[1]电视电话会议上强调:“公开透明是现代政府的基本特征,全面推进政务公开,让权力在阳光下运行,对于发展社会主义民主政治,保障人民知情权、参与权、表达权、监督权具有重要的意义,这也是简政放政的应有之义。”其实,早在 2008 年 5 月 1 日,国务院第 492 号文件《中华人民共和国政府信息公开条例》就开始重视政务公开的问题,随着该条例的正式实施,各地方公共图书馆纷纷揽起政府信息资源管理的工作。据了解,各地区各图书馆都积极行动起来,为政务公开奉献力量:首都图书馆专门为政务公开设立了阅览室;国家图书馆开通了短信定制公共信息服务;连云港市图书馆设立了《人民政府公报》免费取阅点；广州图书馆制作了政府信息检索的快捷方式，等等。由此可见，公共图书馆在参与政府信息资源管理中义不容辞的责任感和甘之若饴的使命感必将带来政府信息资源的有效管理和政务信息公开的便利透明，这一举措正是大势所趋、民心所向。

# 1 政府信息资源及其管理

## 1.1 政府信息资源

全社会大部分的信息资源都掌握在各级政府手里。身处大数据时代，我们生活所需要的导航、气象、房屋、医疗、就业等信息，往往都来源于政府的信息开放。事实上，这些信息资源比一般信息资源更有价值，因为它们直接关系到国民经济与社会发展的状况和水平。

### 1.1.1 政府信息资源的概念

关于政府信息资源的概念，学术界一直争论不休。

南京大学信息管理学院的朱晓峰和北方科技信息研究所的王忠军认为政府信息资源有狭义和广义之分[2]。狭义的政府信息资源是指政府活动中经过加工处理有序化并大量积累后的有用信息集合。比如说，规章条例出台的信息、房价调整信息、货币政策信息等。广义的政府信息资源是指政府信息和它的生产者以及信息技术的集合。此外，中国信息协会副会长、研究员高纯德以及南京大学信息管理学院的朱庆华等认为：政府信息资源是相对于政府以外的其他社会组织的信息资源而言的，是一切产生于政府内部的或虽然产生于政府外部但对政府活动有影响的信息资源的统称[3]。

综上所述，笔者认为政府信息资源是不但包括政府内部的机构信息、政务信息、政策法规信息、为社会各界服务的信息等，还包括一系列服务于政府决策的外部信息，比如反馈信息和交流信息等。

### 1.1.2 政府信息资源的特性

政府信息资源可以称之为当今社会经济发展的重要支柱之一，它是政府生产的一种典型的公共物品[4]，是在当今社会环境下政府管理社会的重要公共资源，当然，政府信息资源对于广大人民群众来说也是做出选择时的权威性依据。关于政府信息资源的独有特性，笔者尝试从以下三个方面进行总结：

第一，政府信息资源的公共性。政府信息资源是一种典型的公共物品，具有非排他性和非竞争性[5]。既然是公共物品就要顾及全局，做到以公平、公正、公开为原则，以谋求公众利益为动机，一切以广大人民群众的利益为根本出发点和落脚点，努力缩小“信息鸿沟”和“信息差距”来博得大众的拥护和支持。政府信息资源也是公共信息资源之一，在为社会提供信息的过程中，它所带来某个人的消费并不会影响其他人的消费，也不会使原有的信息内容减少或者影响其他人的受益，这就是政府信息资源的非排他性和非竞争性[6]。

第二，政府信息资源的政治性。政府信息资源，顾名思义，其信息来源于政府机关或者各级行政机关，是在其行使国家职能的过程中使用或生产出来的有用信息的集合。其内容涵盖丰富广泛，简单的介绍就是：对外来说包含各种社会公共事务，对内来说包括多种政府自身事务，无论对内还是对外都带有强烈的政治色彩，都服务于一定的政治要求，有着明确的政治目的，事关国泰民安。

第三,政府信息资源的权威性。上文也提到过政府信息资源对于广大人民群众来说是做出选择时的权威性依据。这是因为政府部门具有一定的公信力和威信力,这种"力"来源于历史发展的过程中,由于群众与政府及其行政人员长期交往而逐渐积累起来的一种对于政府及其行政人员的满意度和信任度。并且政府在管理工作的过程中能够做到言必行,行必果,加之其特有的强制性,构成了政府信息资源的权威性。

## 1.2 公共图书馆参与政府信息资源管理的必要性和可行性

蒋永福先生认为公众对政府信息的需要是个性化和多样化的,政府垄断性的、单一的开发利用模式显然难以满足公众的个性化和多样化需求[7],而公共图书馆的出现恰逢其时,这个"纯天然"的公共场所与政府在信息、人才、资金等方面所具备的得天独厚的优势相配合,从而铸就了信息管理界的"黄金搭档",可以说,公共图书馆为政府信息资源的管理提供了一个可靠的平台,在未来政府信息管理的道路上发挥不可替代的作用。

### 1.2.1 必要性分析

公共图书馆在参与政府信息资源管理中承担着重要角色,发挥着不可替代的作用,因此说非常必要。主要表现在以下五方面:

第一,公共图书馆是政务公开的首席责任官。在《政府信息公开条例》[8]第三章第三十六条中明确规定各级人民政府应当在国家档案馆、公共图书馆设置政府信息查阅场所,所以说公共图书馆是政府信息的主要责任者是有法可依的。

第二,公共图书馆具有"教""导"能力。图书馆,当然是提供学习环境和学习资源的场所,只要你能做到终日"泡馆",这里绝对是提升个人信息素养、提高自身阅读兴趣的好地方。所谓的"教"是指公共图书馆会定期举办一些读者培训活动以提高公民查阅信息、利用计算机的能力;所谓的"导"是指公共图书馆配备随时提供各种帮助,为读者服务,指导读者学习、引导读者查阅文献的管理人员。可见,作为具有"教""导"能力的公共图书馆不仅承担着为广大群众提供信息服务的社会责任,还承担着为需求用户提供教育、传授技能的社会义务。

第三,填补政府信息资源管理的空缺。政府信息资源丰富多样,内容更新速度快,面对我们这些大众人群,政府信息服务的能力和精力还是比较有限的,因而它在提供和公开信息的范围和时速上就相对滞后,不能随时随地为所有人提供全面而详细的信息,而公共图书馆作为文献信息的集中营,一方面具备比其他非营利性机构更完善的软硬件设备,另一方面又具备为公众提供各种信息的天然职能,并且可以提供政府信息以外的其他信息或者相关信息。这样一来,公共图书馆不但能提高政府信息利用率,还能弥补政府在信息资源管理和服务领域的空缺。

第四,防止政府部门的"信息寻租"。公共图书馆和政府部门在政府信息资源管理中权责分明,相互监督,在一定程度上可以限制政府对信息资源的过度干预,从而减少"信息寻租"事件的发生。并且公众可以通过公共图书馆提供的信息资源对政府进行监督,提高公民的参政议政能力和水平,也能够降低政府人员利用政府信息寻租的问题。

第五,营造平等舒适的信息获取环境。公共图书馆坚持"平等服务""资源共享"的原则,为到馆读者营造出舒适和谐、清新宁静的阅读环境。公共图书馆来源于群众,服务于群众,同政府机关比较而言,有着本能和自觉搜集并提供信息的能力,并且比较理解人民大众的信息需求,从而在一定程度上保障了公民的知情权,使群众能够在舒适清新的环境中获取信息，充实自我。

1.2.2　可行性分析

其一，从公共性角度来说，公共图书馆和政府都有一个共同的使命那就是为人民服务，由公共图书馆管理政府信息资源，用这个“天然”的“信息集中营”来管理“公共性”的政府信息资源，其合理性不言而喻。

其二，从公益性角度来说，公共图书馆能够建立并得以运行的经费来源于广大人民群众的纳税，因而“公益性”是公共图书馆理应贴上的“标签”。政府选择为公共图书馆投资拨款，是为了使其对各类信息进行更好的收集、维护与提供，从而得以有效运转，让广大人民群众能够及时、免费地获取所需要的各类政府信息。因而公共图书馆有责任、有义务为读者提供优质服务。

其三，从公平性角度来说，由于政府信息资源具有非排他性和非竞争性，任何个体都能够平等获取，而公共图书馆正是平等、免费为读者提供信息资源的平台，正如《公共图书馆宣言》中所指出的：“每一个人都有享受公共图书馆服务的权利，而不受年龄、种族、性别、宗教信仰、语言或社会地位的限制。”[9]可见，公共图书馆的“公平共享”原则与政府信息的全民公开原则在某种程度上不谋而合。

## 2　公共图书馆在政府信息管理中应采取的措施

### 2.1　保障政府信息及时、完整进馆

如果说政府信息不能及时、完整地进入公共图书馆，那么公共图书馆的职责将无从谈起。关于“及时”，《中华人民共和国政府信息公开条例》第18条规定了各级政府主动公开信息的公开时限，因此各级政府应该及时、积极、主动地向公共图书馆提供政府信息资源；“完整”进馆，就是行政机关“提供”和公共图书馆“接收”的纸质或电子载体在传输的过程中是否有遗漏、有缺失或者纸质文档在转化为电子版的过程中是否存在误差，这就要求政府工作人员和图书馆管理人员要不断提高自己的职业素养和工作质量。政府部门要及时向当地图书馆上交需要公开的政府信息资源，图书馆也要及时、完整地收集、存储、组织、分析和公开，以完善我国政府出版物缴送制度。

### 2.2　完善政府信息资源库的建设

建设政府信息资源库是有效提高管理效率的一种方式，目前我国政府内部存在的很多问题都与监管不力有着密切关系，信息不对称是产生监管漏洞的重要原因，不同政府部门负责不同行业和不同领域的管理工作，“行政碎片化”造成“信息碎片化”。因此，依托公共图书馆进行政务公开，与政务数据互通互联是管理政府信息、克服“信息孤岛”、建立整体政府的有效手段。公共图书馆是公众文化的集散地，最接近广大人民群众、最了解公众的信息需求，因此在信息收集的过程中能够有针对性地加以甄别和标注，最终形成便于公众检索政府信息资源的目录系统。

### 2.3　利用网络建立各种形式的政府信息服务平台

政府信息资源类型多样，分布领域广泛，内容层次不一致，要实现这些资源的合理配置

和有效利用,就必须利用网络建立各种形式的公共信息共享服务平台。笔者认为,公共图书馆可通过网络建设各种形式的APP客户端、微信公众号、各种网络推送等,实现各地区政府信息资源管理互联互通,促进全国政府信息资源在各个领域的全面流动,进而实现政府信息资源管理的动态性和多层次性[10]。

通过以上探讨我们可以看出,政府信息资源是非常有价值的资源,是值得开发、利用和保存的资源。公共图书馆在接手政府信息资源管理的工作中鼓足干劲,积极配合,使我们充分认识到公共图书馆在政府信息资源管理领域所具备的得天独厚的条件。因此,在未来的管理中,我们期待公共图书馆将继续采取各种积极有效的措施,使政府信息资源实现利用最大化,以确保公众利益的实现。相信在今后政务公开的日子里公共图书馆将继续大有作为。

**参考文献**


[1]李克强:深化简政放权放管结合优化服务　推进行政体制改革转职能提效能——在全国推进简政放权放管结合优化服务改革电视电话会议上的讲话[EB/OL][2016-08-10]. http://news.xinhuanet.com/politics/2016-05/23/c_1118910840.htm.

[2]朱庆华,杜佳.信息公开制度对政府信息资源管理工作的影响[J].情报理论与实践,2006(2).

[3]朱晓峰,王忠军.政府信息资源基本理论研究[J].情报理论与实践,2005(1):10.

[4]高纯德.信息化与政府信息资源管理[M].北京:中国计划出版社,2001.

[5]蒋永福.政府与公共图书馆——关于图书馆制度的一种规范分析[J].中国图书馆学报,2006(4).

[6]蒋永福.论公共信息资源管理概念、配置效率及政府规制[J].图书情报知识,2006(3).

[7]杨玉麟,赵冰.公共信息资源与政府信息资源的概念及特征研究[J].图书馆建设,2007(6).

[8]中华人民共和国政府信息公开条例(全文)[EB/OL].[2016-08-10]. http://www.china.com.cn/policy/txt/2007-04/24/content_8160379.htm.

[9]蒋永福.图书馆学简明教程[M].北京:知识产权出版社,2012.

[10]戴燕青,龙朝阳.公共图书馆与公共信息资源管理[J].图书馆工作与研究,2009(6).


# 全面提升公共图书馆志愿者服务的重力加速度
## ——对哈尔滨市南岗区图书馆开展青年志愿者服务活动的思考


熊培松(哈尔滨市南岗区图书馆)


我国公共图书馆早在1996年就开展了志愿者活动。如今,一批大型图书馆的志愿者服务活动已走上正轨,具有规范化和制度化的特点,这正为以哈尔滨南岗区图书馆(简称“南图”)为例的开展志愿者活动较晚的公共图书馆提供了宝贵的经验。

## 1　南岗区图书馆开展志愿者活动的概况

南图早在2015年2月就提出了成立志愿者服务队的想法,并开展了筹备工作,但由于图书馆的闭馆扩建,这一活动也随之搁浅。直到2016年试开馆后,志愿者服务队的活动又重新启动。目前志愿者服务队已拥有注册个人志愿者120余名,团体志愿者4个,有学生、职员、教师等各行各业有志愿服务精神的人士,据统计,在这6个月中有超过420人次志愿者(包括4个团体志愿者)参与读者咨询、图书整理、公益讲座、少儿活动等各项公益文化中,累计开展志愿服务超过2000小时。

**表　志愿者服务内容与服务人次统计表**

| 服务内容 | 图书整理 | 读者咨询 | 公益讲座 | 少儿活动 | 社区帮扶 | 其他工作 |
|---|---|---|---|---|---|---|
| 服务人次 | 208 | 64 | 39 | 47 | 36 | 26 |
| 所占比例 | 49.5% | 15.2% | 9.3% | 11.1% | 8.6% | 6.2% |

南图志愿者服务队是由党委直接领导,各部门负责人协同负责的志愿者组织。服务队在成立之初就制定了《南图志愿者服务队注册管理办法》《南图志愿者服务守则》等相关规章制度,并不断规范志愿者档案管理,及时更新制作志愿者服装、手册、胸卡等工作用品。如表所示,6个月的时间里大批量的志愿者在南图开展了丰富的志愿活动,并成立了读者服务、心理辅导、享悦读等4支服务队。

## 2　南岗区图书馆开展志愿者活动的益处

南图的各项工作因为有了志愿者的参与进展得更加顺利,更贴近读者的生活,志愿者在活动中积极宣传推广图书馆,为"全民阅读"工作及全国公共文化服务体系示范区的创建做出了突出贡献。

### 2.1　补充图书馆的人力资源

志愿者的引入为图书馆工作人员人手不足的难题提供了有效的解决途径,这对公共图书馆来说是最实际的益处。经过短期培训,青年志愿者们被分配到各个部门,任劳任怨,是图书馆员工的有力辅助与补充。

2016年,南岗区图书馆仅少儿馆就接待读者近4万人次,为了积极应对大流量读者的考验,在双休日读者数量最多的日子,总有志愿者来馆里帮忙整理书架,引导儿童阅读。在中国图书馆学会关于开展"2017全国少年儿童阅读年"系列活动的号召下,南图少儿部作为少儿阅读推广的主要部门,与哈尔滨幼儿师范学校的志愿者们开展合作,结合志愿者的专业知识,分成小组,分别开展了故事会、手工DIY、简笔画三个类型的活动。为少儿读者提供更加丰富的资源和服务,让更多的孩子走进图书馆,爱上阅读。

志愿者的引入为图书馆注入了生机,激发了员工的工作热情。图书馆员工为志愿者进行专业培训,也是对自己业务知识的巩固,在这个过程中很容易发现自己业务上的欠缺,有利于工作水平的提高。

### 2.2　拉近图书馆与读者的距离

南图的志愿者从普通的读者,经过短时间培训转变成工作人员,可以说具有读者与图书管理员双重角色。这种特殊性使得志愿者比图书馆工作人员更了解广大读者的心理,能更深入、及时地把握读者的需求和变化,分析读者群对图书馆各方面的满意度。这种反馈有利于图书馆工作的开展,为工作人员更好地服务读者指明了方向。

南图招募的是青年志愿者,这支队伍里中小学生占大多数。在小读者眼中,图书馆的工作人员扮演着类似老师的角色,多少有些距离感。身穿蓝马甲的青年志愿者更像是自己的朋友,与朋友交流更容易说出真实想法。时常有小读者不理解图书馆的规章制度,在馆内大声喧哗、打闹,破坏图书,工作人员多次劝告不听。而志愿者能以身说法,以读者的视角进行劝解,让小读者了解到工作人员的不易,只有遵守图书馆规章制度,才能保证每位读者都能有效享受到图书馆的公共资源。在这种冲突中,图书馆工作人员和小读者是一对矛盾体,难免让小朋友们有抵触情绪,而志愿者与读者是平等的身份,交流起来更顺畅。

### 2.3 为青年志愿者提供实践平台

南图被设定为南岗区校外教育实践基地,对全区所有高中生开放,提供学生社会实践志愿服务工作岗位,目前已经与南岗中学、工大附中等学校签订志愿服务协议,成为高中生志愿服务基地,为培养青少年学生志愿服务精神和弘扬社会主义核心价值观起到良好作用。

图书馆开展志愿活动,是一种双赢的合作关系。很多学生通过服务对图书馆有了深入的了解,为日后利用图书馆资源打下了良好的基础,在图书馆与书籍为伴,了解图书分类的同时也提高了自己的阅读量;图书馆总有新书需要上架,杂志报纸也要替旧换新,这样的工作培养了志愿者吃苦耐劳的精神,让他们体会到一份工作的辛苦;与读者打交道,为读者解决各种难题,潜移默化地提高了志愿者与人沟通的能力。

即将步入社会的大学生更注重工作能力的锻炼,把图书馆的工作当成一次实习的机会,特别是图书馆专业的学生,图书馆就是他们理论联系实际的平台。提升工作能力的同时,大学生们也在活动中培养了责任心及相互协作的精神,懂得了集体观念,为今后步入社会提前积累工作经验。

## 3 南岗区图书馆开展志愿者活动的问题及对策

引入志愿服务给南图带来了切实的益处,发挥了图书馆的社会功能,提升了图书馆的服务品质,使有效的资源与无尽的服务需求有效配合。图书馆与志愿者有着广泛的合作前景,但是在实践中也暴露出不少的问题。在活动中,有几点问题让我感受颇深,与大家一起探讨:

### 3.1 志愿者队伍结构单一

由于南图招募的是青年志愿者,前来报名的都是不同年龄段的学生,朝气蓬勃是其优势,但也注定了这是一支结构单一的队伍。关注南图微信公众号的大部分为馆内读者,因此前来报名的也都是读者或读者亲属。这样,引入的志愿者不仅年龄单一,来源也单一。

3.1.1　年龄单一

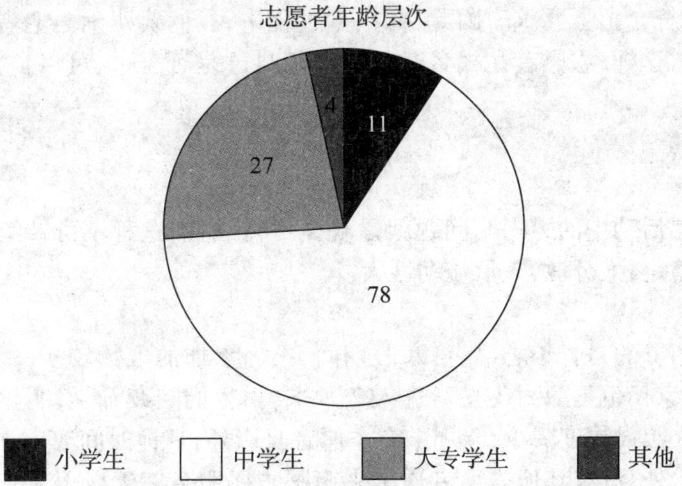


图1　志愿者队伍年龄层次分布情况

志愿者团队在册的120人中，中学生78人，占了总数的65%，可以说中学生是这支志愿者队伍的主力。从志愿者年龄层次分布图中，可以看出这支志愿者团队平均年龄偏小的特点，而且年龄结构不均衡。除在校学生外，只有4名在职人员注册了志愿者服务队。

由于很多志愿者的年龄太小，不适合对他们进行过于专业的培训，所以通常给他们安排图书整理、上架等简单、机械的工作，而像藏书建设、导读服务等更"专""深"些的工作，孩子们通过短期培训很难胜任。另一个问题就是由于年龄小，很多志愿者的自控能力较差，注意力难以长时间集中。有些小志愿者常常把图书馆当成了玩耍的场地，不仅没有尽到自己的义务，还需要图书馆工作人员来维持秩序。这种情况下就失去了引入志愿者的意义，不但没有节省人力资源，提升服务质量，还加重了图书管理员的工作量。

所以，笔者以为南图引入志愿者不应有年龄限制。青年志愿者队伍的成立，是开展志愿者活动的成功尝试，也是迈开了关键的第一步，接下来应该放开年龄要求，只要热爱图书馆，愿意无偿奉献自己的时间和精力，就应该欢迎。图书馆很多忠实读者都是年龄偏大的退休人员，他们每周积极参加图书馆组织的各种活动和公益讲座，笔者以为他们对图书馆开展的志愿活动也会积极响应。这些人有时间，也有丰富的工作经验，甚至有部分读者从事过图书馆相关行业。这些工作经验和责任感正好能够弥补青年志愿者队伍的不足。

3.1.2　身份单一

南图引入志愿者的目标之一是想打造一个品牌团队，利用品牌效应提升图书馆的关注度，吸引更多的读者走进图书馆、了解图书馆、利用图书馆。目前来说，我们还没有实现目标。前来报名参加志愿者活动的基本都是图书馆原有读者，志愿者单一的身份是没有实现目标的重要原因。

想要志愿者来源多元化，首先就要在招募方式上下功夫。不管是男女老少、何种职业、是馆里老读者还是第一次听说南图，我们都要想办法让他得到图书馆在招募志愿者这一信息，想方设法激发群众的参与热情。除了在微信公众平台上发布消息，还可以利用电视台、电台、报纸等媒体大肆宣传。尤其要利用好网络资源，在官方微博和网站首页上连续发布招募启事。同时也要发挥下辖社区图书馆的功能，让居民通过社区文化了解招募信息。

广撒网的同时也要把好关。由于每个人的综合素质差异较大,有些读者虽然有心参与志愿者活动,但不符合招募要求。因此,在招募过程中,我们要明确志愿者服务的范围和种类,细分岗位职责,这样,志愿者在报名时就能清楚自己是否合适,可以自行选择,避免一些人盲目报名参加。

### 3.2 缺少可持续性

南图开展志愿活动中的另一个问题就是缺少可持续性,这种不可持续性主要指参加志愿活动的时间不稳定,太分散,人员流动性大。

#### 3.2.1 时间分散

由于图书馆招募的是青年志愿者,寒假期间,报名参加的人数较多,一批中小学生踊跃加入志愿者团队,家长也是鼎力支持。进入2月末,学生们陆续开学,明显感觉到来图书馆参加志愿活动的人数大幅度减少,除周末有志愿者身影外,其他时间寥寥无几。而且除了一名在校的大四学生外,没有其他志愿者连续来南图志愿服务三天以上。有个别中学生志愿者甚至只能参加义务活动一两个小时,有时书架整理到一半就匆匆赶往课外辅导班学习了。

每到学雷锋日、志愿者日,就会一改常态,一大批志愿者齐刷刷地涌入图书馆参加志愿活动,人数远多于图书馆需求。3月5日是中国青年志愿者服务日,这一天来图书馆参加义务服务的志愿者除了两个志愿者团体外,还有个人志愿者31人,而整个3月参加志愿活动的人数是53人。这些志愿者往往增加了图书馆员工的工作负担,让志愿活动流于形式,使得图书馆和志愿者都处于尴尬的境地。

因此,图书馆在招募志愿者时一定要确定出勤时间,志愿者也要认真对待,把参加志愿活动当成一项工作。对于志愿者参加活动的时间过于分散,缺少可持续性的问题,目前笔者还没有什么好的解决办法,只能想办法增加志愿者来源,引入各行各业的志愿者。读者在网上填写表格注册成为志愿者时,应将自己的身份、特长、联系方式等相关资料如实写明,当图书馆需要志愿者提供服务时,可以打电话联系,如果不能出席,图书馆还可以联络其他义工。这样,就避免了图书馆需要用人时找不到人,不需要时却人满为患的情况发生。

#### 3.2.2 流动频繁

为了便于统计,同时也是鼓舞青年志愿者来南图参加活动,每次青年志愿者参加完图书馆的志愿服务,工作人员就会在他们的志愿者手册上盖一枚纪念章。

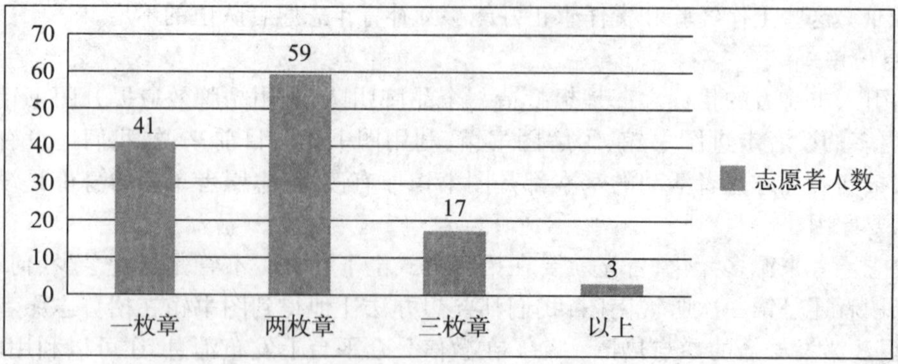


图2 拥有纪念章的志愿者人数统计

从图 2 可以看出，在册的 120 名志愿者中，大部分人参加了一次或两次的志愿服务，只有 3 人参加了三次以上的活动。也就是说基本上每天来南图参加活动的志愿者都与前一天不是同一批人，都要重新进行一次馆内培训。

时间上的不可持续性，使得志愿者人员流动频繁，难以打造一支稳定的志愿者团队，同时也为图书馆对志愿者统一培训和安排工作加大了困难。许多志愿者第一天参加了志愿活动，第二天就不来了，更有甚者只参加半天的活动。刚刚了解了图书馆日常工作还没有熟练开展就匆忙结束了。这种情况就使得图书馆工作人员只能对志愿者进行简单而重复的培训，没有时间进行专业的业务学习。可能上午刚刚培训完，下午就换了一批志愿者。而且志愿者也只能从事简单的“一线工作”，对图书馆工作只是略知一二，贡献不大，也就失去了图书馆引入志愿者服务的初衷。

为了让志愿者始终保持服务热情，图书馆应设法给予志愿者精神奖励。虽然志愿者是无偿奉献自己的价值，但适当的精神奖励能增加志愿者的归属感。尤其是中小学生，如果他们的付出得到大家的认可和嘉奖，一定会更愿意来图书馆参加活动。以小时为单位，对志愿者服务时间进行累计，如达到 100 小时我们可以提供一份小礼品。图书馆还可以把这些志愿者参加活动的场景用文字、照片的方式记录下来，放在微信、微博、网站以及馆内展板上进行宣传和鼓励，吸引更多的读者加入志愿者团队，刺激志愿者的服务热情，让志愿者加深对图书馆的情感，真正地融入图书馆当中，从而培养定期参加志愿者活动的习惯，减少流动性。

### 3.3 工作内容过于单调

人们通常给图书馆工作贴上“枯燥”“单调”的标签，仿佛图书管理员都是安静、刻板、缺少创新的，而置身其中，真正成为一名图书馆工作人员就会发现事实并非如此。近年来，随着我国经济水平的提高，老百姓对精神文化生活也有了更高的追求，推进全民阅读已经上升到国家战略高度，对建设社会主义文化强国具有重要意义。图书馆除了是全民阅读的主要阵地外，还承担起越来越多的社会角色，定期举行各种个性化、特色化的活动。这些紧跟潮流的活动决定了图书馆工作人员也必须不断创新，与时俱进，掌握更多的技能。

而来南图参加服务的大部分青年志愿者并没有接触到这些丰富的工作内容，由于前面提到的各种原因，如表 1 所示他们被安排在图书上架、整理等日常工作岗位，服务范围狭小，以体力劳动为主，工作简单、机械，无法发挥出每个人的特长。

南图除了整理图书、服务台咨询等日常工作外，还有很多特色阅读和宣传推广活动，这些更需要新鲜血液的加入。如多次到红旗乡曙光村、王岗镇红星村、芦家宣信社区等基层农村、社区送培训、送辅导、送图书、送数字资源，还多次给农民工子女学校、幼儿园送爱心图书，这些活动如果有了志愿者的参与会更有意义。活动部还定期举办书法课、俄语课、绘画课等特色活动，志愿者中如果有书法、俄语、绘画等特长的，正好解决了图书馆教师资源不足的问题。馆内的一些大型活动也需要懂摄影、会主持的志愿者参与。

国外图书馆的志愿者服务发展时间较长，已经日趋完善，很多好的经验值得我们借鉴。如美国图书馆很重视义工的专业知识、工作经验、沟通技巧及个人兴趣。我们在招募过程中，可以让读者在网络上填写申请表格，详细填写自己的学习经历、专长、兴趣、能出勤的时间等，建立个人信息资料库，以便图书馆工作人员安排岗位进行培训。

南岗区图书馆是区县级国家一级图书馆，2012、2013连续两年荣获全国"全民阅读先进单位"。2016年被评为"全民阅读示范基地""全国书香城市"。南图于2016年10月引入了青年志愿者服务，通过大家的共同努力，荣获了"哈尔滨市十大杰出青年志愿者服务集体"的荣誉称号。这证明了引志愿者入馆是可行而必要的。我们下一步的目标就是壮大图书馆的志愿者队伍，逐步完善志愿服务队的规章制度，打造一支品牌团队，源源不断地为社会贡献图书馆人"奉献社会，精彩自我"的精神力量。

基于南岗区图书馆目前开展志愿者服务的现状，虽然存在问题和难题，但不能因噎废食，要想办法解决问题，吸引更多的优秀志愿者。因此，如何提升公共图书馆志愿者服务的重力加速度是我们图书馆人应该重视的一个新任务。

# 公共文化服务体系下城市图书馆发展模式初探

王兴国(哈尔滨市图书馆)

社会化发展是现代公共文化服务体系建设的重要特色，也是增强公共文化服务内在动力的重要途径。在公共文化服务体系中，图书馆应该成为弘扬发展社会主义先进文化的重要阵地，成为政府为社会提供公共文化服务的重要场所。保存人类文化遗产是图书馆的一项重要社会职能，图书馆承担着构建社会文化的重任，为公共文化建设贡献自己的力量。图书馆应当具备文化展示、文化教育、文化交流、文化休闲等公共文化服务功能。

## 1 公共文化服务体系概述

公共文化服务体系属公共服务范畴。所谓公共服务是"为了满足与社会上每个人都有利益关系的公共需求，体现社会上绝大多数人的偏好，保障社会每个人最基本的福祉，国家运用权力从事的职责活动"。公共服务是国家实现管理的手段，是国家、政府最基本的职能之一，也是国家、政府存在的前提。"一切政治权利起先总是以某种经济的、社会的职能为基础的""政治统治只有在他执行了他的这种社会职能时才能维持下去"。在我国，现阶段构建覆盖全社会的公共文化服务体系是实现公共文化服务的有效途径。

公共文化服务体系是为满足社会的公共化需求，保障公民基本文化权利，向公众提供公共文化产品和服务的运行管理机制系统的总称，是政府提供普惠型公共文化服务的保障机制和现实途径。公共文化服务体系主要包括五大体系：设施网络覆盖体系，产品生产服务供给体系，人才、资金和技术保障体系，组织支撑体系，运行评估体系。一个较为完善的公共文化服务体系，至少应具三方面的特点：设施方面应具备规划科学、布局合理、固定网点和流动服务相结合、实现全覆盖的特点；服务方面应具备普遍均等、全民共享、方便快捷、优质高效的特点；体制机制方面应具备低成本、高效益、充满活力、富有效率的特点。

## 2 公共图书馆在公共文化服务体系中的地位

### 2.1 图书馆是公共文化服务体系建设的重要组成部分

近年来,随着政府职能的转变和公共服务理念的确立,满足社会公共需求、提供充分优良的公共产品与公共服务正在成为现代政府的核心职责。公共文化服务体系的建构,既是对我国文化体制改革大背景下公益性文化事业的重新定位与服务制度的重新设计,也是新形势下政府文化行政职能转换的必然选择。图书馆特别是以提供全民普遍的知识信息服务为主要内容的公共图书馆事业,理应成为当代中国公共文化服务体系建设中的重要组成部分。另外,构建公共文化服务体系的思想顺应了文化建设、文化享用、文化发展的普遍规律,与现代图书馆事业发展进程中形成的现代图书馆理念高度契合。

### 2.2 图书馆在公共文化服务中承担信息服务的作用

公共文化服务体系中,图书馆可以为社会经济、文化发展提供信息支持。图书馆拥有巨大信息资源及服务优势,可以通过搜集、整理、存储、开发、传递和利用文献信息资源为社会经济、文化发展提供服务。图书馆既可以通过诸如科研课题、项目咨询、辅助决策等方式直接参与社会经济、文化建设,也可以通过提供信息查询、特色资源服务等方式间接为社会发展进步做出贡献。例如高校图书馆的信息咨询部门就可以为本地重大科研课题提供高质量的定题追踪服务、特色信息服务、科技查新服务等。

### 2.3 图书馆在公共文化服务体系中承担着提供社会教育的职能

图书馆历来是一种重要的文化教育机构,是组成公共文化服务体系的重要组成部分,图书馆为全民学习科学技术和文化知识提供有力的支撑。正如著名教育家蔡元培先生所说:“教育不专学校,学校之外,还有许多机关,第一是图书。”可以说,图书馆作为一种社会文化教育机构,在公共文化服务体系中,它的教育职能始终在发挥着重要而独特的作用。

公共图书馆具有的开展社会教育的职能使其在文化知识传授中发挥着重要的作用。不断尝试新的教育模式,拓展新的教育内容,强化图书馆公益、公平教育,为全民提供有价值的信息知识,只有这样,能确保图书馆公共文化服务真正惠及全民。

## 3 公共文化服务体系建设中图书馆的创新发展

### 3.1 发掘自身优势,开发特色馆藏,做好深层次的专业信息服务

当代社会文化生活的多元化发展趋势,必然导致图书馆社会服务的多元化发展取向。不同类型图书馆,应该具有各自不同的服务、资源的特色个性,否则就失去了自己的独特优势。因此,为应对公共文化服务体系建设的要求,图书馆应当逐渐建立具有文化特色的文献收藏结构和体系,对原馆藏特色继续延伸显得尤为重要。图书馆在保持这些特色文献的同时,应继续补充、发展,使其更完备,特色更为突出。要对馆藏文献进行深度开展,整合资源,

加强有特色的书目数据库建设。

### 3.2 加强硬件设施建设,营造和谐文化氛围

图书馆未来工作应以读者为中心,工作重心应围绕如何满足读者文献和知识需求为最终目标进行规划和设计——缩短读者与文献或知识之间的距离。为读者提供更适宜于利用文献的空间。图书馆应能促进知识流通,创新交流环境、注重多元素养、激发社群活力。图书馆的优势是提供包含知识的文献资源,所以应该建立有利于读者创新能力培养的创新学习空间。通过腾出纸质书刊所占空间布置成读者更多地使用自由的空间,设安静区、集体学习区、讨论学习室、计算机教室等供读者自习和讨论的空间;馆内应设有 coffee shop(读者免费使用)、读者休息室,免费使用的 Wi-Fi 和电源,甚至还应开辟一个房间,放置懒人沙发,供读者躺着阅读或睡觉。把图书馆从一个储存图书的地方,努力变成一个信息、知识和学习的中心,同时可以作为朋友聚会、艺术展览、学习和休息的场所。还有图书馆不会要求入馆时女生不准穿高跟鞋,男生不准穿拖鞋,而是采用静音地板。

设置文化墙;多用照片做装饰,如人物照片、生活照片、老照片、馆内设施照片、特色馆藏照片装饰馆内部分空间;少量桌面绿植;标识醒目;特别是布展时充分利用信息技术,如专题书展的布展用电子屏与传统书展相结合的方式。

### 3.3 传统服务细致周到

虽然是信息时代、网络时代,但传统服务更要细致周到,如书架排书整齐,读者可借书册数增加,面对面咨询服务需要设有读者座椅、有笔纸和宣传单、有听音扩大器等配置,阅读时有阅读放大器工具,书库中有应急/咨询电话设置;自助复印处配订书机/起针器等。

### 3.4 重视图书馆营销,树立文化服务品牌

重视图书馆形象设计、宣传和推广,各种宣传材料供读者免费取用,借书处有印有图书馆 Logo 和口号的袋子供借书多的读者取用,咨询台全天有人值守,利用图书馆空间开展各类读者活动,计算机屏保滚动显示图书馆内的设施与服务,微视频讲解图书馆的资源或服务,多种形式的读者问答。

### 3.5 加强图书馆联盟的建设,实现信息资源的全面共享

在公共文化服务体系建设中,通过区域图书馆联盟,图书馆可以有效整合文化信息资源,形成文化合力,提高人们对图书馆工作的认知度和参与度,减少区域文化资源的闲置和重复配置,提高图书馆文献信息资源的利用率。图书馆可以利用现代通信技术,构建全局及地区性文献信息资源共享网络,实现数字文献资源的共享。还可以联合其他图书馆及文化、科研机构等,有计划地对各自原有信息资源进行整合及再加工,建立有行业或地方特色的文献资源体系,搭建公益性的地方文化信息资源共享平台,为地方经济文化服务,最大限度地承担起信息交流和资源共享的责任,发挥图书馆文化传播的辐射作用,满足更多读者信息服务需求。

### 3.6 与其他机构展开合作,延伸和拓展图书馆的服务领域

为了进一步促进公共文化服务体系的建设,图书馆应该牢牢把握公共文化建设的发展

方向，依托信息资源优势，积极拓展服务面，延伸服务领域，把图书馆的发展与当地的文化建设发展紧密结合起来，强化图书馆的资源建设，为地方公共文化建设服务。例如通过与其他公共图书馆或是科研院所、企事业单位、学校图书馆实行联合办证制度，提供联合服务，让所有读者都能享受平等服务；公共图书馆丰富总分馆模式，积极参与社区图书馆建设，利用自身优势，帮助社区建立小型图书馆（室），对其进行业务指导。还可以根据社区公众的阅读需求，把本馆多复本的文献资源提取一部分流动到社区使用，既方便了社区居民，也可使馆藏资源得到充分的利用，使最基层的居民能够获益，最大限度地满足城乡文化发展中人们对图书馆的信息需求，实现真正意义上的文化资源共享，从而对构建公共文化服务体系提供更为有利的帮助。

作为公共文化服务体系的重要组成部分，公益性文化服务设施的公共图书馆和保证信息公平获取的公共图书馆制度在公共文化服务体系建设中担当着重要角色，其服务定位应该在传统定位的基础上，重点保障公民文化权利的实现和精神文化生活的满足。图书馆要抓住这一机遇，开拓创新，不断完善自身建设，确立其在公共文化服务体系中的核心竞争力；主动出击，引导广大读者参与公共文化服务体系建设，并充分享受公共文化发展而带来的成果，在参与城乡文化建设中获得更大的发展。

# “公共图书馆+实体书店”跨界合作案例研究

闫　爽（哈尔滨市图书馆）

## 1　“公共图书馆+实体书店”跨界合作产生的背景

随着信息的产生和传播方式发生着翻天覆地的变化，公共图书馆面所面临的信息化挑战也日益严峻，实体书店更是产生了不同程度的生存危机。人们越来越倾向于借助电子设备来进行短平快的阅读，图书馆的借阅率正在以每年10%—20%的速度下降，因此图书馆亟须引入新的思维方式对传统服务进行提升。实体书店面临的局面更加严峻，图书价格在不断上涨，读者接受新信息的方式趋于多样性，因此销售额也受到了一定的影响。在全民阅读的大环境影响下，图书馆和书店的跨界合作也就顺理成章地产生了。近几年，基于互联网用户思维和微创新思维的外借服务发展迅速，并得到了读者、图书馆、书店及政府的多方面认可[1]。

# 2 我国“公共图书馆+实体书店”跨界合作案例分析

目前,我国开展合作模式的公共图书馆和实体书店已经有很多,比如哈尔滨市图书馆、佛山图书馆、内蒙古图书馆、厦门图书馆、杭州图书馆、武汉图书馆等。下面就选取几个典型作为案例来进行研究,以期为公共图书馆构建新型的按需采购模式提供有价值的参考。

## 2.1 哈尔滨市图书馆——“喜阅借购”

2017 年 3 月 18 日,哈尔滨市图书馆和哈尔滨市中央书店联合开展了“喜阅借购”活动。自活动开展以来,受到了广大市民的热切关注。哈尔滨市图书馆和中央书店作为“喜阅借购活动示范基地”受到了市领导的高度肯定。在 4 月 23 日,世界读书日当天,哈尔滨市图书馆为了方便广大读者,在书店现场办理图书证,当天办理图书证 300 余个,相当于哈尔滨市图书馆平时一个月的办证量。持证读者只要交纳 50 元押金,就可以在中央书店每次借购两册每册单价小于 60 元总定价不超过 100 元且馆藏复本数小于 10 册的图书,借期为 30 天,到期后图书必须归还到书店。在借购图书的范围上除了工具书、各种教材、习题集、描红手工、各种文献卡片、各种年度效率手册、新闻图片、明信片、挂图等不在借购范围内外,书店所经营的所有独立书号、单册发行、价格唯一的出版时间在 2016—2018 年的图书均可借阅。

哈尔滨市图书馆的借购活动开展一个多月以来,越来越多的读者参与进来,这种在书店就能借到自己心仪图书的新形式,使图书价格不再成为影响市民阅读的门槛和障碍,还能够充分满足读者的个性化阅读需求,让读者能够根据自身需要有目的的选购图书,给读者充分的选择自主权。同时也在一定程度上丰富了馆藏资源,提高馆藏文献的利用率。读者直接到书店选购借阅图书,中间减少了很多环节,节省了图书采访和加工的时间,能够在最大程度上以开放便捷的方式促进阅读。

## 2.2 内蒙古图书馆——“彩云服务”

内蒙古图书馆将图书采购权力下放给读者,外移借阅服务场所于书店,实现公共文化服务与群众需求对接,于 2014 年 5 月推出了以“彩云服务——我阅读,你买单;我的图书馆,我做主”为主题的文化创新模式[2]。读者只要持有内蒙古图书馆的读者证,就可以根据该图书馆的藏书规则、借阅制度、购书范围等要求,在内蒙古博物院书店、内蒙古新华书店、北京三联韬奋书店、北京西单图书大厦等几家实体书店挑选所需图书,所购(借)图书直接成为内蒙古图书馆的藏书。“彩云服务计划”模式颠覆了过去图书馆传统的资源建设与服务流程,把读者从传统服务模式末位前置到最前位,让读者直接参与图书馆的文献资源建设,克服了传统荐书受限于少数采购馆员个人观点的弊端,节约了图书馆的成本,缩短了读者的等待时间。该计划的实施,对读者来说,享受到了“私人定制”的乐趣,还除去了以往借不到书的烦恼。此服务采用内蒙古图书馆自主研发的“借、采、藏”一体化服务管理平台,该平台具有图书查询、借书(售书)、还书、结算等功能,集成图书馆和书店的资源与服务,提供联合编目、图书外借、资源共享等基于动态数据的云服务。作为图书借购活动的开创者,内蒙古图书馆的“彩云服务”为图书馆打开了新的思路与服务流程。

### 2.3 杭州图书馆——“悦读”

杭州图书馆的“悦读”服务开始于2016年1月1日，借鉴的是内蒙古图书馆的“彩云服务”的业务流程与管理平台。杭州图书馆联合杭州市新华书店庆春路购书中心、解放路购书中心等开展“悦读”服务，读者借阅的新书可以归还到杭州图书馆、杭图生活主题分馆和杭州少年儿童图书馆。在“彩云服务”的基础上，杭州图书馆开发“悦读”服务APP，运用手机图书馆技术实现图书馆、读者、书店三者之间的信息交流，具有扫描寻书、悦读传书等功能。在借阅书籍类型、读者分级上，杭州图书馆与内蒙古图书馆基本相似。除单册价格高于300元的图书以及教参教案、教辅教材、成套图书、产品目录、书法描红、涂色、折纸、卡片、挂图等无法借阅外，书店内所有对外出售的图书都可免费借阅。在复本限制上，杭州图书馆较为灵活，根据收藏目标和实际需求分为2—20本不等，这为更多读者参与图书馆馆藏资源建设提供了条件。

## 3 “公共图书馆+实体书店”跨界合作在实施过程中发现的问题

公共图书馆和书店的合作发展，在国内已有开展，在经济发达的长江和珠江流域，已有市级公共图书馆开展了有效的合作。放眼国外，大洋彼岸的美国及英国，也早有成功的合作范例。2015年1月14日，中共中央办公厅、国务院办公厅印发《关于加快构建现代公共文化服务体系的意见》，意见提出：“构建现代公共文化服务体系中应建立群众评价和反馈机制，推动文化惠民项目与群众文化需求有效对接。”[3]

不论是“喜阅借购”还是“彩云服务”归根到底还是“你借书，我买单”的合作模式，这种合作模式是以让渡部分类型(社科类、少儿类)图书的选择权，转交由到店或者到馆读者自主挑选所需书籍，读者可以通过先购买后报销或者直接到驻店的图书馆处完成借阅流程，图书馆在书籍借阅归还后将书籍编目并上架进行正常流通服务。

这种合作模式克服了公共图书馆书籍更新速度较慢，无法满足读者瞬息万变的信息需求的矛盾，也让书店能够充分利用图书馆这个大的公共平台，实现了店内书籍的销售工作，在较好地保障了书店的盈利水平的同时，书籍的快速流动也使得到馆读者能阅读到更丰富、更新颖的书籍。但是随着这种跨界合作的深入开展，这种合作模式的弊端也渐渐地显露出来，主要体现在：①书籍选择后不经查重就进行编目和外借，势必会让有限的购书经费产生浪费；②图书馆让渡的选购权无法满足所有读者的阅读需求，使此项活动在后期参与中饱受非议；③公共图书馆兼有藏和用的社会职责，读者选书必有其局限性，很难保证馆藏资源的合理配置。

## 4 如何将“公共图书馆+实体书店”跨界合作做得更好

### 4.1 联合建立读者荐购平台

公共图书馆和书店应联合建立读者荐购平台，建立健全读者荐购信息反馈机制，实现

“读者至上”。这样既能让读者及时了解自己荐购行为的进展状态，还可以提高读者自主荐购的主动性和积极性。图书馆和书店应通过多方渠道主动调查、收集和分析读者荐购信息，以便更好地了解读者的阅读心理；可以通过各种方式的读者调查来了解读者对图书的荐购信息；将书店新书目录公布于图书馆网站、公众平台以方便读者荐购；可与读者进行在线交流，接受读者的即时荐购信息等。对于以上读者荐购信息，图书馆和书店应及时予以过滤、整合和分析。这对于图书馆制订出科学合理的文献采访计划以及书店未来的经营方向都将大有裨益，为更好地服务读者提供坚实的依据。

### 4.2 建立合作发展的制度保障

为了双方合作健康持续地发展下去，图书馆与书店应建立保障双方权利义务的制度，并将合作方式通过双方签订协议的形式确定下来，以制度的形式保障合作的顺利进行是非常必要的。因此，图书馆和书店应该加强彼此了解，有针对性地展开合作。书店方面，要对自身所能提供的服务能力，能达到的服务内容、水平，包括软硬件条件有一个客观估计。图书馆方面，要对自身所需服务项目、目标、期望值有明确界定。在选择合作书店时，要对书店经营理念，服务能力、潜力有明确的评估，有针对性地选择合作对象。同时，图书馆和书店双方应加强沟通，及时反馈服务信息并妥善解决问题，并及时调整服务措施。

### 4.3 重视宣传

图书馆和书店在业务协作和业务活动中，应重视宣传，达成互相宣传、扩大知名度的共识。通过这种良性互动，达到相互扩大影响力和提高知名度的目的。许多书店之所以成功，除了有适应市场变化的管理体制和经营理念外，还得益于它们有大力宣传自己、树立品牌的意识和举措。他们不仅采用经常开展图书优惠、签名售书等大型活动以加大自身宣传力度，而且还竭尽所能地利用各种媒体宣传，扩大知名度和社会影响。这方面图书馆要借鉴书店的经验扩大自己的社会影响。为了宣传图书馆的最新服务举措及最新读者活动信息，图书馆可借助书店迅速发展的宣传优势，通过书店进行大力宣传，以提升图书馆的自身形象。如：在书店总服务台放置宣传小册，还可将新书通报让读者传阅。这种宣传能有效扩大图书馆的社会影响力。书店在签名售书或读者活动时也可邀请图书馆馆员参加，馆员就是图书馆的名片，现场宣传图书馆，让更多的人全方位了解图书馆并走进图书馆。图书馆在书店举办的大型选书活动也可利用众多媒体大力加以宣传。同时，图书馆的公益讲座也可邀请书店工作人员及书店读者代表积极参加，从而为双方的合作发展贡献计策。

公共图书馆和实体书店跨界合作的成功范例不在少数，是文化事业和文化产业融合发展的良好开端，产生了良好的效果，对推动全民阅读，建设书香社会有着重要的推动作用。公共图书馆应转变观念，积极探索这种跨界合作的深层次发展，探索读者服务的新模式，并在此基础上，寻求更广泛的跨界合作。

实践证明，加强图书馆与书店的合作发展是现代图书馆践行人文关怀的直接体现。身处知识经济时代，图书馆应努力拓宽思路，树立“读者至上”的服务理念携手书店合作发展，在相互借鉴中实现双赢，让读者的文献信息需求得以充分实现。

**参考文献**

[1]唐吉深.我国读者决策采购(PDA)研究述评[J].图书馆学研究,2015(2).

[2]刘华.以读者为主导的文献资源建设:美国学术图书馆读者决策采购(PDA)研究[J].图书情报工作,2015(8).

[3]中共中央办公厅、国务院办公厅印发《关于加快构建现代公共文化服务体系的意见》[EB/OL].[2016-01-14].http://www.gov.cn/xinwen/201501/14/content_2804250.htm.

# 未成年人阅读推广:品质与效能

于　伟(黑龙江省延寿县图书馆)

2010年4月,温家宝总理在对我国图书馆进行审查中提出:书籍对每个人的修养和境界都有重要影响,乃至于对一个民族、一个国家的影响都是巨大的,若一个人、一个民族、一个国家不读书,便没有希望可言。未成年人是一个国家发展的希望之种,且综合素质的提升对一个民族及国家的发展至关重要。未成年在我国总人口中占有较大比例,总数约为3亿人,属于一个较为庞大的社会群体,加强未成年人阅读能力提升可以在一定程度上推动整个民族和整个国家素质的进步。现阶段,我国提出了全民阅读的口号,并致力于建设学习型社会,而加强未成年人阅读推广则是推动全民阅读、积极响应国家号召的重要据点。

## 1　公共图书馆未成年人阅读推广现状

歌德曾说:读一本好书,就如同与一位高尚的人交流。我们知道未成年人正处在身心发育的重要阶段,他们表现出求知欲强、好奇心强以及读书兴趣广泛的普遍特征,阅读活动属于未成年人获取知识的重要来源,培养未成年人的阅读兴趣,让其掌握正确的阅读方法,打下良好的阅读基础,能够在他们走入社会工作和未来的生活中发挥出非常重要的作用。从现阶段的很多调查数据来说,国内未成年人读者占公共图书馆用户总数的大部分,在一些地区的公共图书馆甚至超过50%。由此可见,公共图书馆必须要进一步加强未成年人阅读推广工作,提升阅读推广工作的品质与效能。然而很多公共图书馆对于未成年人阅读推广工作不是非常重视,依旧存在一些问题,例如说发展不平衡、政策法规的缺失等。近年来互联网技术飞速发展,也让网络阅读逐渐得到了越来越多人的重视,但是因为未成年人的好奇心很强,很容易受到网络中一些不良文化的侵蚀,因此公共图书馆必须要引导未成年人健康阅读,培养其网络素质。为充分凸显出公共图书馆的社会责任,对传统的阅读推广工作予以改革创新,促进未成年人健康成长,合理利用互联网资源,我们必须要加强这方面的工作。

数据显示,国内未成年人上网率2015年到2016年之间持续提升,特别是对于9到13周岁的未成年人而言,上网率提高了 13.8%;14 到 17 周岁的未成年人上网率从 2015 年的 76.3%提高到89%。因此,对未成年人进行上网约束和不断规范网络阅读也属于公共图书馆必须要承担的责任[1]。而在进一步的调查中我们能够发现,现阶段在一些公共图书馆中,其主要管理模式始终都是沿用过去的传统模式,提供的服务单纯的是日常书籍资料的借阅,针对未成年人的阅读服务工作还处在空白阶段,也并没有树立主动服务的意识。因此对我国来说,未成年人阅读推广工作依旧属于公共图书馆必须要进一步加强的地方,特别是近年来读书网站以及读书 APP 的出现,也给公共图书馆带来了很大程度的压力,在新形势下,公共图书馆更应当第一时间创新改革,努力做好未成年人阅读推广服务,促进未成年人的健康成长。

## 2 公共图书馆开展未成年人阅读推广的重要意义

首先,公共图书馆开展未成年人阅读推广符合时代发展要求,能够有效促进城市文明程度的提升。随着现代信息技术的飞速发展以及社会经济发展,社会主义建设对于创新型人才的需求量持续提升。而当今社会在发展未成年人文化水平的核心思想是“领跑未来、赢在起点”。我们能够看到很多西方国家,它们对于未成年人的阅读推广工作非常重视,甚至很多国家都将其提升到战略高度,各种诸如少儿读书日、国家阅读日等节日非常之多[2]。与之相比,国内很多公共图书馆在开展未成年人阅读推广工作的过程中依旧存在一些问题,例如说图书馆提供的未成年人阅读服务单一化、未成年人阅读活动组织较少、馆藏资源不够丰富等。作为社会主义文化建设的重要力量,图书馆必须要坚持与时俱进,做好未成年人阅读推广工作,充分结合未成年人的身心发展规律,同时在这一前提下让未成年人阅读推广工作的内容与形式有进一步的创新与改革,支持和引导未成年人走进图书馆、了解图书馆,提升未成年人阅读推广工作的实效性。

其次,公共图书馆开展未成年人阅读推广能够有效培养未成年人利用文献资料进行自我学习的能力,启发其阅读知识。和西方国家的教育体制存在明显区别的是,国内未成年人教育体制具有非常明显的约束性与局限性,很多未成年人面临着非常沉重的学习压力,所以他们愿意主动走入图书馆的概率非常小,而因为过去应试教育的影响,很多未成年人对于图书馆存在一种潜意识的排斥,让他们主动参与阅读活动可以说是非常难的,另外对于一些中小学生而言,他们到图书馆的目的是借书,对于图书馆的其他职能作用基本上不是非常了解。因此图书馆员应当主动地给未成年人进行宣传教育,让其能够了解图书馆的服务内容和主要职能,在此基础上不断做好导读服务工作,在持续不断的宣传活动工作让广大未成年人能够真正了解图书馆,引导他们主动进入图书馆并能够科学地使用图书馆,获得自己需要的文献资料。借助于各项阅读服务工作的优化与完善,能够有效地启发未成年人阅读,提升他们的阅读潜力,培养其运用文献资料的能力[3]。

最后,公共图书馆做好未成年人阅读推广工作能够促进馆员自身专业素质能力的提升。在进行未成年人阅读推广工作时,设置专门的工作小组,委派专人负责未成年人阅读推广活动,组织各种实践阅读活动,例如说针对未成年人的阅读指导活动以及阅读培训活动等。在实践活动中,让公共图书馆馆员能够对未成年人的身心发展情况以及主要的阅读兴趣和方向有进一步的了解，明确未成年人阅读推广工作的基本流程和主要要求，对自身的工作有更加深入和全面的认识。如此一来就能够有效促进未成年人和图书馆员之间的互动，也帮助图书馆员树立了较强的责任感，让其专业素质能力得到很大程度的提升。

## 3　公共图书馆未成年人阅读推广品质与效能的提升策略

### 3.1　注重素质教育，激发阅读兴趣

随着素质教育的进一步推进落实以及基础教育改革的实施，未成年人阅读问题也逐渐成为整个社会所关注的热点问题。早在2012年，国务院办公厅就已经印发《关于开展国家教育体制改革试点的通知》，一大批目标明确、政策具体的教育改革措施已经基本完成了备案流程，也直接标志着我国教育体制改革试点工作的正式启动，明确教育改革试点的基本任务即是促进素质教育目标实现，切实降低中小学生的学业负担[4]。素质教育的落实在很大程度上转变了过去的传统教学模式，同时也让未成年人拥有更加自主的学习时间和方式，这样的教学模式给公共图书馆开展未成年人阅读推广活动带来了良好契机。公共图书馆必须要保持更加开放的眼界，转变过去的读书服务工作局限性，充分发挥出桥梁纽带作用，必须要积极地和教育界、出版界、媒体、学生家长等进行有效的互动，进一步发挥出各方合力，让全社会都能够共同重视未成年人阅读推广工作，组织进行更多高品质的阅读推广活动，有效调动未成年人的阅读兴趣，让孩子们在亲近阅读、享受阅读的过程中实现其综合素质能力的不断提升。

### 3.2　营造阅读环境，养成阅读习惯

公共图书馆是很好的读书和课外学习场所，内部环境良好幽静以及富有文化气息，各种现代化读书检索设备齐全，这样整洁美观的环境能够让读者感受很好的精神熏陶，给读者振奋向上的动力，发挥着净化心灵的重要功能。当未成年人走进图书馆之后，其心中自然而然的就会产生一种美好的情感，能够在潜意识中形成一种对知识的渴求，因此良好的阅读环境能够发挥出引领未成年人阅读的作用。公共图书馆必须充分借助于广播、电视、互联网等媒介，更大范围的宣传普及图书馆开展的各类阅读活动，帮助未成年人树立阅读意识。另外还需要积极寻求和广大教育工作者的合作，主动进入中小学校服务，为中小学校提供馆藏图书资源，深入课堂开展文献检索讲座，让中小学生能够学会如何进入图书馆阅读，真正将图书馆当成是课堂学习的第二阵地。公共图书馆还应当组织进行家庭阅读活动，定期开展亲子阅读与分享阅读，在和谐的阅读环境中让未成年人感知阅读乐趣，培养他们的创新意识与学习能力，给未成年人创造更多参与阅读实践活动的机会。

### 3.3　丰富馆藏资源，提升阅读质量

对于阅读内容必须要强调质量，提升未成年人阅读推广的品质。公共图书馆必须要收藏更多有助于未成年人身心发展的馆藏文献资源，选购一大批经典著作，重点选择专门针对未成年人出版社的作品，重视教育专家所推荐的书目。同时，必须要促进馆藏资源的多元化发展，未成年人阅读推广工作的主要目的在于促进未成年人的全面健康发展，因此馆藏文献资源也必须要朝着多种类型的方向发展。除传统的图书和报刊之外，我们还可以选购一些

书画作品、摄影作品、科技模型等,这些都能够成为未成年人的课外阅读选择[5]。最后,应当科学设置纸质资源和数字资源之间的比例,近年来图书馆信息建设逐渐推进,计算机技术的发展也在很大程度上转变了我们的阅读方式,但对未成年人而言,我们依旧希望他们更加偏向于喜爱纸质读物,尤其是到图书馆中,传统的纸质读物对未成年人而言依旧是最好的阅读资源。当然,信息数字资源属于一种现代化的阅读模式,在当今这样一个互联网时代下,计算机也必然会或多或少的对未成年人的阅读模式产生影响,因此图书馆必须要合理的配置纸质读物与数字资源的比例,有针对性地建立特色数据库,将符合未成年人阅读习惯的数字文献资源集中起来。

### 3.4 组织实践活动,增强阅读效能

作为图书馆员应当对未成年人的身心发展规律有充分的了解,能够知晓不同年龄层次读者的阅读偏好。针对学龄前幼儿应当组织亲子阅读活动,主要以讲解为主;针对小学阶段的未成年人主要是以拼音童话和寓言故事推荐为主,另外为其提供一些科普小故事之类的读物;而初中和高中阶段的未成年人基本上已经形成了自己的阅读习惯,具备一定的独立阅读能力,可以选择一些经典名著或者关于历史、天文、科学等方面的书籍。公共图书馆还应当积极强化和少儿作家之间的联系,利用好自己的人脉资源,让少儿作家能够与孩子们进行亲密互动,把少儿阅读推广服务工作推向新的阶段。另外,公共图书馆在组织未成年人阅读推广活动的过程中需要注重形式的多样性,例如开办新书推荐专栏、少儿读物排行榜等,引导未成年人阅读,促进其阅读效能的提升,或组织进行专题讲座、经典著作诵读会等,鼓励未成年人积极参与,向他们分享读书方法和经验感悟,还可以依靠各种纪念日和节日来组织各项活动,如4.23读书日等,组织进行讲故事大赛、演讲活动、少儿征文比赛等,提升阅读活动的趣味性,吸引更多的未成年人加入阅读队伍[6]。

综上所述,加强未成年人阅读推广工作,是构建与完善未成年人阅读常态化推广体系的有效途径。在组织开展各种阅读实践活动的过程中,能够让更多的未成年人对公共图书馆有充分的了解,同时可以让他们学会如何利用图书馆资源,从被动阅读逐渐转化为主动阅读,进而拥有使用文献信息的能力。在工作实践中,我们还应当进一步健全未成年人阅读推广体系、拓宽他们的阅读视野、充分调动其阅读积极性,为社会主义文化强国建设添砖加瓦。

**参考文献**

[1]刘紫丹.基于“儿童本位”的未成年人阅读推广研究与探索——以温州市少年儿童图书馆为例[C]//全国中小型公共图书馆联合会,中国知网中国知识资源总库编委会,《图书馆杂志》社.全国中小型公共图书馆联合会2016年研讨会论文集,2016.

[2]于雅彬.公共图书馆未成年人阅读推广空间探讨[J].办公室业务,2016(21).

[3]刘紫丹,任东升.基于儿童本位的未成年人阅读推广研究与探索——以温州市少年儿童图书馆为例[J].图书馆研究与工作,2016(3).

[4]葛刚,谢玉贤,王桂艳.关于农村未成年人阅读推广的认识与实践[J].图书馆学刊,2016(8).

[5]惠艳.邀少年读万卷书助学子得智慧泉——谈公共图书馆如何开展未成年人阅读推广工作[J].河南图书馆学刊,2016(7).

[6]汪雁.中小型公共图书馆未成年人数字阅读推广工作[J].兰台世界,2016(13).

# 拜经楼藏书聚散与江浙地区的书籍社会

肖娇娇(成都图书馆)

拜经楼是清代中期海宁地区著名藏书家吴骞的藏书处,与黄丕烈"士礼居"齐名,学界对于黄丕烈及其藏书关注甚高,而对吴骞的关注相对较少,主要集中在拜经楼藏书概貌、善本流散等方面①。通过研究吴骞的日记、拜经楼藏书目录、题跋和其他著作中关于拜经楼藏书的记载,我们或许会对拜经楼的书籍聚散情况有更深入的认识,也将借此进一步探索江浙地区以吴骞为代表的"书籍社会"和拜经楼藏书所承载的文献价值与士人的学术兴趣。

吴骞曾"筑拜经楼聚书数十万卷"[1],这数十万卷的藏书究竟是如何"获取"的?探讨这一问题或有助于我们认识书籍社会史中"知识共同体"的形成[2],吴骞曾自述其"先世颇鲜藏书",可知,他的藏书并不像某些藏书世家通过继承先人而来,而是他自己"节衣缩食,竭平生之精力而致之者也"[3]。因此考察拜经楼藏书的获取方式,我们可以窥见江浙地区当时书籍的流通和学者、藏书家们以书为媒介的交游活动。

## 1 拜经楼藏书积累方式

### 1.1 购买

周绍明先生以为晚明时期中国的读者"得到书籍的途径最有可能来自商业:书贩、租书铺,以及书摊和书店"[4]。生活在清代中期江浙地区的藏书家吴骞又是到哪里、如何购买书籍的呢?在其日记、《愚谷文存》和《拜经楼藏书题跋记》等书的相关记载中,我们可以找寻到一些答案。吴骞的《吴兔床日记》[5]曾多次记载其购书的经历:

> 乾隆四十八年腊月十五日　于吴门得宋《周益公书稿》二册,宋板精雕。
>
> 乾隆五十二年四月初三日　是日,在吴门书肆购得汲古阁影抄《毛诗阐秘》,书不分卷,乃魏叔子所著……黼季跋后,又有休宁令虞山丁斌跋,称为程生而题。程未详何人,盖此书毛氏散出,又归于休宁之程也。

其子吴寿旸所编《拜经楼藏书题跋记》[6]中记载吴骞的购书经历则更为丰富,购买途径又更加广泛:

> 《诗集传》,又不全宋本,止八卷,陈简庄徵君从中吴为先君子购得。

---

① 专门研究《拜经楼藏书题跋记》的有2008年山东大学沙莎的硕士学位论文《〈拜经楼藏书题跋记〉研究》,关于拜经楼善本流散研究的文章有马仁杰、黄伟的《吴骞拜经楼善本流散考略》,对拜经楼藏书做整体研究的有阙晓云的《吴骞及其拜经楼藏书研究》等。

《字鉴》二册，钱绿窗处士校本，先君子购藏……今广伯既没，遗书尽散，予偶见苕贾携示数种，皆手泽宛然，亟以善值购而藏之。

《皇佑新乐图记》，予购之于吴门钱听默书林。

《韩随笔》一册，近从苕贾得之。

今春偶从书舟收得旧抄《霏雪录》上下二册[7]。

《河东先生集》……偶从武林所得旧本。

此外，《愚谷文存》中亦有少量的记载，如《大学外传》《论语外传》，吴骞曾作《明黄冈易氏大学、论语外传》跋：

客冬得残本于粥瓷者担头……盖顾家用以易茗碗……[8]

由上可知，吴骞购买书籍的地理范围大致不超过江浙一带，多城中市集区主要路口的书肆，如环太湖地区的吴中、吴门以及杭州武林等地的固定书铺，流动的"书舟"亦是购买的场所之一。而本地藏书家后人所贩卖的书籍也是其关注的对象，如钱馥后人在其过世后开始贩卖其藏书，吴骞发现，多购而藏之。

尽管当时书籍的商品化程度颇高，而吴骞作为藏书家通过购买获得的书籍仍以旧抄本和早期珍贵刻本这一类型的典籍为主，与晚明清初时期的士人所购买的书籍多当时新刻本不同，反映了吴骞作为上层藏书家对藏书版本和品质的追求。我们知道，只有旧抄本和珍贵刻本进入书籍市场销售，吴骞才得以购买，这恰恰反映了江浙地区市场上可以选择的书籍种类增多和书籍商品化涉及范围变得更加广阔而不再局限于新书的销售；吴骞购书场所的多样化和流动书舟的出现说明当时书籍已经不再局限于在固定场所销售，且不局限于市集区销售，书籍商品化的触觉已经跟随流动的书舟到达乡村，甚至江浙地区的每一个角落。

### 1.2 继承

据陈心蓉的《嘉兴刻书史》研究，吴骞藏书曾得清初同乡前辈马思赞（道古楼）和查慎行（得树楼）的遗佚之书[9]，这也构成了拜经楼藏书的基础。书过留印，通过观照拜经楼藏书的印章，我们可以发现吴骞还曾继承过不少江浙地区前期藏书家藏书。

| 书名 | 前期收藏者及籍贯 | 印章 | 藏书楼 |
|---|---|---|---|
| 《紫严易传》 | 朱彝尊（秀水） | 秀水朱氏彝尊锡鬯 | 曝书亭 |
| 《诗传通释》（旧抄） | 曹溶（秀水） | 曹溶之印、槜李曹氏 | 静惕堂 |
| 《春秋尊王发微》 | 顾宸（无锡） | 修远氏顾宸 | |
| | 钱曾（虞山） | 虞山钱曾遵王藏书 | 述古堂、也是园、我匪楼 |
| | 季振宜（季家市） | 季振宜印、沧苇 | |
| 《增修复古编》 | 毛晋（常熟） | | 汲古阁 |
| 《武林旧事》（清初山晖草堂抄本） | 曹炎（常熟） | 鹤溪主人曹炎之印、彬侯 | 山晖草堂 |
| 《绀珠集》 | 龚翔麟（仁和） | | 戴氏玉玲珑阁 |

续表

| 书名 | 前期收藏者及籍贯 | 印章 | 藏书楼 |
|---|---|---|---|
| 《诚斋诗话》 | 曹溶（秀水） | | 古林书屋 |
| 《古灵集》 | | | |
| 《董令升遗事》附《归卢陵日记》 | | | 天一阁 |
| 《穆河南集》 | 吕留良（崇德县） | 吕氏藏书、耻斋 | |
| 《苏诗补注》 | 江元祚[①]（钱塘） | 梧桐乡汪氏拥书楼所藏 | 拥书楼 |
| 《栾城集》 | 马思赞（海宁） | 玉音孝友著于家庭信谊隆于乡党古盐官州马思赞之印、马寒中印、华山马仲安家藏善本 | 道古楼 |
| | 朱彝尊 | 秀水朱氏潜采堂 | 潜采堂 |
| 《云溪集》（观稼楼抄本） | 黄中理（南汇） | | 观稼楼 |
| | 徐乾学（昆山） | 玉峰徐氏家藏 | |
| | 沈廷芳（仁和） | 沈廷芳、莱园、晦药轩 | 隐拙斋 |
| 《诚斋集》 | 吕叔子 | 以宁吕叔子印、桢以宁之印 | |
| 《柳塘外传》 | 杨端木（海宁） | 海宁杨氏端木藏弆翰墨图书传之有绪 | |
| 《佩韦斋集》《佩韦斋辑闻》 | 夏晓峰（海宁） | 海盐夏晓峰书画记 | |
| | 闻人倓 | 闻人讷甫秘籍之印 | |
| 《鲁斋遗书》 | 吕留良（崇德县） | “不远复堂”“难得几世好书”、人赵北溟印、无党、蕴真、翼云、耻斋 | |
| 《说学斋稿》 | 吴石仓 | 石仓手校及吴允嘉印州来氏 | |

上表所列吴骞继承的典籍以旧抄本居多，包括著名藏书楼如山晖草堂、观稼楼等名家抄本，也有影宋抄本，属善本中的珍本，此类抄本多有题跋，见于《拜经楼藏书题跋记》。

若从前期收藏者的生平籍贯来考察，我们发现此类典籍前期多属江浙一带藏书家，而又以海宁同乡和武林杭州居多，包括马思赞、查慎行、杨端木、夏晓峰、徐乾学、龚翔麟等人，其余均为江浙各地藏书家、学者甚至书画家如杨端木、夏晓峰等人，可见吴骞大宗继承的典籍的地理范围大致是以海宁为中心而辐射江浙各地。探讨继承这一方式获得的书籍

① 参范凤书编，《中国著名藏书家与藏书楼》，大象出版社，2013 年。第 116 页著录江元祚藏书楼名“拥书楼”。

流通，我们可以知道这一类书籍的递藏历史渊源，更能勾勒出江浙地区书籍社会的历史变迁线索。

### 1.3 受赠

在清代江浙地区，藏书家和士人们相互往来，常常会选择各类书籍作为礼物互赠以加深交往和切磋学术，而吴骞作为当时有名的藏书家也常常接受与之交往的江浙地区的一些学者或藏书家们的赠书，《吴兔床日记》中的记载如下：

乾隆四十五年三月十九日　午刻复过抱经堂卢学士，以所藏《通雅》为赠。

乾隆四十八年九月二十七日　翟晴江先生以《尔雅补郭》从金华属小疋寄赠。

乾隆四十八年十月廿六日　金鄂岩过，以《青莲馆诗》等为赠。

乾隆四十九年闰(三)月初三日　钱广兄携《杨园年谱》见赠。

乾隆四十九年七月初九日　抱经先生过访横河舟次，以新梓《贾子》及《方言》见诒。

乾隆五十年十一月十三日　午后卢擎斋学士过访，时从钟山书院归，以新刻《董子》见诒。

乾隆五十年十二月十一日　午刻抵硖川，过榕园兄弟，以新梓《潋水二布衣诗》见赠。

乾隆五十四年九月初二日　至青堆，绿饮以《元一统志》九大册赠我，希世有也。

乾隆五十四年十二月初四日　晨刻入城，过擎天斋学士，诒余新刻。

乾隆五十四年十二月十五日：为荆南之游。周虞嘉以《关帝征信编》赠行。

乾隆五十六年四月二十八日　得卢学士晋陵书并新刊《补宋辽金元艺文志》及《钟山札记》。

嘉庆四年八月朔日　陶叟至萧山寄新刻诸种至。

嘉庆十三年三月朔日　过清勤堂，山舟学士以石刻《重赴鹿鸣诗》及木刻本见诒。

《拜经楼藏书题跋记》亦有相关记载：

《汉隶分韵》，宋刻而元时翻雕者，顷周松霭大令以见遗。

又元《汉隶分韵》，亦松霭先生所赠。

《传是楼书目》抄本六册，知不足斋主人所赠。

《震西剩稿》嘉庆壬午冬，陈仲鱼孝廉获此稿见贻。

《国寿录》，嘉庆壬午，予七十初度，陈奉峨茂才手录此本见贻，其原本则又从周勤补孝廉借抄也。

《茶经》，简庄先生抄本。原本作卷上、卷中、卷下，此作卷之一二三。

《大学辩》：一篇，陈乾初先生著，此本为先师巢饮夫子手写。

《默记》：一册，巢饮先师手写本。先君子校。

《钓余集》：巢饮先师手写本。

《玉窗遗稿》：诗一卷，先师手写本。

《诗因》:大清诗因闺门一集,亦先师手录,先君子校正。

由现存吴骞日记和藏书题跋的记载来看,我们发现他共收到他人赠书20多次,可以说受赠频率颇高。从受赠书籍的类型来看,以各类藏书家自行刻印的新书居多,如抱经堂主人卢文弨曾多次将自己新刻的书籍赠送给他,此类赠送新刻印书籍的行为大有相互交流和切磋学术的意义;与之交往密切同乡亦常常将其手抄本赠送给吴骞,如陈鳣;此外,尚有将书籍作为礼物赠送吴骞为他即将出游而践行如《关帝征信编》;又有得知他一直寻觅某珍贵书籍而赠送给他的,如《元一统志》《汉隶分韵》等书。从赠送书籍给他的人员构成来看,同为藏书家者和学者居多,如卢文弨,亦有不知名的一般士人,如"陶叟"等。清代乾嘉时期,"书籍获取的困难"也并不因为吴骞是有名的学者和藏书家而大大减弱,尤其是某些刻本数量较少、流通范围狭窄,有的书籍依然只有凭借抄本而获得,但正因为吴骞的交游甚广和声名较高,替他抄书之人并赠予他的颇多,如陈鳣、朱巢饮等人。

此类赠书行为和吴骞的身份颇有联系,他本人兼具藏书家和学者的身份使得他收到的书籍大多以同等地位的藏书家们新刻本和新抄本居多,吴骞收到此类书籍后,常常阅读并校正,甚至为其撰写序跋,有效地推动了当地的学术交流和发展,这类行为也客观上促进了当时江浙地区学者、藏书家们的知识结构的趋同化,从而逐步形成所谓的"知识共同体"。

### 1.4 自抄

藏书家们多相互传抄各类书籍,以填充各自藏量和弥补自己所缺之书,拜经楼也不例外。吴骞曾言:"吴枚庵(翌凤)与予交尤莫逆,得佳帙必互相传抄"[10],此风影响之下,吴骞许多藏书均是通过亲自抄写而获得。

吴骞自抄之书,通过《拜经楼藏书题跋记》和《愚谷文存》来考察,种类较多。一部分是从当时其他藏书家借来底本抄录所得,如吴翌凤的《周易经义》,"先君子从枚庵先生借抄"[11]。又如《云丽漫抄》《吴礼部别集》《阴晋陵集》,《拜经楼藏书题跋记》[12]中都著录该书从知不足斋传录、借录或"录其副"藏于拜经楼;又曾从杭世骏(道古堂主人)借录底本抄藏于拜经楼,如《经历奇证》。

《六陵遗事》一卷,后附《庚申君遗事》一卷……先君子手抄校正。

《传是楼宋元版书目》一册,先君子手写本。

《一隅录》先君子手写本。

《浙江文抄》其婿谈祎初先生所辑,先君子传录。

《红柑斋诗草》海宁查尧卿先生著,先君子传录。

《诗经泽书》今复从徐舍陈子景辰借得此旧抄本,因亟为传录其副[13]。

顷,族孙廷瑞购得旧抄《枣林诗集》一册,以示余……亟录副而藏诸箧衍[14]。

某些书籍,越是珍贵或早期的刻本,越容易存在残缺的情况,拜经楼藏书也不例外,吴骞对此更是格外留意。在其藏书聚集过程中,若吴骞发现自己所藏刻本或缺某些卷次,或缺某些内容,一旦获得他人所藏精校过的完本,则会借录补抄以求完本。拜经楼藏书中此类情况较多:

先子(吴骞)从元刻补抄目录十卷并徐天佑序及天佑补注九条……兹从元刻《吴越春秋》补抄序目附订于前,而大德年中校刊诸人姓名、官阀亦附录于后……

由于现刻本面貌已不复前，吴骞选择从元刻本中补录，“使观者知旧本之可贵”。又如拜经楼原藏《孟子注疏》为汲古阁刊本，但无《孟子篇叙》，然钱曾藏《孟子音义》后附录有《孟子篇叙》，而新刻通志堂经解本无，吴骞亲自补抄录入，以复其原貌[15]。又如《增修复古编》，拜经楼曾得汲古阁旧抄本，但汲古阁旧抄本前无序，吴骞从葛氏新刻本中补抄序于汲古阁抄本之前。而同时拜经楼的抄本前还有钱绿窗的校，粘签条于上。又《南部新书》从别的抄本补抄序于前，同时补抄他人校勘于自己藏本上，据《愚谷文存》载，此书“世鲜佳本……今年夏以文出示其昔日手抄本，首序尚存，并录诸家校勘，丹黄粲然，因假归补录而是正之”[16]。又如宋版《说苑》下吴之澄自注云：缺第四卷，从别本补抄[17]。又有在补抄的同时校正自己藏本的情况，如拜经楼藏刻本《华阳国志》原有“向缺十中二子卷。乾隆癸丑先君子借卢抱经学士本补抄并校”[18]。吴骞对补抄本的急切，从他对儿寿照的要求亦可看出，拜经楼藏有唐长孙无忌等进呈的《五经正义》，《愚谷文存》的跋中记录了吴骞令长子寿照补录的情况：

> 今秋乃从下昂丁小疋教授借得，亟令儿寿照手录，以补刊本注疏之缺[19]。

从吴骞本人补抄书籍的行为来看，他在藏书中对“完本”的追求，在补抄过程中又补校原书更体现了他对藏书质量的关注，而非一味追求数量的增长。

## 2　拜经楼藏书积累过程中形成的书籍流通“群体”

参与书籍流通的人是书籍社会的核心成员，而人与人之间的联系便是形成书籍社会网络的纽带。参与拜经楼书籍流通的人员十分广泛，包括江浙各地的商人、有共同兴趣的同乡好友、底层士子藏书家甚至寺庙僧人等。他们与作为知名藏书家的吴骞又发生不同的联系，形成不同的“群体”。

### 2.1　书商与士人圈的融合

通过购买获得的书籍，自然和“书估”发生联系。吴骞所处的时代，正是书籍“商品化”的高潮时期。书估在江浙各地十分活跃，尤以苕人居多，通过蒋光煦为《拜经楼藏书记》所作的跋语，“三吴间贩书者皆苕人，来则持书入白太安人，请市焉”我们便可知道。活跃的书商群体除了售卖固定已有的书籍以外，还能根据藏书家们的兴趣和爱好特别留意某些典籍主动上门推销，从吴骞和书商们的交往可知二者的联系，《吴兔床日记》中多次出现书估的身影：

> 乾隆四十八年十月十七日　苕估持《唐音七签》求售。
>
> 嘉庆十一年十一月朔日　有苕估携李映碧清抄本《姓氏札记》二十余册。
>
> 嘉庆十五年八月初四日　有苕估携李是庵画佛幡八幅求售。
>
> 嘉庆十六年(1811)十二月十三日　苕估至，买得旧抄《霏雪录》，明镏绩著。
>
> 辛亥冬日，有书贾持来旧抄《高丽图经》四十卷。
>
> 乾隆四十八年十一月初十日　书估吴良甫自吴门来，有宋刻《说苑》，卖咸淳乙丑镇江府学教授李士忱刊本……予以宋椠《传灯录》、明刻朱克升《书传疏义》易之。

书估们常常寻上门来推销书籍，吴骞有时购买，有时还通过与书贾交换书籍，即“以物易物”的方式获得他心仪的书籍，如宋本《说苑》。在书籍买卖过程中，吴骞与书商们建立起了密切的联系和信任，因而有时也会嘱托书商代为寻购自己中意的书籍：

乾隆四十八年十二月年二日　予在吴书肆见敖继公《仪礼集说》，刻印俱善，缺页俱抄补，惜未购之。虽以属吴良甫，终往来于心也[20]。

甚而有的书估欲将书籍售卖给藏书家们，也愿先借给他们阅读，甚至可反复借阅而不购买亦可，如《拜经楼藏书题跋记》中曾记载“有书贾持明刻《贾子》一部欲售于予……因借阅之”。吴骞借阅此书以此校正卢文弨赠送给他的新刻本《贾子》，当日就“手校二卷”，但有事未竟，还惦记着“他日当再借以卒业也”[21]。可见书贾与藏书家们的相互信任。正是受到士人藏书家们的影响，有的书商并不以完全追逐利益为目的，在代人寻购书籍时还颇讲义气，《拜经楼藏书题跋记》曾记载，吴骞曾拜托苕上书贾吴良甫帮他留意《海宁县志》，吴良辅获得此书之后有人出高价想买走，但此人颇讲道义，不仅未将此书高价贩卖他人，还无偿赠送给吴骞了。而从吴骞对吴良甫的评价“是亦估而有士行欤”[22]，可知，本处于书籍商品市场对立关系的书商与士人二者在“书籍商品化”的过程中正逐渐融合。二者的融合使得相互依赖程度大大提高，为江浙地区书籍的快速流通提供便利。

### 2.2　以共同兴趣和乡缘为基础形成的师友圈

作为拜经楼主人的吴骞，兼具藏书家与学者的身份使得他对书的追求大多以个人兴趣出发，而书籍在流通过程中，拥有共同兴趣的学者藏书家们常形成自己的小圈子。基于此，我们首先需要考察吴骞个人的藏书兴趣与学术兴趣究竟为何？据《海昌艺文志》的记载，我们知道吴骞早年科举不第，仅乃一“贡生”，这一身份自然导致他对传统儒家著作的兴趣进而影响到其藏书追求，因而拜经楼藏书中儒家典籍占多数。又因同期海宁地区藏书家颇多，尤其是同乡者如陈鳣、周松霭等人因为同居一地，更是相互往来成为固定组合，常年相携一起访书、观书、传抄校雠典籍。这在吴骞早年的日记中，有相当明确的记载，如现存《吴兔床日记》中乾隆四十五年共34则，而其中记录与陈鳣交游的就有23则，在后来的日记中，吴骞也多次与陈鳣一起各处观书、四处拜访藏书家、互相传抄书籍并校勘：

乾隆四十五年二月十七日　雨中同河庄访绿饮于知不足斋。

乾隆四十五年二月二十七日　同河庄过铁生愚溪草堂……

乾隆四十五年三月十三日　午后同绿饮、河庄过卢学士抱经堂，观新校定汉魏诸书。

嘉庆十年四月初三日　携简庄过荛圃，遍观所藏书籍，皆宋刊珍本，为生平所创见。

与吴骞相互往来的另一个小团体的主要人物则是同为海宁地区的藏书家兼学者周春，号松霭，藏书楼名“著书斋”，二人并与陈鳣也有往来：

乾隆五十五年二月十五日　入城过著书斋。时有《杜诗双叠谱》将入梓，松霭以样本出示。

乾隆四十五年春二月十又六日　同河庄访周松霭大令剧谈……

而周松霭曾赠送宋刻和元刻《汉隶分韵》给吴骞，可见二人关系匪浅。除了固定的二人组合以外，吴骞还常常与海宁地区其他藏书家相互往来，形成一定的圈子，如吴骞长期与鲍廷博、吴翌凤、黄丕烈、卢文弨、钱大昕、周广业、丁杰、王鸣盛等人保持紧密的联系，而以上藏书家群体并不是孤立的一个一个群体，大多互有交叉。

### 2.3　与底层藏书家的互动

海宁地区藏书家名留青史者多达数百人，受当地藏书风气的影响，底层士子也加入藏书的大军中，吴骞虽为藏书名家，但仍与之交往，其日记中多有此类底层士人藏书家的相关记载[23]：

> 乾隆五十四年十月初六日　同寿旸过义兴史氏书斋……主人一老诸生，出示宋板《山谷刀笔》十六卷、唐《张文昌集》六卷，纸墨皆古。
>
> 嘉庆六年四月二十日　周绍衣，长洲人，忠介公裔，居吴门上津桥，家多藏书。

史氏书斋的主人与周邵衣二人，均籍籍无名，然这二人的藏书在吴骞看来也颇有可观之处，如史氏书斋中竟也有时人热烈追求的宋刻本。从吴骞与他们的交往来看，当时江浙地区的书籍社会中群体阶层之间并无藩篱禁锢，因着有共同的藏书兴趣便可相互交流。可见，士子藏书所承载的共同兴趣变成了阶层与阶层对话的媒介之一。

### 2.4　与寺庙僧人的书籍互动

根据吴骞日记的记录，吴骞曾携友人前往寺庙翻阅书籍[24]：

> 嘉庆八年八月二十一日　遂循湖堤直上云岫庵，观烘藏经。予与厚培随手取阅之，乃《瑜伽论》一百本……又有《莲花经》一部，别贮一橱。
>
> 嘉庆十年四月初四日　寻吾与庵，住持寒石出迎，登见山阁……寒石出宋藏经及徐俟斋画册观。

寺庙所藏书籍，多佛教典籍，而对宋本的追求亦导致吴骞对宋本藏经的关注；从吾与庵主持寒石的“出迎”行为和出示“宋藏经”等珍贵佛教典籍来看，若不是吴骞声名在外，便是二人关系较好，之后吴骞又将自行刻印的书籍赠送给杭州灵隐寺予以保存[25]：

> 嘉庆十四年九月十九日　与魏小洲出钱湖门至灵隐寺书藏，以家刻本三函归鹫字号书橱，计《愚谷丛书》一函共十种、《拜经楼诗集》一函、《愚谷文集》一函，总计十五本。俱登入本寺书藏簿。

吴骞家世并不信佛，然他为了寻书、观书，频频与寺庙僧人往来，折射出当时书籍流通的范围已经延伸到市集、乡村等世俗社会以外的寺庙；赠书寺庙的行为说明他希望自己所刻书籍能在寺庙僧人和香客中得到更为广泛的传播，企图以自己的学术兴趣影响更多的读者，不局限于已经形成的固有圈子。

## 3　拜经楼藏书特点及其影响

黄丕烈嗜好宋本，有“百宋一尘”的雅称，拜经楼藏书在宋本上无法与“士礼居”匹敌，因而吴骞转向元刻本的收藏，自称“千元十驾”，其孙吴之淳所编《拜经楼书目》，记载拜经楼所藏“元刻本”虽没有号称的千种，却也多达20种，宋刻本仅13种，而《拜经楼藏书题跋记》所录善本若为宋刻、元刻本均明确著录，反映了当时藏书家们在藏书版本选择上的共同兴趣，这也是拜经楼藏书的精华所在。时人对其藏书的借阅和后世对拜经楼藏书的版本评价较高的也多是宋元珍贵刻本和抄本文献居多。如卢文弨曾借拜经楼藏元刻本《荀子》，在其新刻《荀子》的时候，书中多采用元本《荀子》的内容。海宁同乡士人钱泰吉也曾向拜经楼借阅宋本《汉书》、元本《史记》，并在重新刊刻这些书籍的时候据此校正底本。就算是拜经楼在烽烟战火中衰败后，所藏典籍四处流散，时人所关注的其藏书重点亦在此类珍贵刻本和旧抄本上，如民国时期的东来阁书店曾自己编印《东来阁书目》[26]第二期专设补遗一卷，著录从拜经楼中流散出的旧抄本、稿本等27种：

《周易经义》三卷，拜经楼景宋抄本。

《枣林外索》初、二、三集不分卷，旧抄本。

《乐圃余稿》十卷附录一卷补遗一卷，旧抄本。

《习学纪言》五十卷，湖州严氏抄本。

《墨庵集》五卷，倪氏传抄本。

《续羊枣集》九卷附录二卷本传一篇，为吴笔。旧抄本。

《离骚经讲录》，汪退谷抄本。

《广陵先生文集》十二卷，吕氏抄本。

《邵氏经学二书》，拜经楼藏校，旧抄本。

《诚斋集》四十二卷，吕氏景宋抄本，拜经楼藏。

《秘书志》十一卷，拜经楼藏，抄本。

《宗玄先生文集》三卷，明抄道藏本。

《王敬夫碧山乐府》二卷，明抄本。

《珩璜新论》一卷，吴槎客校，毕氏抄本。

《分类唐歌诗》十二卷，汲古阁传抄本，拜经楼向山阁校跋。

《天台林公辅先生文集》不分卷，查慎行跋，拜经楼藏。

《鲒埼亭集》三十七卷，鲍以文、吴槎客、陈简庄合抄合校本。

《元和姓纂》十卷，旧抄本，拜经楼藏。

《罗鄂州小集》六卷遗文一卷，马仲安抄，拜经楼藏。

《西圃丛辨》十二卷，旧抄本。

《皇明献宝》三十九卷，未刻稿本。拜经楼藏。

《宝晋英光集》八卷，旧抄本。

《王氏遗书》，嘉庆年抄本。

《刘豫事迹》，旧抄本。

《岛夷志略》，旧抄本。

《三朝要典》二十四卷。

《归震川文章指南》五卷，旧抄本。

从拜经楼藏书的文献类型来看，其独特价值在于保存了大量海宁甚至浙江地区的地方文献，这和他有意搜集海宁本地著作的意识有很大关系，吴骞曾数十年搜访本地先贤著作。在《愚谷文存》[27]中多次提到他的有意之举：

予竭来荆南道中，常访求先民著述……

予于海昌先贤著述，搜访垂数十年，露抄雪购，颇费苦心。

所以，拜经楼中不仅藏有多种海宁地方文献，如《海宁倭寇始末》《修海宁县志议》《海昌外志》《(明)海昌县志》《海宁县外志》《荆溪外纪》和《海宁县黄志》等，还藏有浙江各地地方文献，如《浙江图考》《浙江图志》《旧浙江通考》等丰富的地方文献，而这些典籍入藏拜经楼以后，也为本地士人学者提供了极大的便利，他们多有借阅，如沈曾云曾借阅拜经楼所藏《姑苏志》胡虔和陈鳣二人都曾借阅《菰中随笔》一书，并有粘签。

此外，吴骞本人还特别留意江浙地区的女性著作，这也带动了其他藏书家和士人对此的关注。他曾亲笔抄有宋闺秀朱淑真撰的《断肠集》诗三卷，并附录《百川书志·诗女史》[28]、钱塘女史陆莘行《秋思草堂集》等著作，和他交往的士人知其关注女性作品，所以偶有所得，亦会与之交流。

正是因为其藏书独特的文献价值和拜经楼开放的心态，曾引得士人学子纷纷借阅，在江浙地区产生过重要影响。如海宁同乡钱泰吉的《曝书杂志》曾记录其向吴之淳借阅拜经楼藏书亦至少4次，所借书籍有宋本《汉书》，元本《史记》，旧抄本《陈后山集》，旧抄本《陆香谱》等书，甚而据所借书籍校订即将刊刻的新书而将此类珍贵典籍长留自己书斋[29]。其藏书甚至能通过中介人借阅给不相熟识的人，如朱述之便曾写信向管庭芬请求代为借阅拜经楼藏书《双峰猥稿》和《续复古编》二书[30]，所以在道光二十六年吴之淳过世时，引起海宁地区士人和学者们不小的震动，曾经借阅其书的士人们担心其书不再外借流通，如杨文荪写信向管庭芬询问[31]：此后拜经楼藏书尚能通借否？

通过考察拜经楼藏书聚散流通，我们可以勾勒出清代中期以拜经楼为代表的江浙地区书籍社会概貌：由于书籍的商品化程度高和流通快，时人获取书籍的方式是多样的；书籍获取的不同方式承载了士人藏书家们不同的学术兴趣。因不同的获取方式，参与书籍流通的人员又各不相同，从而形成各类群体，群体成员之间的交流与融合便化作各个阶层和团体联系的纽带，使得当时的书籍社会结构紧凑而不松散，书籍的流通又进一步使得士人、藏书家们的知识结构趋同化，并逐步形成“知识共同体”。而拜经楼所藏独具价值的各类典籍正是“知识共同体”的文献载体，曾在江浙地区产生过重大影响。

## 参考文献


[1]陈鳣. 愚谷文存·叙[M]//吴骞. 愚谷文存. 清嘉庆十二年(1807)刻本.

[2]周绍明. 书籍的社会史：中华帝国晚期的书籍与士人文化[M]. 何朝晖译. 北京：北京大学出版社，2009.

[3][4]吴骞. 愚谷文存·卷十三[M]. 清嘉庆十二年(1807)刻本.

[5][20][23][24][25]吴骞. 吴兔床日记[M]张昊苏，杨洪升整理//中国近现代稀见史料第2辑. 南京：凤凰出版社，2015.

[6][11][12][15][18][21][22][28]吴寿旸. 拜经楼藏书题跋记[M]//丛书集成初编. 北京：商务印书馆，1936.

[7][13][14]吴骞. 愚谷文存续编·卷一[M]. 清嘉庆十六年(1811)刻本.

[8][16][19]吴骞. 愚谷文存续编·卷四[M]. 清嘉庆十六年(1811)刻本.

[9]陈心蓉.嘉兴刻书史[M].合肥:黄山书社,2013.
[10]吴骞.愚谷文存续编·卷五[M].清嘉庆十六年(1811)刻本.
[17]吴之澄.拜经楼书目·煮雨山房辑[M]//中国著名藏书家书目汇刊·明清卷,第23册.北京:商务印书馆,2005.
[26]东来阁书店.东来阁书目,第二期[M].民国二十三(1934)年.
[27]吴骞.愚谷文存续编·卷三[M].清嘉庆十六年(1811)刻本.
[29]钱泰吉.曝书杂志[M]//续修四库全书,926册.上海:上海古籍出版社,2008.
[30][31]管庭芬.管庭芬日记[M].张廷银整理.北京:中华书局,2013.

# 基于对第六次县级以上公共图书馆评估的思考
## ——以宁波市图书馆为例

严剑平(宁波市图书馆)

文化部于1994年全面开展对县级以上公共图书馆的第一次评估定级工作,尔后分别于1998年、2004年、2009年、2013年开展了第二次、第三次、第四次、第五次县级以上公共图书馆评估定级工作。2017年开展第六次全国县以上公共图书馆评估定级。

## 1 评估的意义

1994年第一次评估时,上等级图书馆为1194所,占参评馆的52.3%,其中一级馆占比3.1%;1998年的第二次评估,上等级图书馆增加到1551所,占参评馆的66.8%,其中,一级图书馆占比9.3%;到2013年第五次评估,上等级图书馆增加到2230所,占参评馆的72.5%,其中,一级图书馆占比27.9%。实践证明,评估定级有利于促进图书馆业务建设规范化、标准化、科学化,促进图书馆事业的发展;有利于调动广大图书馆工作者的积极性和创造性;有利于促使各级政府更加重视图书馆事业;有利于公共图书馆更好地发挥其职能和作用,为社会主义物质文明和精神文明建设做出更大的贡献。

### 1.1 评估定级是促进图书馆事业全面发展的有效措施

第六次公共图书馆评估从服务效能、业务建设、保障条件三大方面评估。标准对图书馆的办馆条件、基础业务建设、读者服务工作、业务研究、辅导、协作协调、管理等各方面提出了明确的指标体系和要求。这就要求各图书馆在统筹工作安排时,要通盘考虑,不能顾此失彼,各项工作建设都应当全面发展。

### 1.2 评估定级是规范图书馆工作的有效手段

公共图书馆是国家举办的公益性社会文化事业单位,它的任务是满足人民群众日益增长的文献信息需求。提高图书馆事业的整体水平,行业工作的规范化是很重要的一个方面,评估对规范图书馆工作起到重要推动作用。如要求文献编目标准化使用《中国图书馆分类法》进行分类标准,加工整理与排架依据《中国图书馆分类法》第五版,古籍与特藏书库依据文化部行业标准《图书馆古籍特藏书库基本要求(WH\T 24—2006)》,地方文献工作组织有专门组织机构和人员、工作计划等。行业标准和规范避免各地图书馆事业发展的随意性、不规范性。它通过制定工作标准,统一行业要求,使图书馆工作更能适应社会发展的要求,适应社会公众的文化需求。

### 1.3 评估定级是图书馆争取政府支持的有效机遇

评估标准从政策保障、经费保障、人员保障等方面进行了明确。如政策保障中,明确要求图书馆建设纳入政府主管部门议事日程,纳入对地方政府公共服务考核指标体系,纳入政府文化事业目标管理责任制,有地方图书馆相关法规或条例,有呈缴制度等要求。如经费保障中,提出政府有图书馆专项财政单列预算,对年财政拨款总额、财政拨款年增长率与当地财政收入年增长率的比率,免费开放本地经费到位情况等有明确的指标。如人员保障中,从员工数量、学历占比、职称占比、领导班子结构进行了明确。这就要求地方政府提高对图书馆事业发展的支持力度。评估在客观上对图书馆积极争取政府支持起到了积极作用。

### 1.4 评估定级是提升图书馆社会地位的有效契机

评估标准对图书馆的宣传工作提出了很多要求。如直接的媒体宣传数量、间接的阅读推广活动开展、社会合作等。这就要求公共图书馆提高宣传意识,加强宣传力度,外树形象,内练强功。通过开展多种形式的读者活动,提升全社会的图书馆意识,受到读者和新闻媒介好评。通过加强社会合作,通过社会力量也可以起到宣传图书馆的作用。通过加强宣传,不仅赢得了工作的主动权,也提高了图书馆在社会上的地位。

### 1.5 评估定级是促进图书馆队伍整体素质提高的有效途径

图书馆工作者素质的高低,决定着图书馆事业的发展水平。评估对图书馆工作人员的学历、职称比例、继续教育培训时间提出了明确要求,也对代表科研水平的获奖项目提出了要求。这些指标的确立,对图书馆在人才引进上、岗位技能培训上、从事项目研究上均起到了重要的导向作用。各级图书馆只有确立比较长远的人才引进与培养计划,不断提升队伍整体素质,才能促进图书馆事业的发展。

## 2 准确理解评估标准

### 2.1 有和无

很多指标只要求有则得分,如有正式注册微信或微博平台、有1项得1分,图书馆馆舍入口有服务数据显示屏和数据显示得2分,自助借还有自助借还设备加0.5分,有自建数字资源出版加3分,立法决策信息服务获得省级以上表彰的加5分,建立图书馆理事会得5分等。

### 2.2 多和少

评估内容中有大量的指标是多和少的衡量,可以理解为数量的关系。如年文献外借量、年馆外流动服务点文献借阅量、年讲座培训次数、年展览次数、年阅读推广活动次数等。

### 2.3 好和差

多和少指数量,好和差很显然是对质量的要求。有很多指标,既有数量的要求,也有质量的要求。如基层业务辅导与培训,既有次数的要求,又有效果的要求;未成年人服务、阅读指导对效果提出了要求;图书馆章程,在有的基础上,对实施效果也提出了得更高分的要求等。

## 3 宁波市图书馆做好评估定级工作前期实践

第六次公共图书馆评估定级最大一个变化就是按东、中、西部三套标准。宁波市图书馆地处东部,为十五个副省级城市之一,按东部副省级馆的要求实施。

### 3.1 加强组织领导

宁波市图书馆接到评估定级通知后,及时成立了领导小组和工作小组。领导小组组长由宁波市文化广电新闻出版局副局长担任,副组长由局联系本馆业务处的处长和馆长共同担任。工作小组组长由一名副馆长担任,组员由各部室抽调的业务骨干负责。根据评估标准,将每项任务落实到工作小组具体人,做到任务明确,同时做到全馆联动,做到协作完成。

### 3.2 学习讨论评估标准

由于第六次公共图书馆评估标准变化比较大,增加了很多新的内容。为此,一是组织人员参加中国图书馆学会举办的评估定级培训班,听取专家的解释与分析;二是工作小组召开专题会议,对每条内容提供哪些佐证材料进行讨论分析,形成最终意见,以保证材料的可行性。三是向兄弟单位特别是试评估单位学习请教,听取他们的意见建议。

### 3.3 争取政府支持

宁波市图书馆对照评估内容,及时进行自查自评,将需要政府支持的内容及时以文件形式上报主管局,争取在短时间内对一些内容进行补充完善,争取支持。

### 3.4 准备资料

各小组成员根据分工,分头准备。尔后在小组会上交流汇总,对每项内容过关通过。小组其他成员对疑问部分,现场提出修改或补充意见,保证资料的完备。在所有资料统一完善后,向馆班子汇报,再修改完善,形成最终资料,准备迎评。

## 4 部分评估指标的理解

### 4.1 关于复本量控制

作为副省级图书馆,在很大程度上履行的是地市级图书馆的功能。作为地市级图书馆,为了延伸服务,必然建立了一些流动图书馆和分馆,而这些流动图书馆和分馆的图书绝大多数又是由总馆来统一采购和调配。流动图书馆和分馆馆舍有限的情况下,其图书的配置固然是读者借阅较多的。所以总馆在采购图书时,这部分图书采购会相对较多,复本量也就较大。指标中 2 本的复本量相对来说难以达到。

### 4.2 关于建筑面积

指标中规定,建筑面积包含总馆和分馆。分馆面积的计算存在一定的难度,有的分馆并非独立建筑,会议室、报告厅、活动室等与其他单位存在共用共享现象;有的分馆本身就是租用其他单位的,产权证明、建筑图纸等难以提供;有的分馆在规划前和建立后面积有所变化,图纸方面难以体现。

### 4.3 关于年员工人均教育培训

在职学历教育学校安排的课程较容易计算学时,但业余自学、写论文这类非课程中体现的学习时间难以计算;单位组织职工参加一些单位组织的业务培训,培训结束后并未给参训人员发培训合格证或标明学时的证明,也仅仅只能用培训通知来证明。

### 4.4 关于导读岗

专家解读导读包括阅读方法指导、检索工具利用指导、推荐书目指导、阅读工具使用指导、书评写作指导等。以宁波市图书馆为例,推荐书目导读由采编部门负责,阅读方法指导由宣教部门涉及较多,检索工具指导服务窗口部门都涉及。专设导读岗很难实现多项职能。导读应该是每个图书馆员的职责。

## 5 正确处理好评估中的几个关系

### 5.1 质量和数量的关系

在第六次评估标准中,很多指标从数量和质量上提出了具体要求,既要求数量,也强调实效。因此,在迎接评估的准备工作中,必须正确处理好质量和数量的关系,在完成量化指标的同时,也要保证工作的质量。质量是基础、是前提、是根本。只有在保证质量的基础上,数量才有积极意义,才能达到通过评估工作,推动事业建设和发展的目的。

### 5.2 长远建设与近期建设的关系

评估指标体系中,有的工作"突击"一下可以完成,可以得到分数,比如建立微信微博、建立图书馆理事会等。但如何发挥微信微博的作用,如何发挥理事会的作用,更需要从长远打算谋划。为迎接评估,一定要处理好近期建设与长远发展的关系。必须立足长远,通过评估,使各项工作规范化和标准化。

### 5.3 软件和硬件的关系

文化部评估标准对各级公共图书馆的硬件、软件建设提出了明确要求。硬件主要指一个图书馆的办馆条件,包括设施、设备、经费、人员等。软件主要指图书馆的各项业务工作,包括基础业务建设、读者服务、自动化建设、协作协调等。硬件是做好软件工作的基础和保证。在评估准备中,应正确处理好两者的关系,使硬件和软件得到有机的统一和结合。

### 5.4 正确处理评估前和评估后的关系

评估是对前几年工作的回顾与总结,更是对今后工作的规划与促进。评估前,要认真准备、梳理,认真按照评估标准,督促、检查各项工作的进展情况。在评估后,要落实评估检查组的意见,对一些工作进行整改。这些意见是评估组专家在综合各馆工作的基础上提出的,对指导图书馆工作有着积极意义。对存在问题的地方进行整改,会促使图书馆业务建设得到全面、深入的发展。一定要很好地认识评估,全面对照评估标准,找出自身的优缺点,通过评估,真正推动图书馆事业发展并找到薄弱环节。使工作达到一个高标准。

总的来说,评估定级是推进图书馆事业发展的重要手段,只有准确理解评估定级标准,才能更好地做好评估定级工作;只有正确理解评估定级的意义,才能促使各项工作全面发展,这也是文化部开展评估定级工作的最终目的。

**参考文献**

[1]柯平. 基于功能定位的公共图书馆评估[J]. 图书馆,2016(8).
[2]吴正荆,袁艺,郝森森. 第五次公共图书馆评估结果分析木[J]. 图书馆建设,2014(12).
[3]贾东琴,金胜勇. 我国公共图书馆评估主体研究[J]. 图书与情报,2011(2).
[4]康秀敏. 图书馆评估经验之我见[J]. 图书馆建设,2008(6).

## 基于公共文化服务体系建设
## ——大数据时代图书馆发展的措施和对策

贾　辉(青岛市图书馆)

随着信息技术日新月异的发展,尤其是移动互联网的广泛覆盖和智能手机的普及,公众的阅读习惯正在发生翻天覆地的变化,越来越多的人不需要到图书馆就可以利用碎片化的时间获得所需的阅读信息。传统图书馆的服务模式,面临着用户大量流失的挑战和困难。

因此,在信息化的大环境下,如何利用新的技术,发挥用户的主体作用,为公众创造更为便利的读书环境,真正落实"读者第一,服务至上"这一宗旨,是摆在新时期图书馆建设面前的一项重要任务。而大数据技术的发展和成熟,则为实现图书馆服务的多元化、智能化、精准化,提供了有效的技术支撑手段。

## 1 大数据技术相关概念和发展

大数据技术波及广泛、影响深远,远非一般的信息技术可比。自大数据诞生以来,不同的研究机构给出了各种不同的定义。麦肯锡全球研究所是研究大数据的先驱,在其报告 *Big data: The next frontier for innovation, competition, and productivity* 中对大数据定义是:大数据指的是大小超出常规的数据库工具获取、存储、管理和分析能力的数据集。国际数据公司从大数据的四个特征来定义,即海量的数据规模(Volume)、快速的数据流转和动态的数据体系(Velocity)、多样的数据类型(Variety)、巨大的数据价值(Value)。中国计算机学会大数据专委会委员赵国栋则从大数据的功能上给出了自己的定义:大数据是在多样的或者大量数据中,迅速获取信息的能力。强调大数据的核心能力,是发现规律和预测未来。即利用大数据技术,能够广泛采集各种各样的数据类型,进行统计分析,从而预测未来。

伴随着物联网、移动互联网、云计算的快速发展,全球数据总量每年以40%以上的速度在飞速增长,大数据正在从道德、文化、制度、产业和生活的各个方面对现实社会进行重构。大数据的发展和应用已经引起国际社会的高度重视,世界各国都在加快推进大数据战略布局。2015年,国务院发布《促进大数据发展行动纲要》(国发〔2015〕50号),将大数据发展提升到了国家战略层面。因此,借助时代发展之势,科学合理的运用大数据技术,构建图书、读者、从业人员等多层面的数据集合,重构图书馆服务与管理模式,增强公共图书馆在信息时代的竞争力,是大势之所趋。

## 2 公共图书馆大数据应用场景分析

基于大数据技术,公共图书馆可以从服务和管理两个层面实现质的飞跃。

### 2.1 精准化、个性化的读者服务

有别于静态的、被动的,读者自己去寻找书籍和活动的传统服务模式,大数据应用是动态的、主动的,是通过数据产品的产生自动迎合读者的需求。即通过对读者的行为与特征进行分析,继而采取相应的对策,为其提供优质的图书和活动资源。

因此,无论读者是在现实场景中还是在网上虚拟场景中,利用信息化平台以及物联网技术,可以对读者每一次阅读行为和活动轨迹进行详细的记录,再通过与读者间的不断互动反馈,积累获得读者的阅读过程、阅读背景、阅读习惯、阅读风格,乃至读者的个人信息等大量的多维度数据,结合馆藏大数据,利用数据挖掘、学习分析等数据模型,即可从大数据中提取有价值的信息,发现规律特点、预测未来需求,形成每个读者的"微数据",并随之提出个性化

服务策略。这样,就如同在淘宝购物一样,当读者进入网上或实体图书馆时,系统会以此为依据自动精准推送其所喜爱的馆藏和对应的活动,让读者在第一时间就能够收到针对他定制的阅读和活动大餐,使丰富的图书馆资源得以有的放矢的利用。

### 2.2 智能化、科学化的图书管理

无论是对纸质图书还是电子资源,公共图书馆的管理和工作流程基本可以概括为:采购、分类、编目、上架、使用、剔旧等几个阶段。各个阶段的工作既需要为大数据环境下的读者服务提供基础支撑,又可以利用大数据技术进行其自身业务的改造和完善。

采购环节作为图书馆资源建设最为重要的部分,需要充分考虑读者的需求。但传统的采购模式,读者很难参与其中,且受制约采购人员的能力,很容易导致采购与需求的脱钩。即使现在部分图书馆采取了一些让读者选择、图书馆买单等服务模式,但在规模和范围上很难扩大,也无法避免因读者个人喜好造成的采购资源不均衡等问题。而大数据技术则为图书采购提供了极为科学有效的手段。通过对图书馆藏数据、流通数据和读者的需求偏好等数据进行大数据综合分析和挖掘,可以有效地预测和推荐所需的书目、数量,形成适用于本图书馆的个性化采购书单和复本数目,特别是其中一些冷门的、特殊的文献类型,采购人员很难进行把握,交由数据说话,既能够提高选书的质量和精度,保证了图书入馆后的使用效率,还能够降低采购人员工作强度,提高工作绩效,真正实现以读者为中心的采购理念。

分类和编目环节是大数据应用的基础。大数据环境下,编目产品不仅要提供传统的信息资源的书目检索功能,还要满足资源导航、知识组织、对象数据管理等多方面的需求。因此,面对海量且多类型的大数据编目工作,在联机联合编目基础上,更多的是要借助于新的技术手段,通过与图书流通数据、读者行为数据的不断互动,反复校对和回溯,实现对编目数据的规范和整合,建立起编目数据与流通数据、读者数据间有效的关联关系,为给读者提供精准化服务奠定基石。

而上架、使用、剔旧则是直接面向读者服务的图书管理阶段。利用大数据分析,可以获得各类资源面向的群体、受欢迎程度、上架时间等系列统计性数据,进一步通过调整书架的摆放、布局以及资源的组织、调配等各个细微环节,为读者打造贴心服务,实现精细化管理。

## 3 公共图书馆大数据应用所面临的挑战及对策

多年来,通过数字图书馆工程,我国公共图书馆的信息化建设取得了一定的成就。但大数据应用有别于传统信息化系统的应用。公共图书馆要实现大数据应用落地,仍然面临着基础技术支撑、数据库建设、人才配备等各个方面的挑战,因此,亟待建立起适应于大数据环境下的图书馆管理与服务的体制机制。

### 3.1 构建支撑大数据应用的基础技术平台

从大数据的特征可以看到,大数据应用面对的是数据量巨大、多源异构的数据集,其存储、处理、分析的方式都有别于传统的技术架构。在数据管理方面涉及分布式存储与计算、内存数据库技术、列式数据库技术、云数据库、非关系型的数据库等技术;在数据处理方面涉

及流处理和批处理;在数据分析方面涉及关联分析、聚类分析、分类、预测、时序模式和偏差分析等。传统的图书馆 IT 技术架构存储和处理大数据成本高昂,不能适应大数据应用。因此,需要加强对基础技术平台的顶层设计,可以采用服务外包的模式,通过成熟的商业化运作,搭建图书管理与服务云平台,构建基于分布式技术的图书大数据存储与处理分析平台,为大数据应用提供有效技术支撑。

### 3.2 建立完善的基础数据库系统

数据是应用的基础。只有海量数据的形成,才可能从其甄别与筛选有价值的数据,进行科学系统的挖掘,实现真正意义上的大数据应用。从公共图书馆的历史积累和大数据的应用场景看,公共图书馆涉及图书资源的数字化与用户资源的数字化两个方面的数据建设。其中,图书资源的数字化已经取得了一定成绩,但用户资源的采集和处理仍然相当欠缺,读者行为特征与分析数据库尚未建立,现有数据库间的数据缺乏有效的关联。因此,需要借助互联网、移动互联网、物联网等手段,建立和完善与读者的互动反馈平台,广泛、实时采集读者的行为数据和特征数据,将图书、读者、应用场景由点到线、由线到面,建立起符合大数据应用的数据组织关系,从而窥探阅读活动的全貌和本质,并对未来的服务需求进行预测。

### 3.3 开放数据扩大共享

数据开放是互联网发展的新趋势,是大数据应用的重要领域,也是公共图书馆利用自身资源实现高层次数据服务的一项重要创新内容。目前,上海市图书馆作为全国首个推出关联数据开放服务的公共图书馆,又率先开展了一项重要的众创活动——“上海图书馆 2016 开放数据应用开发竞赛”,通过将馆藏数据开放出来,让读者在这些平台上创造出更大的自身价值。可以说,公共图书馆在数据开放方面具有得天独厚的优势,应在确保数据安全可控的条件下,以开放为原则,以馆藏资源、用户资源等图书大数据为基础,以信息资源生产者、采集者、处理者、利用者为链条,突破本馆本系统的限制,实现图书数据与外部数据互联互通,扩充共享对象,缩小公共图书馆与读者的信息不对称,实现信息资源更高效的发现和利用,以高层次的需求驱动促进图书馆的精准化服务。

### 3.4 打造复合型人才队伍建设

大数据时代,对于我们图书馆人也提出了更高的要求。首先要转变传统的经验思维和习惯思维,树立大数据观,用大数据的思维去谋划发展、推动工作;其二是切实掌握大数据基本知识和技能,用大数据创新工作方式方法,让读者真切地参与到图书馆工作的各个方面,推动图书馆治理现代化。逐步打造一支既懂业务又懂技术的复合型人才队伍。

正如上海图书馆馆长吴建中在他的著作《转型与超越:无所不在的图书馆》中所写下的这样一句话:图书馆能力大小不在于其规模,而在于其智慧。在读者需求日趋多元化、丰富化的今天,图书馆要想在竞争中保有一席之地,必须适应新的时代要求,通过技术手段实现功能再造与服务创新,以引领的高度,成为传播教育、文化和信息的主阵地。

### 参考文献

[1]李世喜.图书馆读者流失情况分析及对策[J].贵州工业大学学报,2008(5).

[2]赵国栋.大数据时代的历史机遇:产业变革与数据科学[M].北京:清华大学出版社,2013(7).
[3]涂子沛.数据之巅:大数据革命,历史、现实与未来[M].北京:中信出版社,2014(5).
[4]张峥嵘,刘亚丽.大数据时代的图书馆开放数据服务探析[J].图书与情报,2014(2).
[5]乔燕萍.大数据环境下图书馆的编目工作及对编目员的素质要求[J].图书情报导刊,2016(1).

# 传统文献服务的数字化转型对公共图书馆的启示

宋　菲(青岛市图书馆)

数字时代是一个日新月异的时代,新技术和新事物不断涌现,传统图书馆已走向数字化,其文献提供服务也必将随之发生变化,呈现出一种崭新的面貌和状态。

## 1　读者对文献服务数字化转型的态度

传统文献服务环境下,100%的读者都知道图书馆中的纸质书籍借阅服务,90%的读者知道图书馆的自习室服务,86%的读者知道图书馆的数字化文献服务。其中,约67%的读者相对更加喜欢纸质图书的传统借阅方式。在数字化文献认知方面,网络图书馆的认知率达到89%,使用率为32%。馆际互借的认知率为12%,使用率为0%。

调查显示,当读者遇见无法借阅的书籍时,80%的读者更愿意通过数字化文献传递服务来获得相关服务,但数字化文献的满意度较低,仅为23%。部分读者由于路程、时间、成本等原因更乐于尝试数字化文献传递服务,这些读者通常拥有一定的文化素养,年龄一般在25到50岁之间,部分老年读者也逐渐认可数字化文献传递服务的方式。

但数字化文献传递服务现在仍然面临诸多挑战。首先,科技利用率不高。其次,数字化文献传递服务当中的版权问题以及读者责任问题等方面尚没有严格明确的管理,在实际借阅中也没有相关的说明和提示。再次,国外许多较为成熟的管理方式还没能借鉴到。

## 2　文献服务数字化转型的实际效果

从目前的数据来看,传统文献的实际借阅人数还是大于数字化文献的。根据青岛市图书馆的相关数据,现有的纸质文献借阅量2016年为1519086人次,1506684册次;文献查阅为71163人次,84260册次;Apabi访问人次60982,借阅册次523;外购数据库本馆局域网点击量为33118次,自建数据库点击量为36461次;通过网络图书馆下载的电子图书为807269册,文献传递402323篇。

相关数据还显示数字化文献的使用率呈现出快速增长的态势,而且幅度也在不断加大。

2015年从青岛市图书馆下载的电子图书增长率为170%，文献传递的增长率为32.8%；2016年从青岛市图书馆下载的电子图书增长率为179%，文献传递的增长率为60%。其中，69%的读者使用的是数字化文献中的电子期刊，而和传统文献服务较为相似的电子图书下载和文献传递所占的比例较小。数字化文献服务当中，数据库下载量达到5558078篇，利用人次和数量远远超过其他内容。这部分文献的使用人群相对集中，基本为大学生和科研人员。而传统文献服务当中，小说类占33.17%，所有非专业书籍加起来所占比例很大。所以说，从目的上来看数字化文献服务相对比较单一。

# 3 文献服务数字化转型所带来的知识产权管理问题

图书馆传统文献服务的数字化转型会给公共图书馆的知识产权管理带来新的挑战，必须通过对此问题的深入研究分析和对以前经验的总结借鉴来找出应对的方案，从而让公共图书馆平稳度过转型期，走上高速发展的数字化道路。

## 3.1 传统文献服务中的版权问题

(1)文献采访中获得版权不当的问题。在文献收集的过程当中，由于各种原因收录了无版权或版权有瑕疵的文献所导致的相关版权问题。

(2)文献编辑中侵犯版权遇到的问题。图书馆在文献汇编、展览的过程中出现的侵权，汇编图书、海报以及由于馆藏损坏等原因制作的影印馆藏等都有可能涉及版权问题。

(3)文献使用者侵权引起的连带版权问题。读者个体或者组织在使用馆藏文献时不合理的转让或发布以及读者的散播都可能造成侵权行为，图书馆在这类服务中有可能附有相关的连带责任。

(4)文献提供商侵权引起的连带版权问题。由于文献供应商没有切实完善版权问题而间接导致的图书馆馆藏文献涉及侵权问题。

(5)其他利益纠纷引起的版权问题。由于署名发生错误而引起的纠纷，擅自篡改或者部分省略等导致的其他版权问题。

## 3.2 传统文献服务版权问题的现有管理策略

(1)不断提升各方主体的版权意识；

(2)完善图书馆版权的相关法律法规；

(3)加强对图书馆版权维护问题的告知。

## 3.3 数字化文献服务中的版权问题

(1)读者过量下载。单位时间的大批量文献下载和使用软件工具大批量下载资源所带来的文献传播风险。

(2)图书馆超越使用权限提供服务。将合理取得的文献提供给营利性机构牟取利益、私自将大量文献提供给商业机构或非法将文献进行复制以及网络传播等行为所带来的侵权问题。

(3)图书采访阶段可能侵犯相关版权。在自建数字资源库时,图书馆可能存在收录未经授权作品的现象,这种未进入共有领域的作品可能侵犯网络传播权,在汇编时还可能侵犯汇编权以及版权设计权等。

(4)图书馆数字化文献提供中的复制和读者在阅读过程中的复制、拍照、格式转化等多种行为可能涉及作品复制权。

### 3.4 数字化文献服务版权问题现有管理策略

(1)不断完善相关法律。数字版权问题已经越来越受重视,相关的法律法规也在日益完善,已经出台了一些涉及图书馆数字化文献服务版权问题的相关法律,例如国务院令(第468号)等。

(2)联系专家学者一起找寻其他可行方案。2000年以后,关于数字化文献服务版权问题的研究日益深入,很多专家都提出了切实可行的方案,例如李烨就根据对国际图联和美国图书馆协会的相关研究提出了实施版权集体管理制度的方案。

(3)科学技术的发展为数字化文献服务的发展带来生机。不断进步的防火墙等防护体系、信息加密技术、监控系统等网络技术给图书馆数字化文献服务版权问题的解决带来了技术性突破,数字资源本身容易复制、传播的弊端已经可以从源头得到一定程度的克服。

## 4 文献服务数字化转型对公共图书馆的启示

传统图书馆的文献服务已经进入数字化转型期,但是读者的接受程度、社会实际效果和相关版权问题都是亟待公共图书馆解决的问题,公共图书馆必须立足于自身的实际情况,拿出切实可行的方案,推进文献服务的健康有序发展。

### 4.1 加大对数字化文献服务的重视程度

从井喷式的数字化文献服务需求来看,数字化文献服务即将成为图书馆最重要的一种知识服务方式,已经有非常多的学者认识到了这种趋势以及所面临的挑战,所收获的研究成果也颇有深度,但是在实践中,这些成果还没能转化成实际有用的指导措施。公共图书馆必须加大重视程度,加强与相关专家的合作,提高读者的认同度并减轻相关风险。

### 4.2 抓住数字化文献服务所带来的机遇

数字化文献服务可以带来很多便捷的合作机会,例如馆际互借。这种单一图书馆无法独立完成的工作正好可以利用数字化服务来协同推进,公共图书馆应该紧紧抓住这种机遇来完善数字化文献服务。同时,与先进图书馆的合作也可以学习到关于相关工作例如版权维护方面的经验以便更好地提供数字化文献服务。

### 4.3 提供数字化文献服务的使用指南

数字化文献服务的获得难度要高于一般的传统方式,想要读者更好的接受数字化服务,就需要读者掌握相关的能力。公共图书馆为解决这一问题应对读者进行相关培训,同时还要重视对读者数字化文献服务的版权问题的教育,明确相关的文件需要在借阅以及下载前签署承诺书。另外,对广大市民进行版权以及数字化的宣传,从事这项工作的图书馆员也需要及时更新相关知识。

### 4.4 完善数字化文献服务的技术手段

可以充分利用现代技术手段为图书馆数字化文献服务工作所用,很多文献保护的新技术可以在保护版权的前提下带给读者更多的服务,使得多方的收益都能最大化。现代技术的合理利用和相关技术的不断完善是公共图书馆发展数字化文献服务不可或缺的手段。

### 4.5 注重借鉴国外数字化文献服务的先进经验

发达国家的数字化文献服务工作开展的要比我国早,相关经验也已成熟。公共图书馆在发展数字化服务方面可以在充分考虑中国国情以及读者现状的基础上借鉴一些国外的成功案例,在形式以及方法上也可以在借鉴的基础上不断创新以取得更加优质的服务效果。

综上所述,图书馆的文献服务工作已然迈上数字化的道路,公共图书馆要抓住机遇、迎接挑战,认真分析现状,提出可行性计划,通过完善自身条件、开发先进技术、借鉴优秀经验等多种手段来进一步推进数字化文献服务工作的发展。

### 参考文献

[1]钟永恒,陈传夫.欧洲数字图书馆的版权解决方案研究[J].数字图书馆技术论坛,2007(12).
[2]秦珂.图书馆版权危机和版权危机管理[J].图书馆学理论研究,2010(1).
[3]吕淑萍等.图书馆数字资源版权管理实践与案例[M].北京:国家图书馆出版社,2013.

# 浅议大数据环境下图书馆建设

胡　清　宋佳音(青岛市图书馆)

随着互联网、云计算、物联网等计算机技术与通信技术的发展,数据量呈几何式的增长,我们进入大数据的时代。大数据时代的到来,使人们的思维、生活方式以及很多行业的运营模式都发生了变革。通过对大数据的分析,人们能够更轻易地发现生活、工作中的规律,如何发现并利用数据揭示的规律,这对很多行业来说是挑战也是机遇,作为信息服务的图书馆,如何建设成智慧化的图书馆,更好地为读者提供服务,成为新环境下图书馆建设的新课题。

## 1 大数据的概述

关于大数据(big data)的定义,业界没有明确的定义,麦肯锡全球研究所给出的定义是:一种规模大到在获取、存储、管理、分析方面大大超出了传统数据库软件工具能力范围的数据集合。具有海量的数据规模、快速的数据流转、多样的数据类型和价值密度低四大特征。

如何从海量的数据里获得有价值的信息,并将此类信息应用到生产生活中去,是当前人们需要不断探索的问题。通过发现隐含在数据背后的规律,人们的视野可以变得更加开阔,逐渐摆脱小数据时代我们传统看待事物方法的限制,正如维克托·迈尔-舍恩伯格在《大数据时代》一书中所强调的人们很大程度上可以从对因果关系的追求中解脱出来,转而将注意力放在相关关系的发现和使用上。

大数据的应用在医疗、商业等领域已有了很多成功的案例,通过大量患者买药,就诊等行为数据的分析,预防疫情的发展。对人们消费习惯的分析,掌握市场的动向,客户兴趣方向,调整营销方案,抢占市场,如京东、淘宝等电商网站根据客户浏览以及消费记录,推荐客户感兴趣的商品,提升客户消费欲望。大数据是一座金矿,通过科学合理的数据分析,能够转化为经济价值,提高行业竞争力。对于图书馆来说,分析读者和图书馆的各类数据,创新图书馆的服务模式,提高服务的质量和办馆效益,规划图书馆发展方向是大数据环境下数据分析的价值所在。

## 2　大数据对图书馆建设面临的问题

大数据时代的到来,图书馆的数据种类和总量也在爆炸式的增加。在数据收集管理方面,如 MARC 数据、电子图书、期刊论文等结构化的数据各图书馆已有相对成熟完善的分析模型和管理方法。而对于分析用户的借阅行为、阅读习惯、服务信息等非结构化数据的收集、管理和分析还是相对薄弱的环节。

如何合理地进行馆藏资源的采购,提高馆藏质量。如何尽可能地收集全面、完整的资源数据和读者利用图书馆的综合数据以及不同类型数据的检索利用的精确度、方法、经济性等问题都是大数据环境下图书馆要面临的问题。

## 3　大数据环境下图书馆建设策略

创新图书馆的服务,首先要转变思想,以大数据的思维方式,结合图书馆收集到的海量的结构化和非结构化的数据信息,分析数据间的联系,挖掘潜在的价值,预测读者多样化的需求,并提供针对性的服务。这是大数据环境下,图书馆开展服务的新课题。

### 3.1　加强读者服务数据的收集、分析和管理

数据是大数据环境下一切分析预测应用的基础。图书馆应注意对文献资源和读者行为记录等结构化以及非结构化数据的收集和管理。在未来图书馆的服务中,数据的挖掘、整理,以及数据内在规律的揭示将是图书馆服务的一项重要内容。

在数据挖掘的同时,对于用户数据的管理也是很重要的一项工作。在对读者相关数据进行立体、全面地收集、分析的过程中,或许会牵涉到读者隐私泄露的风险。这就要求图书馆必须按照法律法规,建立保护读者隐私的管理机制,加强用户数据的管理和保护。

## 3.2 加强图书馆资源建设

### 3.2.1 资源共建共享,加强资源的整合

大数据时代,读者对获取信息质量和内容要求越来高,越来越多元化。单个图书馆的资源建设,受经费影响无法保证入藏图书资料以及电子文献等内容的全面,不能满足读者的需求。图书馆之间实现资源共享,整合资源,是新环境下图书馆发展的一种新理念,通过跨地区、跨行业的图书馆联盟的建立,实现馆藏纸质资源以及数字资源的共享,加强图书馆行业间的交流,有效提高专业性资源或特色资源的访问量,解决一部分公共馆在传统服务模式下对某些访问量低却又不得不买的资源购买,造成资金浪费的情况。在大数据分析的作用下,更加合理地配置馆藏资源,杜绝对文献资源的盲目购买。通过搭建一体化的信息共享平台,为读者提供一站式的检索,提高图书馆的服务效率和质量。

### 3.2.2 特色资源建设,实现资源服务的特色化数据化

在图书馆传统服务模式下,各图书馆的资源以及服务基本趋于同质化。大数据环境下,图书馆应结合实际,找准定位,服务求新,资源求异。在资源整合,区域合作的服务理念下,积极建设以地方特色或者以行业为主题的特色资源。

做好文字、图像等馆藏资源的数据化工作,尤其是对自建资源中的视频音频等资源进行深度标引。在这里要说明一下数字化和数据化的区别,数字化是将纸质文字信息通过扫描或计算机的录入形成网络上的数字文本。任何地方任何人都可以查阅,但是要找到想要内容,只能在浩瀚内容中寻找。而数据化的信息,能够通过一系列数据的标引,使读者能够通过检索词查到需求的资源,不仅人类可以使用,计算机也可以对数据化的信息进行处理和分析,便于信息的发现和获取。逐渐将资源服务的重心从单纯数据方面的描述向数据挖掘方面转变,使读者通过单次检索,就能够获取更加明确、多维展示的信息。

## 3.3 "以人为本",提供个性化服务

现阶段图书馆图书阅读引导服务,大多基于本馆现有馆藏的基础上,由图书馆员主观意图或只从某些主流领域的角度进行图书选择与推荐,推送服务比较单一。虽然能够保证推荐图书内容的质量,但是在读者受众面上比较狭窄,推荐的图书或者阅读资源,并不能满足所有读者群体的需求。而通过大数据的分析,能够让我们深入了解读者的需求,掌握读者利用图书馆的规律和需求,通过这些趋势的预测,图书馆可以主动将读者需求的信息推送给读者,为读者提供更有针对性的服务。例如通过对读者历史借阅记录或 OPAC 查询图书的历史记录等数据进行分析,OPAC 以读者为中心,将读者感兴趣的内容进行自动的筛选推荐,真正做到"以人为本""一对一"的阅读服务,在这个模式下,首先根据阅读兴趣培养大众阅读的习惯,再结合图书馆发布的阅读资源,提高阅读内容的层次,进一步提升阅读引导服务的质量。

## 3.4 新技术新平台的开发及应用,提高服务效率

随着数据量不断的增多,图书馆要不断建立新的数据分析模型,利用新的技术以实现数据收集、管理、分析方法的与时俱进,不断优化数据挖掘的方法,提高信息提取的效率。

图书馆所有数据的分析都是以能够为读者提供全面、便捷的信息服务为目的。在信息价值转换的过程中,加强新媒体平台的建设和利用,实现服务信息的即时传递,为个性化的

信息服务提供平台。手机等移动终端的移动图书馆服务平台搭建,为读者及时查阅信息提供了一个整合的平台。微信、微博的使用,使图书馆实现资源推送和信息的发布和与读者间的互动,实现图书馆在信息服务中的价值。另一方面,在一系列新平台的使用中,读者的访问记录也能够更加便利、全面地收集,进行信息的再次挖掘,不断提高服务效率。

### 3.5 加强馆员素质建设

作为图书馆资源信息的管理者,图书馆员的学习能力、业务能力以及思维方式决定了图书馆服务的层次。能够熟练掌握各类检索工具获取信息,并对读者的需求做出高效的满足是大数据环境下图书馆员应具备的基础技能。除此之外,对新事物的接纳能力,对信息挖掘的敏感性等都是新时代背景下图书馆员应具备的素养。图书馆应就馆员的学习能力的培养、职业技能的提高等方面建立相关度督促机制,督促馆员不断提高业务水平。结合读者阅读需求,完成图书馆员大数据思维模式的构建,实现样本数据思维到全体数据思维、精确性思维到混杂性思维、因果思维到相关关系思维的转变。在提高馆员综合能力的基础上,图书馆选择优秀的馆员组成团队加强对主流文化以及热点行业进行数据挖掘,开展深层次的信息服务。

大数据时代的到来,为图书馆的发展提供了机遇和挑战。大数据思维是图书馆服务创新的源泉。在云计算技术、互联网技术等科技力量带动下,以新媒体等新技术平台为依托,用户需求为导向的基础上,以数据和应用促进发展,加强自身资源建设和服务建设,不断创新,提高图书馆服务的竞争力,才能逐渐将图书馆构建成一个信息涵盖范围更加广泛,内容更加多元化,服务更加人性化的智慧化图书馆。

### 参考文献

[1]维克托·迈尔-舍恩伯格,肯尼思·库克耶.大数据时代[M].盛杨燕,周涛译.杭州:浙江人民出版社,2013.

[2]张炜,孙倩.大数据环境下的国家数字图书馆新媒体资源与服务整合研究[J].河南图书馆学刊,2016(1).

[3]胡莲香.走向大数据知识服务:大数据时代图书馆服务模式创新[J].农业图书情报学刊,2014(2).

[4]胡海鹰.大数据趋势下数字图书馆的服务创新策略[J].图书馆工作与研究,2014(218).

[5]张玲玲,华天昕.大数据时代对图书馆的影响及发展对策探析[J].绥化学院学报,2015(20).

# 新媒体环境下公共图书馆阅读推广策略探究

辛卫来　庄　严(青岛市图书馆)

阅读是人们获取知识、信息的重要方式与手段,公共图书馆通过各种阅读推广活动,使更多的公众利用图书馆的文献信息资源进行阅读活动。当前随着新媒体在各个领域的应用与普及,公众阅读环境与阅读方式发生了深刻的变化,公共图书馆传统的阅读推广活动难以激发公众的阅读兴趣,在新媒体环境下公共图书馆如何顺应时代发展,采取有效阅读推广策略,引导公众更好地利用图书馆文献信息资源进行阅读,是当前公共图书馆阅读推广应当重视研究的重要课题。

新媒体是相对于报刊、广播、电视等传统媒体而言的新型媒体,它是指以互联网技术、数字技术、移动通信技术等新技术为技术,通过手机、电脑、数字电视等终端设备,向用户提供新型娱乐服务的信息传播形态与媒体形态。在新媒体环境下,人们获取信息知识的方式与手段发生了极大的变化,人们知识的获取、学习不再局限于图书、报刊、广播电视等传统媒介,新媒体成为青年人主要的阅读、娱乐方式,数字阅读日益成为主流的阅读方式。

## 1 新媒体环境对公共图书馆阅读推广所产生的影响分析

### 1.1 阅读资源种类更加丰富

在网络新媒体时代,信息资源种类变得丰富多样,公共图书馆提供给读者阅读的信息资源类型日益多元化。读者可借阅的文献资源不再局限于传统的纸质印刷型书刊,出现了缩微型、视听型、数字型等多种文献资源类型可供读者选择。公共图书馆为满足读者日益多样化的阅读需求,提升服务效率与质量,不断优化馆藏结构,合理调整纸质文献资源与数字资源的购置比例。公共图书馆通过购置书刊、光盘、商业数据库、采集加工网络信息资源、建设地方特色专题数据库、实现馆藏资源数字化等形式,不断丰富自身馆藏资源种类,拓展馆藏资源范围,使得读者可利用的阅读资源更加丰富多样。

### 1.2 阅读推广方式更加多样

新媒体的广泛普及与运用,在给公众的阅读环境和阅读形式带来革命性变化的同时,也给公共图书馆阅读推广环境带来深刻的变化。在新媒体环境下,公共图书馆阅读推广工作不再局限于读书会、讲座、展览、读者活动等传统的以阵地为主的宣传推广手段,而是利用微信、微博、短信等新媒体技术平台进行精准的阅读推广信息推送,实现线上宣传与线下活动相结合。公共图书馆不断完善和拓展阅读推广的渠道,积极构建精准有效的阅读推广的平台,例如利用微信、短信推介书刊信息,建立移动数字图书馆、购买电子读报系统等,这都成为图书馆阅读推广的重要平台。这些形式使得阅读推广不受时间、地域的局限,更精准、迅速地将图书馆阅读推广信息传递到不同阶层读者手中。多渠道的运用,使得阅读推广的形式更加多元,实现文字、图像、视频等方式的综合运用,这使得阅读推广宣传内容更加形象生动活泼,传播效果更加快捷有效。

### 1.3 阅读推广对象范围更加广泛

在传统的公共图书馆服务中,受地域、交通等条件的局限性,公共图书馆阅读推广活动的辐射与覆盖范围受到限制。公共图书馆开展的读书会、讲座、朗读比赛等阅读推广活动的参与者仅仅局限于图书馆所在城市的周边居民。随着新媒体技术的迅猛发展,以手机、平板电脑等为主体的移动终端设备广泛普及,人们随时随地可以接收、阅读数字化的文献信息资源。这使得公共图书馆服务的主体突破了地域范围的局限,面向全体社会成员,只要社会公众对公共图书馆的文献资源有着阅读需求,公共图书馆就可以通过文献传递、电子资源下载等各种途径为各个阶层、各个地域的读者进行文献资源服务。因此公共图书馆的阅读推广对象也将不再局限于自身所在城市、社区居民,而是要面向整个社会层面的所有读者。微信、微博等新媒体形式的阅读推广活动,突破了时间、地域限制,使全社会范围内的公众成为公共图书馆的阅读推广对象。

## 2 基于新媒体的大众阅读新特征

### 2.1 阅读深度浅表化

在以纸质书刊为主体的传统阅读环境下,人们通过逐字逐句的认真阅读,可以实现阅读、思考、再阅读、再思考,使得人们的情感、思想,随着阅读内容的深入而不断升华提高。而新媒体环境下的信息多而杂,且形式复杂多样,人们的阅读呈现随意性、搜索性,阅读形式有跳跃式阅读、搜索式阅读、订制式阅读以及标题式阅读。这些阅读形式使得人们阅读呈现浅表化的特征,不能专心阅读,缺乏深入阅读的耐心。在这种环境下人们阅读是肤浅而不深入,零碎而不系统的,这将不利于读者提升学识修养与逻辑思维能力,无法获得深入的阅读体验,使得阅读只满足于浮光掠影的浅层次表象观察,疏于深层次的思考。

### 2.2 阅读的参与性、互动性增强

参与性与互动性是新媒体环境下阅读的突出特点。每一个读者都可以借助网络技术平台发表文章或表达自己对书刊文章的体验与观点。尤其是当前网络文学的创作,读者可以通过留言、评论等形式和作者交流观点,有时甚至可以影响作品后续的创作。新媒体环境下的阅读形式,使得读者与作者双方打破了传统出版创作中的时空限制,加强了双方的互动交流,使读者能够直接参与到网络文学创作中去。

## 3 新媒体环境下图书馆阅读推广的策略分析

### 3.1 充分利用馆藏资源,加强阵地阅读推广活动

公共图书馆应当充分利用自身阵地优势,在馆内加强阅读推广服务活动的策划与开展。馆内阅读推广活动主要类型有:①举办培训、讲座、展览。公共图书馆可以利用自身报告厅、展厅等场地与资源,向公众介绍本馆所收藏的各类资源,通过培训、讲座等形式教授读者使用移动图书馆、数字资源及其他馆藏资源的方法,提升公众利用图书馆进行阅读的能力与意愿。②优秀读者评选。公共图书馆通过本馆图书借阅管理系统,在一定时间范围内对读者书籍借阅情况进行统计分析,评选出优秀读者向社会公布,并颁发证书与奖品,激励社会公众阅读热情。③优秀书刊推荐。定期举办优秀书刊推荐活动,通过实物展示与网站和公众号推荐形式,向读者推荐优秀的书刊与文章作品,激发读者借阅欲望,提升馆藏利用效率。

### 3.2 注重延伸服务,举办多样化的阅读推广活动

公共图书馆开展阅读推广活动,应当在重视阵地服务的同时,注重延伸服务,举办多样

化的阅读推广活动。推广活动应当兼顾不同年龄段、不同需求的读者群体,如在未成年群体中,举办读书征文、演讲比赛、故事会等活动。在老年读者中举行书画书展、养生讲座等活动,吸引老年人走进图书馆,从而提升其利用图书馆开展阅读的意愿。公共图书馆还应加强与社会团体与组织的合作,将推广活动丰富化。加强与社区居委会合作,开展图书馆流动车走进社区活动、与社区合作举办多种文化活动,从而宣传图书馆的阅读服务,使社区群众知晓图书馆,利用图书馆。同时,公共图书馆应当在重要节日点创新推广形式,开展"你选书我买单"、移动图书馆使用体验等活动,通过多元化的阅读推广服务,可以极大地激发读者的阅读兴趣,有效地提高公共图书馆的资源利用和服务水平。

### 3.3 利用新媒体技术,开展个性化阅读推广服务

在新媒体环境下,读者群体因其年龄、职业、性别、受教育程度等因素不同其阅读爱好兴趣存在巨大差异,公共图书馆应当分析与细化阅读推广对象,公共图书馆应当根据不同读者的阅读动机、阅读偏好、阅读习惯、阅读文献类型、阅读心理等特点,开展个性化的阅读推广服务。公共图书馆要针对不同的读者需求设置信息推送服务模块,从而提升阅读推广服务效率与质量,提升自身阅读推广影响力,树立良好形象。在实际工作中公共图书馆可以根据用户借阅的历史记录,分析用户对阅读或信息的需求,了解其阅读喜好,利用微博、微信、电子邮件与短信等平台,进行个性化精准的书目信息推送服务。

### 3.4 构建多元化阅读服务平台,开展互动性阅读推广服务

在新媒体时代,公共图书馆应当顺应时代潮流,适时调整阅读推广策略,采用新媒体、新技术,构建多元化的阅读服务平台。公共图书馆应该开通微信公众号和微博号,通过微信、微博,宣传推广馆内购置的最新书刊,推荐热门、畅销图书、及时向读者推送图书馆相关阅读活动与其他信息。在图书馆网站和微信公众号上设置书刊推荐栏目,实时推荐最新经典书刊。通过图书馆网站、微信、微博的书评栏目,聚集有相同阅读兴趣与爱好的读者,开展相关阅读话题讨论,引导读者阅读。通过图书馆网站、微信、微博的留言栏,实现与读者的互动,倾听读者关于图书馆阅读推广方面的意见。同时根据读者反馈调整馆藏资源结构与采购,实现馆藏资源利用效益最大化。

在新媒体环境下,人们的阅读环境与方式发生了深刻的变化,图书馆的阅读推广方式应当与时俱进,充分利用新媒体的优势,开展多样化、个性化、互动性的阅读推广创新,吸引更多的读者积极参与到阅读活动中来。

### 参考文献

[1]崔英姿.网络新媒体环境下公共图书馆阅读推广服务体系构建研究[J].传播与版权,2015(5).
[2]周晓兰.新媒体时代高校图书馆阅读推广研究[J].无锡商业职业技术学院学报,2013(2).
[3]姚伟.基于社会媒体的图书馆阅读推广活动创新与发展[J].图书馆学刊,2015(3).
[4]刘淑琴."互联网+"时代图书馆阅读推广策略研究[J].图书馆学刊,2016(5).
[5]刘小娜.全媒体时代高校图书馆阅读推广探究[J].图书馆研究,2014(1).

# 通过社会合作创新公共图书馆服务的实践和经验
## ——以杭州图书馆为例

刘　莹　陈　荞(杭州图书馆)

社会合作是图书馆建设和发展的重要途径和重要方法。2008 年,由中国图书馆学会七届四次理事会通过的《图书馆服务宣言》第七条写道:图书馆与一切关心图书馆事业的组织和个人真诚合作。图书馆欢迎社会各界通过资助、捐赠、媒体宣传、志愿者活动等各种方式,参与图书馆建设。起草者之一的范并思教授将此条解读为:图书馆不应该是封闭的实体,应该让外界通过资助、媒体宣传等各种各样的形式,参与到图书馆建设中,图书馆对此应该表示欢迎,图书馆应为这些活动的开展广开渠道[1]。杭州图书馆自 2008 年新馆落成开放后,一直采取开放的办馆理念,主动融入社会,通过各种社会合作的展开,来加强自身建设,实现创新创优发展。尤其是"十二五"以来,在国家多次提出要"引导和鼓励社会力量参与公共文化建设""鼓励社会力量、社会资本参与公共文化服务体系建设"的背景下,杭州图书馆更是进行了积极的探索和实践,通过在资源供给、服务、技术、资金、运营等多方面的合作,拓展服务空间,创新服务手段,丰富服务内容。

## 1　多方合作办主题图书馆

2006 年,杭州图书馆与印学博物馆合作建成首家主题图书馆——印学图书馆,之后 7 年间,陆续以自建、联合等方式建成盲文、棋院、音乐、生活、佛学等主题图书馆。2015 年,杭州图书馆加快了主题图书馆的建设力度,积极与企业、组织等联系、协调,在两年间,建成了运动、科技、环保等多家主题图书馆。

### 1.1　借企业之力建成运动、环保主题图书馆

运动主题图书馆是杭州图书馆首次与企业合作建设的主题馆,于 2015 年 9 月 19 日对外开放。分馆由 1 个主馆和 12 个漂流馆组成,设立在合作企业开发的楼盘中,一期建筑面积约 1000 平方米,逐步增加至 3500 平方米,力争成为辖区内集文化、休闲、体验于一体的市民体验中心。环保主题分馆是杭州图书馆与杭州市环境集团合作建立,于 2016 年 6 月 5 日对外开放。分馆位于浙江省首个以绿色为主题打造的特色小镇——天子岭静脉小镇,面积约 1000 平方米,并利用天子岭的环境教育基地、环境公司在全市的各个环保宣传站等资源,建立服务点,扩大服务范围,推广阅读文化和环保生态教育。

### 1.2 受区政府委托合作建成科技主题图书馆

2015年5月,杭州图书馆与杭州高新区(滨江)社会发展局签署合作运营委托协议,正式确立由杭州图书馆承担管理和开展杭州高新开发区(滨江)图书馆(暨杭州图书馆科技分馆)的管理运营及用户服务工作,向全市市民开放。科技分馆于2015年12月26日开馆,位于滨江区文化中心6—8楼,以自然科学文献为特色馆藏,拥有经济、文学、艺术、历史等内容的图书20余万册、报刊460余种,还配有八大行星体验、3D打印、智能机器人、全息金字塔等科技设备。

### 1.3 合作成效

运动、环保、科技主题馆建成开放后,以社会合作思路来办馆,积极寻找社会合作机会,利用社会力量创新服务,提供服务。如运动主题馆,通过与在杭各个运动组织、专业协会等合作,一方面引进高尔夫、射箭、体测等运动体验项目,读者可到馆免费体验,并有专业人员现场指导。另一方面不囿于主题馆有限的场地,在多个社会运动场馆设立馆外体验点、阅读点,读者只要凭运动主题馆体验券就可到这些体验点免费体验运动项目。另外,还将合作活动带到馆外,如组织的丹田跑法交流会、运动啦摄影展走进大学,青少年体能训练营在杭州一小学举行,普拉提公开课走进驻杭某部队等。如科技主题馆在开馆后,一方面作为区馆,积极开展综合性阅读普及服务和文化服务活动,建立区阅读联盟等,推进该区阅读和公共文化服务水平;另一方面坚持科技主题特色建设,向用户提供公共服务和专业科技咨询服务,与科协、各类NGO科普协会等合作开展多元科普活动,打造"院士讲堂",邀请天文、科技等领域专家学者担任主讲,为滨江区高新企业提供支持。如环保主题馆,则充分运用"众筹"模式来发展业务,提供服务。其工作人员,除杭州图书馆派驻了一名馆员外,其余工作人员均由志愿者组成,这些志愿者不仅承担日常的图书上架、整理、导读等基础性服务工作,而且还是环保主题文献采购、活动创意设计、活动组织实施的主要力量。

## 2 多方合作创新借阅服务模式

### 2.1 与书店合作推出"你看书我买单"的借阅服务

2015年,杭州图书馆取经内蒙古图书馆"彩云计划",在吸取经验的基础上,结合自身实际,与市新华书店达成合作,在2016年1月1日推出了"你看书我买单"的悦读服务,由书店现场提供图书加工和外借服务,读者在书店直接选购、现场借阅自己喜爱的图书。这种通过把图书馆的借阅服务前移至采购环节,即"采"即"借"的形式,在一定程度上缓解了图书加工时间和读者阅读时间的矛盾,满足了人们的阅读需求。杭州图书馆还在此基础上,开发了APP,市民不仅可直接从书店借走心仪的图书,而且通过该APP的"悦读传书"功能,还可以把书借给亲朋好友,进一步提高图书的流通率。这项"悦读"服务,到2016年年底还扩展到了民营书店,深受杭州市民欢迎。

## 2.2 与技术厂商等合作打造线上借阅 O2O 平台

2016 年,杭州图书馆与苏州一软件公司合作,搭建了杭州图书馆借阅 O2O 平台,向读者提供线上图书借阅服务——“悦借”服务。该平台于 12 月 1 日正式在杭州图书馆官方微信推出。同时,杭州图书馆通过与市邮政合作,为“悦借”服务提供送书到家、上门取书的借还快递。从而,杭州市民可以像网上购物一样随时随地在网上借书,并快递到家。读者需还书时也可在网上预约快递,邮政上门取件,负责归还至图书馆。此举以跨界合作为主旨,搭新技术快车,实现传统服务紧跟互联网时代人们阅读习惯的改变,让公共图书馆的服务更适应需求,这也正是近年来我国公共图书馆在探索、实践的主要内容之一。

## 2.3 合作成效

“悦读”服务推出后,在杭州的反响十分热烈。据杭州图书馆不完全统计,“悦读”服务推出前一天和当月,各类媒体报道或转载达 18 次,次月达 28 次,其中《杭州日报》在 2016 年 2 月 26 日 A4 版整版报道“建设新型公共文化服务体系,打造学习型城市　书香杭州再树新范本——‘悦读服务’上线一个半月　为杭州人读书买单 80 多万元到新华书店借书,成为西湖文化新景”[2]。“悦借”服务推出后,也是得到社会广泛关注,推出首月,就接到 4000 余订单,线上借书 1.2 万余册。

# 3 建立基金会拓展与社会资本的合作空间

浙江是民营经济较为发达的地区,2003 年杭州图书馆牵头,集杭州少年儿童图书馆和萧山、余杭、临安、桐庐、建德、富阳、淳安等区县市七家图书馆,以及一些杭州知名企业家的力量,成立了我国第一家图书馆事业基金会——杭州市图书馆事业基金会。十多年来,基金会成为各种社会公益资金捐助杭州市公共图书馆事业的一个重要渠道,也为杭州图书馆寻找社会资本,拓展服务提供了广阔的平台。

## 3.1 项目定向捐赠为图书馆开展公益活动提供社会资金

定向捐赠是指根据捐赠人的捐赠意愿,为特定的对象进行捐赠和资助而实施的慈善活动,是慈善捐赠的一种形式。2008 年起杭州图书馆大力推进多元文化服务,与社会方方面面机构、组织等合作开展的各类公益活动快速增长,但社会资金直接支助图书馆公益活动的模式在一定程度上受到体制、机制的约束。杭州图书馆通过基金会平台,使社会上有意愿对杭州图书馆公益活动提供定向资金支持的愿望得以实现。2014 年,杭州图书馆获得首个活动项目定向捐赠,即支持杭州图书馆音乐分馆市民合唱团参加“我和我的祖国大型合唱比赛”复赛及北京“第十二届中国国际合唱节”。在这次活动中,市民合唱团取得“老年混声组金奖”的优秀成绩。接下来的两年里,有近十笔定向捐赠用于杭州图书馆举办文化活动。

## 3.2 企业捐赠为全市公共图书馆事业发展提供资金支持

梁亮在《杭州市图书馆事业基金会的公益实践与理念》中写道:“杭州市图书馆事业基

金会的原始资金来自于读者借书证押金和企业家捐赠两个方面。”“基金会理事多为浙商中的领军人物,他们在浙商企业中具有一定号召力,并热衷公共、公益文化事业的发展,所以理事会成员捐赠数量所占比例较大。”[3]因此,企业捐赠是基金会收入的重要来源。目前,累计有20多家浙江、杭州企业向基金会提供捐款,确保了基金会工作的正常开展。十余年来,基金会为杭州基层图书馆事业的发展提供了多样且持续的支持。如加大对乡镇村级图书室的扶持力度,先后开展典型村级图书室评选工作、示范性乡镇/街道图书馆评选活动,并给予书刊、书架、电脑、打印机、经费等奖励。自2007年起,还针对基层图书馆管理队伍薄弱、积极性弱的现象,开展优秀基层图书馆工作人员评选活动,并制定了《杭州市公共图书馆事业优秀工作者奖励暂行办法》及细则,拨专项经费确保活动的可持续。活动一年一次,持续至今。

## 4 经验和启示

### 4.1 提升美誉度是图书馆开展社会合作的重要优势

杭州图书馆自2008年新馆建成开放后,从打造的“大开间—家居式”馆舍环境,到提出“平民图书馆　市民大书房”的办馆目标,再到之后不断推出的免费服务、创新服务,如取消借书证、取消押金、市民卡开通借书功能、提高借阅册次、提出“第三文化空间”理论、开展多元文化服务,倡导“读者演给读者看”“读者讲给读者听”“读者写给读者阅”等,使人们对杭州图书馆的喜爱度不断上升,其社会知晓度、美誉度快速提升,其所倡导的“平等　免费　无障碍”理念被广泛接受,更是在2011年被广大网友称为“史上最温暖图书馆”[4]。同时,从政府层面看,杭州图书馆自2008年以来,先后获得省级文明单位、市级文明单位、市模范集体等称号,充分显示了地方政府对其工作的认可。曲晓玮在其《论图书馆的社会合作》一文中,讲到“伦理性合作的实现方略”时,提出“要长期坚持塑造图书馆良好的公众形象,培养图书馆的公益吸引力。”[5]张榜树认为图书馆存在着另一种生产力资源——形象力资源,虽然是一种无形资源,但开发好形象力资源,对图书馆事业发展来说,与开发好传统的生产力资源一样重要[6]。杭州图书馆不断积累的社会美誉度,成为其重要的形象力资源,为其开展广泛、多样的社会合作提供了坚实基础。

### 4.2 坚持“专业性”是图书馆进行社会合作的重要基础

杭州图书馆在与企业等社会力量合作办馆时,一方面尽可能多的争取办馆资源,如运动主题图书馆、环保主题图书馆的建设中,图书馆的馆舍、室内装修,日常办公和读者服务所需的家具,电脑、书架等设施设备,以及日常的物业管理费、房屋维护维修及水、电、网络等基础运行费用均由合作企业无偿提供;另一方面在业务建设和服务提供上坚持图书馆的“专业性”,坚持自身对业务的发展要求,派驻自己的馆员,以公益为宗旨,围绕主题定位,开展借阅服务、多元文化服务,如运动主题馆在与合作企业的协商中,企业方认为只需要一个能提供图书的阅览室,主观上拒绝运动项目的进入。而杭州图书馆认为运动元素的体现需要通过体验来实现,运动主题馆应该是一个“阅读+运动”“静+动”的有机体。在杭州图书馆的坚持下,经过多次商讨,最终双方达成了共识。再次,主题图书馆全部纳入全市公共图书馆服务体系,实现通借通还。主题图书馆的工作任务、发展要求都纳入杭州图书馆总体业务规划，写入年度目标责任书，由馆长与各主题图书馆主任签字确认，接受杭州图书馆的绩效考核、年终评优。这种一“吸”（吸收合作方资源）一“送”（输送图书馆专业服务）的合作模式，确保与企业合作的主题图书馆始终坚持公共图书馆宗旨，始终在图书馆的主导和监管下健康、持续发展，创造合作共赢局面。

### 4.3 加强“标准化”是图书馆社会合作可持续的重要条件

图书馆在社会合作中进行标准化建设能够为合作双方带来良好的合作基础和可持续发展环境，最终实现各自合作利益最大化。如在杭州图书馆主题分馆的建设中，杭州图书馆一方面根据多年来的经验，拟订准入标准，明确合作办馆的原则，对合作方提出标准化要求；另一方面将 ISO 质量管理体系覆盖到主题馆，主题馆在实际业务开展的过程中，始终遵循杭州图书馆的质量方针、质量目标，从服务的策划、读者要求的确定、服务的提供，到顾客满意、数据分析、持续改进等，均按照杭州图书馆 ISO 质量管理标准进行规范操作。如在“悦读”“悦借”服务中，杭州图书馆制定相关借阅标准，并将标准融入对合作方的要求中，确保服务的实现。

杭州市图书馆事业基金会早在成立之初即拟定了章程，确定了“人人享有文化阅读权利”的目标，十几年来，基金会以这个章程和目标为标准，进行基金的募集、管理和使用，其募集的善款优先用于加强杭州市欠发达地域的城镇乡村社区大众阅读基础设施建设的投入，并通过设立激励机制，推进杭州地区公共图书馆事业的发展及其人才队伍的建设；通过组织调研组实地考察杭州市基层公共图书馆，积极争取政府支持，从而不断增加其专业性和公信力。因此，应该将图书馆开展社会合作当作一种有组织有规模的社会事业，通过建立有效的机制、标准、规范来确保其健康发展。

### 参考文献

[1]张利娜. 走向社会合作的公共图书馆：价值传承与职能嬗变[J]. 图书与情报，2015(2).

[2]杭州日报[EB/OL]. http://szbz.hangzhou.com.cn/hzrb/html/2016-02/26/node_824.htm.

[3]梁亮. 杭州市图书馆事业基金会的公益实践与理念[J]. 图书与情报，2013(6).

[4]“史上最温暖图书馆”不拒乞丐[EB/OL]. http://news.ifeng.com/gundong/detail_2011_01/21/4380371_0.shtml.

[5]曲晓玮. 论图书馆的社会合作[J]. 图书馆论坛，2010，30(6).

[6]张榜树. 论图书馆形象力资源开发[J]. 图书馆学研究，2004(1).

# 基于治堵治霾背景下的城市公共图书馆总分馆体系建设及意义探究

## ——以济南市地区为例

曹　艺　卢立静（济南市图书馆）

伴随着工业化、城镇化和人民生活现代化水平的不断提高，汽车增加、交通拥堵、雾霾严重已经成为一二线城市特别是大城市难以摆脱的通病,山东省省会济南市也不例外。据济南市车管所统计,截止到2016年年底济南市机动车保有量达到182万辆,预计今年将突破200万辆,达到济南市现有道路承受能力的极限。高德地图联合交通运输部科学研究院等权威机构发布的《2016年度中国主要城市交通分析报告》显示,2016年济南、哈尔滨、北京名列全国堵城前三名。济南名列第一,成为全国最堵的城市。市内多条主干道如经十路、北园高架、顺河高架晚高峰拥堵时间已由以前的一小时变至两小时甚至更长。众所周知,PM2.5的重要来源是燃料的不完全燃烧,早晚高峰堵车严重,既浪费了时间,又增加了PM2.5的来源,加重了雾霾现象。雾霾严重,导致机动车无法顺畅通行,又增加了PM2.5的来源,如此往复形成了恶性循环。

面对严重的交通拥堵、雾霾问题,济南市委副书记、市长王忠林在全市大气污染和交通拥堵治理工作会议上提出了"正视问题、勇于担当、主动作为"的工作态度和工作思路,积极应对交通拥堵和雾霾严重问题。济南市图书馆作为济南市重要的公共文化服务平台,以建设"书香泉城"为己任,以服务"泉城市民"为宗旨,以建设"总分馆体系"为契机,勇于担当、主动作为,以自己的实际行动响应全市治堵、治霾行动,勇于承担社会责任。

## 1 济南市图书馆总分馆体系建设实施方案

总分馆制源于西方,主要有以下几个特点:同一主体出资;同一机构管理;核心馆为总馆、其他馆为分馆;人员、经费、资源统一管理[1]。这些特点在目前财政"分灶吃饭"、行政"分级管理"的体制下很难快速实现,但是我们可以在政策允许的范围内进行有益的探索和尝试。济南市图书馆在借鉴既有的"合作制总分馆模式""联合制总分馆模式"和"协同制总分馆模式"的基础上进行了有益的探索。主要体现在以下几个方面。

### 1.1 实现全市范围内通借通还

"通借通还"是一种全新的公共图书馆服务理念和方法,是当下节省读者往返时间、缓解交通拥堵、减少环境污染的方法之一,更是推动全民阅读、实现文化共享的有效途径。

从2007年开始,济南市图书馆逐步探索"总分馆制"这一全新的服务模式。济南市图书馆在借鉴国内外先进经验的基础上,在不打破现有的行政隶属关系和财政供给渠道的前提下,积极构建符合济南实际、适应济南发展、具有济南特色的总分馆体系。初步形成以济南市图书馆为总馆,各区(县)图书馆为分馆(包括历下区图书馆、市中区图书馆、槐荫区图书馆、天桥区图书馆、历城区图书馆、长清区图书馆、章丘市图书馆、商河县图书馆、济阳县图书馆),其他各类型图书馆(包括街道社区图书馆、机关事业单位图书馆、24小时自助图书馆、汽车流动图书馆、大型企业图书馆、农家书屋等)为补充的图书馆总分馆服务体系。总分馆实行统一的管理方式、业务规范、技术标准、运行规划,形成资源共享、优势互补的新型图书馆联合体。2016年实现济南地区内各公共图书馆图书的"通借通还",促进文献资源共享。同时,总馆与全市11个市、县公共图书馆,将开设图书馆流动服务,将图书送到市民家门口,从而极大地方便读者借阅图书,有效地延伸了全市"通借通还"的服务半径。

"通借通还"体系的建立极大地方便了泉城读者,读者通过统一的文献检索系统查找自己需要的图书,就近选择所查图书所在的图书馆进行借阅,阅读完成后可就近还书,泉城读者享受到了“一馆办证,多馆借书;一馆借书,多馆还书”的人性化服务,有效地提高了读者的阅读热情和阅读质量。

### 1.2 建立济南市图书馆总分馆监控平台

建设总分馆体系、推动资源共享、实现普遍均等要在总馆的协调下实现全部文化资源的统一检索、统一流通、通借通还和统一管理,这就需要建立统一的监控平台。济南市图书馆顺势而为,建立了“总分馆监管平台”,采用“网络摄像头 + 本地存储”的运行方式进行管理,先期将县区中心馆、24 小时图书馆、重汽分馆、社区图书馆、新农村分馆纳入监管,有效调配资源,提高服务水平。

针对监管平台发现的问题和分馆反映的问题,总馆建立济南市公共图书馆联盟技术支持与服务群,为总分馆之间提供问题解决的技术支撑,确保总分馆体系的高效运行。

### 1.3 继续完善 24 小时自助图书馆、社区图书馆和流动图书馆

推动文化惠民,建设书香社会是当下公共图书馆担负的重要使命,济南市图书馆更是给读者提供了“优质文化就在家门口”的文化福利,24 小时自助图书馆、流动图书馆和社区图书馆建设不断推进。

“书香泉城”24 小时自助图书馆的建立打破了传统图书馆借阅的时间限制,实现了全天候的无障碍借阅,拓展了公共图书馆的服务空间,进一步提高了图书馆公共文化资源的利用效率。24 小时自助图书馆的读者可自助完成借书证办理、书目查询、图书借还、图书续借等多项服务,为广大读者搭建了便捷的阅读平台。目前,市图已建立 8 台“书香泉城”24 小时自助图书馆。自投入使用以来,24 小时自助图书馆运行良好、管理完善,凭借方便快捷的服务受到了广大读者的欢迎和喜爱。24 小时自助图书馆的布点选址面向社会广泛征集,综合考虑服务点周边的交通、服务人口数量等因素,逐步填补布点盲区,使图书馆服务覆盖面更广,辐射范围更大。例如,最早设立的泉城广场 24 小时自助图书馆位于济南市中心繁华地带。泉城广场是济南市的中心广场,附近人流量巨大,公共交通成熟,近 50 条公交路线可到达。领秀城和阳光 100 小区的 24 小时自助图书馆服务于济南市区规模最大、配套最全的两个小区。许多市民早已经习惯步行去社区的 24 小时图书馆看看有什么新书、热门书,既锻炼了身体又践行了环保出行的理念。24 小时图书馆投入使用后,济南市图书馆通过统计分析,有针对性地放置图书,尽量贴近大众的阅读习惯,读者不用出小区就能享受到便捷舒心的借阅服务。

**表 “书香泉城”24 小时自助图书馆明细表**

| 地点 | 建立时间 | 地点 | 建立时间 |
|---|---|---|---|
| 泉城广场 | 2011 | 阳光 100 | 2015 |
| 领秀城 | 2013 | 天桥政务 | 2015 |
| 龙奥大厦 | 2013 | 鲁能康桥 | 2015 |
| 新馆 | 2013 | 高新地税 | 2016 |

济南市图书馆社区图书馆既包括阳光舜城社区分馆、振兴街纬九路社区分馆等市内大型社区，又包括市郊陡沟村、党家镇郑庄村等人口密集村镇分馆。社区图书馆的建立极大地满足了社区居民的借阅需求，特别是对于离市区相对较远的市郊社区，居民可以不用乘机动车到拥堵的市区借阅图书，既省时省力，又缓解了市区交通拥堵及雾霾问题，具有极强的现实意义。社区图书馆的建立是济南市图书馆拓展服务领域的重要举措，极大地丰富了相关社区居民的精神文化生活，营造了浓厚的社区读书氛围，打造出了社区文化服务的新品牌。

2006年济南市图书馆建立了“全国先进、省内一流”的汽车流动图书馆，该流动图书馆以中型客车为载体，根据行程有针对性的提供图书并搭载自动借还服务系统，深入基层特别是偏远社区甚至农村提供办证、借还、信息查询和下载服务，这一服务一经推出深得市民欢迎，已经成为运行在泉城大地上的流动风景线。

24小时自助图书馆、社区图书馆和流动图书馆虽然占地面积不大，但“麻雀虽小、五脏俱全”，它们作为图书馆服务拓展的触角，已经有效地触及越来越多的市民。随着布点逐渐增多，总馆要进一步加强管理、完善服务。大到位置的选择，小到图书的选择，都要做到精益求精，尽最大限度发挥他们的社会功用，解决社会问题，承担社会责任。

### 1.4 推动总分馆数字资源共享

“互联网时代，阅读服务呈现出全新的特点，也为总分馆制度建设提供了更多便利和发展契机。随着总分馆建设的不断推进，数字阅读服务必将成为重要的服务方式。”[2]数字图书馆的兴起和利用使得读者获取信息方式更加便捷，可以随时随地轻松从海量资源中获取自己所需。“数字图书馆具有信息资源数字化、信息传递网络化、信息利用共享化、信息提供知识化、信息实体虚拟化等特点。”[3]济南市图书馆积极建设总分馆数字资源共享平台，推动共享全市区域内各类型的数字资源，有效激活了全市现有文化资源存量，打破了信息资源本馆馆藏的界限。中国学术期刊网、万方数据库等通过网络纳入济南市图书馆的馆藏中，既极大地拓展了公共图书馆服务范围，又极大地丰富了读者的阅读空间。

济南市图书馆手机图书馆的建立更是充分发挥了数字资源的巨大优势。通过手机登录济南市图书馆外购资源的客户端，读者可以轻松阅读学术期刊、有声读物、电子图书、音乐资源等数字信息。通过书香泉城数字阅读平台，济南区域内的读者可以免费阅读65万册最新的电子书、300多份电子报及浏览名泉数据库等海量数字资源。

同时，济南市图书馆以总馆为核心积极搭建济南市公共图书馆云中心，并加强济南市数字图书馆地方特色资源建设。借助全新的总分馆数字资源共享平台、书香泉城数字阅读平台及济南市图书馆手机图书馆海量的免费数字资源，泉城读者实现了“文化装进口袋”和“阅读在路上”的高品质文化生活。足不出户，享受阅读，数字资源的利用既是当代图书馆服务的发展趋势，又是现代社会交通、雾霾等现实问题有效的解决措施。

### 1.5 塑造总馆品牌打造分馆特色

作为总馆，济南市图书馆积极强化推进服务理念、服务内容、服务手段、服务方式的创新发展，形成集文献借还、民俗活动、情感交流、展览培训于一体的服务形态，不断发挥其在济南市公共文化事业中的引领和示范作用，打造文化服务的品牌特色。在总分馆体系的逐步建设中，注重发挥总馆的品牌优势，除了借阅等服务工作的联通外，着重加强了阅读品牌活动的总分馆互通互联。

济南地区图书馆分馆的建设不仅仅以地域作为划分标准，还包括重点企业、政府机关、学校等分馆，布点设置多层级、多形式分馆。济南市图书馆引领打造具有区域特色和专业特色的分馆体系。具体来说，充分发挥总馆的引领作用，打造综合文娱性较强的社区分馆、具有专业特色的企业分馆、具有教育特色的学校分馆及具有综合管理特色的政府机关分馆。

通过强化总馆品牌和打造分馆特色，全市公共文化资源得到了更好地整合，使不同行业的人就近获得了自身发展所需要的文化产品，最大限度地实现了现有文化资源的利用效率。

# 2 城市总分馆体系建设与治堵、治霾有效结合的方案探究

公共图书馆利用丰富的文献信息资源优势，建立图书馆分馆，消除距离障碍，为读者就近开展借阅服务和读者活动，是公共图书馆服务的延伸。通过这种方式将公共图书馆的服务阵地拓展到读者身边，为读者提供更加方便快捷、人性化的服务，是图书馆工作秉承“读者第一、服务至上”服务宗旨的集中体现，更是在泉城治堵治霾的背景下，乘势而上、主动作为的重要体现。“图书馆的总分馆建设离不开政府主导。”[4]济南市公共图书馆应积极争取政府的重视和支持，顺应济南市区域特点，把总分馆建设与治堵治霾结合起来进行进一步的探索实践。

## 2.1 拓展通借通还的范围

通借通还服务以其“一馆办证，多馆借书；一馆借书，多馆还书”的人性化服务深得读者喜爱，有效减少了读者与图书馆之间往返，减少了因借还书造成的交通出行。此举普遍获得社会认可，成为图书馆积极参与治堵治霾的重要举措。

在政府的支持下，济南市下一步要积极拓展通借通还的范围，进一步引导分馆进机关、企业、学校、社区、军队和农村，扩大分馆覆盖范围、打造分馆特色。实现不同行业读者最大限度的就近借还成为总分馆体系建设中需要关注的重要问题。这要充分依托“济南市图书馆总分馆监控平台”和图书馆自助借还系统对不同区域、不同群体的借阅情况进行大数据分析，在此基础上建立符合地域特色，满足地域、行业需求的总分馆体系，让现有的文化资源到最需要它的地方去，更大限度、更广范围地减少借还书交通出行，缓解交通拥堵，减少大气污染。

## 2.2 加快公共交通枢纽的分馆建设

伴随着城市化和工业化的加快推进，重要公共交通枢纽如机场、火车站和汽车站担负着有效疏解城市交通，减少空气污染的重要职责，更担负着“传播文明、运载使命”之责。旅客乘坐公共交通出行，通常有一段比较长的候机、候车时间，这段时间在大力推进全民阅读的今天应该有效利用。因此，应充分发挥文化引领的作用，积极建设公共交通枢纽的图书馆分馆特别是阅览分馆，让旅客在候机、候车室享受一场文化之旅。让候车成为一种享受，吸引更多的人选择公共交通出行，有效缓解交通拥堵、大气污染。

### 2.3 推动公共区域的无线网络覆盖和数字资源共享

伴随着社会经济的快速发展和信息技术飞速发展,城市无线网络覆盖区域急剧增加,济南市正加快推进公共服务场所、商业街区、旅游景点区域无线网络全覆盖,打造“无线济南”。这为数字资源的传播共享提供了难得的发展机遇,作为肩负文化传播重任的济南市图书馆应积极推动数字资源在重要交通枢纽、公交线路的共建共享,使泉城市民在往返工作的路途中品味文化盛宴、感悟文化魅力、提升文化素养。让出行成为一种享受,从而有效减少私家车出行,缓解拥堵、减少污染。

### 2.4 筹划市内地铁车站及沿线的分馆建设

目前,济南市轨道交通正在如火如荼地进行。不久的将来地铁泉城将呈现在广大市民面前。作为疏解城市交通的重大举措,未来的地铁要用高效和安全运载乘客,更要用高端的文化资源吸引乘客。地铁站点分馆建设和数字资源共享建设应提前谋划,让乘客未来体验地铁之快的同时品味文化之美,展开文化之旅。

综上所述,在治堵治霾的过程中,总分馆体系下的公共图书馆完全可以顺势而为、积极作为,用文化引领出行、用文化引导消费、用文化引领未来。

## 3 治堵治霾背景下济南市推动总分馆体系建设的积极意义

总分馆体系以其高效的管理、统一的查询借阅平台、便利的通借通还体系、丰富的数字资源、特色的分馆布局有效节省读者时间、减少往返图书馆交通出行,对缓解交通拥堵、减少大气污染具有积极意义。

一是减少路途往返,缓解交通拥堵。济南市图书馆新馆位于济南西部新城,离市区有一段距离,自驾车来馆借书成为不少读者的首选,势必会增加交通压力。济南市图书馆总分馆体系的快速建设推进,通借通还体系的高效服务,有效减少了路途往返,部分缓解了交通拥堵,是济南市图书馆积极响应治堵治霾行动,主动作为的重要举措。发达国家和地区的标准为1万人的小区域或平均半径在1.5公里的居民有一座图书馆[5]。图书馆界有个“15分钟服务圈”的概念,应力争使读者步行10—15分钟就能看到图书馆借阅服务网点,方便市民借还,缓解交通拥堵,建设书香泉城。

二是有效节省时间,缓解雾霾污染。济南城市布局东西狭长,市图书馆新馆位于西部新城,很多市民借还书需要往返于老城与新城之间,有的路上要用一两个小时时间。济南市少年儿童图书馆(老馆)位于经三路中山公园附近,处于城市繁华地带,交通拥堵和停车难问题凸显。济南市总分馆体系和通借通还系统的启用,大数据统计下的特色分馆建设,使读者家门口就能借到自己称心如意的书籍,有效地节省了读者时间,减少了因私家车往返和交通拥堵带来的PM2.5排放,有利于部分缓解雾霾污染。

三是轻松获得资源,提升阅读质量。济南市图书馆总分馆数字资源共享平台和济南市图书馆手机图书馆的建立,使读者可以免费、方便、快捷地获得海量数字资源,不出家门享受文化盛宴,开启阅读之旅,丰富文化生活,实现清洁、高效、绿色阅读,使治堵治霾成为每个人可以参与的行动。

综上,济南市图书馆加快总分馆体系建设,推广通借通还服务、建设总分馆监控平台、推动特色分馆建设、打造数字资源共享平台、建立济南市图书馆手机图书馆对于缓解交通拥堵、减少环境污染具有积极的作用,是图书馆参与治堵治霾顺势而为、主动作为的积极行动,是推动全民阅读、建设书香社会的重要抓手,值得研究和借鉴。

**参考文献**

[1]贺文蕾.公共图书馆总分馆制现状及建设可行性[J].才智,2013(26).

[2]付超.公共图书馆总分馆体系建设与服务模式初探[J].河南图书馆学刊,2016(12).

[3]梁延玲.数字图书馆时代读者服务工作的变革[J].中北大学学报(社会科学版),2010,26(2).

[4]马岩,郑建明.图书馆总分馆制建设的模式、特色与思考[J].科学管理,2015(7).

[5]靳婉燕.对全民阅读的调查研究与思考[J].攀登,2016(2).

# 浅谈公共图书馆少儿阅读推广工作
## ——以济南市图书馆为例

聂卫红　刘萌萌(济南市图书馆)

范并思教授在《阅读推广与图书馆学:基础理论问题分析》中指出图书馆阅读推广的重点人群包括:①因为缺乏阅读意愿不愿意使用图书馆资源和服务进行阅读的人;②因为文化程度较低,图书馆利用技能或信息技能不足,或受到经济社会环境限制不善于利用图书馆资源与服务进行阅读的人;③因为残障、疾患、体衰等原因无法方便地进入图书馆阅读普通书刊的人;④因年龄太小或太老无法正常利用图书馆。无论从阅读意愿,还是利用图书馆的技能与方式等角度,少儿都是图书馆阅读推广的重点人群。面向少儿的阅读推广工作成为公共图书馆阅读推广工作的重要组成部分。

济南市图书馆长期以来坚持开展少儿阅读推广工作,形式多种多样,内容丰富多彩,取得了一定成效,赢得社会的广泛关注。现结合济南市图书馆少儿阅读推广工作实践,阐述对公共图书馆少儿阅读推广工作的认识。

## 1　少儿阅读推广工作的必要性

### 1.1　养成良好阅读习惯

良好的阅读习惯不是一蹴而就的,需要从小培养。很多国家都非常重视儿童时期的阅读,如犹太人家庭会把蜂蜜滴在图书上,让小孩去舔和翻页,让孩子从小就知道读书是一件甜蜜的事情;在丹麦的公共社区服务场所,除了提供免费的咖啡报纸之外都会针对小朋友提供一些绘本和故事书；日本为推动儿童阅读专门立法，2011 年政府出台《关于推动儿童读书活动的法律》，并将每年的 4 月 23 日设为日本的“儿童读书日”。儿时的习惯可能会伴随人们一生，从而改变人们的命运。因此，作为城市公共图书馆，应责无旁贷地在少儿成长这个关键时期，凭借丰富的馆藏和现代化的服务手段，通过各式活动开展阅读推广工作，提供创新服务，培养他们的阅读能力，使读书成为一种适应终身学习需要的生活习惯。

### 1.2 培养鉴别好书的能力

少儿正处在生长发育阶段，活泼好动，思想活跃，求知欲强，对任何事物都充满好奇，但由于年龄小，心智发育还不健全，辨别是非能力差，价值观、世界观还未最终形成，对图书内容缺乏判别力和鉴赏力，禁受不住诱惑，容易受到不良书籍的影响，有些少年儿童受影视作品影响成了“武侠迷”“言情迷”。我国儿童的早期阅读缺乏正确的引导，中国少年儿童新闻出版总社于 2011 年对我国目前的育儿家庭进行了阅读调查，通过调查了解到有些父母并没有陪孩子阅读，不能理解少儿阅读活动的正确含义，大部分家长对阅读的认识较片面，认为阅读就是为了增加孩子们的知识，帮助他们识字、学习，让他们认识各种事物等，轻视兴趣阅读、休闲阅读在阅读生活中的价值。这种观念一定要转变，对孩子们的阅读行为要加强引导。城市公共图书馆有责任和义务推荐有利于少儿身心发展的读物、推介阅读方法和传授阅读技巧，引导少儿阅读馆藏的各种健康、优秀、经典的读物，让其知道什么书可以“泛读”，什么书应该“精读”。

### 1.3 发挥公共图书馆的社会教育职能

城市公共图书馆作为文化教育事业的一个主要组成部分，担负着重要的社会教育职能。凭借丰富的馆藏资源，通过开展形式多样、内容丰富的阅读推广活动，可以引起政府和社会公众的更多关注，让社会公众了解城市公共图书馆是少儿阅读的主要阵地，以此逐步扩大社会影响力，获得更多的社会资源。

## 2 公共图书馆少儿阅读推广的对象

心理学研究结果表明随着年龄的增长，少儿的行为能力、心智、情感、阅读能力等都在不断发展，著名心理学家埃里克森将人的童年分为四个发展阶段：

①婴儿期(0—1.5 岁)，这一阶段的主要任务是增强自我意识，与抚养人建立亲密信任连接，可以辨认图片中的内容，还不具备阅读能力。

②儿童期(1.5—3 岁)，这一阶段儿童掌握了大量新技能，如爬、走、说话等，懂得表达自己的想法，开始接触绘本，是培养亲子阅读的关键时期。

③学龄初期(3—6 岁)，这一阶段儿童开始进入幼儿园，精细动作进一步发展，社交需求增加，语言方面词汇量加大，能够更准确地表达自己，开始识字，对绘本故事书表现出极大兴趣。

④学龄期(6—12 岁)，小学阶段的儿童在学校接受教育，为今后生活和适应社会储备知识与技能，记忆容量增加，思维水平显著提高，开始具备独立阅读的能力，逐渐不满足于绘本

和故事书,而开始通过阅读获取新的知识。

少儿特殊的身体、心理、社会特征决定了少儿阅读推广工作应遵循少儿发展规律,根据不同发展阶段的少儿特点设计不同内容和形式的阅读推广活动。此外,面向少儿的阅读推广还应注重对家长阅读观念的培养和家庭阅读风气的提倡。亲子手工活动、讲故事或读绘本活动、亲子诵读等形式是少儿阅读推广服务中广受欢迎的项目。

## 3 济南市图书馆少儿阅读推广的策略

### 3.1 打造阅读推广活动品牌

“七彩泉少儿阅读推广活动”是济南市图书馆精心打造的少儿阅读推广活动品牌。

2013 年 9 月,济南市图书馆在充分利用馆藏优势、努力遵循少儿阅读特点和规律的基础上,与山东师范大学教育学院、济南幼儿师范高等专科学校合作,联手推出了少儿阅读推广品牌活动“七彩泉谈书吧”。该活动立足少儿的阅读需求,邀请众多专家与少儿读者推荐经典读物、分享阅读心得,受到家长和孩子们的喜爱与好评。2014 年,该活动被纳入济南市“书香泉城”全民阅读节重点活动,同年被中国图书馆学会评为书友会优秀案例三等奖。

借助“七彩泉谈书吧”良好的社会影响力,济南市图书馆整合零散的少儿活动,统一在“七彩泉少儿阅读推广活动”品牌之下,并制作了 Logo,由分散到整合、由零散到系列化,一经推出就引起少儿读者及家长、学校的关注。

“七彩泉少儿阅读推广活动”主要面向 3 岁到 16 岁少儿读者开展阅读推广,形成九大常规系列活动,包括跟我学国学(适合 3 到 9 岁儿童)、七彩泉谈书吧(适合 6 到 12 岁少儿)、创意美工坊(适合 4 到 9 岁儿童)、七彩泉放映室(适合 6 到 12 岁少儿)、七彩泉故事会(适合 3 到 12 岁少儿)、七彩泉青少年讲坛(适合 10 到 16 岁少儿)、图书馆课堂(适合 4 到 16 岁少儿)、馆员小助理(适合 10 岁以上少儿)及主要面向少儿、家长、学校的《童阅》少儿阅读导刊(季刊)等九个子系列。在常规活动开展过程中,济南市图书馆重视扩展活动参与面,提升活动影响力。2016 年 9 月,在七彩泉故事会的基础上,策划开展济南市首届童声书韵比赛。比赛由济南市文化广电新闻出版局和共青团济南市委共同主办,济南市图书馆、《山东商报》、济南出版社、济南市教育电视台、各区社教办共同承办,分为亲子诵读、童声讲故事、童声诵国学三个类别,每个类别又按年龄做了区分。本次大赛分海选、复赛、决赛、颁奖四个阶段。吸引了济南市万余名少年儿童参加。

在“交融与创新”——2016 年华东地区少年儿童图书馆工作协作委员会案例征集活动中,“七彩泉少儿阅读推广活动”荣获二等奖。

### 3.2 利用微媒体推广活动

微媒体时代是以先进的数字技术、网络技术、发达的通信终端设备等作为支撑的新媒体时代的一次转型,它以微博、微信作为主要传播媒介代表,除了具有新媒体时代的特征外,还具有短小精炼的文化传播特征。

济南市图书馆的少儿阅读推广活动不论大小,不论参与读者年龄,都会在微信、微博、网站上进行提前预热,发布活动预告,活动宣传力度加大,让更多的读者更快捷地了解活动详情，方便参与；活动后，及时将活动回顾及照片上传至济南市图书馆网站，进行后期宣传。而且，创新活动形式，将线下开展的七彩泉故事会活动延展到线上，在济南市图书馆微信公众号中设立“童声电台：七彩泉故事会”，以音频的形式将少儿读者、家长、阅读推广员朗诵的诗文、故事等发布在微信公众号上，配以精美的图片，实现了令读者足不出户也能参与到图书馆的阅读推广活动中来，共享阅读之美。

### 3.3 拓展学校、社区阅读活动

济南市图书馆和多个社区、学校、幼儿园建立了长期合作关系，以扩大服务范围，并逐步形成服务网络，把图书馆办到少儿身边，把优秀读物送到少儿的家门口，让尽可能多的少儿享受到图书馆提供的优质服务。坚持送书服务，在城郊的罗而小学及打工子弟小学的明珠小学、博文小学、胜利大街小学、经五路幼儿园、山东省妇女儿童活动中心幼儿园、麟祥街社区建立图书流通站，同时把丰富多彩的少儿活动带进学校和社区流通站。

“七彩泉少儿阅读推广活动”的“图书馆课堂”子系列，把学校请进图书馆，利用图书馆温馨的文化空间和丰富的文献资源开展主题读书活动，2016 年 1 月到 2016 年 8 月底，先后有济南市博文小学、济南市纬三路小学、济南市纬十路小学、舜耕小学、机场小学、27 中、泉新中学、经五路幼儿园等 16 所中小学幼儿园以班级或家委会为单位进入，扩大了少儿读者队伍，提高了图书馆的社会认知度。

## 4 少儿阅读推广工作的设想

少儿是祖国的未来，少儿阅读推广工作任重而道远。城市公共图书馆在环境设施、文献资源、人员设备、社会条件等方面具有自身的优势，开展少儿阅读推广工作需注意在活动策划的创意、活动宣传的形式、合作范围的拓展、活动组织的专业化方面深耕细作。

### 4.1 活动策划重在激发儿童阅读兴趣

由于受应试教育的影响，人们通常认为儿童阅读的目的就是学习知识，从而弱化了儿童自身的阅读兴趣培养。少儿阅读推广工作的核心就是激发儿童的阅读兴趣，让阅读成为伴随孩子一生的习惯，因此在策划活动的时候就要关注少儿读者的阅读需求，围绕不同阶段儿童阅读的兴趣点来开展活动。例如 2 岁是儿童语言发展的敏感期，针对这一阶段儿童所开展的活动就要将声音与图书结合起来，让儿童边听边模仿边看书；学龄前的儿童总会有意无意地模仿自己的父母，那么策划一些亲子活动，让父母以身作则融入儿童的阅读中就会激发儿童的阅读热情。一旦有了阅读兴趣，艰巨的阅读任务就会变得轻松愉快起来，把“苦读”变成“乐读”“趣读”，从而养成阅读习惯，提高阅读效率。

### 4.2 活动宣传重在顺应时代发展

活动前的宣传主要是对将要开展活动的时间、地点、内容进行宣传，活动后的宣传主要是对活动过程和活动取得的成效进行宣传。做好阅读推广活动的宣传工作对扩大活动影响，增加活动人气，树立活动品牌形象都有着十分重要的作用。除常用的海报、展板、广播、网站宣传外,要善于利用微信、微博、网络社区等新媒体对活动进行宣传推广,方便快捷,针对性强。

### 4.3 注重与社会多元机构的合作

少儿阅读推广是一项庞大的系统性工程,城市公共图书馆拥有丰富的社会资源,如早教机构、学校、出版社、新闻媒体及其他社会组织等,这是我们进行阅读推广工作的优势。随着阅读推广工作的不断创新,活动内容与形式进一步升级,与一些社会多元机构的合作可以使活动品牌化、系列化、规模化,从而形成更大的社会影响。

### 4.4 培养专业化的少儿阅读推广人

活动组织的专业化重在培养专业少儿阅读推广人。图书馆员是少儿阅读推广工作的一线力量,优秀的少儿馆员不仅是图书馆学专家,也应当是儿童心理专家和阅读专家。充分利用馆员的能动性,鼓励馆员参与阅读推广的相关培训,成长为专业的少儿阅读推广人。专业的少儿阅读推广人具备以下优势:①阅读能力,自身对读物具有选择能力、理解能力和鉴赏评价能力;②组织策划能力,能够根据活动目标要求,分析现有条件,安排分散的人或事,制订最佳推广活动方案;③沟通能力,具有较强亲和力,了解少儿心理和阅读需求,思维清晰,表达流畅;④获取阅读素材能力,将内容新、质量优的书目信息及时推荐给读者,与各种媒介、数据供应商、图书期刊出版商等众多渠道建立、保持长期顺畅的信息交流机制。专业阅读推广人在活动的策划、开展、总结、联络协调等方面更有经验,令阅读推广活动更具条理更加系统化,提高读者参与活动的热情和忠诚度。

## 5 少儿阅读推广工作的展望

少儿阅读推广工作的成熟表现在两个方面,一是了解活动受众需求,定位明确,宣传到位,品牌影响力大;二是对实施效果的专业评估。当前我国图书馆界对少儿阅读推广工作的评估主要停留在参与人数、活动规模、媒体关注、活动完成程度等表层指标上,急需加强对推广活动投入和产出的评估和研究,制定切实可行又具有方向性的绩效评估指标。

随着信息技术时代到来,数字化正在对人们的生活方式产生巨大的影响,青少年群体正在加速向"多媒体一代"转型,数字阅读已经成为阅读发展的一大趋势,推动少儿的数字化阅读将会成为少儿阅读推广工作的新重点。让我们大力开展好少儿阅读推广活动,共同携手打造切实可行的少儿阅读推广体系,让阅读照亮中国梦想之路。

### 参考文献


[1]刘新菊.浅谈微媒体时代开展少儿阅读推广活动的几点策略[J].河南图书馆学刊,2016(3).

[2]刘子嘉.浅析儿童绘本阅读推广工作——以长春市少年儿童图书馆为例[J].教育教学论坛,2016(5).

[3]聂思雨.沁润书香,快乐阅读——少儿图书馆阅读推广的理论与实践[J].河南图书馆学刊,2016(2).

[4]朱里萍.少儿图书馆如何有效地为一切孩子服务[J].中小学图书情报世界,2007(9).

[5]张佳.儿童绘本阅读推广工作初探[J].图书馆工作与研究,2012(9).

[6]安秀丽.少儿图书馆的阅读推广[J].河南图书馆学刊,2015(7).
[7]张振林.少儿图书馆阅读推广工作浅见[J].图书馆学刊,2014(10).
[8]华斌.少儿图书馆读者发展工作的路径与对策[J].图书馆学刊,2014(2).
[9]孟华.全覆盖的少儿图书馆社区服务体系构建[J].图书馆学刊,2013(1).

# 社会化网络环境下的移动图书馆服务探析
## ——城市图书馆发展新理念

赵明东方(济南市图书馆)

一直以来,公共图书馆作为城市第三空间,在推动城市文化繁荣、精神文明建设和社会和谐稳定等方面发挥了不可忽视的作用。随着数字化时代发展,移动通信技术快速发展和无线网络的大规模覆盖,社会化网络环境已具有一定规模,市民获取知识和信息的途径日趋多样化,移动图书馆服务应运而生,其方便快捷的服务模式一定程度上克服了时间空间的限制,越来越受到图书馆用户的喜爱,同时用户的感受和需求又为图书馆服务质量的提升提出了新的要求。

## 1 公共图书馆与社会化网络环境的交互

社会化网络,是指在虚拟网络中存在的一个个小型社会,这些小型社会内彼此之间发生真实存在的社会活动,为达到某种或多种目的,拥有共同兴趣的群体所成立的一个个以网络形式存在的社区。社会化网络致力于以网络沟通人与人、倡导通过网络拓展人际关系圈,让用户享受到社交的便利和沟通的乐趣。

移动互联网支持下的社会化网络环境拓展了读者的阅读机会,促进了移动阅读的普及。移动阅读的特点非常明显,时间地点上,当前读者的阅读时间呈现碎片化,阅读地点经常处于不断移动状态;内容上,对经过加工的目录、摘要、综述等内容和小篇幅内容的需求更多;方法上,快速浏览和随意看的比例显著高于精读。读者的移动阅读需求,使得公共图书馆与社会化网络环境产生了互相包容的交互,这就为城市图书馆的发展拓展了新的方向,发展移动图书馆是当前城市公共图书馆发展的新策略。

谈到城市公共图书馆的新发展——推进移动图书馆服务,就不得不提到公共图书馆的使命。公共图书馆使命,是公共图书馆承担的责任、任务,是公共图书馆之所以存在的目的和理由。让每一位社会成员都能享受到普遍均等、无差别的信息服务是城市图书馆努力践行的使命和不懈追求的目标。在社会化网络环境中,这种使命与价值的坚守不会因为移动技术变革而发生改变,城市图书馆需要清楚地认识到推动移动图书馆服务发展与完善的目的非常明确,就是提供覆盖绝大多数社会成员的信息服务,保证社会公众获取知识、信息的基本权利,以求得自身更广阔的发展。

# 2 移动图书馆服务体系

此处所讨论的移动图书馆的服务体系,是特指移动数字图书馆服务体系(不涵盖移动设备的外借)。移动数字图书馆,是指依托无线移动网络、国际互联网及多媒体技术,使人们突破时间空间限制,通过各种移动终端方便灵活获取图书馆服务和资源,以及利用移动技术改善图书馆业务流程的服务模式。

移动图书馆服务体系包括基础支撑层、内容层、技术实现层和用户层。基础支撑层是移动图书馆服务体系的基础,内容层是移动图书馆服务体系的核心,技术实现层是移动图书馆服务体系的关键,用户层是移动图书馆服务的落脚点。

## 2.1 基础支撑层

基础支撑层作为移动图书馆服务体系的基础,为图书馆移动服务提供硬件环境支撑、标准规范和资源基础,是移动图书馆服务体系与图书馆业务系统和数字图书馆系统连接的接口。

## 2.2 内容层

内容层是移动图书馆服务体系的核心层,在支撑层的支撑下设计、建设多样的服务形式、丰富的资源内容和业务创新。内容层的体系建设需要以用户需求为导向,致力于满足不同移动终端用户的需要。

## 2.3 技术实现层

技术实现层是移动图书馆服务的关键,利用移动技术实现内容层,并通过用户层的移动终端展示给目标用户,是连接内容层与用户层的纽带。在移动图书馆服务体系中,据移动技术的特点,采取不同技术手段,使服务体系更具灵活性,覆盖群体更加广阔的同时,提供良好的用户体验。

## 2.4 用户层

用户层是移动图书馆服务的落脚点。用户是移动图书馆建设和发展的驱动力量,在移动图书馆的设计与建设中,既要考虑用户的需求,又要考虑用户所使用终端的特点,以提升用户体验。

# 3 移动图书馆发展的济图模式

济南市图书馆是较早着手移动图书馆建设的城市图书馆之一,从最开始建立图书馆WAP站点,开通微博,随后又与超星移动图书馆合作,依托超星移动图书馆平台开通了客户端 APP 应用——书香泉城·手机图书馆,近年又随着微信订阅号的普及,开通了济南图书馆微信订阅号。与此同时,为满足视障读者群体随时听书学习的愿望,济南市图书馆还提供了听书机外借服务,移动图书馆服务有效覆盖了社会特殊群体。

在社会化网络大环境下,济南市图书馆逐步形成了以短信息服务、WAP 服务、移动 APP 服务、微博服务和微信订阅号服务为主要模式,以听书机外借等为补充的多元化移动服务体系,并在积极探索建立健全服务模式和内容的同时,非常注重服务质量的保障。

### 3.1 济南市图书馆门户网站

作为移动图书馆的最初试水,济南市图书馆官方网站的建立与发展是移动图书馆的主阵地。读者通过浏览器访问官方 WAP 站点或 Web 站点,可以随时随地获取济南市图书馆的数字资源和最新动态。主界面版块划分清晰明确,方便用户个性化搜索,主要涉及济图介绍、读者指南、服务推介、读者社区、济图学会、尼山书院、济图资讯、我的图书馆以及数字资源统一检索等内容。

现阶段,一般图书馆用户使用较频繁的是我的图书馆、济图资讯和数字资源统一检索项目。用户通过提供用户名和密码,登录我的图书馆,即可自助操作,办理借阅查询、网上续借、网上预约和网上挂失,摆脱了时间、空间的限制。在济图资讯版块中,用户及时获悉图书馆的最新资讯,包括济图动态、展览、讲座公益、培训的通知、视频新闻和媒体关注。数字资源统一检索版块是提供移动图书馆服务中的重中之重,读者不仅可以在此实现馆藏查询,了解馆藏信息到馆借阅,还可以检索图书、期刊、报纸、学术论文、专刊和标准,实现移动阅读。

相对而言,其他版块的使用暂时没有非常普及。但是,在社会化网络的环境下,信息更替速度快,用户更希望利用更短的时间获得的更大的信息量,且对知识和信息的时效性、特色性和系统性要求更高,碎片化阅读成为移动阅读的趋势。慢慢地我们希望其他版块同样能引起用户的重视,更充分发挥图书馆,包括移动图书馆的价值。例如,针对读者的需求,在网站的服务推介版块重点推出了文化信息快报、“两会”服务专题、信息摘编、童阅,这是图书馆利用自身优势直接按时间按内容有序分类,在信息的提供中去粗存精,用户直接点击阅读感兴趣的信息,有效提升了移动阅读的良好感受。

### 3.2 书香泉城·手机图书馆

济南市图书馆移动客户端——书香泉城·手机图书馆是依托超星移动图书馆支持,专门为图书馆用户精心打造的数字阅读平台。济南市图书馆准备大量信息资源,优化操作流程和页面布局,将 Web 页面转化为适合移动终端阅读的页面,去除一切不必要的内容,让用户的每一步操作都只用最少的步骤就能达到目的。用户通过扫描二维码或在软件库中下载并安装,输入济南市图书馆读者证号和密码即可登录。考虑到用户移动阅读的成本,图书馆为图书期刊阅读提供了纯文本形式和图片形式两种阅读选择。

依托整合的海量信息资源和云共享服务体系,为图书馆移动端用户提供资源搜索与获取、自助借阅管理和信息服务定制的一站式解决方案。实现了馆藏查询、续借、预约、个人借阅信息查看、图书馆最新资讯推送等移动式服务。主要功能如下:

①实现济南市图书馆馆藏查询和图书、期刊借阅查询和续借。

②实现图书、期刊阅览。目前已收录 310 万种图书、10 亿页全文资料、240 万种图书原

文，中文期刊6420万篇元数据和外文期刊10872万篇元数据，提供读者搜索和获取需要的知识资源，读者可以选择文本形式（手机电子书）或图片形式，方便快捷地通过移动终端查看图书目次和全文。

③实现为用户提供多来源信息个性化阅读帮助。移动图书馆集成RSS订阅功能，为用户提供个性化服务，包括电子书籍、报纸、期刊、视频、资讯等30多个频道分类，使得读者在任何时段都可以有针对性和选择性的阅读目标。

④实现新闻资讯提供与更新。从66种主流报纸、各省份重要报纸和365种杂志中甄选出重大要闻，不间断更新展示。

### 3.3 书香泉城数字阅读平台

用户通过济南市图书馆门户网站下载书香泉城数字阅读平台，即可免费获取图书馆的丰富的共享资源。借助图书馆资源共享平台，服务范围不局限于本馆馆舍，用户使用只需满足济南市范围内IP地址，有效扩大了本馆的服务半径。

书香泉城数字阅读平台提供信息内容丰富。既有集合维普中文科技期刊数据库、方正电子图书数字资源平台、清华同方中国知网CNKI系列数据库、万方中国科技视频数据库在内的数字资源专区，也有集合国务院和各省市政务网站在内的政务信息专区、生活服务类网站导航专区、实用查询专区和在线读报专区。整体覆盖到了用户在实体图书馆外的信息获取需求。极大降低了本市用户获取各类数字资源，尤其是学术类数字资源的成本。

随着该数字阅读平台的逐渐普及，越来越多的图书馆用户享受到了知识、信息获取机会平等的权利保障。

### 3.4 济南图书馆微信订阅号

订阅号是腾讯公司在微信平台上推出的一项普及度非常高的功能，普通用户可以像订阅报纸一样，每日获得所关注的订阅公众号推送的消息，申请订阅号的用户则可以每日推送一些消息给关注的用户。

在社会化网络环境下，济南市图书馆把握到了读者的相关需求，开通了济南图书馆微信订阅公众号，读者可以扫取二维码（馆内及借阅证背面均有）或搜索获取并关注该订阅号。

济南图书馆微信订阅号包括个人中心、精彩济图和互动服务等内容。点击进入个人中心实现读者证绑定与解绑、书目检索、借阅查询，基本可以满足读者对图书馆借阅信息的需求。进入精彩济图，可以轻松获取图书馆动态，热门图书推荐，享阅查书，龙源期刊阅读，进一步满足了主动了解图书馆信息的需求。互动服务涉及入馆指南，办证及借阅须知，实景展示，方便用户了解实体图书馆的同时建立了用户与图书馆的实体联系。

除此之外，后台管理员还会定期及时发送图书馆与阅读推广的相关资讯，用户也可以通过留言和主动发送信息与后台馆员直接对话，拉近了移动图书馆与读者的情感距离。

### 3.5 手机短信（SMS）服务

不同于以上所介绍的移动图书馆业务，手机短信息服务不依托于互联网、移动运营商的数据网络、无线网络，不要求用户持有智能手机、掌上电脑等移动手持终端，对用户掌握技能要求较低，覆盖到了包括老年读者在内的一部分无法熟练使用智能移动设备的人群。

传统的手机短信息服务主要针对读者参考咨询需求而被动提供，即读者需要发送相关短信代码获取所需内容，济南市图书馆率先在享阅借书活动中实现了主动发送本次借阅信息，减轻了读者的利用负担和获取相关服务的成本，更人性化的服务增加了读者的良好体验。

### 3.6　外借听书机

作为政府文化惠民工程的前沿阵地，我们希望移动图书馆的发展惠及全体市民，让更多的人摆脱空间、时间等因素的限制，付出更小的成本获得尽可能大的价值，实现知识、信息获取机会的平等，就必须要重视一部分社会弱势群体的文化需求，为此，济南市图书馆针对残障人士推出了听书机外借服务。同时，为保证广大视障读者能够及时更新下载听书机内的资源和内容，专门开通了中创有声数字图书馆，点击进入该数字图书馆即可下载各种有声读物。

听书机作为济南市图书馆视障阅览室的一类重要设备，凭借其便携性、有声性等优势，使得视障读者的移动阅读成为可能，极大地提高了该群体良好的阅读体验。于图书馆而言，这也是移动设备外借的一个开端，是以上移动图书馆常规模式的有效补充。

## 4　移动图书馆服务质量的保障与提升

移动图书馆的质量保障是其发展的重要基石，移动图书馆服务质量的保障与提升要把握新的发展理念的要求——重视数字信息资源的增值服务，关注服务环境的舒适性，提升互动性，以用户需求为导向，将完善服务内容、优化服务形式、提升馆员参与能力作为质量保障与提升的关键举措。

### 4.1　以用户需求为导向

综观现代图书馆的发展，以人为本的理念贯穿其中，用户的需求始终是图书馆发展的强大推动力。用户的需求既有多样性又有一致性，笔者尝试将用户需求归类如下：

①对基本信息的需求包括：对借阅图书到期提醒、预约图书到馆提醒等时间类信息，图书馆讲座、展览、培训等活动举办和新书推荐及到馆等通知类信息，文献查询、预约、续借及读者证挂失等读者自助服务，对阅览室、自习室空位等实时信息更新查询。

②对个性化阅读的需求主要有：获取感兴趣的资讯，订阅相关专题信息，根据阅读习惯推荐到馆新书。

③对交互性的需求：获得与图书馆及咨询馆员的互动、实现移动阅读互动分享。

④对隐私安全的保障需求：社会化网络环境下，用户既希望能够沟通交流又希望对个人信息等隐私得到安全保障。

以用户需求为导向，需要综合关注用户对基本信息的需求、对个性化阅读的需求、对交互性的需求和对隐私安全保障等其他需求，在技术和成本允许条件下尽可能满足用户日益增长的需求。

## 4.2 完善服务内容

移动图书馆所提供的信息服务内容应该是多层次的，目前大多数移动图书馆都以简单的原始文献和快餐式的信息提供快速浏览为主，今后要提高经过筛选和挖掘的信息比例。图书馆要提高自身信息处理能力，对馆藏数字资源进行深度加工聚合，开发高质量的二次或三次信息资源，满足用户深层次的阅读需求。

移动图书馆所提供的信息服务内容应该是覆盖全面的，既要有适合轻松浏览的内容，比如新闻、文学作品、生活资讯，又要有深度的内容作品，能够满足学术性、专业性需求。

移动图书馆所提供的信息服务内容应该是个性化的，通过后台分析个体用户的年龄、性别、教育经历、阅读习惯、兴趣爱好、地理位置等因素，根据不同用户的特点有针对性地进行信息推送，使用户更加方便快捷的访问相应资源，提高信息资源的利用效率。

## 4.3 优化服务形式

优化服务形式既需要充分发挥现有服务形式的效能，又要重视新形式的开发，同时要着眼于降低服务门槛。

充分发挥现有服务形式效能。现有的交流互动服务平台基本功能已健全，但还没得到充分利用，社会化网络环境下，用户更希望通过交流互动和知识共享，形成一个良性互动的社会交互圈。公共图书馆应充分利用已开通的官方微博、微信公众订阅号等交互平台，及时发布信息，开展多元灵活的互动活动，引领用户的关注评论，架起用户间交流互动的桥梁，增进知识共享，促进以知识共享、以文会友为目的的社会交互圈的形成。

开发数字资源的增值服务新形式。针对大部分用户偏好短篇阅读，移动图书馆利用率较高的主要是简短、精炼的信息的现况，要优化服务形式，通过多制作开发微知识库、微学习课件等形式，兼顾长篇内容。针对长篇内容，要尽可能通过标题、目录、摘要、综述等突显内容亮点，以便用户识别、选择。

降低服务门槛。移动图书馆服务依托高速发展的科技信息技术，需要用户具备一定的利用素养操作技能。要注意到服务群体的差异性，降低服务门槛，比如定期举办相关使用技能的培训，消除部分潜在用户的利用素养与技能障碍，以扩大移动图书馆的受益范围。

## 4.4 提升馆员参与能力

用户在进行移动参考咨询等在线服务时需要与图书馆服务馆员进行交互，更多的用户希望图书馆馆员能够提供更契合个体需求有针对性的数字化服务，在这个过程中，馆员的态度、业务能力和专业程度决定了用户的满意度。

馆员充分发挥指导作用，不仅要有扎实的理论基础，还要及时掌握并有效发挥移动图书馆服务技能。提升自身参与移动图书馆服务的能力，具备更全面的知识结构，更加了解用户的阅读需求，以提供更具个性化的服务；需要获取最新的资源信息，进行深入挖掘与推荐；需要借助各种交流工具，与用户进行更广泛的交流，更准确的了解、指导用户。

推进移动图书馆服务是社会化网络环境下城市图书馆发展的新理念，对图书馆现代服务体系建设起着重要作用。目前移动图书馆服务已取得一定成效，当前不仅有短信、APP 等耳熟能详的服务模式，还有移动设备外借的服务。未来移动图书馆的普及与发展仍要以读者需求为导向，完善服务内容，优化服务形式，提升馆员的参与能力，多方面保障与提升移动图书馆服务的质量。

**参考文献**


[1]谢强，牛现云，赵娜. 移动数字图书馆服务体系研究[J]. 图书情报工作杂志，2013(2).

[2]张磊. 上海图书馆移动服务实践与创新[J]. 图书情报工作杂志，2013(4).

[3]李臻，姜海峰. 图书馆移动服务变迁与走向泛在服务解决方案[J]. 图书情报工作杂志，2013(4).

[4]谢欢，沈妍. 移动环境下图书馆的机遇与挑战[J]. 图书与情报，2011(5).

[5]郑德俊，沈军威，张正慧. 移动图书馆服务用户需求调查及发展建议[J]. 图书情报工作杂志，2014(7).


# 公共文化服务体系背景下社区图书馆建设探究
## ——以长春市社区图书馆建设为例


谢　群　吴　锐　李莹波(长春市图书馆)


构建现代公共文化服务体系是建设社会主义文化强国的重大战略任务。党中央、国务院高度重视现代公共文化服务体系建设。党的十八大提出，到 2020 年基本建成公共文化服务体系的战略目标，党的十八届三中全会明确将“构建现代公共文化服务体系”作为全面深化改革的重要任务之一。社区图书馆是社区文化建设的基础，是社区精神文明建设的重要载体，也是构建公共文化服务体系的重要内容，它可以保障居住其中的所有人都能就近获取公共图书馆服务。但是，我国社区图书馆建设总体情况不容乐观，难以满足人们不断增长的文化需求。为建设现代化的社区图书馆，我们认为应将社区图书馆纳入公共图书馆服务体系中，定期开展对社区图书馆的评估工作，对于完善公共图书馆服务体系，推动社区图书馆健康发展，满足人们阅读需求具有十分重要的现实意义。

## 1　国内外社区图书馆建设现状

### 1.1　国外社区图书馆建设

国外社区图书馆建设多由政府主导，走“一体化”建设与管理道路。欧美等发达国家的社区图书馆普遍采用“总分馆制”模式，在一个城市或地区设一个总馆或中心馆，下设若干个分馆。总馆对分馆实行人、财、物的统一管理，分馆在总馆指导下为所属社区读者提供服务。总分馆间实行高度统一的协调管理、严格完整的组织体系和事业发展统筹规划，并且严格按照服务人口的数量设立图书馆服务网点。更重要的是，各州都有自己的公共图书馆标准，这些标准都成为当地社区图书馆发展和维持高品质服务的准则。新加坡则采用联合建设统一管理的模式，政府颁布《社区住宅规划法》规定，每个社区必须建立图书馆，运营经费则由政府的财政补贴，总分馆制模式进行管理，由国家图书馆管理局统一规划、组织、管理。日本主要采取政府规划，财团法人管理模式。1997 年颁布的"第二次全国开发计划"对小区内图书馆建设提出具体要求，每个社区均设有图书馆，政府提供经费，制定管理法规，每年审计监督。日常事务由负责社区福利事务的社会团体"财团法人"进行管理。

## 1.2 国内社区图书馆建设

与发达国家相比，我国社区图书馆建设和服务还处于初级阶段，中东西部地区社区图书馆(室)发展有很大差异。改革开放以来，随着经济社会的快速发展，国家逐渐重视公共文化服务体系建设，为社区图书馆事业发展提供了良好基础，特别是长三角、珠三角、京津等发达地区社区图书馆事业得到了长足发展。

### 1.2.1 北京

2001 年，北京出台了《北京市图书馆条例》，对社区图书馆主管部门、经费来源、文献资源和读者服务等做出了明确的规定，为社区图书馆提供了法制保障。北京社区图书馆建设得到飞速发展，全市拥有社区图书馆(室)2690 个。此外，北京社区图书馆建设模式分为中心馆和分馆模式、联合办馆模式、小区自建模式和民营私营等多种模式并存。

### 1.2.2 上海

上海是我国社区图书馆发展较好的城市，全市拥有街道(乡镇)图书馆 316 所，各馆平均藏书 3 万册；里弄(村)图书室约有 5000 个，遍布各社区和乡村。上海各区县政府高度重视社区文化服务体系建设工作，不断加大对社区图书馆的投入力度。社区图书馆普遍实行计算机管理，提供快捷、便利的读者服务。上海市出台了《上海市公共图书馆管理办法》对乡镇、街道等图书馆(室)的设置、管理、定级等方面做出了明确规定。

### 1.2.3 珠三角

2009 年，深圳出台了《深圳市基层(室)达标定级评估标准》对社区图书馆达标标准做出规定。目前达标社区图书馆 472 座，覆盖率达 76%，基本实现每 1 万人拥有一个社区图书馆。社区图书馆的面积最低为 400 平方米，配备 2 个以上的专职人员，每年有 10 万—15 万元费用进行图书更新。偏远地区采用的是自助图书馆形式解决社区居民阅读问题。广州的社区图书馆，多半是依托街道的文化站而设立，附设图书馆已经达到 1500 多个，社区图书馆面积一般为 200 平方米以上，藏书 3 万册以上。2015 年 5 月颁布实施了《广州市公共图书馆条例》对县市区、街道、乡镇等设立图书馆和藏书都做出了规定。

### 1.2.4 宁波

宁波市有 21 家社区阅览室，其平均建设资金 15 万元，最多达 35 万元，采用社区为主、居民自助、辖区扶持、政府奖励的办法。各图书室平均拥有报纸 23 种，期刊 91 种，图书近万册。社区图书馆日常运作规范，平均管理人数达 1.65 人。2016 年 9 月 22 日，《宁波市乡镇(街道)图书馆建设与服务规范》正式实施，这是全国首个乡镇(街道)图书馆建设和服务地方标准规范。

## 2 长春市社区图书馆(室)发展现状

近年来,随着社区建设经费逐年提高,长春市社区图书馆(室)建设有了一定改善,但是与发达地区相比还处于十分落后的状况。

(1)管理与经费

长春市社区图书馆建设模式主要为:社区自建、企事业联建和总馆扶持等。经费投入有三方面:一是各区政府的财政投入;二是社区自筹;三是包括长春市图书馆在内的社会各界的大力支持。

(2)馆舍情况

长春市的7个区和4个开发区有社区374个,建设有图书馆(室)的社区为301个,覆盖率为80.48%。由于长春市没有出台社区图书馆(室)建设标准,建设情况参差不齐。面积在80平方米以上的社区图书馆(室)只占18.6%,有独立馆舍的仅占0.33%,专门藏书和阅览空间的则占少数,多数社区图书馆(室)与其他活动室共用一室。

(3)设施设备

平均每馆(室)有书架5.55个、期刊架0.62个、报纸架0.63个、阅览桌椅12.92个。公共电子阅览室覆盖率为44.92%,拥有2台以上计算机的社区图书馆(室)只占一半,拥有10台以上计算机的公共电子阅览仅占18.27%。

(4)人力资源

各社区图书馆(室)共有工作人员347人。其中,有专职人员的社区图书馆仅有2家,其他社区图书馆(室)工作人员由社区文化专干和兼职工作人员担任。

(5)文献资源

馆藏图书总量569062册,平均每馆(室)拥有藏书1891册,人均占有社区图书馆(室)文献资源0.14册,平均馆藏期刊96.07册,视听文献0.78件。

(6)服务效能

由长春市文广新局出台的《长春市公共文化机构(场所)建设与服务基本标准2016—2020》中规定"每周免费开放时间应为42小时",而达到这一标准的社区图书馆(室)只有166个,还有135个开放时间不足42小时。每个馆年均接待读者875.87人次,年外借505.35册次,年均组织读者活动只有2.85次,馆均参加读者活动的人次为79.42人。

(7)服务宣传

多数社区图书馆(室)设有标识,但是标识设在馆外的仅占14.34%,多数馆的标识放置在楼内,读者在室外很难发现。一半以上的馆在室内设有免费服务公示。调查显示,各馆(室)普遍存在标识不标准、宣传不到位的现象。

(8)服务体系

2005年长春市协作图书馆成立后,有33家社区图书馆(室)加入总分馆制服务体系中,并按照要求实行了标准化管理。其中,有20家社区图书馆与长春市图书馆总馆实现了"一卡通"服务。2016年以后,长春市图书馆引入RFID智能管理系统后,社区图书馆仍使用原有的管理系统,与总馆实现通借通还的社区图书馆(室)锐减,目前只有两家社区图书馆

(室)与总馆保持“一卡通”服务。

## 3 存在问题

长春市仍有20%的社区没有图书馆(室),多数社区图书馆(室)没有独立馆舍、专门藏书和阅览空间,多为租用民宅改造而成,设施设备落后,没有实现全覆盖。由于各社区经济发展状况不一、领导重视程度不同等原因,社区图书馆建设出现参差不齐的情况。除净月区聚业社区图书馆等为数不多的先进馆之外,绝大多数社区图书馆(室)建设相对滞后:设施设备不齐全、藏书匮乏、缺乏管理、服务不到位,不能满足社区居民的阅读需求。长春市出台的《长春市公共文化机构(场所)建设与服务基本标准》中,只对“村(社区)公共文化场所”做出简单规定,对社区图书馆(室)所需经费、专职人员、除图书外其他文献及流转、管理制度、运行机制等没有提出具体要求,不能保证文献的正常借阅,社区图书馆(室)利用率不高,失去存在的价值和意义。

## 4 思考与建议

### 4.1 强化社区图书馆制度顶层设计

社区图书馆是公共文化服务体系中最基层的节点,事关广大社区居民福祉,事关经济社会发展全局。要将社区图书馆建设工作纳入国民经济和社会发展规划,将社区图书馆工作经费在年度财政预算中统筹安排。应进一步强化规划引领,不断加强社区图书馆基础设施建设,强化社区图书馆服务能力和水平。出台和完善社区图书馆管理条例,推进社区图书馆纳入法制化轨道。

### 4.2 科学制定社区图书馆(室)评估制度

目前,文化部新近出台了《社区图书馆服务规范》,对社区图书馆的服务资源、服务提供、服务管理、社会参与及服务保障等内容做出了规定,地方政府应据此提出相应的配套政策,对社区图书馆服务的正常开展和持续发展提供有效保障机制。笔者认为更重要的是,应将社区图书馆纳入公共图书馆评估体系之中,建立科学的社区图书馆评估制度,定期评估,并将评估结果公布于众,实行奖优罚劣,从而推进社区图书馆可持续发展。

### 4.3 重视社区图书馆人才队伍建设

人才队伍建设是提高社区图书馆服务质量、繁荣社区文化的前提和保证。通过继续教育等途径提高其业务水平、技术素质,培养馆员敬业精神和服务理念,促使馆员爱岗敬业、甘于奉献、积极主动为社区居民服务。同时,要特别注重培养当今信息时代需要的新型信息服务人才,增强专业人员在现代信息环境中迅速准确地获取信息、理解和传播信息的能力。

## 4.4 加强社区图书馆资源建设

一是大力兴建社区图书馆。通过与市、区图书馆,学校图书馆或其他机构合作,实行联合办馆等模式建立社区图书馆,扩大社区图书馆的网络覆盖率。二是加强文献资源体系建设。建立以市、区公共图书馆为中心,社区图书馆为节点的图书馆文献资源保障体系。三是举办读者活动。与社区里的其他社会机构、组织、人员共同开展活动,举办讲座、读书沙龙、展览、表演等,提升社区图书馆吸引力和凝聚力。

## 4.5 建立多元化投入机制

在加强财政资金投入力度的同时,建立和完善社区图书馆多元化投入与建设机制,积极引导和动员社会力量参与社区图书馆建设,这是对政府单方投资建设的有益补充。除社区与公共图书馆联合办馆外,开发商和物业公司共同筹建,动员社会力量以个人名义出资建馆等多种办馆模式。转变服务观念、拓宽服务领域,由单一服务向综合性服务发展,打造居民"第三空间"社区图书馆模式。

## 4.6 充分发挥"中心馆——总分馆模式"作用

根据中办、国办印发的《关于加快构建现代公共文化服务体系的意见》,"以县级文化馆、图书馆为中心推进总分馆制建设……"要求,长春市图书馆制定了《2016—2020 年长春市图书馆发展规划》,将建设"以长春市图书馆为中心馆,以区图书馆为总馆,以街道、社区图书馆为分馆的城市三级公共图书馆服务体系",申请专项经费,打造 20 家精品社区图书馆,由此发挥示范作用,带动全市社区图书馆更好更快发展。

社区图书馆事业发展不仅关系到公共文化服务体系建设的质量,也关系到图书馆事业的整体水平。我们应借鉴国内外先进经验,大力发展遍布辖区的小型社区图书馆,让社区图书馆遍地开花,让全民阅读活动蓬勃开展,让更多人受益,让伟大的中国梦早日实现。

## 参考文献

[1]王丽. 社区图书馆工作[M]. 厦门大学出版社,2005.
[2]长春市图书馆. 关于我市社区图书馆(室)现状及未来发展对策的报告[R],2016.
[3]朱丹. 国内外社区图书馆的概览与思考[J]. 图书馆论坛,2011(1).
[4]苏海明. 广州与深圳社区图书馆发展比较研究[J]. 图书馆,2008(2).
[5]金胜勇,张欣. 论公共文化服务体系中的社区图书馆建设[J]. 图书馆学研究,2012(2).
[6]秦玉珍. 我国城市社区图书馆建设现状与对策——以广州市社区图书馆为例[J]. 河南图书馆学刊,2016(8).
[7]刘洪艳. 美国社区图书馆服务分析及启示[J]. 河南图书馆学刊,2016(5).

# 公共图书馆特色馆藏建设
## ——以西安图书馆特藏室建设为例

姚 荔(西安图书馆)

特色馆藏是指图书馆在长期构建馆藏的过程中,本馆馆藏中具有重要历史价值、内容稀缺或在某一主题上能形成一定规模且结构体系比较完整的、具有自己独特风格和优势的且单独存藏的文献资源。特色馆藏既是图书馆最具特色的优势文献资源,同时也是整个馆藏体系的重要组成部分,是图书馆馆藏质量的体现和重要表现方式,是一个图书馆区别于其他图书馆的最具标识性的记忆符号。

## 1 公共图书馆特色馆藏建设的必要性

### 1.1 公共图书馆的发展遇上了良好时机

随着2017年3月1日《中华人民共和国公共文化服务保障法》的施行,正在制定的"公共图书馆法"以及《中华人民共和国国民经济和社会发展第十三个五年规划纲要》要求"推动全民阅读",并将全民阅读工程列为"十三五"时期文化重大工程之一,将全民阅读提升到国家战略高度。这一系列政策和法规的出台和实施,是近年来我国文化建设事业的大事件,也是文化立法的重大突破,具有深远的历史和现实意义,这就为公共图书馆事业的发展和建设提供了法律地位和保障,应该说迎来了公共图书馆事业发展的春天。

### 1.2 公共图书馆自身发展的需要

全国公共图书馆众多,如何在"大而全"的公共图书馆之林中使自己具有竞争力和标识性,最好的也是最有效的途径就是以特色馆藏建设作为突破口,一个公共图书馆如果没有特色馆藏就没有生命力,尤其在信息化高度发达的今天,公共图书馆已经成为互联网上信息的一个承载点和端口,而公共图书馆特色馆藏资源以其重要的历史价值和稀缺性,会使公共图书馆成为令人注目的互联网端口,这是公共图书馆面对现代信息社会能够立于不败之地而制胜的关键所在。

## 2 公共图书馆特色馆藏建设的基本原则

### 2.1 从实际出发原则

在进行特色馆藏资源建设时,一定要从本馆实际出发,全面核查掌握本馆所有的文献存藏情况，摸清家底，弄清楚究竟哪些是本馆独有的和有优势的馆藏，包括从数量、品质、载体、文献的完整性等各个方面来考虑，今后还需要拓展和补充哪些内容和资料。此外还需兼顾以下几个因素：读者需求、地域分布、历史传统、文化传承、人文风俗以及可持续发展等。在全面综合考量以上诸因素后，再确定本馆特色馆藏的范围和种类，并在图书馆日常资料的订购和收集过程中有意识地重点选择并逐渐形成一定规模和优势的特藏体系。比如西安图书馆在确定本馆的特色馆藏时，考虑到陕西是一个文化大省，人文历史渊源深厚，陕西籍作家群体众多，文学陕军的影响也是蜚声海内外，因而就确定将陕西籍作家、画家、文艺工作者等艺术家作品的收藏作为本馆的特色馆藏之一来进行建设。另外，本馆还收藏有数量可观的台版图书及资料，尤其"台北故宫博物院"藏品的纸质印本，印刷质量上乘，装帧华丽，且多是多卷本成套的，是不可多得的文献资料。鉴于此西安馆也把台版图书资料作为本馆的特色馆藏，并在每一年的购书经费中单列出来专门经费用于购买台版资料。

### 2.2 系统性原则

特色馆藏建设应该遵循系统性原则。对特色馆藏文献的收藏应做到系列化和完备性，文献收藏纵向上要有时间和历史的传承和递进，有清晰的脉络可循。横向上要注意多维度立体性。如对确定了的某一主题的文献要尽最大可能从文献类型、版本、数量、价值、收藏背景资料、涉及的人物、著述、实物（信件、手稿、照片）图册等多范畴多维度进行收集以使形成一个相对完整的资料形态和历史体系。西安馆对陕西籍作家著作的收藏就不仅仅只局限于作品本身，还包括作家生平介绍、著作年谱、照片（影像资料）、手稿、传记资料、作家用过的物品、关于作品的评论和研究性资料等全都收集。西安图书馆对在西安举办的"中国东西部合作与投资贸易洽谈会""欧亚经济论坛""丝绸之路电影节"等重大活动和节日所有有关文献的收藏都要求做到系列化和完备性。

### 2.3 地域性原则

特色馆藏建设要注重文献的地域分布特点，本着促进图书馆的个性化与特色化，深化其所在地的文化特色与文化传统，服务所在地的经济建设与文化建设，彰显所在地的人文内涵与历史传承为宗旨。自 2013 年 9 月习近平主席提出"一带一路"倡议以来，从顶层设计到项目落实，"一带一路"在建设中前进、在发展中完善、在合作中成长，从梦想走进现实。西安是古代丝绸之路的起点，国家发展改革委、外交部、商务部联合发布的《推动共建丝绸之路经济带和 21 世纪海上丝绸之路的愿景与行动》中提到，打造西安内陆型改革开放新高地，获国家"一带一路"规划重要战略地位。为了更好地实现西安这一战略发展目标，为西安的经济建设和发展提供强有力的资料保障和文献支撑，西安图书馆决定专门设立"丝路文献专题研究室"，把它作为本馆的特色馆藏来进行定位和建设。

### 2.4 永久珍藏原则

每个公共图书馆的特藏文献都是本馆的悠久历史文献，有着极大的文献价值和收藏价值，是一代又一代图书馆人辛勤工作的积累和结晶。是一份弥足珍贵的传承和历史记忆，有感情浸淫在其中，也是一个馆发展历史的最好见证。对于特藏文献应该永久珍藏以泽后人！

# 3 公共图书馆特色馆藏建设

## 3.1 加强图书馆馆员知识培训

图书馆员既是图书的收集管理者,更是知识信息的挖掘者。馆员既要有一定的管理水平,又要有专业的图书情报知识,同时还要有较高的计算机技术和网络信息水平,提高馆员素质是建设特色馆藏的基本保障。图书馆应经常开展形式多样的培训活动,比如举办知识讲座、加强同业界的业务交流和参观等加强业务学习,真正建立一支高水平、挚爱本职工作的特藏馆员队伍。在条件成熟的情况下还可以组建特藏文献研究团队,开展整理和梳理特藏文献研究成果,以彰显本馆的学术水平和实力,促进公共图书馆特色馆藏建设更加有序发展。

## 3.2 实行特色馆藏特殊化管理

特色馆藏文献不同于一般图书,要对特色馆藏进行特殊化管理。首先,要建立独立的特藏阅览室或主题阅览区,对特色馆藏进行单独存放和管理。特色馆藏资源因其内容的专业性和独特性而独具特点,它既是总馆藏的组成部分又自成体系。为了便于读者利用和管理,特色馆藏资源的存藏就需要开辟相对独立的区域和空间,建设相应的主题阅览区,并且阅览区的设置和布局应与所收藏的文献内容和服务受众相协调相得益彰。比如,台湾的饮食文化图书馆是以搜集、保存我国饮食文化相关数据的专门图书馆(全台唯一以饮食为主题的专门图书馆)。馆内提供咖啡机及饮茶服务,让读者在充满咖啡香与茶香的环境中享受书香。另外摆设有特色菜单及怀旧食器,挂置多幅国宴菜单及饮食画作,是一个绝对值得走访的特色图书馆。特色主题阅览区的建设应该参考台湾饮食文化图书馆的模式。

## 3.3 注重特色馆藏资源获取渠道建设

一般情况下特色资源文献来源相对单一、涉及面窄,出版数量少、出版的途径单一,因此它的获取往往不容易。通过正常的订购和购买渠道只能起到补充和锦上添花的作用,在实践中我们发现往往大量珍贵的、稀缺的、内部出版的文献资料大多是通过图书馆征集人员征集来的,有的则是根据掌握获得的线索追索购买得到的。因此公共图书馆不仅要充分利用和巩固本馆现有的文献征集的途径和渠道,积极接受捐赠和转让。另外,还要积极拓展和开发更多的特色文献获取的来源信息和渠道。要同本馆特色资源内容相关的专家、学者建立良好的沟通和联系,以便及时了解特色文献的有关动态、发展趋势及出版和发表情况。要积极参加有关的学术研讨会、论坛等活动,广泛接触相关人士,获得资讯。另外,还要追踪和关注图书馆界著名的公众号、博客、微博大 V、自媒体的信息发布,及时掌握第一手动态资料。

## 3.4 注重特色馆藏的宣传

对特色馆藏的展现和揭示。一方面注重建立和建设书目目录、书目数据库、文摘数据库以及多媒体数据库等。另一方面还可独辟专门的展示大厅进行全方位展示,也可利用展示柜对部分实物进行展示,还可以播放制作的影像资料等手段和方法。最后还要对特色馆藏的存藏条件、使用方法、收藏资源的格式、日常维护措施等制定出详细的说明和规定,以便管理人员能够有规可依、规范操作,传承有序。

另外，图书馆主页是馆藏资源与服务宣传的平台，是读者利用图书馆资源的窗口，也是图书馆展示自我形象的媒介。特色馆藏作为图书馆特有的文献资源，应在网站中突出其位置，以方便读者查找。为此要设置相对统一的名称与格式，提供知识搜索，分页浏览，可视化显示等对栏目中的特色资源进行全方位内容揭示，从而使图书馆所拥有的丰富的特色馆藏资源能得到充分利用，实现资源共享。

### 3.5 加强特色馆藏数据库建设

现在各个公共图书馆都在不同程度上对本馆的特色馆藏进行了各种数据库类型的开发和建设，也彰显了公共图书馆的技术实力和特色馆藏建设的巨大成就，成绩是有目共睹的。西安图书馆在这方面也做了有益的探索和尝试，完成了"西安非物质文化遗产数据库"。全国范围内，厦门图书馆建有"闽南地方文献联合目录库"、长春图书馆有"伪满十四年史料资源库"等。但经过浏览和试用发现，在已建成的特色数据库中还存在着一些缺憾和问题，其表现在数据库内容略显单一；文献载体不够丰富；有的选题很好但只简单摆放了几篇文章而已；有的数据库命名很宏大很吸人眼球，但往往文献资源收集的聚集度不够，内容单薄不足以撑起主题内容；有些数据库结构简单，链接不是打不开就是没有内容，这些问题都有待在今后的数据库开发和建设中改进和完善。

### 3.6 特色数据库访问不设限

浏览公共图书馆网站后发现，各馆自建的特色资源数据库基本上都进行了 IP 地址控制，它仅供到馆用户使用，馆外用户无权限进入，这不仅大大降低了其实用性，也有违特色资源共建共享的发展初衷和根本诉求。各公共馆应该对特色数据库访问不设限，让广大的读者都能自由地畅游和欣赏各馆的特色资源，了解祖国的灿烂文明。

## 4 思考与展望

### 4.1 积极建立区域性、全国性公共图书馆特色馆藏建设联盟

各个公共图书馆应该根据自己所在区域所承担的作用和定位，积极谋求建立区域性图书馆联盟。西安图书馆是西安地区中心馆，对西安所辖行政区域内的 11 区 2 县各个类型图书馆有业务指导的职责和义务。在建设本馆的特色馆藏时，就提议以《西安市公共图书馆服务联盟》为宗旨，为了避免重复建设和节约有限资金，建立以西安图书馆为中心的区域性特色馆藏建设联盟。用协议约定权利和义务，在各馆保持自己独立性的同时，彼此之间既有分工又有协作，各馆之间可以有偿或无偿相互交换资料，西安图书馆提供资源和技术支持，协助各馆完成特色馆藏的建设。比如西安图书馆侧重台版图书资料，西安籍作家、画家作品收藏以及舆图收藏；蓝田图书馆注重蓝田玉文化、实物资料的收藏；阎良区图书馆主要收藏航空材料等方面资料；户县图书馆则注重户县家民画和画家生平资料的收藏，这样通过各馆不同侧重点的建设，都能使得本馆的特色馆藏得以最充分的展现。目前已经做到了特色馆藏书目数据共享，随着建设的进一步开展最终达到特色馆藏数据库共享。

在建设和完善区域性图书馆联盟的同时，还可以在国家图书馆主导下积极寻求建立全国性公共图书馆特色馆藏建设联盟，通过合作共建及文献传递的方式，最终实现特色资源的

共建共享。国家图书馆也已在这方面开始了有益的尝试和探索,希望在不久的将来可以看到喜人的成果!

### 4.2 注重知识产权保护

公共图书馆在特色馆藏建设中文献的定购、收集等方面一般不会涉及知识产权问题,而在特色馆藏数据库建设中则要注意知识产权的保护问题。一是对涉及作者作品的利用和保护;二是对本馆自建的各类型特色数据库的保护。这些都需要在数据库的前期筹划和建设当中予以考虑和重视,以避免发生知识产权侵权纠纷。

### 4.3 重视特色馆藏建设与资源利用情况调查分析与研究

公共图书馆特色馆藏建设的重要性和必要性在前面已经阐述,公共图书馆也都对此投入了大量的人力和物力来进行建设,而且也都取得了有目共睹的成绩。但是还应当看到,有关特色馆藏建设与资源利用情况的调查分析与研究的理论和论文还鲜有出现,如何对其建设的成果进行社会效能和学术价值的评价还未开展等,这些都需要引起研究者们的重视,以便使得今后公共图书馆的特色馆藏建设更好更健康地发展。

### 参考文献

[1]冯光敏. 口述文献在地方高校图书馆特色资源建设中的作用初探——以滇东南区域为例[J]. 文山学院学报,2015(4).
[2]蔡英. 依托专业建设地方特色馆藏的实践与探索——以深圳职业技术学院图书馆法律特色馆藏建设为例[J]. 科技情报开发与经济,2015(17).
[3]鄂丽君. 对我国图书馆特色馆藏建设研究论文的定量分析[J]. 山东图书馆学刊,2009(6).
[4]高金花. 高职院校图书馆特色馆藏建设探讨[J]. 科技传播,2015(3).
[5]邓要然. 高职院校图书馆特色馆藏建设研究——以广东农工商职业技术学院图书馆为例[J]. 广东农工商职业技术学院学报,2015(2).
[6]张艳,朱紫阳. 江苏省高校图书馆特色馆藏建设的现状分析[J]. 现代情报,2014(2).
[7]李伟. 论三门峡地方文献与"大旅游"建设的有效融合[J]. 许昌学院学报,2014(2).
[8]芳梅. 高校图书馆特色馆藏建设与非物质文化遗产保护[J]. 高校图书馆工作,2013(4).

# 强化公共文化服务建设 提升城市图书馆服务品质

## ——以西安图书馆为例浅谈城市图书馆文化建设

魏 红(西安图书馆)

## 1 公共文化服务建设,城市图书馆责任不能弱化

城市是文化的体现,一个城市的特色由该城市的文化魅力所表现,一个城市的品牌也由

该城市的特色文化所体现。文化既是一种动力，也是一种资源。图书馆作为一种文化载体，展示着国家或地区的文化软实力。图书馆作为搜集传播文化、推广国民教育的重要场所，凭借丰富的馆藏文献资源及社会服务功能，在推动社会主义文化大发展大繁荣中，承担着责无旁贷的责任。

城市图书馆鼓励市民阅读提升精神品味的文献。城市图书馆有培养市民的社会包容、学会与各种不同人群共存方面的功能。公民意识其实是现代城市文化的核心。图书馆既可以通过提供馆藏文献借阅服务对公民意识进行培养，也可以通过对所有市民免费开放、公平服务、帮助弱势人群消除阅读障碍，通过这些外在的服务，对公民意识进行内在的形塑。如果一个城市出现人人争相学习、相互包容的现象，那么这个城市就是积极进取的、社会和谐的城市。

文化是一个民族的精神和灵魂。城市图书馆应采取一切手段使其发挥图书价值、文物价值、学术价值和历史价值，通过存储、整理、传播、利用和激励知识的功能，提高面向社会服务的质量。大多数中国公众阅读的书刊报纸来源于图书馆。采取阅读指导、讲座、见面会、建立读者俱乐部、图书宣传等方式，在儿童中培养阅读习惯，在成人中推广阅读，使阅读成为一个社会的共同爱好和普遍习惯，使精神文化产品和社会文化生活更加丰富多彩。同时，适应公众文化需求变化，把握正确导向，通过提供、宣传、推介弘扬社会主义文化建设主旋律的文献资源，借鉴世界文明成果，传承优秀民族文化，提高社会主义文化传播能力。

《中华人民共和国公共文化服务保障法》于 2017 年 3 月 1 日起正式施行。2017 年全国“两会”高度重视文化建设，要求坚持文化自信，弘扬中华文化。作为公共文化服务体系核心的城市图书馆，不仅提供阅读服务，还有很多多元文化空间服务，它从场地、资金来源、专业人员素质等方面的优势来说，在公共文化服务体系中不可或缺，不可弱化，仍须强化文化责任，文化担当，发挥公共图书馆核心作用。

## 2　强化公共文化服务建设，提升图书馆服务品质

在国家大力发展文化事业和文化产业、全民阅读成为许多城市图书馆发展要务的情况下，我们的城市图书馆怎么才能建设和发展，西安图书馆克服建设馆晚、底子薄等情况，立志追赶超越，从服务环境、服务管理、服务效能等方面入手，积极进行公共文化服务建设。

### 2.1　营造人性化环境，吸引读者

人性化环境是图书馆实践人文关怀的重要基础，优雅、安静的阅读环境可以激发读者阅读和创造的兴趣。西安图书馆为发扬“服务第一，读者至上”的精神，2015 年将馆舍进行改造，布局上实现“藏、借、阅”一体化的现代管理模式，图书馆建设成以亲切、典雅、宁静、富含文化内涵形象，采用字画励志装饰品来渲染人文环境，为读者提供一个充满关爱的精神乐园，充分发挥图书馆的文化责任，为构建社会主义和谐社会做出新的更大的贡献。

### 2.2　加强管理，提高图书馆的服务意识

为吸引更多的读者走进图书馆，融入文化氛围中，图书馆首先要转变服务观念和服务模

式，西安图书馆提出“读者第一，服务至上”服务理念，在工作人员中开展星级服务评比，做到了解读者需求的差异及变化，提供更深入的个性化服务，为政府开展政府定题服务、跟踪服务，为市民开展专门参考咨询服务等服务。同时注重为特殊群体服务，贴近弱势群体，如西安馆开展的残障阅览室、青少年阅览室，为农民工特殊服务等，充分体现图书馆的平等意识和关爱读者的精神。这些灵活的服务手段，可使图书馆保存的文化资源进一步被激活，使图书馆的文化服务功能得到更充分更全面的体现，通过提升服务意识和能力来更好地为和谐文化建设服务。

### 2.3 强化服务效能，提高服务品质

#### 2.3.1 大力彰显具有鲜明特色的西安文化

西安是华夏文明的重要发祥地之一，是世界四大古都之一，历史文化资源具有世界性、唯一性。西安图书馆充分利用文化资源丰富这一独特优势，通过文献资源建设、阅读引导、读者活动、讲座、图书进学校、政府决策参考、企业服务、网络资源等方式，把文化建设与科技教育、经济建设、民生改善、对外交流等结合起来，在促进中华文化传承、中国价值推广、华夏故事讲述等方面担负起更大责任。为发挥更大作用，把西安建设成为彰显华夏文明的历史文化基地、国家级文化产业示范城市和具有国际影响力的文化中心城市，西安图书馆将不断努力，发挥城市图书馆核心作用。

#### 2.3.2 健全公共文化服务体系

加强公共文化服务，是实现人民基本文化权益的主要途径，是建设国际化大都市的基本要求。根据西安特殊的环境，我们要以政府为主导、公共财政为支撑、以农村基层服务为方向，完善覆盖城乡的图书馆联盟公共文化服务体系。西安图书馆现进行的“西安市公共图书馆集群信息化管理平台”项目，是经国家公共文化服务体系建设专家委员会评审、公示并报国家公共文化服务体系示范区（项目）创建工作领导小组批准同意，成为第三批创建国家公共文化服务体系的示范项目。该项目建设时间是从 2015 年 6 月开始，2017 年 6 月结束，为期两年，主要是利用西安市公共图书馆物理平台和其馆藏文献信息资源，借助互联网 +、大数据等先进的网络技术手段，以西安图书馆为中心馆，各区县级公共图书馆、乡镇文化站为主干，将散落在全市的服务网点联结成区域性的“图书馆群”，实现全市范围内的文献信息资源共建共享，业务协作和通借通还，建成一个西安市智慧城市建设中的文化信息支持中心和服务中心。为市民提供高效、便捷的文化服务网络，完善公共文化服务体系，开拓公共文化服务的新途径，促进西安市文化建设与经济建设、政治建设、社会建设协调发展。

#### 2.3.3 加强图书馆信息资源建设

图书馆要做好文化建设工作，为读者提供健康的精神食粮，就要切实加强馆藏建设。图书馆应利用现代化网络信息技术，积极拓展信息服务领域，采取多样化的信息服务方式和手段做好信息服务的引导工作和创新服务，帮助读者掌握和利用好这一信息平台，获取所需的科技文化信息。在现代信息技术的突飞猛进下，西安图书馆也逐步实现了文献信息资源的网络化、数字化，建立起本系统的信息网络体系，包括馆藏文献开发、数据库文献检索、书目数据库、期刊数据库、读者信息数据库等系统，并实现了图书馆系统的信息网络共享，这就为广大读者提供了文化信息资源共享的服务平台。在网络环境下，西安图书馆馆藏资源的建设更注重特色化，突出西安文化、旅游等馆藏重点，保证其系统性、完整性和权威性，做到独

具一格。

2.3.4 举办读者活动，加强图书馆文化活动

图书馆在新时期都市文化建设中，应开展多种读书文化活动，丰富广大群众的精神生活，西安图书馆举办读书报告会、科普知识讲座、举办展览、播放经典电影等各种形式的活动，使人们能得到健康的精神享受。并在全社会发起和倡导读书活动，每年举办“全民读书月”“全民读书日”，吸引更多的人热爱书籍，多读书，读好书，充分利用图书馆的馆藏资源，使每一个走进图书馆的人都能够在这里接触到最先进的科学文化知识，满足各自的求知欲望。西安图书馆通过读书等一系列的文化活动，以一种更为直观，更加有效的教育方式面向最广大的公众传播先进文化，成为社会文化建设的一个重要组成部分，成为和谐社会构建中的一个悦耳音符。西安图书馆的“天禄讲坛”“小荷读书会”成为全民阅读活动的重要品牌。

2.3.5 积极开发利用地方文献资源，参与非遗保护和传承

地方文献是具有地方特征的区域性文献，是某地区文化发展的积淀。西安图书馆地方文献等阅览室将具有本地区历史、文化、地理特色，适合当地读者需要的藏书及本市正式出版物和有关本地区的地方资料、古籍等应尽全收集。非物质文化遗产是人类的无形文化遗产，是国家、民族文化软实力的重要资源，西安市有近百项非物质文化遗产名录，分为传统音乐、民间文学、传统舞蹈、传统戏剧、曲艺、传统技艺、传统医药、传统美术、民俗 9 大类。其中，西安鼓乐、蓝田普化水会音乐、牛郎织女传说、同盛祥牛羊肉泡馍制作工艺 4 个项目已经入选第一批和第二批国家级非物质文化遗产名录。不少西安知名的小吃制作技艺也名列其中。西安图书馆也搜集、保护和传承这些非物质文化遗产文献，开展普及多项宣传非遗活动，对于增强市的自信心、自豪感，促进经济、社会、文化的全面协调发展，构建学习型城市，都将起到积极的作用。

2.3.6 助推“一带一路”成立专题文献研究室

响应由国家发展改革委、外交部、商务部联合发布的《推动共建丝绸之路经济带和 21 世纪海上丝绸之路的愿景与行动》，传承丝路精神，促进文明互鉴，实现亲诚惠容、民心相通，推动中华文化“走出去”，扩大中华文化的国际影响力，进“一带一路”信息资源建设，西安图书馆设立丝绸之路专题文献研究室，收集相关文献 5000 余册，建设具有代表性的特色文化信息资源，助推“一带一路”文化产业发展。

2.3.7 创新服务手段，建设社区智慧型图书馆

社区智慧图书馆是借助互联网、云计算、大数据等新的技术手段，突破传统图书馆在服务时间、地域、方式等方面的局限，实现 24 小时无人值守、自助借阅、通借通还、图书资源共享等多种功能，将公共图书馆服务延伸到社区的一种新的智能型的图书馆服务模式。西安图书馆于 2016 年 4 月在仁厚社区建立了西安图书馆仁厚社区分馆，这是陕西省内首家 24 小时自助智能社区图书馆，是西安市政府、公共图书馆、社区、企业“四位一体”携手共同构建的为馆外读者提供纸质和电子信息资源的一次创新与尝试。得到了社区群众的欢迎和支持，也得到了社会各界的关注和认可。目前已被列为西安市公共文化服务体系建设示范项目示范点。

## 3 加强图书馆的文化教育宣传工作

在西安打造成国际知名之城时，西安图书馆也加强图书馆文化宣传与建设工作，进一步传承历史文脉、保护城市风貌和历史遗存资料，实施重大文化艺术精品工程，开发利用历史文化、现代文化、红色文化、民俗文化等特色文化资源，大力发展西安特色、西安风格、西安气魄的城市文化。在做好自身文化建设工作同时，西安图书馆开展各项读者活动，在网站及媒体进行报道，与媒体、名人合作，宣传城市文化，使城市更有文化、文化更有价值，通过文化大发展大繁荣促进城市的全面发展，实施文化走出去战略，扩大对外交流，使西安成为展示华夏历史文化的重要窗口和中华文化走向世界的重要平台。

图书馆是一种文化载体，展示着国家或地区的文化软实力。城市图书馆在国际化大都市发展的今天，保存、传承、弘扬民族文化的作用日益突出，已逐步成为促进我国文化服务体系建设与完善的重要组成部分。我们建立具有自身特点的文献资源收藏体系，建设保障体系，创新服务方式，宣传优秀文化，发展图书馆事业，使图书馆在提升城市文化魅力建设中发挥更大作用。

**参考文献**


[1]文化部."一带一路"文化发展行动计划(2016—2020 年)[EB/OL]. http://www. scio. gov. cn/xwfbh/xwbfbh/wqfbh/35861/36653/xgzc36659/Document/1551344/1551344. htm.

[2]孙清云.坚持科学发展造福西安人民努力建设具有历史文化特色的国际化大都市[N].西安日报,2012-12-30(1).

[3]刘艳.公共图书馆在文化强省战略中的着力点[J].图书馆学刊,2012(5).

[4]金涛.公共图书馆在公众文化服务中承担的社会责任[J].文化学刊,2012(7).

[5]周和平.充分发挥大城市图书馆作用　带动事业全面发展[J].国家图书馆学刊,2011(3).


# 基于地方特色的图书馆口述历史采访工作初探


马　丽(沈阳市图书馆)


口述历史，即以口述的方式将当事人记忆中关于某个历史时期、某个历史事件、自己或他人的某种经历以笔录、录音、录像等现代技术记录方式记录下来的一项工作。作为图书馆地方文献工作的重要组成部分，口述史料为图书馆地方文献工作带来了新的视野、新的方法和新的趋势，在为创造与充实地方文献馆藏、建设馆藏特色专题资料库方面发挥着非常重要的作用。

## 1　口述历史在图书馆工作中的应用

现代意义上的口述历史兴起于20世纪40年代的美国[1]。

口述史原本是史学界记录历史的一种方法,多由历史学家、学者、记者、学生参与采访与收集,近些年口述历史工作被引入到图书馆领域,并逐渐引起了图书馆界的高度重视。目前国内已开展口述历史工作并且做得比较好的主要有注重收集“中国记忆”的国家图书馆和注重收集潮汕地区历史资料、民俗民情等主题的汕头大学图书馆等。2014年9月18日,国家图书馆率先在其网站上公布了35位东北抗联老战士的口述视频[2],将口述历史工作成果向公众展示,受到社会广泛关注。

与新闻机构、学术机构等部门不同,图书馆的口述历史工作更多地体现在对口述历史资料的采集、整理、保存、传播与有序组织上,使之能够为学者研究和公众使用。口述史料既可以成为地方历史文化研究的重要补充,完善各馆的地方文献资源体系建设,进而形成馆藏优势资源;同时还可以提升各馆地方文献工作中研究与开发的水平,是图书馆地方文献资料中最具特色的创新型史料[3]。因此说将口述历史工作引入并应用于图书馆地方文献工作中当是势在必行的。

## 2　口述史料的特点

### 2.1　直观生动性

口述历史采访所获得的视频资料是采访过程被采访者讲述时的真实过程,能够真实、生动地再现当事人讲述时的情形,因此具有真实可靠、直观生动的特点。

### 2.2　史料价值性

口述历史是事件经历者记忆中的历史,是对事件发生经过的再回忆,具有很强的史料价值性,是对已有的文献资料的最好补充。我们通过对历史事件的经历者、见证人的采访、记录,可以让历史更加全面,还原事件的本来状态,弥补正史资料的不足,对于地方文献资料有辑轶、补遗、缀合的作用[4]。

### 2.3　地方特色性

口述历史工作可以说是图书馆地方文献工作拓展的新领域。很多图书馆为了突出本馆特色,开展的口述历史项目大多是以地方历史议题为主,不同民族地区的民间传说、民族风俗、民族历史、不同地域的区域历史和文化,各地的政治史、城市史、文化史、家族史、地方重大事件等,从不同角度折射出一个地区的区域文化[5]。通过民间的口述访谈工作,将那些在本地普通民众中广为流传的、富有浓郁地方特色的地方民间传说、民间故事、歌谣、地方历史发展进程中的重大事件的细节等展示出来[6],是地方文献资源的重要组成部分。

### 2.4 不可再生性

每个口述历史都是一个地区、一个领域“活的历史”。由于口述历史事件留存于当事人的记忆之中,它的载体是现实生活中的具体人,而人的生命是有限的,随着岁月的流逝,一旦那些事件的经历者过世,将会导致历史记忆的消逝,这种不可再生性,决定了我们必须及时抢救和保护每一段有价值的历史[7]。

## 3 基于地方特色的图书馆口述历史采访工作的具体方法

沈阳市图书馆的口述历史采访工作落实在地方文献部,从2013年年底开始着手准备,到2014年正式启动,三年来共采集、留存了沈阳知名作家、学者、音乐家、书画家、企业家、雷锋传人等60余位受访者的视频资料,形成视频资料、音频资料近260GB,采集图片500余幅,采访拍摄总时长1800分钟。作为市级公共图书馆,沈阳市图书馆开展口述历史采访工作主要分以下几个步骤:

### 3.1 选定采访主题

口述历史的选题是口述历史工作成败的关键所在。作为地方文献工作者,我们搜集口述史料的范围一般都定格在本地的地方资料和社群资料。在选定口述历史采访工作的主题后,我们应根据主题制订切实可行的实施方案,包括确定访谈对象、采访时间、参与人员、规定采访流程、制定访谈提纲、限定完成时限等等,以确保整个采访工作顺利进行。2014年,根据沈阳市图书馆现存的馆藏地方文献资料,我们将口述访谈工作的选题确定为“沈阳记忆”,分为沈阳文学名家篇、艺术名家篇、城市历史篇、沈城旧事篇等几个部分。2016年,作为雷锋的第二故乡,为纪念雷锋同志,弘扬雷锋精神,我们设立了“雷锋精神的传承与引领”这个选题。自1963年3月5日,毛泽东亲笔题词“向雷锋同志学习”之后,许多重要的党和国家领导人也先后为雷锋题词。54年来,我国社会发生了很大变化,每一次社会转折都会引起人们对雷锋精神的重新审视,但每一次新的检验都更坚定了人们弘扬雷锋精神的信念,每一次新的审视都更促进了学习雷锋活动的深入发展。雷锋精神从来没有褪色,他一直行进在时代的行列中,在历经时光淘洗后仍熠熠生辉。我们的采访就通过25任“雷锋班”班长的集体记忆与讲述,重拾关于雷锋那些鲜为人知的记忆,倾听他们关于工作、生活、情感的感悟,实地见证雷锋精神正能量在当代的传承与发扬。而在这些选题当中,有的选题可以在一段时间内完成,如对“雷锋班”班长的采访;有的选题则可作为长期选题,如“沈阳记忆”各篇,这些地方名人的生平史、创作经历、作品介绍、人生感悟、作品创作初衷等内容,无疑会为后人研究地方人物、考证地方历史提供有价值的参考作用。

### 3.2 确定受访对象

对于受访对象的人选,我们一般是经查阅资料和参考相关主题领域的专家、学者的意见,最终确定受访人员名单。然后根据受访人员的年龄、重要性、身体状况等因素合理安排采访顺序与时间,将年龄大、身体弱的受访者优先安排采访,以预防和避免一些意外事件的发生,确保采访任务的顺利完成。在开展"沈阳记忆"采访之初,我们本着抢救资料的原则,将首批采访对象确定为16位年龄在70岁以上的沈阳知名作家、学者。采访内容多是围绕受访者对其文学作品在创作时的初衷、灵感、构思过程、作品意义、个人经历、重大事件的发生、人生感悟等内容的叙述展开。从2014年到2016年年底,我们已陆续完成了对杨大群、韶华、彭定安、初国卿、王向峰、徐光荣、胡世宗、李宏林、李占恒等18位沈阳知名作家、学者,9位书画家,2位音乐家,1位道德模范,1位厂志编撰者及25任"雷锋班"班长的采访任务。在这些受访者中有一半以上是年逾花甲之人,有的已是耄耋之年,我们通过对他们的采访,记述他们的人生经历、学术思想与人生感悟,为研究者的研究提供宝贵的素材,为图书馆留存下珍贵的口述历史资料。

### 3.3 确定采访提纲

通常在正式采访前,我们要针对受访人做采访前的资料准备工作,尽可能多的收集与了解关于受访者的相关资料及个人经历,要事先对受访者有一个清晰的认识,然后针对不同的受访者拟定不同的采访提纲,使我们的采访工作更具有针对性和文献的价值性,保障采访质量。并且在采访前将采访提纲提前告知受访者,一是让受访者有个准备,二是使采访工作更符合主题的需要。

同时,我们还将采访工作与地方文献征集工作有机地结合起来,会在采访前先去了解一下受访者作品在沈阳市图书馆的收藏情况,查看我们的地方文献收集是否全面,以便在采访的同时,能征集到受访者的其他作品,进一步丰富图书馆的地方文献资源。

### 3.4 进行实地采访

联系好受访人员后,接下来的工作就是进行实地采访了。一般我们要先征求受访者的意见,确定采访的时间与地点,并尽量将时间安排得充足些,避免匆忙之下有遗漏。采访录制前也尽可能营造宽松融洽的采访氛围,使受访者放松心情,消除紧张情绪。在采访的过程中我们随时注意受访者的情绪、状态,通过适当的动作或表情来对采访者的讲述表示理解,不随意插话而破坏录音的效果,以灵活掌控整个采访过程。采访后,我们也会与受访者合影留念。所以一场半个小时的采访,往往需要前后两个多小时的时间才能完成。

### 3.5 后期剪辑处理

这一阶段是采访工作的重要环节。目前沈阳市图书馆的口述历史资料工作还处于对录音资料的文字整理阶段,还未进行视频编辑,也未对读者进行宣传、推送和开放。未来我们将会对采集到的录音、录像资料进行后期的视频编辑。在对原始录音资料的整理前,先做好资料的完整备份。然后去除咳嗽声、电话铃声等杂音和跑题话,最后调整好逻辑顺序。也可将录音转成文字,配以字幕,提高效果[8]。同时,在征得受访者或其后人的同意与授权后,将整理好的访谈内容转换成数字资源在本馆网站上对社会发布,扩大口述历史的宣传力度,让更多有研究需要的读者来利用我们的口述历史资料。

### 3.6 资料整理建档

作为地方文献资料,口述史料也需要进行专业的整理建档。对采集到的素材按人名独立建档,建立包括录音文件、视频文件、照片文件、口述人简历以及其他史料文件等。在编目方面,要有包括对采访时间、采访地点、访谈者、受访者、访问次数、资料类型等信息的著录,对内容的标引,甚至还包括对涉及的人物、事件、地点的索引等[9]。

## 4 口述历史采访工作中需注意的几个问题

### 4.1 资料的授权问题

口述历史资料也涉及口述人的著作权问题。在采访前,我们一般要先拟定一个授权协议,由受访者签署授权文件,然后严格按照受访者的意愿,使用与管理口述历史资料。授权书内容大致包括受访者同意图书馆对其口述内容进行录音(录像),并同意沈阳市图书馆将此录音(录像)资料纳入到馆藏之中,进行永久性保存。保留受访者对口述记录的署名权,如因此而产生直接经济效益,事前应征得受访者的同意。同时请受访者明确对口述资料公开范围及公开时间的要求,以确保口述者的合法权益。

### 4.2 口述历史的选题问题

口述历史的选题是整个采访工作的首要环节,选题的成功与否,关系到整个口述历史工作的成败。而目标的意义和所搜集的口述资料的质量是评判口述历史的标准。口述历史采访的原则就是要抢救资料,抢救那些即将逝去的宝贵的文化遗产,它不仅包括对国家乃至世界各个时期重大历史事件经历者的采访,还应该包括"家史、厂史、社史、村史",以及近些年国家、省、市各级的非物质文化遗产项目。口述人可以是当地政治、经济、文化、教育等方面的代表性人物,也可以是这些活动的一般见证者、参与者;可以是当地各行各业的领军人物,也可以是平民百姓,特别是那些在城市化进程中逐渐消逝的行业的参与者、经历者,尤其要成为我们的采访对象。由于口述历史出成果慢,所以要谨慎选题,一旦确定选题,则不能轻易放弃,否则将造成人力、物力的浪费。

### 4.3 人员的配置问题

每个口述历史计划都需要有一位项目的负责人或一个工作小组,来负责整个计划的事前研究、事中操作、事后编纂以及各种协调工作。在这基础上再建立访谈小组,并于事前对采访组成员进行必要的业务培训,使其能尽快地熟悉业务。而对采访组人员的要求就是:要有强烈的责任心与事业心,有较强的语言沟通能力与协调能力,能够熟练掌握和使用高新技术设备,有对多媒体文件的编辑与处理能力等。只有拥有了足够的、高质量的人才,才能确保口述历史采访工作如期完成。而且口述历史工作不同于图书馆以往的业务工作,需要不同专业人员如摄影、摄像、写作、文史等专业人员的通力配合才能完成,所以一个采访组应当充分考虑不同专业背景人员的合理搭配协调。

作为一种创新性工作,口述历史采访可以说是图书馆的一项耗时、耗力、耗费心神与资金的工作,从寻找线索到逐一采访、录音、整理,其成果真的是来之不易,需要投入大量的人力和物力,才能使口述史料形成一定规模,满足研究者的需要。作为地方文献工作者,我们开展口述历史工作，其目的就是为了抢救日益消失的文化资产，以声频、音频、图像、文字等多种形式来补充现有的史料，为后世留下书本上看不到的文化精华。然而这项工作的成就并非一蹴而就，可能需要更长的时间来积累，需要工作人员的辛勤工作与不懈努力，才能换来口述历史成果的最终展示。因此作为以收集与收藏、服务与利用为主要职能的图书馆，应尽早开展口述历史工作，让口述史料成为未来馆藏竞争的制高点。

**参考文献**

[1][4][6][9]金文坚. 口述历史在地方文献工作中的意义及实践[J]. 图书馆论坛,2006(4).
[2][5]王兰伟. 理论与实践——图书馆口述历史工作探索[J]. 图书馆,2015(12).
[3]刘杭. 口述历史:地方文献工作之新视野与新拓展——以浙江图书馆为例[J]. 图书馆,2010(1).
[7]赵大志. 图书馆参与口述文献发掘工作探析——以攀枝花市为例[J]. 图书馆工作与研究,2014(3).
[8]陈俊华. "创造史料"的图书馆——口述历史在地方文献工作中的应用[J]. 图书情报工作,2007(5).

# 浅谈大数据在图书馆阅读推广活动的应用
## ——以成都图书馆为例

贺　晖　苟　思(成都图书馆)

根据党的十八届六中全会精神宣传标语:坚持中国特色社会主义文化发展道路，努力建设社会主义强国，培养高度的文化自觉和文化自信，增强文化发展软实力。2014 年亚马逊中国发布年度图书排行榜，"最爱阅读的中国城市"成都排行第五，成为中西部最爱阅读的城市之一。图书馆与时俱进，在大数据的浪潮下为建设书香成都服务，为促进提升全社会文化智力水平服务。随着大量移动终端的出现，人们在网络社交圈里实时互动会产生大量数据。基于对数据的挖掘和分析以及数据在图书馆阅读推广的应用成为热门研究课题。笔者将以成都图书馆为例浅谈大数据在阅读推广中的应用。

## 1　大数据的定义以及和传统数据的区别

### 1.1　大数据的定义

大数据(Big Data)又称为巨量资料，指需要新处理模式才能具有更强的决策力、洞察力和流程优化能力的海量、高增长率和多样化的信息资产。大数据概念最早由维克托·迈尔·舍恩伯格和肯尼斯·库克耶在编写《大数据时代》中提出，指不用随机分析法(抽样调查)的捷径，而是采用所有数据进行分析处理。

大数据有 4V 特点，即 Volume(大量)、Velocity(高速)、Variety(多样)、Value(价值)。而现如今又提出了大数据的第五个特征"4V＋1O"，即在线(Online)[1]。大数据的"大"并非指的是庞大的毫无意义和没有价值的数据。

正如Facebook工程总监帕瑞克所言:大数据的意义在于真正对你的项目有内在的洞见。如果只是空有一堆数据,不叫大数据:如下表所示大数据与大量数据的区别。以成都图书馆为例,据统计,春节期间平均每日到馆读者2350人,累计27531人。2016年全年成都图书馆官博共发微博1028条,转发1956次,点赞2753人次,评论4290次,阅读总量达到199.14万次。

**表1　大数据与大量数据区别表**[2]

| 数据大 | 大数据 |
|---|---|
| Very large data | Big data |
| 数量上的简单堆砌<br>如果企业中每个部门都有自己的数据,如果部门之间不共享,那么这些数据积累再多也是孤立的 | 通过某种联系关联<br>如果可以跨部门收集数据,将这些数据关联起来(比如按"生产—销售"的业务流程),那么这些数据将非常有价值 |
| 规模很大,但可计量 | 规模更大,无法计量 |

### 1.2　大数据的五大特征

大数据的五大特征如下图所示:

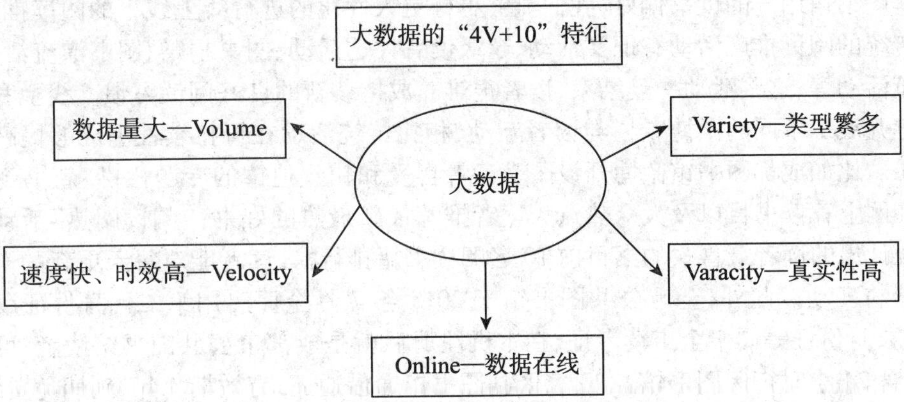


图　大数据的五大特征

## 2　图书馆在大数据时代的特征

### 2.1　信息资源网络化

大数据与传统数据相比,内容更多、更杂、更分散,也更全面。在大数据时代我们需要分析的是尽可能全面的数据,而不是数据的某一个抽样。数据飞速增长已经不再是以前的MB级处理单位,而是PB、EB、ZB级处理单位。我们的读者群体,多为90后、00后的"屏一代",他们长大后对于智能触屏、触控、社交与移动互联网的天然亲近,这会开启书籍、图书馆的新时代。据统计,截至2014年6月,中国的网民规模达6.32亿,手机网民数达到5.57亿[3],

成都图书馆2016年全年数字资源下载量达2860600次。电子下载量的数据相比传统数据可以分析出越来越多读者倾向于电子阅读。由此可见以移动终端为传播载体的传播方式更具有优势。从数字资源下载量和阅读总量不难看出,移动互联网和大数据使书籍走向电子化的脚步越来越快,更多读者向网络阅读、电子阅读、手机在线阅读转移。

### 2.2 信息资源多元性

以成都图书馆为例,读者现在用身份证注册后即可登录官网系统,网站罗列了丰富的数字资源。成都数字图书馆由成都图书馆独立建设,主要资源有:超星电子书(学术视频、百联搜索)、龙源期刊、Apabi 电子书、CNKI 期刊数据库、万方数据库、KUKE 库克音乐图书馆、新东方、围棋自学平台、点点漫画、全国电子报纸、蔚秀学术视频、维普考试资源、职业全能培训库。注册的读者用户可以不受时间和空间的限制,在互联网上用关键词和主题词就可以从以上数据库搜索下载丰富又充实的专业化的信息资源。

### 2.3 信息资源推动阅读推广活动人性化发展

在图书馆微博和微信上可以在线和读者交流互动,通过文字、图片、声音、视频等新媒体形式将好书、新书、读者活动推荐给读者,与读者分享信息资源。用户浏览图书馆网站、搜索所需数据库的资源,通过这些浏览历史和检索的数据,我们能挖掘收集各类读者行为数据,能够了解图书馆用户的读书偏好,我们能够更好更人性化的进行线上线下的阅读推广活动。线下的传统的阅读推广活动有征文活动、超级读者评选活动、图书捐赠、图书漂流活动、精品图书展览活动等,这些活动一旦结束,读者很难养成持续新的良好阅读习惯。线上我们根据读者喜好开展了不同的微博专栏与读者互动,相比传统活动在可持续性上能够提高阅读推广的效果。比如成都图书馆微博开设了受读者喜爱和粉丝追捧的专题栏目"新书到",是根据读者在网上荐读书目以及大众热点为读者推荐最新最热的好书;"阅读阅热"活动就是根据后台统计出的读者最喜欢的书目前10名阅读书籍排行榜,读者能对每天更新的微博点赞和评论参与互动。此外,全市公共图书馆于2015年7月全面启用第二代身份证读者注册(免押金),身份证等同于全市读者证,在本机注册后就是成都市公共图书馆读者,可在成都图书馆(含24小时街区图书馆)、20家区县图书馆通借通还,有效期4年,到期免费续期。5月30日,成都14家公共图书馆将正式启动短信平台图书到期催还通知、图书过期催还通知、读者证到期通知,减少用户浏览和查询的时间,提高信息资源使用率。另外,还新增了外籍人士注册办证服务,把温馨送到每一位读者手中。通过这些人性化的服务,改变了以往单向的由图书馆向读者传播信息的模式,转变为图书馆和读者互动交流的双向模式。

## 3 "互联网+大数据"时代下阅读推广活动遇到的挑战

现代化的技术手段和互联网技术的发展给优秀的经典纸质图书传统阅读服务带来了一定冲击,面对挑战,图书馆也可以通过探索服务创新,借助大数据分析读者的心理需求引入新媒体来推广图书馆,打造大众喜爱的口碑,创建书香成都的品牌。如清华大学图书馆组织学生自编、自导、自演微电影《爱上图书馆》,在网上发布后点击量超过25万人次[4]。新媒体的传播速度快，传播范围广泛，这种新颖的模式值得借鉴。

企业通过营销手段创品牌，加大用户黏性。我们不能像传统企业一样坐等读者上门，在互联网＋的时代，图书馆要明确时代发展的需要，通过在线的数字化、智能化、个性化、特色化服务手段吸引不同需求的读者用户：2015 年 7 月 13 日起，面向“成都市公共图书馆联盟”（成都图书馆＋20 家县级公共图书馆）的身份证注册读者免费使用，并且将在微信上提供在线续借服务。成都图书馆通过成都图书馆微博和官网发布最新的服务信息公告、讲座、读者活动、馆情馆讯。读者在网上就可以查询和分享到图书信息，参与在线阅读推广活动，还能够在线阅读、根据不同需求下载不同的数字资源。

分析全年的“阅读阅热”排行榜数据，线下读者用户喜欢的书多为侦探小说，也有技术类的专业书籍，还有经济管理类读物，较少发现经典读物。公共图书馆的读者群体由青少年、大学生、技术工人、教师、研究型学者等读者群体组成。互联网上也会有一些消极的、混淆视听的信息会对年轻人的品质和道德情操产生不好的影响，严重冲击青少年思想道德文化建设。阅读经典有助于提高全民的思想道德水平以及文化修养。图书馆必须当仁不让，对信息化碎片化的数据进行筛选，借助大数据和现代化技术有针对性地做好经典阅读推广活动。例如，成都图书馆邀请名家名人定期开展国学讲座、唐诗宋词欣赏讲座、品读红楼梦讲座等，在官博上发布精选名句、诗句。这些讲座的视频也发布在官网上，并实现了数据资源共享，将视频分享给区县图书馆进行试播，让更多读者随时随地阅享经典。

## 4　借鉴大数据的成功案例思考未来图书馆的信息服务策略

2012 年，《纽约时报》专栏提到：“‘大数据’时代已经降临，在商业、经济及其他领域中，决策将日益基于数据和分析而做出，而并非基于直觉和经验。”如欧盟将大数据视为促进经济增长的重要力量。欧盟公共机构产生、收集或承担的地理信息、统计数据、气象数据、公共资金资助研究项目、数字图书馆等数据资源全面开放，预计每年将会给欧盟带来 400 亿欧元的经济增长[5]。

大数据时代，面对海量的信息资源，大众的需求变得更加人性化、智能化。所谓人性化，是让我们的阅读推广服务能与读者的价值观、人生观、世界观产生文化上的共鸣。因此，我们利用新技术新媒体提供创新阅读推广活动。未来图书馆将提供端＋云＋大数据的服务模式，其中的端就是书籍本身。大数据的海量性使图书馆管理媒介由单个计算机转向云平台，建设云存储图书馆管理系统。图书馆利用网络工具能够帮助提升信息服务的能力，网络平台、博客、微博、微信等系统交流工具为读者服务活动提供了了解读者心理需求特点（如用户浏览信息的方式、用户的兴趣等）的渠道。例如 2017 年伊始，成都图书馆馆刊《喜阅》《参考》的微刊正式发布了，喜爱馆刊的读者和粉丝将可以在手机微信上点击阅读。图书馆馆员收集和整理当下有价值的信息，确保信息质量，拓展了媒介渠道，极大地增强了手机读者用户黏性。

基于 Web 的信息主动服务需要通过网站、直接交流以及问卷调查的形式建立用户行为档案（例如成都图书馆将于 2017 年填报第一批自然人信用信息），建立用户数据库。通过大数据手段了解用户经常浏览的网站，通过问卷调查了解用户文化程度、外语水平等，为其提供更有效率的信息服务。

图书馆传统的纸质书籍阅读活动将和数字化的阅读推广齐头并进。图书馆的数字化平台服务将借助新的网络技术进行转型,未来会提供智慧型的服务模式:在云一侧的大数据平台上,读者的所有阅读行为将被记录和分析(在取得读者授权许可的前提基础上),由此获得读者的阅读偏好、阅读行为、链接阅读信息、交互信息、社交信息等,在此基础上开展对读者的进一步深度服务。书籍将成为链接图书馆和读者的智能桥梁。数字化图书馆系统将更好地为读者服务。

**参考文献**

[1]搜狗[EB/OL].[2016-12-23]. http://baike. sogou. com/v59756418. htm? fromTitle=大数据.

[2][5]IDKW 图解中心. 玩转大数据[M]. 北京:人民邮电出版社,2015.

[3]中国互联网信息中心发布报告[N/OL]. http://www. cnnic, net, cn/hlwfzyj/jcsj.

[4]戴蕾. 高校图书馆文化服务引领校园文化建设的研究[J]. 河南图书馆学刊,2015(9).

# 文化的歌者:公共图书馆在传承城市底蕴中的作用

汤　敏(成都图书馆)

一座城市的底蕴和这个城市的文化是密不可分的,城市底蕴是城市文化的精髓和灵魂,而城市文化是城市底蕴的标志与记忆。底蕴是一种看不见却可以触摸得到的脉搏,是一种无形流淌于市井可以映照精神风貌的河流,它是源远流长奔腾不息的,它更是独领风骚与众不同的。城市的底蕴可以传承和沿袭,可以积聚和培厚,因为最能代表城市内涵的底色是永远不可人为抹去的。但随着经济社会的发展和城市化进程的加速,今天的很多城市,正慢慢沿着偏离多样性、差异性和特色性的轨道渐行渐远。当现代化使城市面貌和精神价值越发趋同的时候,贯穿与记录一座城市成长发展始终的文献资料就成了历史的见证、文化的存续和特色的剪影。每一座城市都有自己的历史,除存世的古代建筑和考古文物外,城市的文明主要由本地区的地方文献来承载。那些经世传承的文献集合,穿越历史的长河,玉韫珠藏般串接起城市的沧桑变迁,镌刻着亘古不灭的文化脉络。

图书馆伴随着人类文明的发展,最直接、最广泛、最完整地保存着人类活动的知识与文化典籍。作为城市公共文化服务体系的重要组成部分,图书馆在系统收集、整理、保存、展示、传播那些有鲜明地域特色、记载着城市文明成果和发展脉络的文献方面,有着非常特殊而重要的作用。如果说各地图书馆在基础馆藏方面只是深度和广度不同的话,那么对于地方文献的收集和利用,就应是"姹紫嫣红开遍"了。随着时代的变革、信息的更新以及社会的进步,地方文献的内涵和外延均发生了改变,其作用也被赋予了更深层次的意义。收集和利用地方文献,更多地应站在公共文化服务的高度去挖掘地区和城市文明发展的历史脉络和特征,见证城市底蕴从无到有不断成长的历程,使其独特的地域气质与丰富的人文情感可触可见。

# 1 传承城市底蕴是图书馆义不容辞的责任

## 1.1 图书馆是城市历史的见证者

一个平庸杂乱的城市,一个毫无生气的城市是毫无底蕴可言的,城市的底蕴是历经岁月风雨洗礼,历经人们世代生活所勃发出的精神脉动,既是以文化人、以文化城的过程,又是城市和城市人创造城市文化继而不断沉淀升华城市底蕴的过程。因而底蕴是城市人文素质与人文情怀的集大成。图书馆从古至今都是一座城市的藏经楼,是城市经济社会文化的百科全书。作为基于图书馆而又独立于基础馆藏的地方文献而言,可谓纵观千年、横陈百科,和档案馆、博物馆以及遗存下来的文物古迹共同见证着城市的沧海变迁,承载着记录历史、传承文化的重任。而一座城市的文化底蕴,早已伴随着地方文献的有序传承渗透到片纸孤页、字里行间了。

## 1.2 图书馆是城市文化的传播者

图书馆最基本也是最重要的职能就是传播优秀文化,引导社会风气。有别于档案馆和博物馆更注重历史的保存和研究,图书馆对于城市底蕴的承载是与时俱进的,是鲜活而直接的。城市内涵的延伸,底蕴的沉淀,都是由图书馆在时刻感知、收集和保存,图书馆不仅为本市的民众提供精神文化,更为想要了解这个城市的人展现与传播最有特色、最具代表性的城市文化。图书馆已经成了一座城市所有名片的积聚地。

## 1.3 图书馆是城市文化的保存者

保存、整理与利用那些记载城市发展和地域特色的文献资料是图书馆与生俱来的责任和义务。一座城市的符号散落在城市的大街小巷、市井民间,那里凸现着一座城市的风情,一座城市的内涵,一座城市有别于他处的底蕴。图书馆似乎也只有图书馆需要义不容辞地将这些符号以各种形式保存起来,多年之后,当人们想要探寻这个城市的文明轨迹和文化底蕴时,还能在图书馆地方文献的典籍、报纸、照片或是物品中找到一丝线索。

# 2 图书馆在传承城市底蕴中的作用

## 2.1 图书馆再现了一座城市的记忆

对于城市而言,其底蕴不可能因工业文明的制式化修饰而改变,也不可能因急功近利的人为化打造而消逝,其灵魂蕴含在世代相传的人们的记忆深处而生生不息。图书馆通过历史积淀、广泛收集和民间捐赠,积累了很多有关城市文明的进程和成果,或通过古籍善本,或通过陈年照片,或通过文献实物,向人们默默诉说着这个城市深沉而丰富的记忆,从而唤起民众对于城市发自内心的共鸣和热爱。一个没有故事的城市是苍白的,一个没有记忆的城市是可悲的，图书馆就是通过各种类型的展览、讲座和活动，让广大市民加深对城市过去、现在与未来的记忆，在不自觉中使自己的价值观融汇到城市的底蕴中。

### 2.2 图书馆折射了一座城市的光影

城市的底蕴与所有生活在这座城市的人密切关联。大到文化传统的积淀、人文素养的反映，小到居家饮食起居的习惯、衣着举止的品位等诸多方面，都可以寻觅和捕捉到这座城市的光影，都可感知和触摸到这座城市的底蕴。而图书馆从始至终都在收集一座城市人们活动的真实记录，无论是文人墨客的文字，还是经济建设的资料，无论是古老建筑的照片，还是日新月异的城貌，图书馆因其重要的文献收集和保存机构的身份，可以通过专业的手段将这些资源汇聚、分类、整理、保存，从而使城市的底蕴得以延续。

### 2.3 图书馆凝聚了一座城市的文脉

如果说城市的底蕴仅仅依靠长期的积淀和保存是远远不够的，城市无时无刻不在进步，城市文化的符号与象征也随着社会的发展而延伸。一座城市的底蕴不单单是个体的精彩或是个别的珍稀，而是整个城市完整而连续的地域气质和人文脉络。在这个信息爆炸的时代，海量的信息碎片纷至沓来，扰乱了人们对价值取向的判断，淡漠了人们对精神世界的追求。长此以往，城市的文脉会逐渐边缘化和分割化，城市的底蕴会因此而变得单薄与缺失。图书馆在地方文献资源的工作实践中，一直需要保持文献的传承有序和全面连贯，横向连接着城市的文化学者、出版单位和研究机构，纵向收录着城市各个时期的思想流派和文风情韵，这使得一座城市的文化脉络在图书馆得以清晰地凝聚，也为广大市民提供了一个体味和寻找文化的平台。

### 2.4 图书馆宣传了一座城市的形象

城市的底蕴最终会反映在城市的形象上，粗犷与细腻，豪放与宁静，大气与纤秀，古朴与年轻，都是一个城市与另一个城市形象的区别。图书馆拥有专门的人才和设施，是公共文化服务体系重要的宣传阵地。随着城市文化底蕴越来越多地为政府和民众所重视和关心，图书馆也应转变观念，从传统藏书楼的业务转向满足城市居民文化权益的服务上来，依托现代技术和馆藏地方文献资源，开展丰富多彩的文化宣传活动。这些与城市有关的讲座、展览、体验等活动，可以引起广大市民对城市内涵的理解和对城市形象的维护。

## 3 几点图书馆在传承城市底蕴上的建议

### 3.1 认真细致做好地方文献工作

图书馆在更多时候是收集和保存人类文明进程中的各类文献成果，为广大市民提供精神文明食粮和服务，满足人们对于知识和信息的需要，同时利用馆藏资源开展各类信息服务。对于在城市层面上看待图书馆与城市底蕴的关系似乎还不是很多。图书馆的地方文献工作，以前都是从图书馆学的角度进行思考和研究，但是地方文献本身其实就是一个地区、一座城市所有历史和未来最直接最真实的见证者。城市底蕴的所有表现形式，从某种意义上说都可以在地方文献资料上得以呈现，这就要求地方文献工作者站在一座城市文明的角度去重新审视手上的工作，以高度自觉的责任心去收集和保存多样化的城市符号，这需要认真细致和坚持不懈的积累，需要有敏感的时代触觉和敏锐的社会观察力，这在城市高速发展的今天尤为重要。当现代的线条如雨后春笋萌芽并逐渐拭去城市历史的背影时，地方文献工作者必须尽快拿起手中的相机和纸笔，抢救性地去记录城市曾经和现在的面貌，因为这不仅仅是珍贵的文献资料，也许更是城市底蕴中的某个片段最后的印迹。

### 3.2 尽可能保护非物质文化遗产

非物质文化遗产是与人类社会相伴而生的知识传承传播方式、记忆方式和文化生活方式，是民族民间的文化财富，是广大人民群众用心灵和双手创造出来的，是寄予人们无限希望、情感和要求的载体，是人类绚丽多彩生活的重要表现方式，作为一种历史现象，非物质文化遗产由生成、传承到创新、演进的全部过程，标示出生生不息的深层生命运动和丰富久远的文化蕴涵。由此可见，一座城市的底蕴，在很大程度上蕴含在当地非物质文化遗产的细微中。长期以来，由于观念、技术等的不足，非物质文化遗产未能纳入图书馆的收集和保护体系中，这使得有着鲜明地域特色和城市底蕴的非物质文化遗产在图书馆的文献资源聚合中为数不多。非物质文化遗产是最纯粹的地方文献，更好地收集和保护非物质文化遗产，其实就是更好地拓展和传承一座城市鲜活的文化记忆。

### 3.3 最大限度争取政府和社会支持

一个图书馆相对于一座城市来说，它的力量是微薄的。城市底蕴的深度和广度决定了城市社会中各个职能机构和所有民众所应承担的责任。图书馆是一个公共文化单位，它的职能要求它对于城市文化积淀和引领有不可推卸的责任，但单靠图书馆自身的力量还远远不够。城市底蕴的传承是一个系统工程，从最开始的地方文献收集来看，目前公共图书馆还没有强有力的制度甚至是法律支撑，很多单位和民众对于图书馆文献收集工作不理解、不支持，使图书馆地方文献收集工作更多的要依靠关系和人情，在一定程度上不利于城市文化的保存和流传。一座有着高度文化自觉和深厚文化底蕴的城市，应该从政府到民众重视对城市历史脉络的收藏和保护，具体而言，政府应该建立涵盖整个城市的文献呈缴制度，凡是对城市发展历程有记录的单位均应向图书馆呈缴所出的成果，而不仅仅依靠新闻出版机构的催缴。图书馆应广泛争取社会民众的支持，如果一个城市的大部分人都可以向图书馆捐赠那些有着时代意义和城市烙印的文献资料及实物，积少成多、聚散为整，将为图书馆永久传承一座城市的文明提供极大的帮助。

### 3.4 利用地方文献资源开展活动

一座城市的底蕴随着岁月的流逝而沉积，这种沉积缓慢而又平静，甚至生活在城市中的很多人可能一辈子都无法确切感知它的灵魂，更无论那些旅途漂泊的过客了。图书馆有着得天独厚的优势，可以比城市的其他人更近更真实地触碰这个城市律动的脉搏中流淌的血液。图书馆是城市文献资源和研究中心，应充分挖掘文献背后的故事，进行全方位的研究和加工，形成二次乃至三次文献，将零散的信息串接和修复，使城市脉络更加清晰而鲜活地为民众所知。最近中央电视台记录频道播出了故宫博物院协助拍摄的大型纪录片《故宫100》，从故宫只檐片瓦说到北京城市的文化底蕴，这是很好的方式。图书馆在条件允许的情况下，也可以借助媒体、影像和数字化技术，将城市底蕴从印刷型文献中提炼升华出来，展现城市独一无二的魅力。

城市的底蕴是鲜活而可以传承的，只是很多时候它被现代化的喧嚣和快节奏的生活所掩盖。公共图书馆是一座城市灵魂的储藏器，是城市延续脉络、回顾历史、继往开来的重要资源基地。在倡导公共文化服务和全民阅读的今天，让图书馆真正成为一座城市文化底蕴的保护者和传承者，成为城市精神的归属地。当远离这个城市后，会有刻骨铭心的记忆；即便初来乍到，也同样会感到它并不陌生。城市的底蕴就这样具有亲和力，而图书馆，能缩短时空与心灵的距离。

**参考文献**

[1]王灿荣. 公共图书馆基于“城市记忆”的地方文献建设策略[J]. 现代情报报，2012(12).
[2]莫启仪. 东莞国家历史文化名城创建与传统地方文献发掘[J]. 东莞理工学院学报，2013(4).

# 厦门市图书馆图书推荐“多管齐下”模式探析

张　美（厦门市图书馆）

图书推荐是公共图书馆基础业务之一，也是阅读推广工作中的重要内容。2016 年，图书出版品种约 50 万种，较 2015 年增长 5.1%[1]。这还没有包括已经出版的品种。厦门市图书馆官方网站统计数据显示，2015 年厦门市图书馆中心馆总藏量 2005812 册，其中图书藏量占 81.96%，新入藏文献 288867 册。面对茫茫书海，若非有明确的借阅目的，否则读者真不知该从何下手。为使馆藏资源得到充分利用，为了引导读者阅读并为其读书提供参考和依据，厦门市图书馆在“图书推荐”方面做了积极的探索。

## 1　图书推荐的必要性

阅读一方面是一种社会现象，带有倾向性；另一方面，阅读又很个性化，一个人喜欢的书并不一定为另一个人所喜欢。这是普遍存在的两种现象[2]。这两种现象尤其见于公共图书馆。图书推荐最终目的就是让读者真正阅读。2014 年 3 月，厦门市图书馆读者俱乐部创办了以阅读新书为主的“新锐阅读”读书沙龙，意在帮助读者从每年出版的巨量新书中找出可读性的图书。新书推荐后，借阅率明显上升（见下表）。窥一斑而见全豹，图书推荐不仅必要，而且很有实际效果。

2014—2015 年“新锐阅读”读书沙龙活动举办期间推出的部分新书。每本书均有 20 本复本：

| 书名 | 活动前借阅量 | 活动后借阅量 | 活动后借阅期间 |
|---|---|---|---|
| 《大唐李白》 | 0 | 128 | 16个月零19天 |
| 《从你的全世界路过》 | 22 | 555 | 15个月零19天 |
| 《陆犯焉识》 | 52 | 366 | 14个月零19天 |
| 《断舍离》 | 3 | 339 | 14个月 |
| 《小顾聊绘画》 | 3 | 238 | 13个月 |
| 《我得的感冒比你的喷嚏都多》 | 11 | 59 | 9个月 |
| 《洗澡之后》 | 0 | 117 | 7个月零19天 |
| 《暗店街》 | 33 | 159 | 6个月零12天 |
| 《解密》 | 37 | 103 | 4个月零23天 |
| 《耶路撒冷》 | 12 | 37 | 3个月零19天 |
| 《给孩子的散文》 | 0 | 36 | 22天 |
| 《三体》 | 441 | 524 | 5个月 |
| 《解忧杂货店》 | 2 | 79 | 2个月零20天 |
| 《无声告白》 | 16 | 41 | 1个月零17天 |

## 2 图书推荐"多管齐下"的几种模式

### 2.1 阵地推荐模式

#### 2.1.1 新书推荐

为了让读者方便查找和及时阅读到新书,厦门市图书馆开辟出专门空间进行推荐。如在一楼阅览区人流量最大的入口处设置"文学新书推荐",将每次到的文学新书依次排开展示;另外在自助借还书处设置"社科热门图书专架"与"自科热门图书专架",按大类陈列,以方便读者在借书时了解。到馆新书经过这几块空间展出后,随着读者借阅行为进入正常流通程序。新书推荐区域的设置,让读者直观知晓本馆新书的所在区域,为爱好新书的读者提供了借阅的便利。

#### 2.1.2 经典图书专架

经典书目在读者中受欢迎程度一直长盛不衰。在倡导传统文化的我国更是每个父母引导孩子、每个学校提倡学生阅读的必选书目。厦门市图书馆在阅览区内就经典图书专门设置专架,有"文学名著经典"专架、"国学乐读"专架、"中国经典与通俗解读"专架等,几乎囊括了所有馆藏的热门书目:世界名著和中国古典文学名著,以及常年受读者欢迎的通俗读物。经典图书专架为常设专架,设置在阅览区明显处,极方便读者借阅。

#### 2.1.3 主题专架

主题专架是图书推荐的另一种方式。通过某个主题,将相关的图书陈列一处,方便读者查找主题下的图书。主题,往往与时下某个热点有关。厦门市图书馆在阅览区设置"书T台"、文津图书奖作品专架、诺贝尔文学奖获奖作品专架、外文图书专架、语文新课标图书专架等，主题明确，分类鲜明，对于阅读目的明确的读者来说一目了然。另外每年还根据特殊节日策划主题书展，如三八妇女节、八一建军节、六一儿童节、抗日胜利周年纪念、红军长征胜利周年纪念等，一定程度上满足了读者当下阅读需求。

2014 年 8 月创办的“书 T 台”，意在借助于当下热点，将落寞于书架无人问津的好书推荐给读者。创办之初的 2 个月内，共推出 16 个专题 2000 多册图书，被读者借阅一空。目前，该项目每周推出 1—2 个专题，比如暑假期间，推出“青春可以不疼痛——饶雪漫专题图书”、在《小时代 3》和《后会无期》热播期间，推出韩寒、郭敬明专题图书；据统计，每期专题图书，近一半被读者外借，流通率接近百分百。该专架主题新颖简洁，极具热点内涵。比如美国总统大选期间推出政治类书籍，取名“权利的游戏”（与热门美剧同名）；举办读者俱乐部之“新锐阅读”读书沙龙推荐阅读的书两周年回顾展，取名“无声告白”（与所展出的书《无声告白》同名），展现“好书，无需多言”之义等。截至 2016 年 12 月，共推出 114 个主题，18646 种，25736 册。

## 2.2　活动推荐模式

如果说阵地图书推荐是静态推广，那么活动模式就是动态推荐模式。相对来说，活动模式是把单纯的图书推荐转化图书内容的分享，更能激发读者的阅读兴趣。在阅读推广大背景下，厦门市图书馆通过以下几种活动进行动态推荐：

### 2.2.1　读书沙龙活动

沙龙是为读者提供的阅读交流的平台。厦门市图书馆读书沙龙活动经过几年举办已渐成品牌。有中文阅读的“新锐阅读”、有文史阅读栏目“文史沙龙”；英文阅读栏目“英文原版精读俱乐部”与“书虫青少年阅读会”等，熟读了《了不起的盖茨比》《与狼共舞》《公主新娘》《查令十字街 84 号》等英文原版书籍。另外还有音乐沙龙、以走读形式阅读地方历史的“寻找老厦门”等。目前，因人手和专业等原因，读书沙龙下的项目主要与机构合作为主。

### 2.2.2　讲座活动

讲座是阅读推广的常规方式，也是读者进行深度阅读的有效手段。厦门市图书馆讲座之“经典阅读”系列，几年来举办了各种名家名作阅读讲座，如莫言、苏珊·桑塔格、渡边淳一、林语堂、余光中、席慕蓉、余华、路遥、狄更斯、马尔克斯、大江健三郎等及其名作；经典作品《诗经》《唐诗宋词》《飘》《汤姆大叔的小屋》《傲慢与偏见》《德黑兰的屋顶》《瓦解》《红楼梦》等。

### 2.2.3　征文活动。

征文活动不仅面向读者，还面向馆员。为了更好地向读者推荐阅读，厦门市图书馆积极响应号召，举办各种征文活动，有面向读者的征文比赛，也有面向馆员的书评活动，让读者在征文中获得成就感，也使馆员在书评中学习阅读，交流阅读，更好地指导读者阅读。

## 2.3　新媒体推荐模式

新媒体推荐模式目前有厦门市图书馆网站“阅读推荐”模块以及微信“图书推荐”模块。另外还散见于本馆微博推荐。其中网站模块有“好书推荐”（新书为主）、“新书通报”（详细记录每一本到馆新书的流通情况及馆藏信息）、“排行榜”以及“主题专架”等内容。“好书推荐”与微信“图书推荐”内容一致，同步更新；“排行榜”集合了诸如“‘豆瓣读书’评分 9 分以上榜单”等9类排行;“主题书架”只有几项“书T台”内容(与上述阵地“书T台”同义,但内容并非与阵地推荐同步)。排行榜创办时间于2016年,项目较少,因创办时间短而未有连续性。

# 3 图书推荐“多管齐下”模式的建议与展望

## 3.1 阵地推荐模式:完善新书推荐主题

新书推荐的目的是为了帮助读者从茫茫书海中挑出可读性较强的图书,一定程度上起到引导读者阅读的作用。基于此,将目前笼统称为“新书推荐”的主题改成鲜明的,反映推荐内容的主题来引导。如文学类新书,可从每批所到馆的文学新书中挑选出文学性、艺术性或思想性较强的图书,可以是当下热播影视剧改编的原著、著名网络小说作者新书、外国文学的经典或新秀等;社科类新书则可选择流通率较高、符合当下读者阅读需求的进行推荐,比如职场励志类、流行心理学类、热点经济类,或较为冷门的法学与军事类,均能推荐;自然科学类则可选择与市民生活相关的养生保健类、自然科学类及当下流行建筑类等。区别大类,在大类中寻找可读性强的进行推荐。

## 3.2 活动推荐模式:大力培育阅读推广人

顾名思义,阅读推广人的职责是推广阅读,传递阅读价值观念,帮助市民培养必需的阅读兴趣与纯正的阅读品位,获得阅读能力、思辨能力和批判能力[3]。公共图书馆从事图书推荐活动尤其需要一批这样懂图书懂阅读又懂推荐的专业人才队伍。目前,全国公共图书馆都在陆续开展阅读推广人培育行动,有的已发展较为成熟。厦门市图书馆也在部署实施该项措施,近两年不断派员参加各种学习。未来,应加强阅读推广人培育制度建设、制订阅读推广人培育计划和阅读推广人考核制度,并进行系统性、集中性的管理培训,统一进行考核,将阅读推广人纳入专业化、规范化的运行管理轨道。

## 3.3 新媒体推荐模式:以互动为导向,促进推荐与阅读

互动,是指学习者通过关联的社交网络和学习平台进行思想交换、知识分享等思维层次的交流,参与者的思维和占有的知识分享引发的讨论和互动,形成紧密的互动关系和良好的分享氛围,有利于学习者获得知识[4]。与单纯的图书推荐不同,互动是双方以动态形式进行并贯穿活动全程,更能激发起参与人的阅读热情,从而促进阅读。新媒体平台具有用户数多、信息传播即时、阅读方式灵活、互动性强等传播特点,利用新媒体平台开展阅读推广活动,能够充分发挥新媒体的自身优势,适应新媒体时代读者阅读行为的变化[5]。

### 3.3.1 充分利用微信传播及互动功能,激发读者阅读需求

2016年,厦门市图书馆“新锐阅读”读书沙龙活动于现场举办后,整理成后期回顾并通过微信公众平台推送,点击量平均每场近千次。回顾很好地再现了沙龙举办的内容和过程,未到场的读者通过回顾了解并发表感想;11月通过微信举办“一句话书评”,246名读者参与书评,推荐图书164本,获得点击量2000余次;还举办“90天阅读养成记”(第一季),邀请读者参与阅读计划,为自己定制阅读清单,126位读者参与该项计划,收到阅读清单499本,点

击量达 2300 余次；还有微信推送的“图书推荐”，每期都达 1000 多至 2000 多的点击量。

微信互动推荐初次试水便引发良好效果。未来，还应将继续策划丰富多彩的阅读活动，可采取线上线下结合的方式，线上讨论主题并推荐、线下举办沙龙，并用沙龙回顾再次传播，读者可对活动发表自己的阅读或参与感受等，图书馆对积极参与的读者给予奖励。从主题到推荐，再到交流，读者全程参与，互动越多，越能实现图书从推荐到阅读的过程。

3.3.2 加强微博的运营管理，发挥传播互动功能

上海图书馆在阅读推广中就充分利用了微博的传播优势，不定期积极开展各种宣传活动引导市民参与其中，快速累积微博粉丝，大大提高了微博知名度。通过“上海图书馆信使”“上图展览”“上图讲座”“上海图书馆志愿者”“上图文献服务”“上图历史文献”等微博号不断推广，成了可供同行学习借鉴的品牌微博。

厦门市图书馆官方微博由于各种原因，缺乏统一运营管理，目前多应用于活动预告宣传。到笔者截稿日期微博粉丝 15460，远远少于微信 6 万名的粉丝数。微博强大的宣传及互动功能远未实现。未来，应加强微博的统一运营管理，可借助“4.23 世界读书日”“图书馆服务宣传周”等大型读者活动，或于寒暑假期间举办与青少年阅读相关的活动，策划如法律在线咨询、“图书推荐”主题征集，或举办与市民生活息息相关的活动，吸引读者积极参与其中并互动转发，大力推广微博的使用与宣传力度，累积粉丝数量，提高微博知名度。

3.3.3 网站成为阅读推荐的有效补充

图书馆官方网站作为主要宣传手段之一，也是非新媒体使用者进行图书馆利用的重要方式。已存在的“阅读推荐”必不可少。网站可完善“排行榜”模块的内容，增加具有影响力的排行榜种类；延续“新书通报”模块，该模块详细的借阅信息可与排行榜一起，为读者提供阅读参考。

### 3.4 提高电子图书和数字资源的利用率

新媒体的普及应用使数字化阅读方兴未艾。各公共图书馆在时代背景下大力推广数字阅读。厦门市图书馆也采用多种手段宣传推广。2017 年年初，推出 140 本电子阅读器 Kindle 的外借服务，每本 Kindle 预装 399 本图书，并以每月 100 本的速度更新，借阅期间与图书等同。短短两天便被借一空，可见受欢迎程度。

目前，Kindle 所装载的资源由本馆从厂商直接获得，由于版权问题读者只能在线阅读而无法下载。另外，本馆所开发的数字资源较少，所开发的内容仅部分对读者开放，故数字资源建设有待提高。未来，图书馆可进一步与厂家协商，使更多优质读物成为预装书，并解决所购资源的法律授权和使用权限，以便图书馆合理合法地开展电子阅读器借阅服务。另外，图书馆本身要加强数字资源建设，根据读者需求，构建集思想性、学术性、新颖性于一体的阅读资源库，方便用户利用电子阅读器下载利用[6]。

随着社会的发展和时代的进步，人们的阅读需求也呈多元化趋势。图书馆应与时俱进，在完善阵地推荐的同时，大力培育阅读推广人，并利用新媒体的发展，吸引读者参与其中并充分调动他们的互动积极性，把单纯的推荐图书转化为有效的推荐阅读，同时发展数字阅读，推荐阅读方式“多管齐下”，达到馆藏利用最大化。

## 参考文献

[1]2016 年出版集团营收前三甲披露[EB/OL].[2017 - 01 - 18]. http://reader. gmw. cn/2017 - 01/18/content_23512535. htm.

[2]王余光. 信息时代的三个阅读问题[M]//阅读与经典同行. 深圳:海天出版社,2013.

[3]谯进华. 深圳阅读推广人的实践及发展[J]. 特区时间与理论,2013(2).

[4]田阳,冯锐. 社会资本理论视域下 MOOC 课堂互动策略分析[J]. 中国电化教育·远程教育与网络教育,2014(9).

[5]刘澜,尹博,周小萍. 基于微博平台的图书馆阅读推广研究——以辽宁大学图书馆微博平台为例[J]. 图书馆学刊,2016(8).

[6]许晔. 公共图书馆数字阅读推广模式研究[J]. 图书馆研究,2014(2).